中國史新論

New Perspectives
on
Chinese History

總策劃◎王汎森

各分冊主編

慶祝

中研院史語所
成立八十周年

中國史新論——基層社會分冊

黃寬重◎主編

《中國史新論》總序

　　幾年前，史語所同仁注意到2008年10月22日是史語所創所八十周年，希望做一點事情來慶祝這個有意義的日子，幾經商議，我們決定編纂幾種書作為慶賀，其中之一便是《中國史新論》。

　　過去一、二十年來，史學思潮有重大的變化，史語所同仁在開展新課題、新領域、新方向方面，也做了許多努力。為了反映這些新的發展，我們覺得應該結合史學界的同道，做一點「集眾式」(傅斯年語)的工作，將這方面的成績呈現給比較廣大的讀者。

　　我們以每一種專史為一本分冊的方式展開，然後在各個歷史時期中選擇比較重要的問題撰寫論文。當然對問題的選擇往往帶有很大的主觀性，而且總是牽就執筆人的興趣，這是不能不先作說明的。

　　「集眾式」的工作並不容易做。隨著整個計畫的進行，我們面臨了許多困難：內容未必符合原初的構想、集稿屢有拖延，不過這多少是原先料想得到的。朱子曾說「寬著期限，緊著課程」，我們正抱著這樣的心情，期待這套叢書的完成。

　　最後，我要在此感謝各冊主編、參與撰稿的海內外學者，以

及中研院出版委員會、聯經出版公司的鼎力支持。

王汎森　謹誌

2008年10月22日

史語所八十周年所慶日

目次

導言

一

　　什麼是「基層社會」？對於這個問題，歷史學研究者向來都各有不同的觀察角度與解釋——有從人倫關係的親疏遠近闡述之，有從行政與社會關係來探討，亦有將社會群體區分出高低階層，以底層人物與其生活方式為基層，以著手討論者——由於觀察角度不同，所得之結論自然有別。本論文集對基層社會的探討，主要偏重於觀察行政體制中的基層組織，分別由八位主筆者撰文，探討中國自秦漢至清代，縣級以下的政治結構和發展運作型態，以及與各種社會群體間的互動關係。

　　不過，即便以行政體制中的基層組織為對象討論，學界對於基層社會的內涵，看法仍舊相當分歧——有基於行政組織性質之不同，主張基層社會的研究對象應有鄉村、村里或縣鎮之別，或分別以地域社會、地方社會與基層社會等不同名詞加以區隔。這些歧異多半源於現存史料詳略不同，如討論近代以降的基層社會，研究者多以村里為主要對象；明清時代的研究，則以鄉村、城鎮為重。相對來說，建構宋代之前的鄉、村、里之社會型態與整體面貌，更加受到史料局限的影響，而僅能藉助

特定地區、時段較豐富的傳世文獻或出土資料，方能重建局部鄉里社會的形貌。

為避免史料限制影響討論，本論文集決定對基層社會的內涵，採取較為寬泛的定義，將觀察範圍設定在縣以下的各層行政組織。如此界定，是考慮到縣為中國歷代行政組織中，設官任職、執行政策、維護治安、司法裁判和財稅稽徵的基本單位，縣衙既是國家在地方社會行使統治力的中心，亦是民眾和官府交涉互動的場所，更是中央政治力與民間社會力接觸的介面，史料較為豐富，易於對傳統中國的基層社會，有更整體性的討論。此一做法，較之於學界素來對基層社會的定義，可能有所出入，但或許更有助於擴大對基層社會的觀察。

然而，基層社會研究相關研究議題涵蓋廣泛，除了行政組織與國家控制之外，也包括如地方性差異：宗族、非宗族、自然地理開發階段；住民認同與共同團體組織：村廟、廟會、共同信仰、祭祀、生活、生產；活動空間：聚落地理、居住空間，以及商業、生產、文教、祭祀、信仰等活動空間；以及基層社會自律性：共同體內部的懲戒、制裁與調解等多樣而龐雜的問題，實難在短時間、小篇幅的研究中全面地探討，這也是本論文集無法達成的任務。但是，這樣的困難也充分說明基層社會研究仍有極大的發展空間，值得關心中國傳統社會發展的研究者，共同投入這個亟待開展的新領域。

本論文集的題名雖經諸位主筆者多次討論而定，但各篇的題目、內容與研究取徑，則尊重主筆者個人興趣、專長，對史料的詮釋方式，也視各篇主筆而有不同。對讀者而言，此一安排構想乍看之下可能有內容聚焦不足、缺乏共同主軸之類的質疑。但實際上，本論文集仍集中於三項基層社會的主要課題：第一，是中國基層社會的鄉、村、里等組織發展之延續性。相關文章包括邢義田〈從出土資料看秦漢聚落形態和鄉里行政〉、侯旭東〈漢魏六朝的自然聚落──兼論「邨」「村」關係與「村」

的通稱化〉、張國剛〈唐代鄉村基層組織及其演變〉。第二，是基層社會的行政結構，特別是透過對政治運作與官民關係的觀察，討論政治力與社會力的互動。包括黃寬重〈宋代基層社會的權力結構與運作——以縣為主的考察〉、林麗月〈俎豆宮牆——鄉賢祠與明清的基層社會〉、劉錚雲〈鄉地保甲與州縣科派——清代的基層社會治理〉，以及巫仁恕〈官與民之間——清代的基層社會與國家控制〉。第三，是基層社會中的民間組織，即劉淑芬〈香火因緣——北朝的佛教結社〉。

上述三個主題共同關注的焦點，是基層的行政組織與社會群體多樣的互動關係。三項課題乍看之下分散獨立，實則打破了政治史、社會史之間既有的樊籬，體現出「縣級以下政治結構與社會群體的互動關係」的一貫主題。更具體地說，本論文集在某一程度上，通過基層行政組織與社會群體的實際運作與互動的討論，呈現出基層社會力並非全然與國家行政權力對立的歷史面向，復原中國基層社會史更加豐富多樣的面貌。

二

為了幫助讀者大體掌握各篇論文的主要內容，茲簡單介紹如下：

邢義田〈從出土資料看秦漢聚落形態和鄉里行政〉一文，嘗試在目前學界對秦漢時期基層社會組織、制度、權力關係、經濟問題、庶民文化、聚落形態等問題的豐富研究成果上，藉由新近出土的考古遺跡、墓葬與簡牘資料，勾勒秦漢聚落應有的空間景貌，並探討秦漢帝國在縣級以下地方社會所進行之戶口、賦役等基層行政工作。

該文利用漢代官員墓葬中陪葬的行政地圖，說明當時聚落多依河流自然形成。這些聚落被納入「里」行政組織時，人數多寡不一，顯示人口數並非當時行政編組的唯一標準，而諸聚落被納入帝國基層行政體

系與否，亦可能為地圖中里行政區劃合併、更動的可能因素。漢代農村聚落遺址的出土，則顯示傳世文獻中描述的「室居櫛比，門巷修直」，有一定代表性，但此類整齊修整的里，應較有可能出現在城邑之「里」、遷徙富民之「帝陵邑」，或邊塞屯墾區等處。

新近出土的簡牘資料，也提供了秦漢時期鄉里戶口、賦役等行政事務具體運作的大致輪廓，不僅說明當時鄉里簿籍登記和呈報郡縣內容的多樣性，亦呈現了賦稅繳納計算方式，與里、戶、口之間的比例關係。各縣於每年八月派員，與各鄉嗇夫、各里里正共同執行「案比」、審定戶籍的工作，充分表現出秦漢政府控制力深入縣級以下基層行政組織的現象。不過，原有聚落之三老、父老即使在新里制取代舊有聚落之際，並未實際介入徭役、賦稅徵集等行政事務，但憑藉來自血緣、家族的既有權威，仍舊在新鄉里制度中佔有領導地位，並成為爭取地方利益的代表。

過去學界常將唐代地方基層行政制度中，以「村」代「里」的轉變，視為古代帝國崩潰、城市與村落對立，以及中國自上古邁向中世紀的劃時代標誌。侯旭東〈漢魏六朝的自然聚落──兼論「邨」「村」關係與「村」的通稱化〉一文，則著眼於歷史發展的延續性，並以自然聚落形態與鄉里行政體系的對應關係，作為討論框架。該文認為漢代聚落大致分為城居、散居兩類，前者較易符合鄉里行政體系，「里」即是聚落；散居聚落則較為複雜，既有居民所賦予的聚落名稱，又有官方鄉里編制的鄉、里名稱。當鄉里編制規範或區劃改變，或實際聚落人口移動、增長時，新生的自然聚落勢必與官方鄉里行政制度造成對應上的落差，亦提供新聚落名稱(如邨、村、浦、洲、渚)的發展空間。

該文透過「邨」與「村」音義由獨立到合流的發展、官方文書普遍使用「村」字指稱聚落的兩個觀察點，勾勒出「村」字如何成為城鎮之外散居聚落通稱的過程：「村」字雖然始自西晉已有泛指聚落之意，但

此時「屯落」的稱呼似仍較「村落」更爲通行；南朝劉宋時，官方文書已有「聚落＋村」的表示法，民間亦有以「同村」顯示共居的認同關係；南朝齊雖仍有鄉里編制，但已出現「村司」、「村長」等職稱，用以指涉基層聚落管理人員，完成「村」字成爲聚落通稱的過程。

作者認爲「村」字成爲聚落通稱過程的基本因素，與南方聚落分散、居民遷移頻繁、傳統里制難以維持有關，但聚落形態本身並未出現實質的根本變化，因此「村」字成爲聚落通稱的情況，或許未必如部分學者所強調的，具有社會結構、居住形態方面的變革意義。

相較於侯旭東以稱謂變化重新檢討唐代以「村」代「里」的說法，張國剛〈唐代鄉村基層組織及其演變〉一文，由處理唐代鄉制特色的諸多爭議及說法切入，試圖對唐代鄉村基層組織(鄉、里、村、鄰、保)的功能與運作，提出更全面的解釋。

該文指出，唐代鄉制「有鄉無長」，以五百戶之鄉爲最基層的實體政務組織，承接縣政土地、戶口、賦役等鄉務的申報。鄉下設有五里，五位「里正」以鄉爲操作平臺，共管鄉務，實際主持土地、戶口、賦役等工作。此外，另有以居住地域劃分的村坊，設有村(坊)正，下有鄰保組織，五家爲一保，與里制、村坊制互相配合：由里正、村(坊)擔任鄰保的「主司」，共同維護治安；鄰保組織亦具有賦役連帶互保、分攤逃戶租稅的責任，以配合里正的賦役徵收工作。

里制與村坊相較，里正人選條件，比由「白丁」充的村正更爲嚴謹；里名多是人爲命名、整齊劃定，村名則是十分多樣；里正核心職責是「催驅賦役」，村(坊)正則爲「督察奸非」、維護治安。更重要的是，里正是縣司的吏職，需輪流到縣衙當差，尤其在進行土地還授、編造戶籍等工作時，各鄉里正都必須至縣衙協助處理。然而，到了唐中後期，由於里正承擔了「鄉」級事務，百戶之「里」的事務反而被「村」取代，與基層相關的國家政令、公共活動規範，多以「村」爲單位，處分對象亦

以村正爲主，而非里正。到五代，鄉、村遂成爲縣司下屬基層組織。

　　在唐代，國家雖賦予基層行政單位徵收賦稅的責任，卻又剝奪了鄉村長正差派賦役的權力。爲因應豪強之家拒絕當差應役所造成的困擾，官員只能親自掌握賦役板簿，並由民眾輪流應役。不過，唐代後期，政府控制能力下降，社會財富、民戶土地轉換加速，爲了確保賦役徵收，遂發展出以豪富之家擔任村官、耆長的鄉村基層組織，鄉治責任又再度落在豪民身上。

　　到了宋代，在「鄉里虛級化」的趨勢下，「縣」成爲國家控制基層社會最重要的的行政單位。黃寬重在〈宋代基層社會的權力結構與運作——以縣爲主的考察〉一文中，由縣政事務管理與權力運作等面向著手，觀察宋代鄉里虛級化趨勢之下，地方社會的官民關係變化，以及縣級組織重要性逐步提升的動態發展過程。

　　受限於官員輪調制度，宋代縣級官員多來自外地，必須借重當地胥吏、基層武力與縉紳豪右的社會資源與人脈，方能順利應付複雜的縣政事務。三者中，由當地人士出任的胥吏，由於瞭解地方生態，熟悉簿書法條，到南宋逐漸有世襲化傾向，是縣級政務運作不可或缺的角色。巡檢率領的土兵與縣尉率領的弓手，則是維護基層社會秩序的重要警備武力。弓手、土兵與自發性民間自衛團體，在北宋晚期宋廷無力維護地方秩序時，負擔起保衛鄉里的責任，使地方武力有了發展的空間。

　　當宋廷爲因應龐大財政需求，將原供地方自行運用的稅收，收歸中央，導致地方財政惡化，建設經費不足，地方士人、富民遂自發性地鳩合人力、物力，承擔起硬體建設與文化傳承的責任。在此過程中，兼具天下觀與地方意識的士人，既憑藉個人聲望，跨越官民藩籬，取得地方意見領袖的地位，亦經由人際網絡的串聯，參與地方事務，履踐價值理念，成爲基層社會中具影響力的優勢群體。

　　代表中央權威之親民官，與胥吏、基層武力、鄉里菁英豪強等地方

勢力間，形成了緊密的權力互動關係，而縣政良窳往往取決其中，也正是在此一搏合的權力架構與局勢轉移下，地方官員、地方精英豪強、基層武力與胥吏，共同構成了宋代以降基層社會運作的基礎。

明清兩朝雖然沿續宋代基層社會的基本形態，但就中央與地方、國家與社會的互動關係而言，仍有強弱消長的發展現象。林麗月〈俎豆宮牆──鄉賢祠與明清的基層社會〉一文，旨在考察明清鄉賢祠制度與其變遷、冒濫情況，並由地方祀典與鄉里官紳間之攀援與拒斥，探究明清儒學教化與基層社會互動的樣貌。

作者認為明代正德、嘉靖年間，州縣學宮內分立「鄉賢」與「名宦」二祠，形成地方廟學常制。鄉評與方志的記載，是士人亡故後能否入祀鄉賢祠的重要審核依據，而將鄉賢具體界定為「生於其地者」，排除「名宦」、「寓賢」，成為明清廟學「鄉賢祠」與宋元「先賢祠」最大的區隔。

新的定義使鄉賢祠祀與基層社會人際網絡，關係更為緊密，但營求入祀的風氣亦隨之冒濫。此現象既呈現出晚明由鄉宦、生員、鄉保與耆老所交織成的社會人際網絡，也反映出鄉紳勢要在其中的活躍，以及「士民公議」的影響力。相較於此，清代先賢入祀改由督撫學政具題推薦、禮部決定核可，官方甚至有撤祀權力的情況，顯見清初中央有意強化、增進對於基層社會的控制力度。

在清代如何強化控制基層社會的課題上，劉錚雲〈鄉地保甲與州縣科派──清代的基層社會治理〉一文，則進一步分析清代鄉地保甲的角色。該文指出受到各地風俗習慣與徭役工作的差異，清初保甲組織有由「甲總─甲長」之二級「總甲制」，朝向「保長─甲頭─牌頭」三級制發展的趨勢。不過，里甲、保甲、地方等徭役制度，看似條文明確、等級森然，實際執行時仍會因人制宜，新舊雜陳，里甲組織與保甲組織實無分別。

　　保甲制度的實際編排，相當有彈性，不限以村為單位。保長往往是一鄉之長，鄉約與地方亦可能身兼村長或莊頭；負責宣諭勸民的鄉約，則早在順治初年，便與保甲、地方一同承擔公務。因此，清人普遍認為鄉約與保甲互為表裡，即便州縣以下無正式行政組織，州縣官員、胥吏仍可利用點卯等機制，掌握基層社會秩序，鄉地保甲亦隱然成為州縣政府在地方上的代理人。

　　不過，雖然清廷一再推行均役改革，對基層社會的里甲、保甲、鄉約與地方而言，州縣科派仍是他們共同的難題。州縣官員在督糧與維繫地方治安之外，更利用里保、鄉約制度，剝削地方資源，非但州縣公務花耗遭轉嫁至地方里甲的現象，始終無法禁絕，擔任鄉約者也不時遭巡檢、書辦需索財物，喪失作為原本禮帽冠帶、宣講聖訓的尊嚴。有心謀取私利者也利用擔任鄉約、地保的機會，向民眾違法徵收門牌錢等規費，或在官司、辦賑等場合，謀取個人私利。在此情勢下，「忠實者」多半無法勝任鄉保一職，「狡黠者」卻能在奉承官員、應付土棍的夾縫中，榨取利益而生存。

　　巫仁恕〈官與民之間——清代的基層社會與國家控制〉一文除了整合前人研究成果之外，也嘗試釐清清代基層社會組織，將基層組織區分為由官方設立的里甲、保甲、鄉約等「基層控制組織」，以及民間自發形成的地緣或血緣組織「基層社會組織」，並討論兩者在基層社會中的互動與分合。

　　作者指出，康熙以來，清廷為禁革里甲正役負擔過重、里書上下其手等等徭役弊端，並提高戶口田糧調查的準確性，遂不斷改革基層控制組織，一方面推動役法革新，一方面將原負責催督賦稅的里甲組織，轉化為維護治安、清查戶口田糧的保甲組織。至乾隆朝後期為止，保甲長承擔催徵錢糧、差派雜役等地方公務，甚至與專司教化的鄉約產生聯繫，合稱「鄉保」或「鄉地」，在官員與村民之間扮演溝通協調的角色。

城市地區亦有相應的坊甲組織，如客商有「舖戶冊」、乞丐有「丐頭循環冊」，將城市大量流動人口，納入保甲制中管理，成為清代保甲制度的一大特色。

為避免地方豪紳地主操縱里甲組織，清廷規定保甲長雖由地方人士推舉，仍須由州縣官員發給「執照」，形成由官方政治力直接控制鄉保基層組織，以鞏固從中央到地方的統一局面，有效減少官民勾結、鄉保濫權等弊端。由官方設置的基層控制組織，不僅利於國家統治，對維護百姓安全與社會秩序，亦有積極意義。

相對於基層控制組織，在宗族勢力強大的江南地區，也不時可見徵收賦稅、維護秩序的控制組織與宗族組織的合併，由基層社會組織執行原本屬於基層控制組織的功能。在宗族力量相對薄弱的華北地區，由村廟會社發展的「青苗會」等村莊自治組織，則逐漸承擔較重的差役攤派。當基層控制組織與社會組織結合運作之勢逐漸形成，清代鄉村社會遂發展出不同於現代地方自治的自律機制。在官民互利的情況下，民間社會組織接受官方基層控制組織的管轄，同時也提供協助，甚至逐步形成自律機制。這些現象都說明，國家與社會的關係，並非過去研究者所強調的二元對立。

在基層社會的民間組織方面，劉淑芬〈香火因緣──北朝的佛教結社〉一文，由北朝造像記的文本性質、迴向文中的佛教思想、信仰組織成員的共修性質切入，辨析、探討北朝佛教信仰組織，及其成員名稱與區域差異。

南北朝時期，佛教徒為表彰對教理的信奉，維繫組織成員之關係，乃在造像、供養等活動時，舉行以香爐供養佛之儀式，「香火因緣」一詞因而被賦予共同供佛侍僧，乃至因佛教行事而結識之意，其信仰組織亦有「香火主」、「登明主」之職事名稱。其中，北朝佛教信仰組織，多由僧俗共同組成，也有官民共同參與的現象，而共同造像行為的出

現，或許與當時北方流傳的「獨行布施，其福甚少」之福田思想有關。反觀南朝無造像記或集體造像紀錄，乃受東晉以來禁碑令的影響，而未必如日本學者所認爲，來自社會階層或修行方法差異。迴向文所出現之「爲皇帝敬造」、「爲國敬造」，則源於大乘佛教之報恩、普度衆生思想，是爲「報國主恩」、「報國土恩」，與一般理解之皇帝崇拜與忠孝觀念不同。

作者認爲，佛教傳入中國後，崇祀對象、方法與區域，雖與中國固有私社傳統有所差異，但就結社活動所使用之名詞觀之，仍不免受到其影響，而有如「邑老」、「邑正」之執事名稱、造像碑刻成員「邑子」畫像等。在其結社活動使用的詞彙中，「義」具佛教意涵，可作爲社邑名稱，也可指其成員；而「邑義」在造像記文中，多指社邑成員，「義邑」則指佛教社邑。不同區域的結社活動與名詞，亦各具特色，如山東地區佛教社邑組織與成員，除了「義邑」、「邑義」之外，亦可統稱「法義」，且成員或因《像法決疑經》流行之故，多以兄弟姐妹互稱。關隴地區則受道教影響，出現「佛道混合造像碑」、少數僧人仍冠俗家姓氏、義邑成員有「邑生」、「邑子」別稱等現象。

三

基層社會研究是瞭解中國傳統歷史演變的重要基礎，也是社會史研究的重點，以往卻鮮爲兩岸學界所重視，這一方面乃受限於史料不足，另方面則與外在環境的政治制約有關。

中國歷史資料極爲豐富，但由於長期動亂，文獻、史料分散，蒐集、整理及出版均不易，早期除了政治史，特別是與王朝興亡或典章制度相關的史料外，多不易取得，研究難免受限；復以資料分散，更難以深入探究。其次，基層社會研究涉及人類學、民族學等社會科學領域，而兩

岸長期受到外在環境政治氛圍的制約，學者為避免觸及政治敏感議題，鮮少涉及基層社會相關研究，遂使此領域發展較慢，方法、理論均有不足。中共建政後，基層社會研究在中國大陸又受到有計畫的壓抑，成果更為有限。對此，我在1992年撰寫〈海峽兩岸宋史研究動向〉一文時已有深刻體認，並提出應加強對基層社會研究的呼籲。然而，當時史料刊布既仍匱乏，政治框架亦難突破，以致學術研究仍十分不足；類似情況在宋史研究以外的領域，也同樣明顯。

近年來，兩岸學術研究風氣轉變甚劇，歷史學走過偏重典章制度與人物的政治史、強調量化統計與理論的社會經濟史、以個別人物為研究中心的學術思想史、著眼於庶民生活的文化史，乃至結合制度規範與運作過程的「新政治史」等學術風潮，逐步豐厚了觀察基層社會內涵的基礎；而今，更得力於大量傳世文獻與出土資料的刊布、西方社會學理論的引入，以及日本學界對地域社會共同體的討論，相關研究不僅有了新的發展空間，也累積了相當的具體成績。在研究條件與外在環境成熟之後，研究者總算能走出往昔著眼中央政權、忽視地方社會的偏頗，開始發展基層社會此一深具研究意義的重要議題。

社會史研究在國際學界傳統悠久且成果豐碩，其中日本學界對基層社會的討論最為詳盡，涉及層面最為廣泛而深入。特別是日本學者在探討中國地方社會時，尤其是明清時期，多憑藉早年在中國的田野調查成果，又投射其日本自身經驗，結合了村落共同體、地域社會論、鄉紳論等觀念，對傳統中國進行觀察與闡述。日本學界將傳統中國基層社會的歷史發展與理論架構結合的討論方式，能幫助研究者敏銳地捕捉地方社會發展的斷裂與延續，以及中央與地方離合關係的不同樣貌，對研究長時段的中國基層社會演變，無疑極有助益。

不過，對生活在中華文化圈的史學研究者而言，源於自身受傳統文化的長期浸潤，與對所處環境的切身體會，在借重美、日學界理論觀點

與研究成果之餘，關懷重心和研究焦點更著眼於對資料的掌握，以及對大歷史變化脈絡的理解。從而，華人研究者在看待中央與地方關係時，雖不忽略其對立面，卻更重視其協合面；在處理基層組織的歷史演變時，既留意其變遷斷裂，也看重其延續發展；在討論官民互動關係時，非但關注各方立場、地位的差異，與其中的社會控制問題，也注意到士人階層的出現，使基層社會的發展更具彈性，而非僅有社會力與國家政權對立的一面而已。因之，在兩岸研究者描繪的中國傳統基層社會發展中，更重視中央與地方之間的離合相維，及彼此關係的互動。這樣的觀察是否切合歷史發展，並貼近真實的社會樣貌，還請學界同道多所指教。

黃寬重

從出土資料看秦漢聚落形態和鄉里行政

邢義田[*]

一、引言

　　近幾十年來因爲出土材料增加，中外學者以新的視角，重新審視底層庶民的社會和文化，激起不少新的秦漢基層社會研究，也獲致不少新的成果。以材料而言，新材料主要包括兩方面：一是古代聚落遺址本身；二是涉及地方基層組織和生活的簡牘文書、銘刻與畫像。新材料雖不足以完全揭開古代底層社會的面貌，已容許我們重新評估某些傳世文獻，開啓新的視野或提出新的研究課題。

　　以方法而言，過去的研究有不少受到理論的束縛，生搬硬套，刻舟求劍，現在看來只剩下若干學術史上的意義；有些偏重文獻，有些偏重考古發現，更多的人企圖結合兩者，但傳世文獻和出土材料如何相互照

＊　中央研究院歷史語言研究所。

應，仍然有不少一時難以克服的困難。以視角言，過去研究基層社會，較多的心力是放在基層社會的組織、制度或結構，如家族、鄉里、人口結構等；也頗注意地方與中央的權力關係，例如地方豪強或豪族以及所謂的農民起義等等。當然還有更多的人投入土地或經濟問題的探索。自從生態環境和人的關係受到關切以後，逐漸有較多的人，尤其是考古工作者將注意力放在古代聚落形態和生態環境關係的研究上[1]。又自從所謂文化史、生活史、醫療史的研究興起後，庶民文化成為新的焦點[2]。例如不少人將出土日多的日書當作民間信仰的材料，深入民間信仰的世界[3]；也有人利用畫像或碑刻，注意區域性的信仰組織和活動，例如巴

1　例如嚴文明，〈中國新石器時代聚落形態的考察〉，《慶祝蘇秉琦考古五十五年論文集》(北京：文物出版社，1989)，頁24-37；高廣仁、胡秉華，〈王因遺址形成時期的生態環境〉，《慶祝蘇秉琦考古五十五年論文集》，頁165-171；陳雍，〈姜寨聚落再檢討〉，《華夏考古》4(1996)：53-76；岡村秀典，〈遼河流域新石器文化的居住形態〉，《東北亞考古學研究》(北京：文物出版社，1997)，頁171-210；張弛，《長江中下游地區史前聚落研究》，(北京：文物出版社，2003)；陳星燦，〈中國文明腹地的社會複雜化進程——伊洛河地區的聚落形態研究〉，《考古學報》2(2003)：161-218；許宏、陳國梁、趙海濤，〈二里頭遺址聚落形態的初步考察〉，《考古》11(2004)：23-31；田廣林，〈夏家店下層文化時期西遼河地區的社會發展形態〉，《考古》3(2006)：45-52；劉建國，〈陝西周原七星河流域考古信息系統的建設與分析〉，《考古》3(2006)：79-83；陳朝雲，《商代聚落體系及其社會功能研究》，(北京：科學出版社，2006)；王巍，〈聚落形態研究與中華文明探源〉，《文物》5(2006)：58-66；陳洪波，〈魯豫皖古文化區的聚落分布與環境變遷〉，《考古》2(2007)：48-60；裴安平，〈史前聚落的群聚形態研究〉，《考古》8(2007)：45-56；王子今，《秦漢時期生態環境研究》(北京：北京大學出版社，2007)。

2　這些新研究以中央研究院歷史語言研究所為一個重鎮。不一一介紹，請參杜正勝、王汎森編，《新學術之路——中央研究院歷史語言研究所七十周年紀念文集》(臺北：中央研究院歷史語言研究所，1998)。

3　蒲慕州，《追尋一己之福：中國古代的信仰世界》(臺北：允晨出版公司，1995)；劉樂賢，《簡帛數術文獻探論》(武漢：湖北教育出版社，2003)；李零，《中國方術正考》、《中國方術續考》(北京：中華書局，2006)；劉增貴，〈禁忌——秦漢信仰的一個側面〉，《新史學》18.4(2007)：1-69。

蜀的道教藝術，或華北農村的佛教傳播[4]。當然有更多的人企圖深入基層聚落、城市、家族問題或作較全面性的綜述，勾勒一部秦漢至隋唐的鄉村社會史[5]。

　　本文並不打算對古代基層社會或文化作全面性的綜述，也不想對學界已有的成果作全面檢討，只擬以若干出土資料為例，輔以文獻，略說一些自己對中國古代基層社會聚落形態和鄉里行政的觀察。

二、《漢書‧食貨志》描述的古代基層社會

　　在出土材料還不多的時代，要談中國古代聚落生活和形態這類問

4　劉淑芬，〈五至六世紀華北鄉村的佛教信仰〉，《中央研究院歷史語言研究所集刊》63.3（1993）：497-544；侯旭東，《五六世紀北方民眾佛教信仰》（北京：中國社會科學出版社，1998）；巫鴻，《禮儀中的美術》（北京：三聯書店，2005）下卷〈中古佛教與道教美術〉章各篇。

5　近年相關研究出版極多，以下不過就所見，略舉一二而已。李零，〈中國古代居民組織的兩大類型及其不同來源〉，《文史》28（1987）：59-75；俞偉超，《中國古代公社組織的考察》（北京：文物出版社，1988）；杜正勝，《編戶齊民》（臺北：聯經出版公司，1990）；杜正勝，《古代社會與國家》（臺北：允晨出版公司，1992）；林甘泉，〈秦漢帝國的民間社區和民間組織〉，《燕京學報》8（2000）：59-85；五井直弘，《漢代の豪族社會と國家》（東京：名著刊行會，2001）；池田雄一，《中國古代の聚落と地方行政》（東京：汲古書院，2002）；江村治樹，《戰國秦漢時代の都市と國家》（東京：白帝社，2005）；佐竹靖彥，《中國古代の田制と邑制》（東京：岩波書店，2006）；高村武幸，《漢代の地方官吏と地域社會》（東京：汲古書院，2008）；許宏，《先秦城市考古學研究》（北京：北京燕山出版社，2000）；周長山，《漢代城市研究》（北京：人民出版社，2001）；曲英杰，《古代城市》（北京：文物出版社，2003）；張繼海，《漢代城市社會》（北京：社會科學文獻出版社，2006）；趙沛，《兩漢宗族研究》（濟南：山東大學出版社，2002）；李卿，《秦漢魏晉南北朝時期家族、宗族關係研究》（上海：上海人民出版社，2005）；閻愛民，《漢晉家族研究》（上海：上海人民出版社，2005）；馬新，《兩漢鄉村社會史》（濟南：齊魯書社，1997）；齊濤，《魏晉隋唐鄉村社會研究》（濟南：山東人民出版社，1994）；侯旭東，《北朝村民的生活世界》（北京：商務印書館，2005）。

題，不得不依賴古代文獻裡極為零碎，或者難以分辨真偽的描寫，作一些不免以偏概全的論述。先秦古籍裡曾有各式各樣對一般人民生活、習性、風俗倫理、農牧工商或土地分配等等的描述，可是其中出現的詞語如「民」、「人」、「臣」、「奴」、「宗族」、「百姓」、「三族」、「五服」、「井田」、「開阡陌」、「初稅畝」、「作丘甲」、「五口之家」、「山澤之禁」等等應如何理解，有幾分事實，又有幾分是理想，千百年來聚訟，至今不已。

　　曾綜合諸家，較有系統地描述古代中國基層社會的無過於班固。他在《漢書·食貨志》篇首，曾以一位漢世儒生的觀點，綜述了三代以降古聖先王如何開創了一個黃金時代，其後又如何一步步走向墮落衰敗。〈食貨志〉開篇先引《洪範》，說明八政以食、貨為首。接著描述聖王如何築城郭，均土地，使民有業有居，如何開市場，通有無，又如何設庠、序，施教化。如此士、農、工、商四民，得以各安其生。

　　緊接著進一步談井田制：六尺為步，步百為畝，畝百為夫，夫三為屋，屋三為井，井方一里，是為九夫。這方一里的土地由八家平均共享，各受私田百畝，其中公田十畝，如此用於耕種的田地有八百八十畝，餘二十畝作為居住的廬舍之用。這八戶人家「出入相友，守望相助，疾病相救，民是以和睦，而教化齊同，力役生產可得而平也。」不僅如此，又描述了城郭之中和郊野百姓的戶口編制，郊野叫作廬，城中則有里。凡五家編為一鄰，五鄰為一里，四里為一族，五族為一黨，五黨為一州，五州為一鄉，如此一鄉共有一萬二千五百戶。各里設一序，各鄉設一庠，當作教化的機構。

　　春秋兩季農活忙碌的時節，每天太陽一出來，里中的百姓都要外出幹活，管理一里的里胥坐在里門房右邊，鄰長坐在左邊，監看大家的離去；太陽下山，又要監督所有的人都回了家。回家時，大家要帶著輕重相當的柴薪，不能讓白髮老者提得過重。

冬天，農活結束。年輕的孩子，八歲開始到庠序中受教育，先進入小學，學寫字、算術等基本功課以及長幼禮節；十五歲入大學，進一步學習先聖禮樂和朝廷君臣之禮；其中優秀的，一層層選拔上去成為天子的官員。被選上的俊秀，如果才德相當，則用比賽射箭的方式，決定官爵高低。

商、周的古聖先王建立了這樣井然有序，美好和樂的黃金世界，卻在周王室衰落後，崩潰了。春秋戰國以後，政令不信，貴詐力而賤仁義，災害生而禍亂作。五口一家的農夫，耕田百畝，辛苦終年，卻迫於徵斂，難以為生。秦孝公用商鞅之法，廢去井田，另立田制，結果百姓有錢的愈來愈富，貧窮的愈來愈窮。始皇兼併天下，對外大事征伐，對內大興土木，橫徵暴斂，弄得「男子力耕，不足糧餉，女子紡績，不足衣服」，最後激起民怨，失掉天下。接著班固又長篇徵引漢初才子賈誼和武帝時大儒董仲舒的議論，指出在幾百年的亂世之後，應如何步武先聖先王，重建太平盛世。

班固筆下古代基層社會的面貌，很顯然受先秦經典和諸子書的影響，是同一個論述脈絡下的產物，夾雜著真實與理想，好惡與議論。要釐清真相，很不容易。千百年來之所以聚訟不已，一方面是因為大家對這些描述的理解和判別不同，一方面也因為缺少其他可以參照的材料。近幾十年來考古材料不斷出土，恰恰提供了新的參照點，為了解古代基層社會帶來曙光。

三、秦漢地圖上的聚落形態

（一）放馬灘和馬王堆地圖的基本性質

近年研究中國古史的學者十分幸運，居然有機會看見約兩千一百甚至兩千兩百多年前畫在松木板和帛上的秦漢地圖。

先談木板上的地圖。1986年3月,甘肅天水市小隴山林業局黨川林場在放馬灘護林站修建房舍時,偶然發現了古代墓葬群。放馬灘地處秦嶺山脈中部,海拔1400至2200公尺,是渭河和黨川河的分水嶺,東臨陝西的寶雞和鳳縣,西距著名的麥積山佛教石窟只有20公里。考古家在這裡共發掘了墓葬14座,出土文物甚多,其中一號墓出土了戰國時期秦代的木板地圖七幅(圖1.1-1.6),五號墓出土了西漢初期的紙質地圖殘片一件[6](圖4.1-4.2)。

七幅木板地圖分在四塊板上,其中三塊兩面有圖,一塊一面有圖。四塊木板長度都在26.5公分左右,寬15至18公分,厚約1公分。地圖的年代,發掘者定在秦王政八年(239BC),李學勤先生認爲在昭王卅八年(269BC)左右。從地圖附注的文字看,字形篆味較濃,應早於馬王堆帛地圖上的隸書字。距今兩千兩百多年前的放馬灘地圖無疑是目前所知,中國出土時代最早的地圖。

馬王堆三號墓墓主是長沙國相軑侯利倉之子。其墓東邊廂的漆盒內出土了共約十餘萬字的古佚書,也包括三幅帛畫地圖。除去其中一幅僅勾畫建築,所謂的城邑或園寢圖[7],真正具有較大範圍地圖意義的是描繪長沙國南部所謂的地形圖和駐軍圖。學者據字形、避諱各種線索研究的結果,證明這個漆盒中的古佚書應是由不同的人抄寫於漢代以前至漢初文帝初元三年左右。這些地圖的製作時代一般認爲和呂后七年(181BC)南越王攻打長沙國南部邊境到漢文帝元年(179BC)罷兵以前的長沙國緊張情勢有關。

---

6 甘肅省文物考古研究所、天水市北道區文化館,〈甘肅天水放馬灘戰國秦漢墓群的發掘〉,何雙全,〈天水放馬灘秦墓群出土地圖初探〉,《文物》2(1989):1-11,12-22。

7 韓仲民先生認爲有可能是園寢圖,徐蘋芳先生認爲應是城邑圖。韓、徐意見請參徐蘋芳,〈馬王堆三號漢墓出土的帛畫「城邑圖」及其有關問題〉,收入《中國歷史考古學論叢》(臺北:允晨出版公司,1995),頁105-114。

　　馬王堆和放馬灘地圖雖有木、帛質地之異,基本性質應該極為類似。我傾向於相信軟侯之子曾在箭道擔任重要官職,其墓中的兩幅帛圖相互關聯,大家所說的那幅「駐軍圖」應該是箭道封域圖,另一幅「地形圖」則是顯示箭道和周邊較大範圍內自然山川形勢和人為建置的示意圖。這麼說,是基於和放馬灘地圖性質的比較。請先看看這兩墓出土的地圖,在紛紜的眾說中,有哪些大家比較能共同承認的特點和類似之處:

1. 地圖都出土於墓葬,一繪於帛,一繪於木板;木板地圖繪製年代早於帛圖,其間相差約數十年,不到百年。也就是說它們時代相差不算太遠,有可能是類似喪葬習俗下的產物。

2. 出土墓葬的地點一在今湖南長沙,西漢初年的長沙國,一在今甘肅天水,秦漢的氐道及其附近;在空間上,它們都處在秦漢帝國西或南部較邊緣的地帶。

3. 馬王堆出土的兩幅地圖相互有關,所謂的「駐軍圖」(或應正名為箭道或箭道封域圖)[8] 是所謂「地形圖」的一個區域,而天水放馬灘的幾幅地圖也相互關聯。木板圖上所畫的地區有重疊,地圖可分為總圖和分圖,儘管哪一或兩幅為總圖,哪些是分圖,學者意見有不同。換言之,兩墓地圖的一個共同特色是最少有一幅較大範圍的「總圖」,另有某一或某些區域,較小範圍內的「區域圖」。

4. 不論總圖或區域圖,基本上呈現的其實都是某一地區區域性質的地圖,而此區域都和墓主生前的經歷或活動有關[9]。

8　參附錄:〈論馬王堆漢墓「駐軍圖」應正名為「箭道封域圖」〉。

9　過去大家傾向於認為它們應是墓主生前實用過的地圖。私意以為它們比較像是依據實用地圖,專為陪葬所複製的明器,因而或許較為簡略和不準確,詳後文及附錄。

5. 地圖的畫法和內容有很高的相似性。不論帛或木板地圖無疑都以水系為主，顯示水系的主幹和支流，標注水名、地名、道里數，也都利用文字以外的標示符號(如在標注文字外加方框、亭形符號、關隘符號，以篆形山字和曲線相連象徵山脈)，以象徵自然地形或人為建置。放馬灘和馬王堆地圖在內容上繁簡不同，在畫法上精粗有別，然而圖例上有相承相似之處(例如都以墨筆線條表示山川，以方框和文字注記地名等)。

6. 就地圖而言，一個關鍵的相似處是這些地圖的精確度都不高，僅僅是示意而已。自從兩墓地圖出土以後，不論是地圖的整理者或歷史地理學者花了極大的精力試圖比定這些地圖的實際地理位置，迄今都最少各有四五種以上的說法，難以取得共識[10]。大家比較能同意的是放馬灘地圖所示應是墓主生前活動所在的區域，也就是秦漢的氐道及其附近地區，馬王堆地圖則以和西漢桂陽、齕道相鄰的箭道及其周邊地區為範圍。它們準確的範圍恐怕都無法在今天的地圖上清楚地標示出來。

氐道和長沙國南部的箭道相距甚遠，一在秦帝國西陲，一在漢帝國的南緣。遙遠的兩地卻在數十或百年，相距不算太長的時期內，出土如此相似的地圖，不能不令人好奇是什麼因素促成了這樣的現象？

---

10 參何雙全，〈天水放馬灘秦墓出土地圖初探〉，《文物》2(1989)：12-22；曹婉如，〈有關天水放馬灘秦墓出土地圖的幾個問題〉，《文物》12(1989)：78-85；張修桂，〈當前考古所見最早的地圖——天水放馬灘地圖研究〉，《歷史地理》10(1992)：141-161；藤田勝久著，李淑萍譯，〈戰國時秦的領域形成和交通路線〉，《秦文化論叢》第6輯(西安：西北大學出版社，1998)，頁141-161；雍際春、黨安榮，〈天水放馬灘木板地圖版式組合與地圖復原新探〉，《歷史地理論叢》4(2000)：179-192。陳松長，《帛書史話》(北京：中國大百科全書出版社，2000)，頁82。

　　這些地圖依我看，恐怕不是學者通常所說和南越國入侵有關的駐軍圖、防區圖或守備圖，而是秦漢邊地縣、道一級地方官吏通常使用的行政地圖[11]。地方官員死後，以這樣的地圖陪葬，應是秦至漢初，某些地區這類官吏的一種習俗[12]。這背後的思維，應該和秦始皇陵「上具天文，下具地理」的設計理念有異曲同工之妙。也就是說，不論中央或地方的統治者以不同的形式和規模，將他們生前所治理的世界帶入或重現於地下。始皇是天下之主，其陵墓利用各種形式的陪葬物、建築或雕畫，具體而微地呈現出「天下」[13]。近年從事秦漢都城和帝陵考古的學者幾乎一致認為秦漢帝陵有意模仿都城或宮城的規模[14]，而帝都宮室又是天下的縮影。《三輔黃圖》提到咸陽故城時說秦始皇更命信宮為極廟，「象天極」，築咸陽宮「以則紫宮」，「渭水貫都，以象天漢，橫橋南渡，

11　參邢義田，〈論馬王堆漢墓「駐軍圖」應正名為「箭道封域圖」〉《湖南大學學報（社會科學版）》5（2007）：12-19。修訂稿見本文附錄。

12　在放馬灘五號墓中另出土有墨繪山脈線條的紙質地圖殘片。因太過殘碎，無法多論，但不同的墓有類似的陪葬地圖，多少可以證明以某種材質繪製的地圖陪葬，似乎是秦至漢初，某些地區的地方官吏的一種習慣。

13　參巫鴻，〈說「俑」──一種視覺文化傳統的開端〉，《禮儀中的美術》（北京：三聯書店，2005），頁610：「綜合陵園內的這些現象，我們可以清楚地看到兩重圍牆之內的中央區域是秦始皇的私人領地，兩重圍牆之間代表他的宮圍。圍牆外面的廣大地區則象徵著秦帝國，所埋葬的朝臣、奴隸和仿製的地下軍隊反映了秦代的國家機構。」

14　劉慶柱、李毓芳，〈關於西漢帝陵形制諸問題探討〉，《考古與文物》5（1985）：102-109；潔西卡‧羅森〈中國的統一：一個宇宙的新圖像〉、趙化成〈秦始皇陵園布局結構的再認識〉、梁云〈「漢承秦制」的考古學觀察與思考〉，三文都收入《遠望集──陝西省考古研究所華誕四十周年紀念文集》（西安：陝西人民美術出版社，1998），頁453-490，501-508，533-543；段清波，〈秦始皇陵園K0006陪葬坑性質芻議〉，《中國歷史文物》2（2002）：59-66；焦南峰，〈左戈外池──秦始皇陵園K0007陪葬坑性質蠡測〉，《文物》12（2005）：44-51；〈漢陽陵從葬坑初探〉，《文物》7（2006）：55-56；〈試論西漢帝陵的建設理念〉，《考古》11（2007）：78-87。

以法牽牛」；又說漢築長安，「城南爲南斗形，北爲北斗形」[15]。班固〈西都賦〉說：「其宮室也，體象乎天地，經緯乎陰陽，據坤靈之正位，倣太紫之圓方」[16]。這些說法都是象徵性的，不必去和實測的城或宮一一對應。重要的是帝都宮城對應的「天文」，也正是象徵性的「地理」，也就是天下。生前的宮城如此，死後的陵墓自不例外。

　　城和墓能如此「法象天地」的只有皇帝；皇帝以下，陪葬帝陵的諸侯王、二千石等不同秩級的官員，其「墓園至少能代表其王國的都城，甚至象徵著其所管轄的整個諸侯王國」，雖然西漢二千石官員的墓還不能確實辨認，但從新莽以後的十餘座二千石官員墓規模看，「其墓葬形制的流行趨勢應與列侯墓大致相同。」[17]換言之，秦漢的諸侯王和地方官員隨身分高下，是以較爲簡單卑微的陪葬物和規模，呈現他們是「一方」之主。木、帛或紙上某一地的地圖正是「一方」的象徵。此外，以一鄉、一縣或一郡的戶口簿、算簿、集簿，或官印陪葬，物品不同，象徵的意義殊無二致。陪葬的簡牘文書或地圖，雖然可能是生前實用之物，性質上應該都是副本(漢代稱之爲「副」)，而官印則是仿製品。真正的官印和文書圖籍正本，在正常情況下，不太可能用來陪葬[18]。

15　何清谷，《三輔黃圖校注》(西安：三秦出版社，1998)，頁20-21，58。

16　蕭統編，李善注，《文選》(臺北：文津出版社，1987)，卷1，頁11。

17　焦南峰，〈試論西漢帝陵的建設理念〉，《考古》11(2007)：82。

18　墓葬出土官印非原印說，參羅福頤，《秦漢南北朝官印徵存》(北京：文物出版社，1987)，前言引羅福頤語，頁1-2。秦漢官府圖籍除正本，多抄製有副本。官員除了私人文書，或可保有若干與個人有關的公家圖籍副本，正本無疑須藏之官府，像官印一樣，列入交代，幾不可能用以陪葬。睡虎地秦簡《秦律十八種》〈效律〉曾有一條針對儲糧單位之佐、史免職或調任，其長官嗇夫與離任、接任者及同一官署留任者，在不同情況下職務交接上的責任劃分。相關討論參邢義田，〈漢代書佐、文書用語「它如某某」及「候粟君所責寇恩事」簡冊檔案的構成〉，《中央研究院歷史語言研究所集刊》70.3(1999)：568-569。由此一例可以推想，官吏一旦死亡，其所經手的官府文書亦必在交代之中。墓中出土典籍類的簡帛，抄錄時間或有先後，比較可能屬墓主生前所用，與公文書不宜一體看待。

（二）自然錯落河岸──聚落分布形態的特色

如果承認馬王堆地圖是縣、道一級的行政地圖，則比較好解釋其上爲何沒有駐軍或守備圖通常該有的「敵情」標示，也比較好理解爲何地圖上反而有不少和普通民政較相關的注記。本文關注的正是地圖上注記頗多以里爲名的聚落。

前文已經提到放馬灘和馬王堆地圖的一大相同之處是不論全圖或分圖，明顯都是以水系的主支流爲骨幹。另一個不可否認的相同特色是，圖上標注的居民點幾乎都分布在河流的兩岸。

先來看看放馬灘的木板地圖。放馬灘地圖分畫在幾塊木板的兩面或一面，除了都以水系爲骨幹，在內容上可區分爲三類：（一）圖上只有主支流水系和水名，如第四塊木板地圖AB兩面(圖1.1-1.2)；（二）除水系、

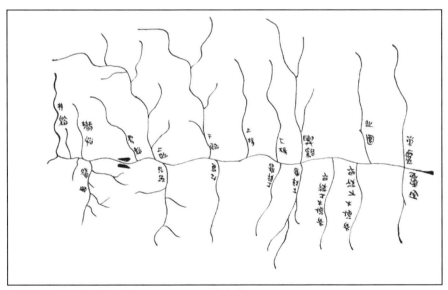

圖1.1

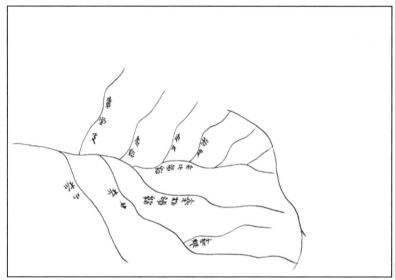

圖1.2

水名，在某些河川兩側有墨塗的符號，象徵關隘，另以文字標注某地有某種樹或可伐之木，又注明去某地若干里，如第二、三塊地圖（圖1.3-1.4）；

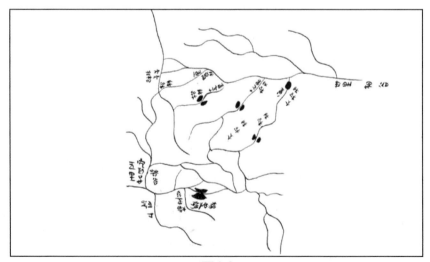

圖1.3

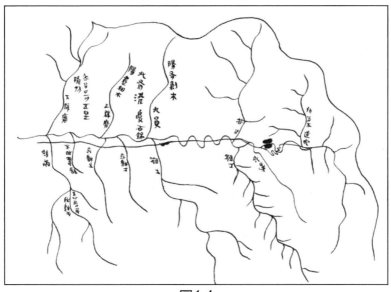

圖1.4

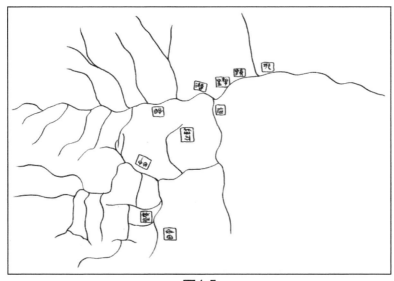

圖1.5

(三)在水系旁有加框或
不加框的地名，如第一
塊地圖(圖1.5-1.6)。在第
一塊地圖B面上還有一
個亭形符號，唯其旁沒
有注記文字。基本上放
馬灘地圖的繪製，不論
繪製的圖例或內容都比
馬王堆的簡略，今天要
完全正確認識，一時還
不太可能。

　　以本文關切的聚
落來說，最有關係的是
第一塊木板地圖。它們
是同一塊木板的兩面。
第一塊地圖A面出現了
十個地名，地名文字外
圍一律用墨線加了方框
(封〔邦〕丘、略、中田、
廣堂、南田、邸、漕、楊

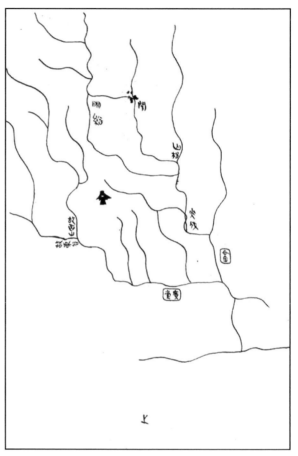

圖1.6

里、貞里、邛)，B面注記了八個地名，其中有水名(明谿)，有關(寫作「閒」)，
有的或是廢置的行政單位名(「故」西山、「故」東谷)，有地名(山格、
永成)，也有文字外加方框的地名(中田、廣堂)。因為兩圖出現了相同的
地名(中田、廣堂)，兩地附近的河流地形又相似，幾乎所有的學者都同
意這兩面畫的應是部分重疊的同一個區域。遺憾的是這些地名，除了邸，
都無法和傳世文獻對應。「邸」字之釋，原發掘者釋作鄴，認為即文獻

中的邽縣，也就是邽丘[19]。但有不少學者認爲應釋作邸，也就是秦漢的氐道[20]。我也同意釋作邸較好，但是爲何作爲縣道一級的單位，在圖上會使用和「楊里」、「貞里」鄉里一級單位完全相同的方框符號？令人困惑。一個可能的答案是這份地圖是爲陪葬而複製，非供實用，在複製時不經心造成了符號體例上的錯誤。由於明器屬「貌而不用」（《荀子·禮論》）之物，錯誤也就不去更正了。

不論如何，放馬灘第一塊地圖AB兩面可以肯定兩點：第一，肯定有里的存在。不過也必須指出：在A面十個注記名稱的地點中，以里爲名的只有兩個，它們彼此的層級或隸屬關係並不清楚。第二，不論圖上這些居民點屬於那一個層級，在分布的形態上，看不出曾經歷人爲的規劃，而比較像是依水土之宜，自然錯落在河流的兩岸。這樣的聚落分布形態和馬王堆地圖上所見極其相似。

由於放馬灘地圖十分簡略，關於聚落形態僅能作以上粗略的觀察。接著來看看馬王堆的地形圖和箭道封域圖。這兩圖的一個共通處是都以文字外加圓圈的方式注記了許多表示居民點的某某里，甚至注明某里戶數及現今人口狀況。地形圖有57個里名及其他地名共八十多個，以及陸路交通線近20條。箭道封域圖涵蓋的區域，以箭道爲中心，和地形圖部分重疊，呈現的區域比地形圖小，里名則有42個，也有稱作「部」的地點四處。

張修桂曾注意到地形圖的鄉里分布有以下的現象：

> 地形圖鄉里的分布有一個十分奇特的現象，即幾乎所有的鄉里都是分布在深水支流的兩岸，而深水主幹的兩岸，除深平附近

---

19 何雙全，〈天水放馬灘秦墓出土地圖初探〉，頁20-21。

20 曹婉如，〈有關天水放馬灘秦墓出土地圖的幾個問題〉，頁79；胡平生，《長江流域出土簡牘與研究》（武漢：湖北教育出版社，2004），頁235。

的三個居民點之外，絕無鄉里設置。這究竟是什麼原因？我認
為當與深水的洪水氾溢有密切關係。當時社會生產力比較低
下，先民，尤其是這偏僻的山區先民，尚無能力抗禦洪水所帶
來的災害。因此只能把鄉里設置在地勢較高的支流兩岸。這裡
既可取水，又不致遭沒頂之災。正因為當時先民無法克服洪水
泛濫之災，所以寧可放棄深水幹流兩岸肥沃的土地，而去開發
土地顯然較為瘠薄的支流域地區。結果就形成了深水幹流反而
沒有居民點的局面。聚落尚未下山，說明這種聚落還處在比較
原始落後的狀態[21]。

　　姑不論是否因為洪水使得深水主幹分布著較少的居民點，也不論聚
落是否「尚未下山」，「處在比較原始落後狀態」（由於地圖沒有等高線，
且不夠精細，從地圖實看不出以上這兩點），不可否認的是幾乎所有的居民
點都分布在河流的兩岸。

　　這不禁使我想起《史記・龜策列傳》褚先生補的一個宋元王時泉陽
令使吏「按圖索人」的故事。據說宋元王二年，元王夢有泉陽漁人豫且
得神龜[22]。遣使者求之：

　　　於是王乃使人馳而往問泉陽令曰：「漁者幾何家？名誰為豫
　　　且？豫且得龜，見夢於王，王故使我求之。」泉陽令乃使吏案
　　　籍視圖，水上漁者五十五家，上流之廬，名為豫且。泉陽令曰：

21　張修桂，〈馬王堆地形圖測繪特點研究〉，收入曹婉如等編，《中國古代地圖
　　集 戰國—元》（北京：文物出版社，1990），頁6。

22　于豪亮曾據梁玉繩《史記志疑》指出這個故事演化自《莊子・外物》。《莊子・
　　外物》有元君夢余且事，但並無下文所引一段。參于豪亮，《于豪亮學術文存》
　　（北京：中華書局，1985），頁244-245。

「諾。」乃與使者馳而問豫且曰：「今昔汝漁何得？」豫且曰：「夜半時舉網得龜。」（頁3230）

泉陽令所案之圖籍，顯然是縣治內某種行政地圖。圖上標明了河流和沿河人戶之數（55家），甚至姓名及其居處所在（「上流之廬，名為豫且」）。這比馬王堆地圖上所見似乎更為詳細。在同一個故事裡，宋元王的博士衛平為元王解說聖人之所為，說道：「夫妻男女，賦之田宅，列其室屋，為之圖籍，別其名族。」（同上，頁3232）可見其時圖籍上，可能已注明百姓的家族、男女人數和田宅等資料。

戰國時代地方行政地圖的傳統，無疑被一統的秦漢帝國所繼承。有趣的是在不同的區域，人群聚落不論為了打漁、農耕、生活取水或交通，都明顯沿河流而分布。

泉陽令之圖和長沙國之圖有一大不同，即前者完全沒有提到里或其他縣以下的地方行政單位，後者則沿水系注記了數十個，絕大部分以里為名的聚落。

過去有不少學者爭論古代聚落的性質是自然村或行政村。如果以放馬灘和長沙國箭道封域圖和地形圖顯示的情況判斷，在這些區域因地形等自然條件形成的聚落，無疑是和地方行政中的鄉里組織重疊在一起。在放馬灘的地圖上可以看見里，但有更多並未標明是里；在馬王堆的地圖上則以里占絕大多數，很少其他可稱之為自然聚落的居民點，而沿河主支流不規則分布的居民點，無疑是隨地理形勢和生活環境之宜，自然形成的；絕大部分（最少形式上）也都納入了里的組織，有了里名。

馬王堆地圖中的里，可被視為自然聚落的另一個證據是，42個里中有21個注明了戶數。從戶數多寡看不出這些里曾依一定的標準，經過一致化的人為編組。其戶數多少極不平均，多者如龍里可達108戶，也有八十餘戶、五十餘戶、四十餘戶、三十餘戶、二十餘戶者，少者如乘陽

里、波里和資里不過17至12戶。這應是聚落人口原本不一,自然存在的狀態。這樣的里就戶數論,只能看成是自然聚落,或如張金光先生所說是鄉野之里,而絕不是經過「一里若干家」規劃的城邑之里[23]。

令人納悶的是箭道封域圖上不見任何鄉名,而鄉在地方行政上的重要性已由近年出土的律令簡牘資料一再證明[24]。這是怎麼一回事呢?有些學者相信圖中的「部」應相當於鄉[25]。戰國時,這一帶原本是楚地。從時代屬於西元前4世紀末的包山楚簡看,楚地原有州、里等基層組織,但不見有鄉[26]。這些地方到秦漢時,仍然沒有鄉嗎?這個問題雖然一時難有確切的答案,但封域圖所繪的範圍到底有多大?如果能夠大致推定,則有希望了解西漢初長沙國南部一個角落裡的聚落,到底是如何組織的,在縣里之間是否有鄉一級的單位。

幸好圖上有些注記頗有助於推定封域圖的大致範圍。從圖西南角的石里到故乘城有50里,到圖中央的箭道有60里,封里到箭道也是50里,那麼就可依比例推估略呈方形的箭道封域邊界,一邊約在百里左右,恰恰合於《漢書・百官公卿表》所說的一縣「大率方百里」。如果這一估計尚非無理,也就可以證明過去所謂的駐軍圖或守備圖,在性質上,更準確地說,應是箭道圖或箭道封域圖。

在這個基礎上,如果比較封域圖和地形圖重疊的部分,不難發現若干里名如石里、波里、利里、胡里、綱里,重覆出現在兩張地圖大致相對應的位置上。在相對應同樣的區域內,封域圖注記的居民點常多於地形圖。由於封域圖還有里戶數、人口動態、各地間距離和里與里合併等

23 參張金光,《秦制研究》(上海:上海古籍出版社,2004),第九章,頁597-602。
24 參邢義田,〈張家山漢簡《二年律令》讀記〉,《燕京學報》15(2003):11-12。
25 參張修桂,〈馬王堆地形圖測繪特點研究〉和傅舉有,〈馬王堆漢墓出土的駐軍圖〉,收入曹婉如等編,《中國古代地圖集 戰國—元》,頁6,10。
26 參陳偉,《包山楚簡初探》(武漢:武漢大學出版社,1996),頁84-85。

的記錄，這大有助於我們認識一定範圍內聚落的分布和聚落前後變動的
情形。

首先，如果大家同意地形圖繪製的時間早於封域圖，而且它們之間
有一段數十年不到百年的差距；比較兩圖，其實可以發現在數十年裡，
在大致同一個地區內，以里為名的聚落數量，頗見增加，而不像封域圖
注記留給大家那樣人口流亡或減少的印象。

在這數十年中，有些里持續存在，例如前述的石里、波里、利里、
胡里和絢里。由於它們在兩圖上的相對位置大體上能相互對應，又因為
這些里名沒有重複，因此可以合理推定，兩圖上同名之里就是同一里。
注記中固然說某里併入某里、「戶若干今毋人」或「不反」等等，總的
趨勢應該是聚落增加，或者更確切地說，納入里制的聚落數量增多了。
舉例來說，在兩圖上，石里和波里都出現在同一主河上游兩支流的右岸
（以我們坐北朝南觀看方向為準，左支流封域圖注明為淪水，右支流為蓄水），
這兩支流在封域圖的乘陽里附近會合流入主河。比較一下這兩支流沿岸
注記的里，就可以發現地形圖僅有四里（石里、波里、□里、□□），而封
域圖一度多達八里，而後有些合併（石里、波里、封里、夆里〔并波里〕、
慮里、兼里〔并慮里〕、乘陽里、□〔并陽〕）（圖2、圖3）。另一值得注意
的現象是增加的里，全都集中在淪水的沿岸。在封域圖上，絢里位於智
水的中游，智水北流到智里附近和另一支流滿水會合。滿水沿岸完全沒
有聚落注記。沿智水從上游算起共有用圓圈畫的七個里或部（絢部、絢
里、淄里、沙里、□里、數里、智里），地形圖沿智水只標注了五個里（絢
里、桃里、州里、□里、□里），根本沒有畫出沒有聚落的滿水。

其他的區域如利里和胡里所在的河川沿岸，也有里數增加的情況，
但較不明確。依封域圖，利里和胡里在箭道治所的北方和西北方，分在
兩條支流的沿岸，又在深平城的東南；但是照地形圖，兩里同在一條支
流的南岸，卻位於深平的東北。兩圖所繪差距較大，幾乎無法劃定大致

相應的範圍，進行比較。依我對地圖的理解，封域圖上箭道治所(即圖上以三角形城堡所示者)的位置或許約略相當地形圖上邢里、壘部、壘君(疑君字應作里，形近而誤)之所在。以兩圖全圖而論，這一帶都被注記成聚落較為密集的區域之一。因無法劃定範圍，也就難以估計相應區域內聚落數量的增減。這裡僅提出兩點印象：第一，如果以上箭道位置的

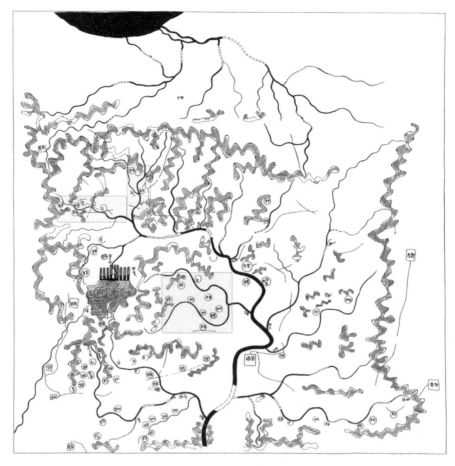

圖2　馬王堆地形圖

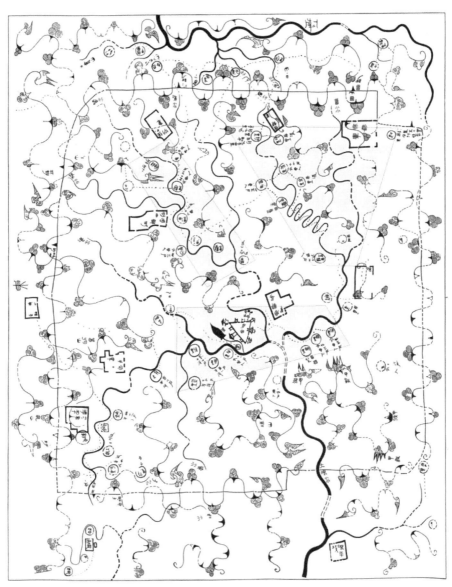

圖3　馬王堆箭道封域圖

比定可以接受，地形圖上的邢里、壘部、壘君(里)等在封域圖上不見了，有可能是因爲設置了箭道，原本鄉野之里的人口被歸入箭道治下的「城邑之里」。第二，這一帶的聚落數量，雖不敢確切說到底有多少，從注記看，似乎沒有減少。可是，一個不個否認的事實是各里注記中有并某里，今冊人或不返者，卻沒有任何一個注記注明戶數增加。其中原因，需要解釋。

我的一個猜想是，這個問題恐怕不能從短期或某一單一事件，如南越國的入侵去理解，而應該從秦漢政府的力量深入地方基層，與地方原本勢力長期拉鋸的角度來思考。出土的地圖是帝國邊陲道一級行政官吏手中的地圖。它們僅僅描繪和注記了某一地區之內，這些官吏可以組織和掌握的部分。所謂組織和掌握，簡單地說是指可以將當地人口納入帝國的鄉里系統，可以徵收賦稅和徭役，可以進行治安和司法管理。從秦到漢代，其所以在帝國邊緣有「蠻夷」的地區設置「道」，正是因爲還不能長期和穩定地控制這些地方。箭道封域圖上所謂某里有戶若干，僅是那些曾被掌握到的，並不表示這一帶山谷中只有這些里戶或人口。

再者，以天水放馬灘的氐道和長沙國南部的箭道一帶來說，文化和民族都比較複雜。這些華夏文化邊緣地帶的居民，不論在主觀的認同上或客觀的存在上，其爲「編民」或「蠻夷戎狄」的界線往往不那麼明確而固定。江陵張家山漢墓出土《奏讞書》中有兩個富於啓發性的案例。一例見於秦始皇廿七年的一件南郡獄簿。獄簿稱呼地方官吏能夠動員去參加「捕盜」的人爲「新黔首」[27]。南郡地當長江中游、漢水和雲夢大澤，原屬楚，昭襄王二十九年(278BC)白起拔郢而後置南郡。五十一年後，也就是秦王政廿年(227BC)南郡守騰下達縣、道的文書裡仍大爲感

---

27 參張家山247號墓竹簡整理小組，《張家山漢墓竹簡(二四七號墓)》(北京：文物出版社，2001)，〈奏讞書〉釋文，頁223-224。

嘆「法令已具」，「而吏民莫用，鄉俗淫泆之民不止」[28]。這些風俗有異，不遵秦法的吏民，有些或是楚人，有些無疑是所謂的蠻夷。

到始皇廿七年，楚亡已久，仍被稱之爲「新黔首」的很可能是新納入編戶的蠻夷[29]。這些蠻夷是否願意成爲黔首，是否甘願以黔首的身分爲秦朝皇帝服務，頗成問題。因爲在另一個漢高祖十一年南郡夷道丞上讞的案例裡，夷道治下的男子毋憂就寧可以蠻夷自居，以蠻夷大男子歲出五十六錢充當繇役爲理由，並以逃亡的行動，來對抗地方官員額外「爲都尉屯」的要求[30]。毋憂拒役而逃亡，而南郡的新黔首被徵發捕盜，帶頭捕盜的官吏一旦戰死，「新黔首恐，操其假兵匿山中」，「黔首當坐者多，皆搖恐吏罪之，又別離居山谷中」[31]。可見這些所謂的新黔首大概原本就習居於山谷中。《後漢書・循吏傳・衛颯》說武帝時：「（衛颯）遷桂陽太守。先是含洭、湞陽、曲江三縣，越之故地。武帝平之，內屬桂陽。民居深山，濱溪谷。習其風土，不出田租。」漢初長沙國箭道正在桂陽之旁。這一帶本是越人的故地，其居民「居深山，濱溪谷」的居住形態和箭道封域圖上見到的頗相符合。這裡的人，在秦代有些或曾被收編，成了「新黔首」；可是，從「習其風土，不出田租」又可證明，

28　睡虎地秦墓竹簡整理小組，《睡虎地秦墓竹簡》（北京：文物出版社，1978），頁15。

29　在漢代文獻和出土文書中常見「故民」、「故胡」與「新降」等詞。新降指新歸順的蠻夷或胡人，故胡指歸順較久者。他們和新黔首類似卻不全同，不論故胡或新降，以可考的例子看，都不入編戶，守其故俗，仍由降漢的胡王統轄。新黔首雖非華夏之民，但身分上已納入編戶，受制於帝國基層官員和鄉吏，故稱黔首。在據推斷屬武帝早期的湖北荊州紀南松柏村一號墓出土的木牘中，有南郡和江陵西鄉的戶口簿，也有一種「歸義簿」，內容雖未刊布，但這應是指歸順的蠻夷，值得注意。參荊州博物館，〈湖北荊州紀南松柏漢墓發掘簡報〉，《文物》4(2008)：29。

30　《張家山漢墓竹簡（二四七號墓）》，〈《奏讞書》釋文〉，頁213。

31　同上，頁224。

一直到武帝時所謂的新黔首不但不見得漢化,有些漢民反而山越化了[32]。

《奏讞書》中的這兩個案例和《後漢書・循吏傳》衛颯的故事可以幫助我們從不同的角度去認識馬王堆箭道封域圖上有關「某里并某里」,「今毋人」或「不返」的注記。也就是說,原在里中的人戶其所以「今無人」或「不返」,並不是因戰爭而死亡或減少,很可能是這些納入里的人戶不堪徭役,亡入山中而不返;也有可能是被徵調到徐都尉軍或周都尉軍的各個駐地,去「爲都尉屯」。可惜已無從知道這些都尉軍是中央或地方軍,也不知屯駐了多久。如果時間一久,即可能造成被徵服役的人戶長期不在本里,或里中人戶減少的局面。這些久屯和逃亡是否進一步造成里的合併?沒有確切的證據,但可能性不能排除。

總之,就政治而言,秦漢帝國地理上的邊緣地帶,往往也是帝國控制力較爲薄弱的地帶。在此邊緣地帶,就文化而言,原居民的文化風俗和中原核心區的主流文化風俗長期處於拉鋸的狀態。文化和政治上的優勢力量並不必然每一刻都居於優勢。某里并某里、今無人或不返,並不意味著人口減少,只是脫離掌控,反映了帝國控制力一時受挫,是拉鋸下長期存在的現象和問題。其原因非常多,可以和南越國的一時入侵有關,也可以完全無關。

經過以上的檢討,或許可以說從秦到漢初,在帝國西部和南部的邊緣地帶,在基層已經出現象徵帝國統治力量的鄉里制。從某個角度看,不能不承認秦漢帝國對地方基層控制之深入[33]。不過,地圖上鄉的存在

---

32 《資治通鑑》卷56「靈帝建寧二年條」胡三省謂:「山越本亦越人,依阻山險,不納王租,故曰山越。」(頁1817)陳可畏先生指出山越中除了東越的後人,還有很多自東漢晚期以來不堪腐敗吏治的漢人亡入山越地區,構成了山越的一個組成部分。參所著〈東越、山越的來源和發展〉,原刊《歷史論叢》第一輯(中華書局,1964),收入中國社會科學院歷史研究所編,《古史文存・秦漢魏晉南北朝卷》(北京:社會科學文獻出版社,2004),頁80-102。

33 近年湖南龍山里耶秦簡透露的信息也可以讓我們看見秦一統天下後,鄉嗇夫任

還不明確(或因在邊地,以都尉及都尉別軍之長,兼理相當於一鄉之民)。所謂的里,明顯是就原本的自然聚落加以編制,各有了里名。各里戶數多寡不一,大概也沒有文獻中描述的各有里門、里垣和掌一里事務的里典或里正那樣標準化的建置;在分布上,顯然隨水土之宜,幾乎全都散布在河川谷地的兩岸。在放馬灘的地圖上除了里,另有許多並不以里爲名的居民點,其性質如何,和里有無行政層級和隸屬上的關係,一時還難說清。其次,這些地圖都是帝國邊陲「道」一級地方行政單位的地圖,在漢代地方建置上,有其特殊性。因此並不適宜由此推想帝國內部較具典型意義的基層鄉里聚落形態。

以下打算將目光轉移到帝國較爲核心的黃河中下游以及帝國東北邊陲,檢視一下這些地方發現的農村和農村院落遺址。

四、從聚落遺址看聚落形態

(一)河南內黃三楊莊遺址

位於河南濮陽西方,接近河南、山東和河北三省交界處的內黃梁莊鎮三楊莊北側,在2003年實施水利工程時,於地表下約5公尺,發現了漢代農村院落遺址七處,初步清理了其中四處。相關正式發掘報告尚待出版。現在所能依據的僅是一些簡略的報導和河南省文物考古研究所和內黃縣文物局2007年1月編印的內部刊物《三楊莊漢代遺址》[34]。

(續)————————————

　　命最基層小小的里典和郵人,也要得到縣級單位的同意。參邢義田,〈湖南龍山里耶J1(8)157和J1(9)1-12號秦牘的文書構成、筆跡和原檔存放形式〉,《簡帛》第一輯(2006),頁275-276。

34　劉海旺、朱汝生,〈河南內黃三楊莊漢代聚落遺址〉,《中國文物報》2006.1.13;河南省文物考古研究所,《文物考古年報2003》;河南省文物考古研究所、河南省內黃縣文物局編,《三楊莊漢代遺址》(2007)。《三楊莊漢代遺址》一書承徐蘋芳先生寄贈,謹此申謝。又參劉海旺,〈新發現的河南內黃三楊莊漢代

　　三楊莊漢代遺址曾由河南省文物考古研究所對部分遺存進行了初
步探勘和清理。探勘總面積迄今已達約100萬平方公尺。清理後初步判
定，十三處遺存均為漢代庭院建築。三楊莊位於黃河故道旁，因黃河的
某一次氾濫而被完全淹沒。全面發掘正在進行中，目前較清楚，報導也
較多的僅限於9,000平方公尺內的四處庭院遺存。

　　第一處庭院建築遺存位於三楊莊村北約500公尺，已鑽探面積為
3,600平方公尺。在鑽探範圍的南部和北部都發現了夯土遺存，南部有
道路遺跡，寬約4公尺左右。這些遺跡都距現在地表深5公尺左右（圖
4.1-4.2）。

圖4.1　第一處庭院俯瞰局部

圖4.2　主房北面瓦頂保存原狀
（由東向西）

　　庭院遺存已清理面積約四百餘平方公尺。清理出的遺跡有庭院圍
牆，正房的瓦屋頂、牆體磚基礎、坍塌的夯土牆、未使用的板瓦和筒瓦、
建築廢棄物、拌泥池、灶、灰坑等。出土輪盤、盆、甕等陶器。已清理

（續）─────────────────────────

　　遺址性質初探〉，《簡帛研究二○○六》，頁297-301。

的部分應當為整座庭院(應為二進庭院)的第二進院落的一部分。其中有一部分尚未使用的板瓦、筒瓦仍被整齊地疊壘在第二進院落的東部。從主房東北側有一堆筒板瓦碎塊(為建築廢棄物)，西南側有一小的拌泥池，推測主房在維修過程中遭遇洪水而沒能完成。由於洪水過後這裡成了黃河河道的一部分，維修時的原狀，得以保存下來。

第二處庭院遺存位於三楊莊村西北，東距第一處庭院遺存約500公尺(圖5.1-5.5)。這一遺址揭露較為完整，遺址總面積近2,000平方公尺。庭院的平面布局從南向北依次為：第一進院南牆及南大門、東廂房、

圖5.1　第二處庭院俯瞰

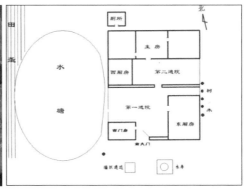

圖5.2　第二處庭院平面示意圖

圖5.3　益壽萬歲瓦當

圖5.4　泉貨

圖5.5　石磨

西門房,第二進院南牆、南門、西廂房、主房等。南大門外偏東南約5公尺處還有一眼水井及通往水井的用碎瓦鋪設的便道,水井壁是用小磚(與房基用磚相同)圈砌,井口周圍用同樣的磚鋪砌成近方形的井臺。水井的周圍分布有水槽、盆、甕等陶器和石磨等石器。水井西側約5公尺處,有一編織遺存。遺存四角為三塊磚壘成的四個分布呈長方形的磚垛,磚垛內堆積有不少長10公分,寬5公分的磚塊,磚塊的中部刻有可以纏線(或細繩)的凹槽。推測該處可能為編製秸稭或草席類物品的遺跡。庭院西北角有一帶瓦頂的廁所。在庭院的西側,清理出一個圓形水塘。在庭院遺址內及南大門外、水池內,清理出五個大石臼、兩個小石臼、石磨、石碾等石器,陶水槽、碗、甑、盆、罐、豆、甕、輪盤等陶器,銅鏃、鐵犁、釜、刀等金屬器;主房瓦頂東側表層初步清理出帶有「益壽萬歲」字樣的筒瓦數件;二進院內西部地面已清出三枚「貨泉」銅錢。

第三處庭院建築遺存位於三楊莊村北,東北距第一處庭院遺存近100公尺(圖6.1-6.5)。該庭院建築遺存揭露得也較為完整,面積大約有900平方公尺。庭院的平面布局從南向北依次為:第一進院南牆及南大門、南廂房,第二進院牆、主房等,庭院東西兩側有牆。庭院東西牆外分別有一條寬窄、長度大致相同的水溝,西側水溝分為南北兩段。南門外西側有水井一眼,井壁的用磚及砌法與第二處庭院的水井相同,但沒有磚鋪的井臺。庭院後有一小的建築遺存,可能是廁所。主房北側和東側發現有兩排樹木殘存和大量留在泥塊上的樹葉遺痕。從樹葉遺痕初步判斷,多為桑樹和榆樹。南廂房夯土南牆(也為整個庭院的南牆,已經倒塌)的版築塊狀大小清晰可辨。特別是在該庭院的東西兩側水溝外和後面(北側)清理出有排列整齊,十分明晰的高低相間的田壟遺跡。田壟多為南北走向,但也有東西向的。田壟寬度大致在60公分左右。在南門外一塊活動場地的南側,發現多處清晰的車轍和牛蹄印跡。這裡也是農田,

圖6.1　第三處庭院俯瞰

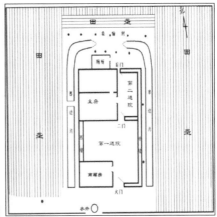

圖6.2　第三處庭院平面示意

圖6.3　第三處庭院西側田壟遺跡

圖6.4　泥上的樹葉印痕

圖6.5　牛蹄印

且有一條不寬的東西向可和第二處庭院遺址相連的道路。在庭院內外的地面上散落有石碓、小石臼、陶甕、陶盆等遺物,同時還發現有半枚「貨泉」銅錢。

　　第四處庭院建築遺存位於第三處庭院遺存東25公尺,大致上東西並排,尚未完整清理與揭露(圖7.1-7.2)。平面布局和第三處庭院遺存類似,但西側沒有邊溝,而有一排南北向的樹木;院後有一附屬遺跡,與第三處庭院遺存類似,可能是廁所。廁所後也栽種有樹木,並有一方形坑。

圖7.1 第四處庭院俯瞰　　　圖7.2　東邊溝、方坑、廁所及樹木遺痕

　　另外,在第一處庭院遺存與第二處庭院遺址之間的原開挖渠道內,還發現有兩處漢代建築遺存。其中在第二處庭院遺址西北500公尺處,發現了面積超過10,000平方公尺的建築遺存,性質尚不明。在這些遺址間另發現若干漢代道路遺跡。依寬窄,可分為主幹道(最寬約40公尺)、次幹道(寬約5公尺)和小道(庭院和主幹道相通的道路,約寬3公尺)。

　　這個被宣揚為「古代中國的龐貝」的農村院落遺址,無論性質和規模都大不同於羅馬時代的龐貝城。但是對認識漢代的農村聚落形式,無疑是迄今最為珍貴,也最為具體的標本,其重要性不會因為不是龐貝而

稍減。根據公布的資料，已可證實：

第一，三楊莊遺址無疑是西漢至王莽時代，一處鄰近黃河中下游，位居關東核心地區農業聚落的一部分。出土的大量農具、田壟和牛蹄印跡，無不證明庭院遺址的主人以農為業，其為農居遺址幾乎一無可疑。

第二，四處庭院建築內外出土大量和整排的瓦片、瓦當和木椽遺痕，證明漢代農舍使用夯土牆、木椽和瓦頂。這和下文將提到的遼陽三道壕西漢村落建築用料相似。

第三，第三處庭院遺址出土有鐵犁、鐵鐮、鐵犁鏵等農具，又出現牛蹄印痕，直接證明了西漢牛耕和鐵製農具使用於關東地區的農村。遼陽三道壕西漢村落也出土了大量的鐵製農具。

第四，第二和第三處庭院都出土了王莽時代的泉貨，量雖不多，但這是以最直接的方式證明了貨幣是當時農村經濟生活的一部分。遼陽三道壕西漢村落出土貨幣數量更多。貨幣在漢代農村經濟中的重要性已無可置疑。

第五，農舍有兩進院落，外有牆、溝，有大門，內外有樹，有井，耕地即在農舍周圍。這樣的的布局在漢代應具有一定的典型意義[35]。

第六，由於耕地即在農舍庭院的四周，這四處庭院的分布又並不整齊相鄰，幾乎可以證明文獻中所描述的那種「室居櫛比，門巷修直」的里，應較可能存在於長安這樣的城邑，或如陽陵、茂陵為遷徙富豪和二千石以上而新建的帝陵邑，或為安置流民、屯卒而在邊塞或內郡新建的屯墾區。睡虎地秦律簡中曾出現「里門」，然而是和「邑邦門」同時出現，可見比較可能是指城邑中的里。居延邊塞簡牘文書經常提到里，有不少無意中透露了里的形制，但這些里無疑是邊塞沿線為屯墾之民開闢

---

35 相關討論可參前引劉海旺，〈新發現的河南內黃三楊莊漢代遺址性質初探〉，頁297-301。

的居住區。它們頗像漢初鼂錯徙邊議中所描述那樣的移民社區,有較為整齊的規劃。一般農村聚落即使納入鄉里編制,其原本取決於地理自然條件和農耕活動方便性的居住形態大概不會改變;也就是說,不會僅僅因為行政管理的便利或里制的畫一需要而遷移、分割或集中。

(二)河南遂平小寨漢代村落遺址

不過這似乎又難以一概而論。因為在河南南部今漯河市南的遂平縣小寨村曾發現了一個據報導從戰國末持續到東漢的村落遺址,其布局似乎又相當緊密有序[36]。

1975年河南省遂平沙河岸邊因洪水沖刷,岸邊漢代村落遺址中的路面、水井、大量建築用的瓦筒、板瓦和陶器等殘跡暴露出地面。村落遺址清理後,東西長約400公尺,南北寬約300公尺。遺址內「排列著七條道路,東西方向六條,南北方向一條」,另有六行水井。「井行和道路平行,布局十分密集,形成了一個完整的村落整體。」[37]報導中又說第一號路位於遺址中部,東西向,殘長144公尺,寬5.5-7.5公尺。第七號路位於遺址中部,南北向,長210公尺,寬14公尺,南端與一號路中部交會,形成丁字街口。第六號路位於遺址的西北,東西向,殘存三段,連接起來長約27.5公尺,寬約1-2公尺。路南為第四行井,路北為第五行井。這三條路的結構完全相同,應同屬西漢時期。報導中對其餘第二、三、四、五號路僅有如下數語的描述:「位於遺址的西北部,是在遺址地勢最低之處。這四條路方向各異,與水井不發生任何關係,說明它與村落遺址不屬同一時期。」[38]遺址水井成排,發現的有28處。報導者對

---

36 河南省文物研究所,〈河南遂平縣小寨漢代村落遺址水井群〉,《考古與文物》5(1986):41-44,67。

37 同上,頁41。

38 同上,頁41-42。

水井的分布和作用，有如下的總結：「分布集中，又具有規律性地排列為六行，與街道道路平行分布。兩井之間最近者七米，這麼多的井不會都是飲水井。根據鄭韓故城和咸陽六國宮殿發現地下井的情況，我們認為這批井有兩種用途，一是吃水，二是作儲藏物品的地窖。」[39]

　　這個遺址可惜僅經過簡單的清理，報導也極其簡略，甚至沒有附遺址平面圖，很難據以作太多進一步的討論。報導者認為這是一個「完整的村落整體」，簡略的報導實不足以確認其整體性。重要的是這個遺址位於秦代陳郡或西漢汝南郡的上蔡附近，地當秦漢帝國的核心地區，其遺址現象和布局應比前述地圖上所見到的更有代表性。例如，對照三楊莊遺址大量的板瓦和筒瓦，幾可確認西漢民居瓦頂已十分普遍。其次，從道路東西向和南北向排列，丁字街口的存在，以及水井在道路的兩旁等跡象看來，這個遺址的屋舍應井然布列在街巷的兩側，和文獻中所說「室居櫛比，門巷修直」的里巷，有可呼應之處。第三，三楊莊遺址已發表的水井都在庭院之外，遂平小寨遺址的水井在道路的兩旁，應該也在私人院落的外圍。這不禁使我想起東漢初淳于恭在北海淳于縣農村中的家。《東觀記》和《後漢書‧淳于恭傳》提到其家有「山田果樹」，又有人偷刈恭家的稻禾，可見他家應在一農村聚落裡。更有趣的是其家「井在門外，上有盆，鄰里牧牛而爭飲牛。恭惡其爭，多置器其上，為預汲水滿之。小兒後爭，恭各語其父母，父母乃禁怒之。里落皆化而不爭。」（《太平御覽》卷403引《東觀記》）所謂「井在門外」，無疑是指在門庭院牆之外，也就是在路邊，因此過路的鄰里牧童可以在此飲牛。淳于恭家水井這樣的位置和前述遺址所見頗為類似。第四，「鄰里」和「里落」之語不禁使人好奇農村聚落中是否有里。內黃三楊莊和遂平小寨遺址都不能真正證明聚落和里制的關係；從淳于恭家看來，關東地區

39　河南省文物研究所，〈河南遂平縣小寨漢代村落遺址水井群〉，頁67。

則無疑存在著聚落結合里制的情形。結合密切的程度可能因地因時而異。中原地區可能也有未納入鄉里的自然聚落；能有多少，目前缺乏材料可以估計。

（三）遼陽三道壕西漢村落遺址

前述的地圖和村落遺址可以共同證實的一點是，古來幾乎所有的居民點不論是在華夏中原的核心或邊緣，都在河流的兩岸。地圖不必說，三楊莊遺址在黃河故道的邊上，遂平小寨遺址在沙河之側，而位居秦漢帝國東北邊緣的遼陽三道壕遺址則在太子河西岸的沖積平原上（圖8）。三楊莊遺址中的房舍看不出有規劃性的排列，遂平小寨遺址則表現出規劃性排列的可能性。就三道壕房舍遺址而言，則接近前者，也看不出規律性。

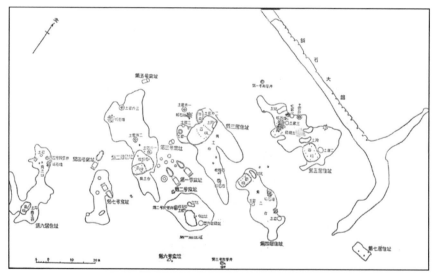

圖8　遼陽三道壕村落遺址平面圖
（採自《考古學報》1957.1。）

　　鄉野聚落本質上是農戶的自然聚居，一個可能的證據就是遼陽三道壕的西漢村落遺址。1955年在遼陽市北三里的三道壕村，發掘到200BC至25AD左右的村址遺存。發掘面積約10,000平方公尺，僅是全村址的一小部分。發掘的部分基本上分為居址和墓地兩大部分。在居址部分共發現農舍遺址六處，水井十一眼，磚窯址七座和舖石道路兩段。在墓地出土兒童甕棺墓368座[40]。遺址中出土陶、瓦、鐵、錢幣等器19萬餘件。發掘報告中對六處農民居住址有如下概要的描述：

> 雖都受過損壞，但還保存著當時以農家為生產和生活所安排的成為一個完整系統的必要設備。初期的建築物以土木為主，後期有的增加了礫石材料。各住宅都向南或稍偏東、西開門，互不連接，排列的也無次序。各宅院間的距離，近的十五米，遠的約三十米或更遠些。宅院大都具備有：房屋、爐灶、土窖、水井、廁所土溝、木欄畜圈、垃圾堆等。在這些分散的宅院遺址中間和附近，分布著磚窯址和卵石路[41]。

　　這裡不打算對六處居址分別記述，只略提幾個值得觀察的現象：第一，各住宅都向南或稍偏東西開門，這和三楊莊第二處、第三處庭院大

40　高煒先生曾據遺址中出土銅鐵兵器、玻璃耳璫、琉璃珠飾、陶片上「昌平」和「軍廚」戳記等，推測遺址可能是漢遼東郡襄平縣（王莽時改名昌平）附近的一處屯戍據點。參《新中國的考古發現和研究》（北京：文物出版社，1984），頁399。漢代一般聚落使用兵器，並不奇怪。農業聚落除耕種生產，也常狩獵，或以兵器防盜賊，崔寔《四民月令》言之甚明，無勞多說。琉璃珠飾等正說明有婦女。遺址有三百六十餘兒童甕棺墓，據孫守道先生報導（參註42），墓地和遺址同時。果如此，這比較不易從屯戍點去理解。陶器戳記在此存在的原因很多，非必是屯戍據點才會有的現象。不論它是不是屯戍據點，高煒在這本《新中國的考古發現和研究》中仍然將它列入漢代聚落遺址來報導。

41　東北博物館，〈遼陽三道壕西漢村落遺址〉，《考古學報》1(1957)：119-120。

門及主房門的方向朝南一致。可見門朝南是這時住屋普遍採取的方向。第二，六處居址互不相連，這和三楊莊遺址的庭院遺址相似。三楊莊庭院之間隔的是田地，三道壕居址間卻隔著窯址（如第一、二、三居址間有第一、二、三號窯址，第二、六居址間有第四、七號窯址，參圖8）。這裡似乎沒有屋舍與田壟相連的情形。第三，三楊莊庭院外有水井，遂平小寨遺址的水井是在路旁，三道壕村的水井有些在居址遺存範圍內（如第一居址），有些在居住遺址範圍外（如第一、三號陶管井），水井和居址之間的關係似乎較沒有規律性。第四，三道壕各居址除了第一號居址，都有廁所土溝和牲畜糞便的痕跡，而且土溝都和畜圈相近，充分反映漢代農村利用積肥的方式。這和漢代墓葬中大量出土附有廁所的畜圈明器所反映的現象相合。這樣的廁所也見於三楊莊的庭院遺址，可見其普遍性。第五，三道壕居址遺存和前述村落遺址一大不同處，是在其「東頭不遠的地方」（按：具體距離，報導中沒提），有一片時代相同的甕棺葬墓地，出土童棺368個。為何都是童棺？成年人的墓地何在？可惜沒有進一步較多的報導[42]。重要的是這為我們提供了一個古代聚落居住區、生產區和墓葬區相鄰的一個實際例證[43]。我相信在三楊莊和遂平小寨村落遺址附近，應該也可以找到聚落居民的墓地。

　　這些聚落遺址都沒有被完全發掘揭露，報導詳略不一，數量不過二三，還難據以概括漢代聚落內部的居住形態。可以說的是這些遺址已隱約透露，漢代農村聚落內部布局形態非一，不像文獻中說的那樣整齊畫一。這迫使我們不得不考慮城邑之里和鄉野聚落之里在形態上的不同。城邑中的里經過規劃，可能較為規整，鄉野農村即使納入里的編制，其居址布局顯然並不一定十分整齊。

42　孫守道，〈論遼南漢魏晉墓葬制之發展演變〉，《遼海文物》1（1989）：123-135。

43　參邢義田，〈從戰國至西漢的族居、族葬、世業論中國古代宗族社會的延續〉，《新史學》2（1995）：1-18。

五、從簡牘看城邑里制

另一種情形是在新開闢的土地上建立新城邑，其里往往有較整齊的規劃[44]。這包括兩類比較顯著的例子：一類是為「強幹弱枝」，在渭河北岸帝陵區建立的帝陵邑。漢世修帝陵，通常會遷移帝國各地一定貲產以上的豪富和一定秩級以上的官員居住在附近。另一類是為實邊，在邊塞建立的屯墾區。

帝陵邑可以景帝陽陵為代表[45]。目前已在陽陵東側2公里處，探得陵邑的位置和大致範圍。陽陵邑東西長4.5公里，南北寬1公里左右，總面積4.5平方公里。在陵邑南部探明一段970公尺長的城牆，牆外有護城壕。城內有東西向街道11條，寬9至50公尺不等；南北向街道31條，組成了兩百多個棋盤式的里(圖9)。東西向主街寬62公尺，將陵邑分為南北兩個部分。北部或為官署區，南部建築規模較小，遺存較簡單，當為民居區。城內建築遺址群密布，除了官署區和民居區，還有製陶作坊區、鑄造錢幣的遺址和兒童墓地等。一萬餘件的出土文物中，有大量的筒瓦、五稜水管等建築材料，有盆、罐等陶製生活用具，還有數十個用陶製井圈作成的水井。

從街道遺跡橫豎圍繞的情形，可以推想陽陵邑有「室居櫛比，門巷修直」的里，里或呈長方形。里以上則有鄉。遺址中出土有「陽陵涇鄉」瓦當。出土的「陽陵令印」封泥則證明鄉里之上有縣。由於遺址未曾進一步發掘，細節多不可知。目前比較可以透露里內部規劃情形的是雲夢

---

44 關於城邑規劃當然還有漢代河南縣城遺址、馬王堆三號墓出土小城圖殘片、和林格爾東漢墓壁畫上的縣城圖等等可以參考，可惜看不出城中里制的情形。

45 陝西省考古研究所編，《漢陽陵》(重慶：重慶出版社，2001)；漢陽陵考古陳列館編，《漢陽陵考古陳列館》(北京：文物出版社，2004)，頁128-133。

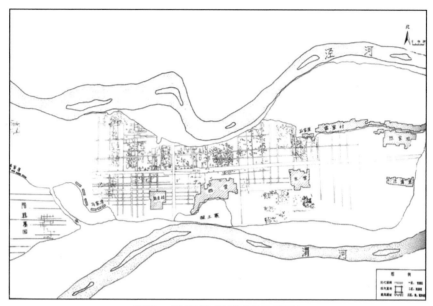

圖9　漢陽陵邑鑽探平面圖

（採自《漢陽陵考古陳列館》，頁130。）

睡虎地秦簡和居延邊塞出土漢簡中記載的里。

（一）雲夢睡虎地秦簡中的里制

　　雲夢睡虎地秦律簡無意中透露出不少秦代里制的情況，這些里似乎比較像是城邑之里。〈法律答問〉有一條說如果賊入甲室，賊傷甲，甲呼喊有賊。其四鄰、里典和父老都外出不在，沒有聽到呼喊。如此，除了里典和父老外，其他鄰居無須論罪[46]。這一條設問的基礎是四鄰同伍

46　睡虎地秦墓竹簡整理小組，《睡虎地秦墓竹簡》（北京：文物出版社，1978），
　　頁193：「賊入甲室，賊傷甲，甲號寇，其四鄰、典、老皆出不存，不聞號寇，
　　問當論不當？審不存，不當論；典、老雖不存，當論。」

的住家必須相當接近，甚至緊鄰；如果各戶如三道壕遺址中的居址相距十餘甚至數十公尺，或像三楊莊的四處庭院相距25、100或500公尺，如何能要求他們聽到彼此的呼喊？由此可以推知這樣的法律規定應比較適合城邑中同里各戶住處較緊密的里民。前文已提到〈法律答問〉還有一條規定失火延燒了里門，要罰一盾，如果更延燒了邑邦門，要罰一甲[47]。里門和邑邦門連言，可見這裡的里應也是指城邑中的里[48]。

這種里不但有里門，更有里的垣牆和街巷，各家住屋周圍還有院子。〈法律答問〉有一條說：「越里中之與它里界者垣，爲『院』不爲？巷相直爲『院』；宇相直者不爲『院』。」（頁231）這是說越過里內的界牆和越過里與里之間的界牆，該牆是否視同爲『院』？答案是：如果它們之間是以巷爲界，巷牆之間算是『院』；如果是以相連的屋宇爲界，屋宇間的牆不算是『院』[49]。〈封診式〉在一件屋中衣物被偷的案子裡，曾提到居室、院牆和牆外街巷的相對關係：「房內在其大內東，比大內，南嚮有戶。內後有小堂……內北有垣，垣高七尺，垣北即巷也。垣北去小堂北唇丈，垣東去內五步。」（頁271）可見這家有高七尺的院牆，西牆向東，離內室有五步，北牆和住屋小堂之間有一丈寬的院子，牆外有巷。

此外，城邑中的空間多依功能分幾個區域，或爲官府，或爲市場，或爲手工業作坊和農田園圃，居住區往往較集中，因此一里之鄰舍會有

47　《睡虎地秦墓竹簡》，頁219。

48　據陳偉對包山楚簡的研究，西元前4世紀末楚國的城邑和鄉野也有不同的地域組織，里屬城邑，邑屬鄉野。參陳偉，《包山楚簡初探》（武漢：武漢大學出版社，1996），頁84-85。

49　《睡虎地秦墓竹簡》注釋將「相直」解釋爲相對。按「相直」爲漢世常詞，指相遇或相值。《漢書·李陵傳》：「陵至浚稽山，與單于相直。」（頁2452）《漢書·孫寶傳》：「顧受將命，分當相直。」顏師古注：「言自顧念受郡將之命，分當相值遇也……直讀曰值也。」（頁3260-3261）

屋宇相連，甚至僅有一壁之隔的情形。最好的證據是西漢東海承縣人匡衡家貧無燭，「鄰舍有燭而不逮，乃穿壁引其光，以書映光而讀之」（《西京雜記》卷2）。不論這個故事是不是出於穿鑿，無意中透露鄰家僅隔一壁，故能穿壁而引鄰家燭光。東漢時梁冀跋扈，僱刺客殺邴尊和鄧香之妻宣，「宣家在延熹里，與中常侍袁赦相比。冀使刺客登赦屋，欲入宣家。赦覺之，鳴鼓會眾以告宣。」（《後漢書‧梁冀傳》）這個故事更清楚表明這是洛陽延熹里內住家的情形。里中宣家和袁家屋宇相連或相接近（相比，相毗鄰），因此刺客才可能登上袁家屋頂而侵入宣家。劉熙《釋名‧釋州國》說：「五家為伍，以五為名也；又謂之鄰。鄰連也，相接連也；又曰比，相親比也。」不論相接連或相親比，都可以說明鄰伍之宅應很可能是相連的。

城內各戶住屋相連或間隔較小，也可從城中火災難以控制得到旁證。東漢安帝永初二年四月，漢陽郡河陽城中失火，「燒殺二千五百七十人」；順帝漢安元年三月，雒陽「劉漢等百九十家為火所燒」，「火或從室屋間物中不知所從起，數月乃止。」（《後漢書‧五行志》及注引《東觀書》、《古今注》）因城中住屋密集，土木建築失火即難控制。如何防火成為古代城市的一個大問題。成都城內曾因「邑宇逼側」，不得不為防火燭而「禁民夜作」就是一個例子（《後漢書‧廉范傳》）。這樣住家緊密相連的里多在城邑之內；鄉野聚落中，應該比較少。不過華北較寒冷的地帶或建材較缺乏或昂貴的地方，也不排除為禦寒和節省建材而多戶相連。

(二)居延漢簡中的里制

以下從居延出土簡牘，看一看邊塞屯墾區另一種形態的里制。今天內蒙古額濟納河流域，也就是漢代的弱水一帶，原本是匈奴等游牧民族的天下。漢武帝逐退匈奴，開河西四郡，建立烽燧障塞並移民屯墾，在

這一帶闢建出一條屬張掖郡居延和肩水都尉管轄的邊防線。居住在這裡的有很多是遠自內郡而來的戍卒和田卒，也有不少因犯罪徙邊，久而安家落戶的。漢世屯墾區的範圍雖然可以從水渠遺痕和出土簡牘內容大致推定，遺憾的是在此區內還沒有發現里的居住遺址[50]。里只能從出土文書上得到印證。文書中的爵里資料，不但明確證明居延縣下有鄉有里，也透露出某些里內的結構。這些里顯然經過較齊一的規劃，和漢初鼂錯在徙民實邊議中所建議的頗相呼應。

文帝時鼂錯在徙民實邊議中，對在邊塞建立移民能夠長居久安的屯墾區有過理想性的規劃：

> 陛下幸憂邊境……不如選常居者，家室田作，且以備之。以便
> 為之高城深塹，具藺石、布渠答，復為一城其內，城間百五十
> 步。要害之處，通川之道，調立城邑，毋下千家。為中周虎落。
> 先為室屋，具田器，乃募罪人及免徒復作令居之；不足，募以
> 丁奴婢贖罪及輸奴婢欲以拜爵者；不足，乃募民之欲往者，皆
> 賜高爵，復其家。

據說文帝聽了鼂錯的建議，募民徙塞下。於是鼂錯又上言更詳細地說明如何設立這些邊地的屯墾區：

> 臣聞古之徙遠方以實廣虛也。相其陰陽之和，嘗其水泉之味，
> 審其土地之宜，觀其草木之饒，然後營邑立城，製里割宅，通
> 田作之道，正阡陌之界，先為築室，家有一堂二內，門戶之閉，

50　參徐蘋芳，〈大灣出土的西漢田卒簿籍〉、〈瓦因托尼出土廩食簡的整理與研
　　究〉兩文，收入《中國歷史考古學論叢》（臺北：允晨出版公司，1995），頁46-86。

置器物焉，民至有所居，作有所用，此民所以輕去故鄉而勸之
新邑也。為置醫巫，以救疾病，以脩祭祀，男女有昏，生死相
卹，墳墓相從，種樹畜長，室屋完安，此所以使民樂其處而有
長居之心也。臣又聞古之制邊縣以備敵也，使五家為伍，伍有
長，十長一里，里有假士；四里一連，連有假五百，十連一邑，
邑有假候，皆擇其邑之賢材有護，習地形知民心者。

在他的建言裡明確提到「營邑立城，製里割宅，通田作之道，正阡
陌之界。」居住之制和田地之制不但整體規劃，連巫醫和墳墓，養生送
死之需也考慮在內。

這樣的規劃隱約可以在居延等漢代邊塞找到具體實行的痕跡。居延
漢簡中有不少契約，契約會寫明訂約的地點，這些地點即往往在某里某
門某人舍：

1. 「居延某里王丙舍在某辟」（EPT56:113）
2. 「任者某縣某里王丙舍在某里」（EPT56:208）
3. 「某里王☐若門東西南北☐」（EPT56:233）
4. 「觻得富里 張公子所舍在里中二門東入任者同里徐廣君」
   （282.5，勞圖版263）
5. 「觻得定安里隨方子惠所舍在上〔中〕門第二里三門東入」
   （287.13，勞圖版336）
6. 「觻得長社里郭儛君所舍里中東家南」（EPT51:84）
7. 「屋蘭定里石平所舍在郭東道南」（EPT56:10）
8. 「第四里☒☐三門北☐」（31.18，勞圖版543）
9. 「居延西道里不更許字年卅五長七尺二寸 自有舍入里一☒」
   （37.23，勞圖版138）

10.「自有舍入里五門東入舍居延包能長君舍祿福廣漢」（340.33，
　　勞圖版145）

　　前三個例子剛巧是文書「式」，也就是文書範本[51]。根據範本，契約要載明立約雙方和中間保證人（任者）的住址是某縣某里某方向第某門之某舍。而在實際的例證中，的確是如此。第一例「居延某里王丙舍在某辟」證明在邊塞地區，居住區的「里」可能和作為防禦建置的塢、壁相結合。居延簡「陷陳辟左子務舍」（EPT43:2）和「徐子禹自言家居延西第五辟用田作為事」（401.7A）可以證明「辟」供居住。這些辟有門（EPT48:18A：「辟門疾犁一」），有些有專名，有些則以數字為序（如宜農辟〔EPT40:76A〕、遮虜辟〔EPT51:125〕、宜穀辟〔EPT51:262〕、第五辟〔EPT51:64〕、第十辟〔EPS4.T2:51〕）。

　　以上例證中的里或在居延，或在觻得，或在屋蘭縣治下。這三縣都屬張掖郡，是武帝開河西四郡以後才陸續設立的。張掖郡設立，據考應在武帝元鼎六年左右，而居延一帶的防線，據《漢書・大宛傳》，應建於太初二年或以後（「酒泉、張掖北置居延、休屠以衛酒泉」，並遣強弩都尉路博德築居延）[52]。設立郡縣，須先有軍隊和百姓。從武帝到宣帝時，不斷徙民實之。據《漢書・地理志》，張掖郡十縣，共有24,352戶，887,310口，平均一縣約二千四百餘戶，不到九千人。居延縣偏處張掖郡北部的最邊緣，立縣時間必遠在郡治觻得和觻得左近的屋蘭之後，或在宣帝本始、元康年間，人口也必遠低於上述的平均數[53]。

51　關於文書範本，請參邢義田，〈從簡牘看漢代的行政文書範本──「式」〉，收入《嚴耕望先生紀念論文集》（臺北：稻鄉出版社，1998），頁387-404。

52　張春樹，〈漢代河西四郡的建置年代與開拓過程的推測〉，收入氏著，《漢代邊疆史論集》（臺北：食貨出版社，1977），頁19-121。

53　張春樹，〈漢代河西四郡的建置年代與開拓過程的推測〉，頁90。

　　目前居延縣有東、西鄉和都鄉三鄉（居延簡484.23、EPF22:1-29）以及40個里名可考[54]。隨著武帝的擴張和昭、宣時的鞏固邊防，這些鄉里應陸續出現於百年之內，而非同時存在。居延這些里像內郡的鄉里一樣，絕大多數有專名，看不出里與里的關係，但有些里以第一、第二……數字命名排列（如前引例中的「第二里」、「第四里」），可知這些里極可能是在某種情況下，整批次第興建而成。這不禁使我想到東漢初京兆長陵人第五倫。他的先人是齊田氏，「諸田徙園陵者多，故以次第爲氏」（《後漢書・第五倫傳》，頁1395）。命氏和里的命名雖然是兩回事，但都發生在整批移民的情形下，都以數字爲次第，這可幫助我們推想居延邊地以數字命名的里是怎樣出現的。

　　此外，一里可有數門。有門，即有牆垣和街巷。里內有街巷，也可能另有門相區隔。文獻中所說里閭、里闍或里闬的閭、闍或闬是指里門或里中之門。入里某門之後，又以東南西北說明舍所在的方向，如第二里三門東入，是說由東邊進入第二里，其第三個門即某舍所在。可見這些里和里內住宅的座向和漢代城市一樣，大致上都是依循一定的方向而規劃。又漢代城市大體上多呈方形，一個里整體上很可能也呈方形或長方形。四川畫像磚上呈方形，有市門、垣牆和十字街的市（圖10）；曲阜闕里則爲長方形，「南北一百二十步，東西六十步，四門各有石闕」。這些都是漢代里制結構可以參考的縮影[55]。

54　參何雙全，〈漢簡鄉里志及其研究〉，收入氏著，《雙玉蘭堂文集》（臺北：蘭臺出版社，2001），頁728-729；周振鶴，〈新舊漢簡所見縣名和里名〉，《歷史地理》12（1995）：162。周文承侯旭東兄示知，謹謝。

55　龔廷萬、龔玉、戴嘉陵編，《巴蜀漢代畫像集》（北京：文物出版社，1998），圖26、27；段熙仲點校，陳橋驛復校，《水經注疏》（上海：江蘇古籍出版社，1989）卷25〈泗水〉，頁2100；張春樹，〈漢代邊地上鄉和里的結構〉，《漢代邊疆史論集》，頁131-142；何雙全，〈漢簡鄉里志及其研究〉，頁766-769。

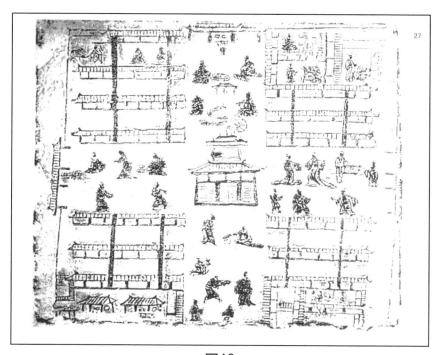

圖10

（採自《巴蜀漢代畫像集》，圖27。）

　　漢世在新闢的土地上如何「割里製宅」，雖可揣度一二如上，可惜居延縣鄉里的具體位置，又鼂錯口中與諸鄉里同在的「阡陌」、「墳墓」以及一里有幾戶，都仍然是謎。王莽為爭取人心，曾於長安城內闢建五個新的里，「宅二百區，以居貧民」（《漢書・平帝紀》元始二年）。貧民大概不太可能一戶分得數宅；如此，一里應有四十戶。這是漢代規劃性城邑之一里戶數可以參考的數字[56]。

56　一里戶數在漢代可以差別甚大。河南偃師出土侍廷里父老僤買田約束石券上的侍廷里約有25戶左右。江蘇尹灣出土西漢末東海郡集簿木牘，據集簿東海郡有266,290戶，有里2,534，平均一里約105戶。

另外居延81.10號簡中提到的「同畛」或「同畛戶籍」極值得注意：

> 「建平三年二月壬子朔丙辰都鄉嗇夫長敢言之□□
> 同场戶籍臧鄉名籍如牒毋官獄徵事當得取□□」(勞圖版376)

　　此簡原簡清晰程度與圖版相當。2007年11月27日我在香港大學圖書館得見當年向達所作，馬衡和賀昌群所校此簡釋文，除「當得」下少一「取」字，其餘所釋全同[57]。按原簡字形作「圿」，可釋作「圿」、「畛」。同樣字形之「圿」字又見283.42：「居延移民以圿共取鬥者□第四候長吉等言會月廿八」(勞圖版364)。「土」、「田」偏旁通用之字在古文字中常見[58]。畛爲田間之路。移殖居延的百姓以墾田爲業，「以畛共(供)取」，凡居於同一田畛範圍內的居民供求相助，經營一種共同體的生活。這不能不使人想到「居同邑，耕同野」的古制[59]。也不能不使人想到漢初鼂錯在徙民實邊策中「營邑立城，製里割宅，通田作之道，正阡陌之界」，將城邑里宅與田道阡陌相提並論的規劃，以及對徙民「邑里相救助」，「生死相卹」的期待(《漢書‧鼂錯傳》)。看來居延的移民聚落似乎正是如此。81.10簡「同畛」二字清楚。「同畛」與下文之戶籍、臧鄉名籍之間應如何句讀？戶籍和臧鄉名籍以什麼爲編成單位？在邊塞新關的土地上，里制與田畛有怎樣的關係？都是極值得進一步探究的問題。

57　參香港大學圖書館特藏部《居延漢簡整理文件》檔(檔案編號：特796.7 10)。

58　高明《中國古文字學通論》曾舉出四例，參高明，《中國古文字學通論》(北京：北京大學出版社，1996)，頁155。關於此字較詳細的討論，請參史語所簡牘整理小組，〈中研院史語所藏居延漢簡整理近況簡報(1998-2000)〉4(2000)：87-113。

59　參孫詒讓，《周禮正義》(北京：中華書局，1987)，卷29，〈地官‧遂人〉，頁1132-1137。

六、秦漢鄉里的戶口與賦役行政

近年在湖南龍山里耶秦代遷陵縣城遺址井中、湖北江陵鳳凰山十號西漢墓、荊州紀南松柏村西漢一號墓、安徽天長十九號西漢墓和江蘇連雲港尹灣西漢墓，分別出土了和基層戶口和賦役行政相關的簡牘文書，已經可以大略呈現出從里、鄉、縣到郡各級戶口和賦役行政作業的情況。以下先從最基層的里說起。

(一)秦里戶籍——里耶出土的遷陵縣南陽里戶籍簡

近年刊布最新有關秦漢戶籍的新資料，一種是湖南龍山里耶古城護城河遺址中出土的戶籍木簡，一種是安徽天長西漢中早期墓出土的戶口簿和算簿木牘，另一種是江蘇連雲港尹灣出土西漢晚期東海郡功曹史師饒墓集簿等木牘。三者詳略和性質不盡相同，但都為揭開秦漢地方郡國人口管理和戶籍的真面目帶來前所未有的突破[60]。其中尤以里耶戶籍簡意義重大。我認為它讓我們第一次較清楚地看見了秦漢戶籍登記某一個較早階段的真面目[61]。

里耶戶籍簡出土於里耶古城北護城壕中段底部編號為K11的凹坑

---

60 參天長市文物管理局、天長市博物館，〈安徽天長西漢墓發掘簡報〉，《文物》11(2006)：4-21；湖南省文物考古研究所編，《里耶發掘報告》(長沙：岳麓書社，2006)，頁203-211；彩版36-39。另有學者認為長沙走馬樓西漢武帝簡中有戶籍，但從已公布的資料來看，太過零碎，是否為戶籍，有待確定。長沙東牌樓七號井出土東漢簡中則有和戶籍相關的簡，參長沙市文物考古研究所、中國文物研究所，《長沙東牌樓東漢簡牘》(北京：文物出版社，2006)，頁107-108。

61 三國孫吳戶籍的真面目已因走馬樓吳簡出土而為大家所知，頗可參看。參汪小烜，〈走馬樓吳簡戶籍初論〉，《吳簡研究》第一輯(2004)，頁143-159；李均明、宋少華，〈《長沙走馬樓三國吳簡》竹簡〔四〕內容解析八則〉之第一則「戶籍」，《出土文獻研究》第八輯(2007)，頁182-186。

中。城壕大部分發掘於2005年下半年，出土遺物很多，不少還在整理中。古城北、西、南三面有護城壕。北城壕殘長約85公尺，寬約6至9公尺。西端深約2公尺，東端約深3.2公尺。據《里耶發掘報告》（以下簡稱《報告》）圖十、十三，K11出現在所謂二期城壕內。在二期城壕內還有K12-14一連三個凹坑。《報告》謂：「在北城壕內還發現了K11、K12、K13、K14、F20、J7，這些遺跡位置相近，地層關係一致，推測應有一定的關係，可能為一處製陶作坊遺址，年代應為戰國至秦代。」（頁26）據《報告》所附里耶城址遺跡登記表附表一，K11坑開口於第八層下，打破第九層，K12、K13、K14層位幾乎相同。在這些坑內都發現木殘片、少量殘陶，K12-K14甚至有炭末層。我猜想這些或許是推測為製陶作坊的依據。附表一K11條說：「堆積可分四層。（1）層：深灰色膏泥層，出土簡牘52支（包括殘損），均分布在（1）層表面，多數為平舖，少量斜插或豎插入土層中，簡牘分布散亂。看不出有什麼次序，應屬隨意丟棄所致。」（頁690）為何城壕所在會出現製陶作坊？製陶作坊為何又會出現隨意丟棄的戶籍殘簡？未見解釋。這是饒有興味的問題。

　　戶籍簡有51或52個殘段，經綴合成完整簡10枚、殘簡14枚[62]。完整簡長46公分，剛剛好是一般秦漢木簡長度的兩倍。寬約0.9-3公分。這些簡中內容較多的14支，有圖版刊布。可惜可能因簡原本情況不理想，也可能因印製關係，圖版字跡基本上難以辨識，無法確定釋文的精確性（例如下文徵引的第一、二例的妻名都是「嗛」，即不知是否有誤），以下討論暫時只能依據刊布的釋文。唯從圖版尚可看出戶籍簡是用隸書抄寫。

　　不論城壕坑是否為製陶遺址，這批出現在坑中的戶籍簡應該是因作

62　報告附表一說出土五十二支簡（頁60），但《報告》正文說是五十一支（頁203），
　　未知孰是。

廢而被丟棄的。漢代官府公文書有定期廢棄銷毀之制，汪桂海先生曾有很好的論證[63]。兩漢邊塞發現的簡牘，有很多就出現在丟棄廢物的垃圾堆中。里耶同一批簡中有用於習字的情形（簡原編號K19，《報告》，頁208）。這和居延及敦煌邊塞所見到的習字簡情形類似[64]，應可作為簡在丟棄前已廢，並移作它用的證據。

　　正因為如此，這批戶籍簡原本很可能是秦代地方官府正式戶籍簿冊的一部分。第一，簡為木質，不同於一般竹簡文書。睡虎地秦律〈司空律〉規定，縣及都官所用文書要以柳木及木之柔者製成方或版[65]。這應是指正式的簿籍或文書而言，副本或其他用途的文書應也可用竹。第二，其長度二尺（46公分）。秦漢不少正式的官文書是以二尺為度[66]。例如江陵張家山《二年律令・田律》規定「官各以二尺牒疏書一歲馬、牛它物用槀數，餘見芻槀數，上內史，恆會八月望。」（簡256）上報馬、牛一年用槀數的正式文書要用二尺牒，上報人口應該同例。如果能確認其為正式戶籍簡，今後就有了重要的質材、長度和格式標準，去區別秦代這類正式簡冊和副本。現在比較令我疑慮的是這批戶籍簡寬度

63　汪桂海，《漢代官文書制度》（桂林：廣西教育出版社，1999），頁227-232。

64　關於利用廢簡習字，參邢義田，〈漢代邊塞吏卒的軍中教育〉，《大陸雜誌》87.3（1993）：1-3；〈漢代《蒼頡》、《急就》、八體和「史書」問題——再論秦漢官吏如何學習文字〉（待刊稿）。

65　睡虎地秦墓竹簡整理小組，《睡虎地秦墓竹簡》（北京：文物出版社，1978），頁83：「令縣及都官取柳及木柔可用書者，方之以書；無方者乃用版。」

66　《漢書・元帝紀》永光五年詔：「得為大父母兄弟通籍」，應劭注：「籍者，為二尺竹牒……。」蔡邕《獨斷》：「策書……其制，長二尺，短半之。」《說文》：「檢，二尺書。」在出土簡中長二尺左右者也不少見，性質較類似的如青川郝家坪為田律木牘長四十六公分，江陵王家台十五號秦墓出土效律簡長四十五公分，長沙走馬樓出土嘉禾吏民田家莂佃口租稅券書木牘長四十七至五十五公分。此外，又有所謂「二尺告劾」，可見法律上告或劾之文件也用二尺簡牘。參甘肅武威磨嘴子十八號漢墓出土王杖簡。簡牘長度之制其詳見胡平生、馬月華校注，王國維原著，《簡牘檢署考校注》（上海：上海古籍出版社，2004），導言及表一至表八，頁10-34。

不是很一致,從0.9至3公分都有,爲何如此?古代文獻言簡牘之制往往只及長度,不言寬度,是否長度較有制度的意義,而較不計較寬度?仍待考索。

這批戶籍簡有不少值得注意以及和其他傳世或出土文獻不同的地方。里耶簡牘出土數萬,至今只刊布了少數。《報告》僅刊布了K11坑的28件戶籍簡,沒有說明是否戶籍簡盡在於此。以下略舉數例,看看秦國戶籍中,洞庭郡遷陵縣南陽里某七戶的家庭構成[67]:

1. (編號K27)第一欄:南陽戶人荊不更蠻強

　　第二欄:妻曰嗛

　　第三欄:子小上造□

　　第四欄:子小女子駝

　　第五欄:臣曰聚

　　　　伍長　　　(原簡完整)

2. (K1/25/50)第一欄:南陽戶人荊不更黃得

　　第二欄:妻曰嗛

　　第三欄:子小上造台

　　　　　　子小上造

　　　　　　子小上造定

　　第四欄:子小女虖

　　　　　　子小女移

　　　　　　子小女平

　　第五欄:**五長**　　　(原簡完整)

<hr>

67　《里耶發掘報告》,頁203-208。

3.（K43） 第一欄：南陽戶人荊不更大□
　　　　　　　　弟不更慶

　　　　第二欄：妻曰嬛
　　　　　　　　慶妻規

　　　　第三欄：子小上造視
　　　　　　　　子小上造□（原簡完整）

4.（K42/46）第一欄：南陽戶人荊不更□□

　　　　第二欄：妻曰義

　　　　第三欄：……

　　　　第四欄：母睢

　　　　第五欄：**伍長**　（原簡完整）

5.（K30/45）第一欄：南陽戶人不更彭奄
　　　　　　　　弟不更說

　　　　第二欄：母曰錯
　　　　　　　　妾曰□

　　　　第三欄：子小上造狀　（原簡殘）

6.（K4） 第一欄：南陽戶人荊不更䜌喜
　　　　　　　　子不更衍

　　　　第二欄：妻大女子媞
　　　　　　　　隸大女子華

　　　　第三欄：子小上造章
　　　　　　　　子小上造

　　　　第四欄：子小女子趙
　　　　　　　　子小女子見　（原簡殘）

7.（K2/23）第一欄：南陽戶人荊不更宋午
　　　　　　　　　弟不更熊
　　　　　　　　　弟不更衛
　　　　　　第二欄：熊妻曰□□（原注：第二欄第一行應是宋午妻名，原有
　　　　　　　　　　　　　　　　文字削去）
　　　　　　　　　衛妻曰□
　　　　　　第三欄：子小上造傳
　　　　　　　　　　子小上造逐
　　　　　　　　　　　　　　□子小上造□
　　　　　　　　　　　　　　熊子小上造□
　　　　　　第四欄：衛子小女子□
　　　　　　第五欄：臣曰襦　　（原簡完整）

　　這些南陽里的戶籍簡既然出土於遷陵縣城外的城壕溝裡，可以推想這個里應是城中之里。因為某些原因，戶籍簡廢棄，被丟到壕溝中。里耶戶籍簡內容十分簡單，但不可因此以為秦代戶籍登記僅止如此。從大部分沿襲秦律而來的張家山《二年律令》中有如〈宅園戶籍〉、〈年細籍〉（按：疑指與年齡、生卒、爵級登記有關之籍）、〈田比地籍〉（按：疑指田地四至之籍）、〈田租籍〉、〈田命籍〉（按：命者，即任命之命，疑指因授田、繼承或買賣而「名有田地」之籍）就可以知道，所謂戶籍只是一個總的概念和名稱，實際上包含多種內容和名稱不同的簿籍。《商君書·去強》說：「舉民眾口數，生者著，死者削。」又說：「強國知十三數：竟內倉口之數、壯男壯女之數、老弱之數、官士之數、以言說取食者之數、利（按：高亨注疑為黎或刑之訛）民之數、馬牛芻藁之數。」[68]既

68　高亨注譯，《商君書注譯》（北京：中華書局，1974），頁48-50。

要知百姓男女之少壯、老弱、生死和職業身分，需要登記的就不止里耶
簡中所見，也就絕不會只有一種戶籍。要知馬牛芻藁，即不可不知百姓
的財產，因此必皆有籍。這些都可以說是廣義戶籍的一部分。

　　秦代有哪些戶籍？目前所見到的應屬哪一類？名稱爲何？都還無
以確定。唯一可以確知的是里耶簡中已提到百姓從「初產」即須登記年
紀，納入「年籍」：

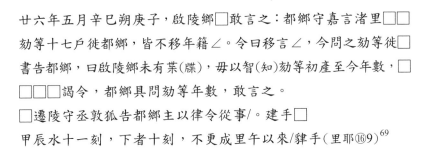

> 廿六年五月辛巳朔庚子，啟陵鄉□敢言之：都鄉守嘉言渚里□□
> 劾等十七戶徙都鄉，皆不移年籍∠。今日移言∠，今問之劾等徙□
> 書告都鄉，曰啟陵鄉未有枼（牒），毋以智（知）劾等初產至今年數，□
> □□□謁令，都鄉具問劾等年數，敢言之。
> □遷陵守丞敦狐告都鄉主以律令從事/。建手□
> 甲辰水十一刻，下者十刻，不更成里午以來/軣手（里耶⑯9）[69]

　　這份始皇廿六年，也就是天下剛統一之年的文件有些殘缺，大意是
渚里十七戶人口遷移到都鄉去，他們的年籍資料卻沒有隨之轉移，引起
追查。「毋以智（知）劾等初產至今年數」的初產即初生。「產」字用法
又見睡虎地秦墓所出墓主喜〈大事記〉「喜產」、「敢產」、「獲產」
的人口出生記事。「初產至今年數」適可證明《史記・秦始皇本紀》所
載秦王政十六年「初令男子書年」。既然有專門的「年籍」，即有可能
另有和人口相關的其他戶口簿籍。不論如何，據以上資料，里耶戶籍簡
有幾點值得注意：

　　第一，格式特色。完整的簡牘分爲上下五欄書寫，分欄處以墨畫
上橫線，只有一例（K33）第二、三欄是用硬物刻劃。第一欄記某地戶人

69　《里耶發掘報告》，頁194。

某某(包括戶人姓名和同戶籍兄弟之爵、名)，第二欄配偶(包括兄弟配偶，也有母、妾一例)，第三欄兒子(包括兄弟兒子)、第四欄女兒(包括母、兄弟女兒)，最後一欄以較大字體注明戶人是否爲伍長，或記錄同戶籍之臣。劉欣寧指出五欄是以戶中人口的大男、大女、小男、小女等的賦役身分爲準而排列。這應是合理的推測[70]。

在秦和漢初，大男稱大男子，大女稱大女子，小男稱小男子，小女稱小女子，漢初以後簡化爲大男、大女、小男和小女[71]。大小男女子稱謂最好的證據見於睡虎地秦律「封診式」和西漢初江陵張家山247號墓所出的《奏讞書》。「封診式」說：

> 封守　鄉某爰書……‧子大女子某，未有夫。‧子小男子某，
> 高六尺五寸。‧
> 臣某，妾小女子某。……(簡9-10)[72]

「大女子」又見於「封診式」〈黥妾〉和〈出子〉爰書，不俱錄。「封診式」都是爰書的「式」，也就是文書範本，措辭用語必合於當時行政和法律中的正式用語，準確和可信度很高。〈封守〉爰書中同時出現「大女子」、「小男子」和「小女子」三詞，可證它們確實是秦代身分稱謂的正式名稱；如果和里耶戶籍中女子名稱互證，可以證明「子」

---

70 劉欣寧，〈里耶戶籍簡牘與「小上造」再探〉，武漢大學簡帛研究中心《簡帛網》(上網日期：2008.4.20)。

71 王子今和劉欣寧對身分稱謂曾有討論，舉證反對我早先對大男、小男、大女和小女稱謂的說法。參王子今，〈秦漢「小女子」稱謂再議〉，《文物》5(2008)：70-74。劉欣寧在〈里耶戶籍簡牘與「小上造」再探〉文中表示贊同王說。我現在也贊同他們的意見，並舉出一些他們沒有提到的證據。

72 睡虎地秦墓竹簡整理小組，《睡虎地秦墓竹簡》(北京：文物出版社，1990)，頁149。

字不是人名的一部分[73]。和「大女子」相對,「大男子」見於張家山漢簡《奏讞書》十一年八月甲申朔己丑蠻夷大男子和八年十月己未舍匿無名數「大男子」兩個案例[74]。八年、十一年據考是漢高祖八年和十一年。由此可知以上的身分稱謂似從秦代一直沿用到漢初。其後於何時開始改稱爲大男、大女和小男、小女值得進一步察考[75]。

總之,里耶秦戶籍簡的整個格式可簡化爲下表:

表1　戶籍格式

第一欄	(大男子):某地戶人/爵/姓名
第二欄	大女子:配偶:妻/母、妾/名
第三欄	子(男子):子/爵/名
第四欄	子小女子:女/名
第五欄	伍長(字體較大)/臣/名

戶籍登記以南陽戶人某某開頭;戶人即戶長,已多次見於其他秦或漢初出土資料。戶長成年有子女,身分必爲大男子或大女子;有爵則以爵稱,不稱大男子。子有爵,也以爵稱,不稱小男子。其次可注意的是戶籍只記載了爵里(南陽、荊不更、不更、上造、小上造、荊大夫)、戶長、人名(姓及名)、賦役身分(伍長、大女子、小女子)和親屬關係(妻、子、弟、母、妾),完全沒有年齡、身高、膚色形貌和財產記錄。秦代應另有田宅或財產簿。

73　這批戶籍簡中最少有兩件(編號K1/25/50, K17)登記小女時只稱小女而非小女子。爲何如此?仍不可解。

74　武漢大學簡帛研究中心等編,《二年律令與奏讞書》(上海:上海古籍出版社,2007),頁332-333,351。

75　在西漢中期以後的居延漢簡中曾出現「□□平明里大女子充上書一封⋯⋯。」(506.5,勞圖版75)這樣的文字,但在其他居延和敦煌名籍類簡牘文書中,大女子皆作大女。爲何如此,待考。

　　戶籍登記中伍長特別值得注意。這無疑證實秦自獻公以後,的確編民爲伍(《史記‧秦始皇本紀》:獻公十年,「爲戶籍相伍」)。不過里耶簡只能證明城內居民有伍。城外聚落是否也行伍制,又什、伍之什是否確實存在,都還有待證據。伍有伍長,出任伍長應該也是齊民家戶的一種義務,因此可視爲賦役身分的一種[76]。

　　「荆不更」、「荆大夫」應如何理解?《報告》(頁208)認爲荆指楚國,又說:「『不更』是秦爵的第四級,此處連言『荆不更』有可能是秦占領楚地後對居民登記時錄下其原有爵位,而不是『楚地的秦不更』,後文的『小上造』和17號簡的『荆大夫』也可能是楚爵位。」我認爲秦占領楚地後,戶籍中登記的爵只可能是秦爵。這些楚人原有楚爵,秦國政府爲爭取楚人支持,保證歸順者既有的權益,不去剝奪他們原有的爵位,而是以相當等級的秦爵,重新登記。如果說「登記時錄下其原有爵位」,這話容易使人誤會不更、大夫和上造都是楚爵名,其實這些是秦爵。爲標示他們原爲楚人,在爵前加一「荆」字而已。K30/45號簡登記「南陽戶人不更彭奄」,《報告》認爲是省去「荆」字(頁208)。我認爲不是省略,而較可能是書寫上的遺漏。

　　又同一戶諸子皆爲「小上造」,十分引人注意。這和漢初張家山《二年律令》中規定一戶只有後子一人承爵,並降兩級的情形很不一樣。《二年律令》又規定「不更至上造子爲公卒」。里耶簡中戶人的爵多爲不更,而諸子爵爲小上造。情形大不相同。由此不難推想:從秦到漢初《二年律令》爲止的爵制,在不同的時期,應曾經歷了不止一次的變動。所謂「小上造」很可能即《二年律令》中所提到「小爵」中的一級,指未傅籍或未成年而有的爵[77]。這或許是秦籠絡或爭取占領區

76　鈴木直美也推測伍長和伍的編組有關,參氏著,〈里耶秦簡にみる秦の戶口把握——同居‧室人再考〉,《東洋學報》89.4(2008):10。

77　尹在碩,〈睡虎地秦簡和張家山漢簡反映的秦漢時期後子制和家系繼承〉,《中

楚民歸順的一種辦法，因此不論軍功，不論傅或未傅，男子人人有爵。
當然這也不排除楚人爵制不同於秦，楚之諸子有爵，歸順後，仍然都
有爵[78]。

秦王政十六年九月，「初令男子書年」（《史記・秦始皇本紀》，頁
232）。如果此令通行全國，又曾經貫徹執行，是不是意味著這批戶籍登
記簡冊是秦王政十六年以前的呢？果真如此，則這一批用隸書寫於十六
年以前的簡冊，再一次證明隸書書體在秦王政二十六年統一前早已通
行。要不然，就是秦的政令，不見得都能貫徹於地方。同樣的情形也見
於不別籍一事。

第二，兄弟結婚，有妻有子而不別籍（K43、K2/23、K5）。《史記・
商君列傳》謂商鞅改革，令「民有二男以上不分異者，倍其賦」。這些
戶籍是否意味著仍有不少家庭寧可背負重賦而不分異？或者商鞅之令
應另作它解？或其令未曾貫徹到洞庭郡遷陵縣這樣邊遠的小城？其中
意義值得進一步探索。

第三，戶籍登記包括「臣」（原簡編號K27、K2/23）在內。如果臣依
一般了解是指奴婢，證明戶籍登記包括奴婢在內。這可以結束長久以來
聚訟的戶籍人口包不包括奴婢的問題[79]。戶籍簡中有妾一例（K30/45）。但
此妾出現在第二欄，寫在母之下，此妾似應指妻妾之妾，而非臣妾之妾。

（續）————————————

國歷史文物》1（2003）：31-43；劉敏，〈張家山漢簡「小爵」臆釋〉，《中國
史研究》3（2004）：19-26。鈴木直美前引文頁8認為小上造的小和小女子的小同
指未成年。

78　戰國時，韓上黨守馮亭遣使入趙，願以上黨城市邑十七歸順趙國。趙國告馮亭
說如以上黨來歸，太守和縣令都世世封為侯，而且「吏民皆益爵三級」（《戰
國策・趙策一》、《史記・趙世家》）。這樣爭取鄰國民心「皆益爵三級」的
作法，可以參考。

79　三國孫吳戶籍也包括奴婢在內。參陳爽，〈走馬樓吳簡所見奴婢戶籍及相關問
題〉，收入北京吳簡研討班編，《吳簡研究》第一輯（武漢：崇文書局，2004），
頁160-166。

從幾支完整的簡看，包括臣，一戶人口少則五人，多則十一人（詳下）。
這不禁使我想到睡虎地秦律〈法律答問〉設問中有以五口為一戶，也有
以十口為一戶的，證明這些設問在相當程度上是實況的反映。

第四，所有的戶人都是南陽戶人。這南陽何指？《報告》指出：「『南
陽』在此處可能是里名，也可能是郡名，聯繫到『荊』字，『南陽』表
示郡名的可能性似乎更大。然而，南陽郡人的戶籍為什麼出現在這裡？
卻是一個值得探討的問題。」（頁208）如果參讀其他漢代「戶人」一詞
出現的脈絡，可以確言此處之南陽應是里名，不會是郡名。第一，依秦
漢公文書書寫爵里的慣例，寫在爵名之前的一律為郡、縣、里名，偶而
有書鄉名的，從不曾見郡名之後直接書寫戶人某某之例。第二，南陽作
為鄉里名稱，在秦漢之時十分常見。孫慰祖《古封泥集成》收錄「南陽
鄉印」多達六例[80]。而居延新舊簡中都有南陽里之例（《居延漢簡合校》
15.2：「濟陰郡成陽縣南陽里狄奉」、《居延新簡》EPT56:68：「南陽里」）。
第三，「戶人」之前書里名的直接證據見於湖北江陵鳳凰山十號文景時
代墓出土的鄭里戶人廩簿和一六八號墓衡杆文字中有「市陽戶人嬰
家」，市陽與他簡參證，明確指市陽里無誤[81]。又敦煌懸泉簡中有「驪
軒武都里戶人大女高者君」云云（《敦煌懸泉漢簡釋粹》簡六三〔上海古籍
出版社，2001〕，頁61）。此簡時代雖較晚，無疑是沿襲淵源甚早的文書
格式。

（二）江陵鳳凰山十號墓出土的西漢初鄉里戶口和賦役簡牘

1973年在湖北江陵紀南城發掘到九座漢墓，其中八、九、十號墓發
現竹簡四百餘枚。其中十號墓於邊箱竹笥內藏有竹簡170枚。此墓還出

80　孫慰祖，《古封泥集成》（上海：上海書店出版社，1994），印1798-1803，頁302-303。

81　李均明、何雙全編，《散見簡牘合輯》（北京：文物出版社，1990），頁70-72，77。

土了木牘6件，內容爲遣策、服約、算錢和芻藁等帳簿。從遺簡內容可知墓主是一位擁有五大夫爵的鄉吏，裘錫圭先生認爲可能就是西漢景帝初臨江國國都江陵西鄉的有秩或嗇夫張偃[82]。一個證據是他的墓裡居然有西鄉市陽里、當利里和鄭里不同月份的算錢收支記錄(四、五號木牘)、平里和藁里徵收戶芻和田藁帳目(六號木牘)[83]、市陽里租穀記錄(七號大竹簡)、貸穀給鄭里各戶以及市陽里各戶服勞役的記錄等等。這十分符合《續漢書・百官志》所描述一位鄉嗇夫或有秩職責內該有的記錄。在算錢五號木牘正背面有如下的記錄(節摘)：

> 市陽二月百一十二算二 卅五錢三千九百廿正偃付西鄉偃佐纏
> 吏奉尸 受正忠
> (?)二百卅八
> 市陽二月百一十二算二 十錢千一百廿正偃付西鄉佐賜　口錢
> 尸
> 市陽三月百九算二 九錢九百八十一…
> 市陽四月百九算二 八錢八百七十二…
> 市陽五月百九算二 九錢九百八十一…
> 市陽五月百九算二 廿六錢二千八百卅四…
> 市陽五月百九算二 八錢八百七十二…
> 鄭里二月七十二算二 卅五錢二千五百廿…
> 鄭里二月七十二算二 八錢五百七十六…
> 鄭里二月七十二算二 十錢七百廿…

82　裘錫圭，〈湖北江陵鳳凰山十號漢墓出土簡牘考釋〉，《文物》7(1974)：54，56。
83　按：「藁里」裘錫圭先生原釋為「藁上」，疑「上」為「里」的壞字或殘存筆劃。

在算錢五號木牘正面有如下算錢支出的記錄：

> 當利正月定算百一十五
> 正月算卅二給轉費 卩
> 正月算十四吏奉 卩
> 正月算十三吏奉 卩
> 正月算□傳送 卩

　　在這些江陵西鄉賦役帳目中，有一些可能和各戶服役有關，有些意義至今不明。其中有一種不見於其他出土資料的是所謂的「鄭里稟（廩）簿」。鄭里稟簿是竹簡上的原名，記錄了鄭里25戶貸糧總額、各戶的戶人（即戶長）名、戶中能田人數、戶人口數、田畝數、貸糧數量以及發放的記號。學者早已從田畝數和貸糧數之間的比例，正確指出所貸為種子，每畝貸種子一斗。這頗能印證兩漢中央和地方官員為救荒或勸農，不斷向百姓「貸種食」或「假與種糧」的文獻記載（《漢書》的〈文帝紀〉、〈昭帝紀〉、〈宣帝紀〉、〈元帝紀〉及《後漢書》的〈和帝紀〉、〈張禹傳〉等）。

　　更重要的是這份記錄透露西漢初一個里的戶數和人口結構。鄭里25戶雖不確知是否為全里戶數，應離全部戶數不可能太遠。從上引鄭里、市陽里和當利里所繳算錢看，鄭里算錢七十二，市陽里一百十二或一百零九，當利里一百一十五，依比例推算，市陽里當有三十八、九戶，當利里當有約40戶。這個規模和前文所說王莽在長安為貧民所建五個新里，每里40戶頗為接近。

　　這樣推算的一個假設是這些里各戶的人口結構沒有大的出入。以下先將各戶資料列表：

表2　江陵鳳凰山十號墓鄭里稟簿統計表

戶人	能田人數	口數	田畝數	貸糧數（石）
聖	1	1	8	0.8
〔　〕	1	3	10	1
擊牛	2	4	12	1.2
野	4	8	15	1.5
〔　〕冶	2	2	18	1.8
□	2	3	20	2
立	2	6	23	2.3
越人	3	6	30	3
不章	4	7	30	3.7
勝	3	5	54	5.4
虜	2	4	20	2
〔　〕	2	6	20	2
小奴	2	3	30	3
佗（？）	3	4	20	2
定民（？）	4	4	30	3
青肩	3	6	27	2.7
□奴	4	7	23	2.3
□奴	3	□(3-6)※	40	4
□□	4	6	33	3.3
公士田	3	6	21	2.1
駢	4	5	30	缺
朱市	3	4	30	缺
□奴	3	3	14（？）	缺
□□	2	3	20	缺
公士市人	3	4	32	缺
總　　計	69	112-115	〔617〕	61.7（原簿總數）
平均每戶田數			24.68	
平均每戶人數	2.76	4.48-4.60		

※ 此處數字缺，姑且借用有能田三人之其他各戶，每戶有人口三至六人估計。

　　此處所謂「能田」當是指能下田幹活的人口，其範圍應當包括居延和敦煌簡中常見的「使男」、「使女」和「大男」、「大女」，也就是約指七歲以上，未「老」以前，有勞動力的男女。一戶口數則包括有勞動力的男女和不能下田的老、小。鄭里各戶平均有四、五人，能田者三人左右。這樣的人口結構和里耶秦代戶籍、尹灣西漢末集簿、走馬樓三國孫吳戶籍或居延、敦煌其他簿籍中所顯示的漢世戶口數或文獻所說的「五口之家」，結構上基本一致。這再次肯定了《漢書‧地理志》記載的西漢末全國戶口數字有很高的可靠性，也肯定了父母加上二三未成年子女構成的家戶，是從秦到三國家戶結構的主要形態。這幾百年裡所謂的大族或豪族應該是因較多的同姓五口之家聚居，又在政治和經濟上利害與共而形成。

（三）安徽天長十九號墓出土戶口簿和算簿木牘

　　2004年安徽天長市安樂鎮紀莊發現一座屬西漢中期偏早的豎穴土坑墓[84]。墓中隨葬品頗為豐富，有陶器8件、銅器8件、鐵器7件、漆器47件、木器49件。能表明墓主身分的是屍骨兩旁出土的鐵劍和鐵削，頭箱中成疊的木牘，漆硯盒以及漆器上和木牘中提到的名字謝孟。最重要的是木牘中有西漢臨淮郡東陽縣的算簿和戶口簿。這些無疑證明謝孟應該是一位和江蘇連雲港市尹灣東海郡功曹史師饒身分相似，縣一級的地方官吏。其所以推定謝孟是縣一級的官吏，主要是因為隨他而葬的戶口簿和算簿都明顯僅及一縣之內的諸鄉[85]。

84　天長市文物管理所、天長市博物館，〈安徽天長西漢墓發掘簡報〉，《文物》
　　11(2006)：4-21。

85　袁延勝先生也推定天長簡牘是「縣級算賦文書」。參氏著，〈天長紀莊木牘算
　　簿與漢代算賦問題〉，《中國史研究》2(2008)：105。

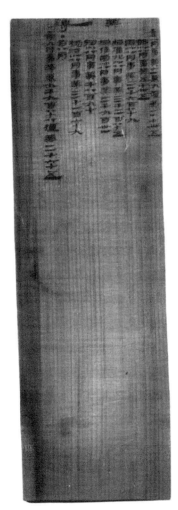

圖11　安徽天長木牘（正背面）

　　這一方木牘上兩面分別為戶口簿和算簿（圖11）。因內容不太長，先
全文迻錄如下：

•凡九千一百六十九少前　　　　卿[86]

戶　口四萬九百七十少前

　　•東鄉戶千七百八十三口七千七百九十五

口　都鄉戶二千三百九十八口萬八百一十九

　　楊池鄉戶千四百五十一口六千三百廿八

簿　祠[87]鄉戶八百八十口四千五

　　垣雍北鄉戶千三百七十五口六千三百五十四

　　垣雍南[88]鄉戶千二百八十二口五千六百六十九

　　集八月事算二萬九復算二千卅五

　　都鄉八月事算五千卅五

算　東鄉八月事算三千六百八十九

　　垣雍北鄉[89]八月事算三千二百八十五

　　垣雍南[90]鄉八月事算二千九百卅一

簿　祠鄉八月事算千八百九十

　　楊池鄉八月事算三千一百六十九

　　•右八月

　　•集九月事算萬九千九百八十八復算二千六十五

　　□[91]

86　天長市文物管理所、天長市博物館，〈安徽天長西漢墓發掘簡報〉所錄釋文漏「卿」字。

87　同上，〈發掘簡報〉釋文「祠」字作「鞠（？）」。按字形，以作「祠」字為宜。

88　同上，〈發掘簡報〉釋文「南」字作「東」，誤。

89　同上，〈發掘簡報〉釋文「鄉」字後衍一「戶」字。

90　同上，〈發掘簡報〉釋文「南」字作「東」，誤。

91　頗疑牘邊緣還有一排字，唯極模糊，無可釋。楊以平和喬國容以為還有一「卿」字，他們認為卿字證明「本戶口名簿不是上報之本，而是本級政府最高長官的審核本，被確認後，作為戶口統計年報底冊檔案被保存下來」。參氏著，〈天

表3　漢臨淮郡東陽縣各鄉戶口及事算

	戶數	口數	一戶平均口數	八月事算	九月事算	一戶平均事算數
東鄉	1,783	7,795	4.37	3,689		2.06
都鄉	2,398	10,819	4.51	5,045		2.10
楊池鄉	1,451	6,328	4.36	3,169		2.18
祠鄉	880	4,005	4.55	1,890		2.14
垣雍北鄉	1,375	6,354	4.62	3,285		2.38
垣雍南鄉	1,282	5,669	4.42	2,931		2.28
總　　計	9,169 少前	40,970 少前	4.46	20,009 復算2,045	19,988 復算2,065	2.18

　　據《漢書・地理志》漢武帝元狩六年(117BC)置臨淮郡，下轄29縣，東陽為其一。西漢末臨淮郡有戶268,283，口1,237,764，平均一縣有9,251戶，一戶4.61人。根據上表，臨淮郡東陽縣有六鄉，各鄉少則八百餘戶，多則二千餘戶，平均一鄉一千五百餘戶，全縣共9,169戶，一戶平均4.46人，十分接近〈地理志〉各縣和各戶的平均數字。這和江蘇尹灣出土西漢末東海郡集簿木牘上的戶口數一樣，頗可以證明《漢書・地理志》記載的戶口數有相當高的準確性。又從各鄉平均事算數可知，所謂事算是一戶中老小以外，必須承擔徭役的人口，也就是傅籍的使男、使女或丁男、丁女。

　　戶口簿和算簿寫在同一牘的兩面，內容上很可能相互關聯。二者合而觀之，既有各鄉的戶口數，也有各鄉的事算統計，這給了我們絕好的材料，去進一步討論因江陵鳳凰山十號漢墓出土算錢簡和走馬樓三國吳簡而引起的對事、算意義的爭論。

　　第一，幾乎可以確定三國吳簡記錄各戶各人幾事幾算，其所謂的

(續)──

　　長西漢木牘述略〉，《簡帛研究二○○六》(桂林：廣西師範大學出版社，2008)，
　　頁196。此說可商。按木牘文書之通例，疑鄉是抄手之名。

事、算是沿襲漢制，和這裡算簿上所說的事、算有脈絡上的關係，實質
內容卻已頗有不同。三國吳簡上各人的事和算分別記錄，事指徭役，算
指口錢[92]；東陽縣算簿上各鄉的事算卻合而計之，合為一個數目字。在
這種情形下，事和算之間必然要有一種可以換算的關係，才可能合成一
數，加以記錄。

第二，如果比較屬西漢初期鳳凰山十號墓簡上的算錢、東陽縣算簿
和文獻中所說的算，可以確定「算」應指算賦及其他性質租稅或徵繳的
計算單位[93]，並不意指固定的錢數[94]。例如漢惠帝時令「女子年十五以
上至三十不嫁，五算」（《漢書‧惠帝紀》，頁91）。所謂五算是說這些女

---

92 張榮強，〈說孫吳戶籍簡中的「事」〉，《吳簡研究》第一輯(武漢：崇文書
   局，2004)，頁203-221；胡平生，〈《長沙走馬樓三國吳簡》第二卷釋文校證〉，
   《出土文獻研究》第七輯(上海：上海古籍出版社，2005)，頁123-125；孟彥弘，
   〈吳簡所見「事」義臆說——從「事」到「課」〉，《吳簡研究》第二輯(武
   漢：崇文書局，2006)，頁201-213；于振波，《走馬樓吳簡續探》(臺北：文津
   出版社，2007)，頁129-152。

93 袁延勝先生將「算」單純理解為算賦，此說欠安。他說天長算簿中的「事算」
   可以理解為「『事』、『算』一致性下的『算賦』，這裡的『事』儘管含有『徭
   役』的性質，但並不具有獨立的意義，它是用來修飾『算』的，是『事』、『算』
   一致性下的『算』的修飾語。」(前引文，頁109) 換言之，他將事、算看成就
   是算賦。我以為事是事，算是算，不宜視為一事。天長算簿所記為總計性質，
   列計各鄉事、算若干。又戶口簿總計各鄉戶及口數。這裡的口明顯是指全戶人
   口，包括老小，不僅僅是十五歲至五十六歲須負擔算賦的成年人。天長牘上所
   謂的算包括算賦，似也應當包括地方政府其他以「算」計徵的收入，例如訾算。
   其他學者對「事」、「算」的理解和袁先生有所不同，請參註92。

94 此處從裘錫圭先生意見。參氏著，〈湖北江陵鳳凰山十號漢墓出土簡牘考釋〉，
   《文物》7(1974)：58。又劉增貴兄從漢簡得算、負算之語，論證算非指一百
   二十錢，而是記優缺點或功過之數，類似今日的記點制。此說與裘先生的意思
   有相通處，但又不完全相同。詳參劉增貴，〈《居延漢簡補編》的一些問題〉，
   收入史語所簡牘整理小組編，《居延漢簡補編》，頁43-47。類似看法又參山田
   勝芳，〈前漢武帝代の地域社會と女性徭役——安徽省天長市安樂鎮十九號漢
   墓木牘から考える〉，《集刊東洋學》97(2007)：5，或《秦漢財政收入の研
   究》(東京：汲古書院，1993)，第三章，頁188。

子要繳五倍的算，他人一算，她們繳五算。至於一算是多少，則可因時因事而不同。應劭說：「漢律：人出一算，算百二十錢，唯賈人與奴婢倍算。」（同上）《後漢書·光武帝紀》李賢注說一算一百二十錢，見於《漢儀注》。不論見於漢律或漢儀注，這一算值應已固定化，不可能像鳳凰山木牘上所見的算，其錢數可隨月份而有八錢、九錢、十錢、廿六錢、卅五錢、卅六錢等等的不同。應劭說一般人繳一算，賈人和奴婢要繳二算。從賈人和奴婢倍算來看，應劭所引漢律很可能是武帝時為打擊豪強和富商，籌措戰費才訂立的[95]。武帝將算的數值固定下來，從此以後算簿才可能出現事、算合併計算的狀況[96]。

接著要來看看所謂的事。學者早已指出事是指徭役。居延漢簡中有許多旅行證件──傳或過所，其上要由鄉嗇夫或有秩證明某人「毋官獄徵事」，關津才會放行。所謂「徵事」，正是賦役徵發。一個人必須證明沒有積欠未服的徭役賦稅，也沒有當入獄而未入獄的情況，才能獲得旅行的憑證。如果某人「不事」，是說他享有不服徭役的特權。這在文獻中十分清楚，無須多說。問題是事、算連言合計，事和算必須可以在相同的計算單位下互通才行。也就是說如果一算為一百二十錢，一事也必須等值於若干錢，如此事和算才可能在算簿上合計成一個數目字。

《漢書·昭帝紀》注如淳曰：「更有三品……貧者欲得顧更錢者，次直者出錢顧之，月二千，是謂踐更也。天下人皆直戍邊三日，亦名為更，

---

95 從裘錫圭先生說。參氏著，〈湖北江陵鳳凰山十號漢墓出土簡牘考釋〉，《文物》7（1974）：59。

96 算值固定問題，可參岳慶平，〈漢代「賦額」試探〉，《中國史研究》4（1985）：29-43。東陽算簿上八、九月份事算和復算總數有異（20009-19988＝21，2065-2045＝20），有些學者認為是「統計數和核查數有誤差」。私意以為這些都是統計數，每月實徵和所免復之數會因種種原因（如人口賦役身分的改變或增減）而出現差異。這從鳳凰山十號漢墓出土簡牘上各月算錢數即可推知。參前引楊以平、喬國榮，〈天長西漢木牘述略〉，頁197。

律所謂傜戍也。雖丞相子遣在戍邊之調。不可人人自行三日戍,又行者當自戍三日,不可往便還。因便住,一歲一更,諸不行者,出錢三百入官,官以給戍者,是謂過更也。」(頁230) 如淳此注所說和《史記‧吳王濞傳》引《漢書音義》或張守節《正義》都有出入,引發極多爭議和討論[97]。儘管有出入,可以肯定的是漢世勞役,也就是事,無疑允許繳定額的錢,僱人代替。現在因張家山《奏讞書》漢高祖時的一個案子提到「踐更咸陽」,可知踐更之制已見於西漢初,而且可能源於秦[98]。居延新舊簡中也有宣帝時「更錢」若干錢的出入記錄殘文(EPT56:98:「入元年五月六月逋更錢千二百　五鳳三□」;EP.S4.T2:93:「出十一月更錢五百　甘露二」;135.36:「更錢五千具□從張田具」〔勞圖版203〕)。可見從西漢初到東陽縣算簿所屬的時代,所謂的「事」可以換算為錢;算簿上各鄉所謂事、算若干千百,無疑應是以錢為合計單位,指若干千百錢。

如果臨淮郡東陽縣的算簿真的是西漢中期或偏早的,各鄉一戶八月事算平均不過2.18錢,即使每月不完全相同,一年估計也不過在二十六、七錢至三十錢左右。這應該不是武帝時的情況。武帝時糧價約在一石30至80錢之間,宣帝元康時,比年豐收,穀一石不過五錢,這是打破漢代紀錄的低價。元帝後至王莽初糧價一石約在一百錢上下[99]。由此對比,武帝時代和昭宣元成以降百姓的傜役負擔,有天壤之別。宣帝時匈奴歸服,減天下戍卒什二,元、成之時竭力節省國家和宮廷用費,減租除賦。例如元帝時曾詔令「有可蠲除減省以便萬姓者,條奏,毋有所諱」。他在位時,曾「令大官損膳,減樂府員,省苑馬」,「諸宮館希御幸者

---

97 黃今言,《秦漢賦役制度研究》(南昌:江西教育出版社,1988),頁281-294。

98 參張家山二四七號墓竹簡整理小組,《張家山漢墓竹簡(二四七號墓)》,〈《奏讞書》釋文〉,頁221-222。

99 林甘泉編,《中國經濟通史－秦漢經濟卷》(北京:經濟日報出版社,1999),頁570。

勿繕治，太僕減穀食馬，水衡省肉食獸」，「罷黃門乘輿狗馬」，「罷角抵、上林宮館希御幸者、齊三服官、北假田官、鹽鐵官、常平倉」，又對官員百姓動加賞賜，蠲除租賦，結果弄得「用度不足，民多復除，無以給中外徭役。」（以上見《漢書・元帝紀》，頁280-290）成帝建始二年春正月，罷雍五時，又「減天下賦錢，算四十」（《漢書・成帝紀》，頁305）。孟康曰：「本算一百二十，今減四十，為八十。」從成帝詔原文看，也未嘗不可理解將算錢減成四十。東陽縣算簿意味著算錢應該還曾進一步削減，減至三十或更少。西漢中晚期百姓的負擔大為減輕，也讓我們真實體會到漢鏡銘文所說「胡虜殄滅天下復（復者，復除徭役也）」的深刻意涵[100]。如果以上對算錢的了解無誤，這樣的算錢負擔應是西漢中晚期元成以後，或最少也是昭宣以後才可能出現的情況[101]。如此，此墓的時代或許就不是考古報告所說的西漢中期偏早，而是中期偏晚才是。

　　漢代武帝以後，事、算以錢為單位可以換算合計。這種情形到三國時代的孫吳，明顯已有不同，事與算已無法合計。算指算賦，以錢計，但數額不一[102]；事指徭役，但不知何故，似已不見可花定額的錢僱人代替的例子。既不能換算，事與算在記錄中只能分而計之[103]。以上是鄉里內戶口和賦算徭役出土資料透露的消息。

　　由鄉、里上至郡、縣，則有西漢武帝早期江陵西鄉有秩嗇夫或南郡某官周偃墓出土的南郡和江陵西鄉戶口簿、正里簿、南郡免老簿、新傅

---

100 參林素清輯，〈漢代鏡銘集錄〉，中央研究院歷史語言研究所文物圖象研究室《簡帛金石資料庫》http://saturn.ihp.sinica.edu.tw/（2007.9.18）。
101 山田勝芳認為木牘上的「十二月」是指武帝元狩四年的冬十二月，墓主應死亡於元狩四年中。參山田勝芳，〈前漢武帝代の地域社會と女性徭役──安徽省天長市安樂鎮十九號漢墓木牘から考える〉，《集刊東洋學》97（2007）：2。
102 參于振波，《走馬樓吳簡續探》，頁138-139。
103 關於走馬樓三國吳簡中事、算的意義，已有多家說法，總覺仍多未安，因無更好的想法，暫不多論。相關說法參于振波，《走馬樓吳簡續探》，頁129-151。

簿、罷癃簿等以及西漢末東海郡功曹史師饒墓出土的集簿木牘帶來新的
曙光[104]。

（四）西漢武帝時期南郡各縣的免老、新傅及罷癃記錄
——湖北荊州紀南松柏村西漢周偃墓出土的三十五號木牘

2004年在湖北荊州市紀南鎮松柏村發現古墓群，清理了其中四座。
第一號墓(M1)出土了木牘63塊、木簡10枚。木牘長22.7-23.3公分，寬
2.7-6.5公分，厚0.2公分。其中6塊無字，31塊單面墨書文字，26塊雙面
墨書文字。根據出土位置推測，木牘原應分類捆綁。經初步整理，木牘
所書內容有以下幾類：1.遣書(策)；2.各類簿冊，包括南郡及江陵西鄉
等地的戶口簿、正里簿、免老簿、新傅簿、罷癃簿、歸義簿、復事算簿、
見(現)卒簿、置吏卒簿等；3.葉(牒)書，記載秦昭襄王至漢武帝七年歷
代帝王在位年數；4.令，主要是漢文帝頒布的某些律令；5.曆譜，主要
是漢武帝時期的曆譜；6.周偃的功勞記錄；7.漢景帝至漢武帝時期周偃
的升遷記錄及升調文書等抄件。內容如此豐富，可惜目前僅有第三十五
號牘(圖12)和一枚簡的圖版和釋文刊布出來。

發掘簡報根據出土的文字，推測墓主應是江陵西鄉的有秩嗇夫周
偃。如果墓主身分確如簡報所推測是一位鄉嗇夫，即和前文江陵鳳凰山
十號墓的墓主身分相同；鳳凰山十號墓出土簡的內容全和一鄉的人口和
賦役有關，爲何周偃這位鄉嗇夫會以南郡各縣總計性的免老、新傅和罷
癃簿陪葬？不禁令人納悶。由於大部分的資料尚未公布，本文只能暫時
放下墓主身分的問題，僅談談三十五號木牘的內容。

---

104 連雲港市博物館、社科院簡帛研究中心等編，《尹灣漢墓簡牘》(北京:中華書
　　局，1997)，頁13，77；荊州博物館，〈湖北荊州紀南松柏漢墓發掘簡報〉，
　　《文物》4(2008)：24-32。

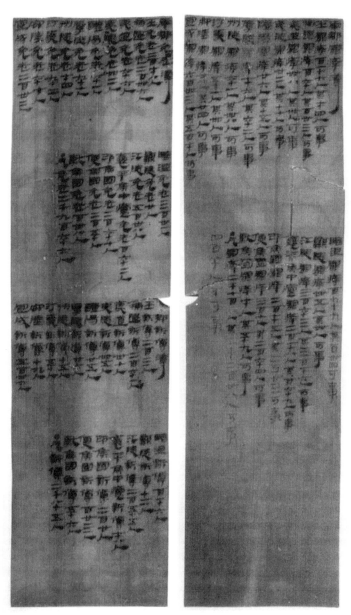

圖12　荊州紀南松柏村漢墓木牘

　　三十五號木牘內容最顯眼的特徵是將南郡的免老簿、新傅簿各分上下兩欄，由右而左抄寫在牘的一面，而在背面以同樣的格式抄寫南郡罷癃簿。換言之，在同一牘的兩面抄了三個不同的「簿」。這三個簿以相同的順序列出南郡十二縣(巫、秭歸、夷陵、醴陽、孱陵、州陵、沙羨、安陸、宜成、臨沮、顯陵、江陵)，一道(夷道)和四侯國(襄平侯中盧、邔侯國、便侯國、軑侯國)的免老、新傅和罷癃人數。第一個值得討論的當然是南郡諸縣道、侯國的建置和《漢書‧地理志》記載的出入。第二個可注意的是各縣道和侯國免老、新傅和罷癃人數之間的比較和關係，由此應可看出一些和人口年齡結構相關的現象。第三，必須追問這塊木牘的真正性質爲何？是墓主生前擁有的公文書？或是爲陪葬而特別製作的明器？

　　以下先從第三個問題談起。弄清木牘的性質，才好進一步討論木牘的內容。第一，如前文所說，這塊牘本身不是「簿」，而是因某種原因，將三種簿的統計抄寫在同一塊木牘的兩面。這和前文所談安徽天常木牘兩面分抄戶口簿和算簿，下文將提到的江蘇尹灣出土的東海郡「集簿」以及「永始四年武庫兵車器集簿」等統計性木牘相類似，只是後二者是一牘抄一簿，沒有三簿合抄在同一牘上而已。不論合抄或分抄，這些性質相近的木牘不約而同出現在不同地區的墓葬裡，適足以反映秦至西漢某種流行的葬俗。地方官吏會將與自己生前職掌有關的公文書或地圖(如甘肅天水放馬灘木板和紙地圖、長沙國南部帛繪地圖)複製成陪葬品，伴同遣策等埋入墓中[105]。這些陪葬品是要向地下世界的主管(泰山府君或其他想像中的冥府之主)證明墓主生前爲一「方」(一里、一鄉、一縣或一郡)之主，掌理一方的土地和人民，希冀他們的權位在地下仍能繼續，甚至

---

105 關於以地圖陪葬的意義請參邢義田，〈論馬王堆漢墓駐軍圖應正名為箭道封域圖〉，《湖南大學學報(社會科學版)》21.5(2007)：12-19。增補本見本文附錄及武漢大學簡帛研究中心《簡帛網》http://www.bsm.org.cn。

提升。

　　它們的基本性質，我越來越相信應是明器，而不是墓主生前使用過的簿籍或文書原件。雖為明器，內容上卻又絕不是如魏晉以降地券之程式化。迄今所知，除了類別大體相近，沒有任何內容重覆或據同一個範本複製的跡象。它們比較像是據墓主生前所用，真實的文書抄錄或摘節而成。內容上包括地方性的戶口、賦役簿籍、律令、曆譜、日書以及和個人相關的「大事記」或典籍等等。我估計西漢墓，甚至秦墓出土的竹木簡文書和帛書，基本上都不脫明器的性質。由於是「貌而不用」的明器，不免露出它們的「不實用性」，例如不顧使用上的困難，將數百簡編連成一冊(如隨州孔家坡日書簡)；內容有錯誤脫衍，卻不見任何在使用過程中應有的更正痕跡[106]。

　　如果以上對基本性質的認定可以成立，則可推定大部分隨葬文書應製作於墓主死後，備辦喪葬的過程中。除非墓主早已準備或有遺囑(漢世名之曰先令)，文書的挑選和抄錄都不會是墓主本人，而是家人或籌辦喪禮者依當時的習俗而進行。這是為什麼在迄今所知秦或西漢地方官吏的墓葬中出土這麼多類別大體相近的文書。

　　如何挑選？我們一無所知。推想或有三個較大的可能：一是挑選和複製墓主死前最後所經手的文書資料；二是選製墓主所經歷最高職位上所用的文書。官吏生前不免會有升遷或貶謫，死前之職不一定是所曾經歷的最高職位；三是選製最能彰顯墓主事功的記錄。例如某年考課被評為「最」，即選製這一年的戶口或賦役記錄入葬。由於有以上不同的可能，因此不宜太輕易認定這些文書上的年代即墓主死亡或下葬之年，雖然相距也不會太遠。

---

106 參邢義田，〈漢代簡牘的體積、重量和使用──以中研院史語所藏居延漢簡為例〉，《古今論衡》17(2007)：66-101。訂補本見武漢大學簡帛研究中心《簡帛網》http://www.bsm.org.cn。

　　從這個角度看，三十五號木牘上的免老、新傅和罷癃簿就有三點值得注意：第一，墓主或許如簡報所說，曾任西鄉嗇夫，然而這不一定是他所歷最高的職位，否則不易解釋爲何其墓中會出現涉及南郡一郡的簿籍抄件？簡報提到出土的文書中還有墓主升遷和功勞記錄。這些資料一旦刊布，應大有助於了解墓主的身分。

　　第二，這件木牘上的記錄或許是令墓主和家人最感得意的，而不一定是墓主死前最後的記錄。如此猜想的理由是看到木牘上「罷癃」和「可事」的統計數字，不禁使我想到武帝以來喜用能吏、酷吏和以「刑餘爲周召」的政治風氣。這種風氣下所謂的能吏，並不以寬徭薄賦爲尙，而以苛刻爲能事。王莽曾批評漢朝號稱要減輕田租，三十而稅一，實際上「常有更賦，罷癃咸出」（《漢書‧食貨志》，頁1143和《漢書‧王莽傳》，頁4111）。南郡各縣道和侯國罷癃者有2,708人，所謂罷癃是指先天殘廢或後天受刑而可減免賦役的人口[107]。經過墓主周偃的檢核，認定二千七百多人中真正「不可事」，也就是可以減免徭役的只有480人，其餘「可事」的高達2,228人！換言之，他爲朝廷增添了二千餘可服役的人口，將減免服役的人口大幅壓縮。這一木牘一方面爲王莽的批評添了註腳，另一方面換個角度看，就那時的漢廷而言，墓主無疑是一位受到肯定的能吏。墓主和其家人很可能也以此自傲。

　　第三，如果參見以下表4，可以輕易地發現原牘五項統計中，免老和新傅兩項的總計（凡）都有小錯誤。原牘墨書文字十分清晰，數字基本上都能清楚辨識，不存在誤釋。這樣的錯誤，雖有可能出自原來正式的簿籍，也不排除是謄抄時不愼所造成。謄抄造成錯誤的機率，我以爲要更大一些。因陪葬而抄製的明器，比較不在乎錯誤，有錯就不見得更正了。

---

107 罷癃之意請參于豪亮，〈秦律叢考〉，《于豪亮學術文存》（北京：中華書局，1985），頁138-139。

表4　荊州紀南松柏村西漢墓三十五號木牘資料統計

	縣道侯國	免老	新傅	罷癃	可事	不可事
1	巫	278	203	116	74	（42）
2	秭歸	246	261	160	133	（27）
3	夷道	66	37	48	40	（8）
4	夷陵	42	45	22	17	（5）
5	醴陽	61	25	26	15	（11）
6	孱陵	97	26	76	62	（14）
7	州陵	74	15	61	48	（13）
8	沙羨	92	50	51	40	（11）
9	安陸	67	19	28	24	（4）
10	宜成	232	546	643	570	（73）
11	臨沮	331	116	199	134	（65）
12	顯陵	20	12	45	40	（5）
13	江陵	538	255	363	316	（47）
14	襄平侯中廬	162	78	218	169	（49）
15	邔侯國	267	220	275	223	（52）
16	便侯國	250	123	307	264	（43）
17	軑侯國	138	56	70	59	（11）
	凡（原牘之總計）	2,966	2,085	2,708	2,228	480
	實際總計	2,961	2,087	2,708	2,228	480

　　不論數字是否完全正確，這方木牘的三種簿計使我們有了第一手的資料，認識到西漢中晚期南郡一郡之中免老、新傅和罷癃的人口數字，其珍貴自不待言。免老和新傅都有年齡上的規定，如果該墓木牘資料陸續發表，尤其是在南郡和西鄉的戶口簿刊布以後，我們就有可能進行人口年齡結構的研究。關於木牘上所列南郡各縣道和侯國之數目和名稱為何和《漢書·地理志》有不小的出入？又為何首縣是巫而不是江陵？這或許牽涉到西漢中晚期一次未見記載的郡國政區重劃，需要另文詳論，

這裡暫不多說。

(五)江蘇連雲港尹灣西漢東海郡功曹史墓出土集簿木牘上的老少人口

1993年在江蘇連雲港市尹灣村西南發現西漢墓群，其中六號墓出土了多種與東海郡功曹屬吏所職有關的重要木牘，包括集簿、郡屬縣鄉吏員定簿、長吏遷除簿、吏員考績簿、武庫永始四年兵車器集簿等。和本文關係最密切的是自名為「集簿」的木牘。它不但反映了漢代上計制的重要環節，更讓我們具體看到西漢自鄉里到郡縣，一個層次井然的行政控制體系。

以集簿來說，郡功曹無疑匯集所屬縣鄉里的人口賦役等成為總計性的數字，再上報到中央。郡的總計包含以下12種數字：(1)所屬縣邑侯國鄉亭數；(2)縣三老、鄉三老、孝、悌、力口人數；(3)郡縣侯國吏員數；(4)戶口數；(5)提封、園田數；(6)種宿麥畝數；(7)男子數、女子數；(8)年八十以上、六歲以下、年九十以上、七十以上人數；(9)春種樹之數；(10)以春令成戶之數；(11)一歲出入諸錢數；(12)一歲出入諸穀數。這比文獻中提到集簿的戶口、墾田、錢穀三大項要詳細得多。這裡不打算一一細說，僅就其中一郡的男女人口與年齡表示一點看法。

集簿木牘上有東海郡人口統計數字，部分內容先徵引如下：

> 戶廿六萬六千二百九十多前二千六百廿九其戶萬一千六百六十二獲流
>
> 口百卅九萬七千三百卅三其〔？〕四萬二千七百五十二獲流
>
> 年八十以上三萬三千八百七十一，六歲以下廿六萬二千五百八十八，凡廿九萬六千四百五十九
>
> 年九十以上萬一千六百七十人，年七十以上受杖二千八百廿三

人，凡萬四千四百九十三，多前七百一十八

依人口年齡結構常理，高齡人口年齡越大，人數應越少。以古代平民的衛生、營養、醫療和生育等條件估計，能活到八、九十歲十分不容易，人數應不會太多[108]。東海郡八十歲以上者占總人口2.42%；九十歲以上者占總人口0.83%。這個比例如果和現代社會(如1953和1990年的中國，1999年的台灣)的人口年齡結構稍一比較，即刻顯現高得出奇離譜[109]。以1999年台灣已呈老年化的人口年齡結構為例，九十歲以上至九十九歲者僅占總人口的0.11%，八十至八十九歲者僅占總人口1.15%。由此可見漢代東海郡九十歲以上老人占總人口比例比現代台灣多七倍以上，八十歲以上老人約多近一倍。東海郡集簿記錄的不合理，十分明顯。

　　如果說漢代和現代社會相差太多，不宜比較。我們可以再參看同屬農業社會的清初人口年齡比例。據學者研究，傳統中國農村人口年齡結構有穩定的特徵，西漢和清初應不會有太大差別。有人以康熙五十二年(1713)赴暢春園老人宴的七十歲以上老人的數字和當時的總人口作比較，發現清初七十歲以上老人約占總人口的2%左右[110]。換言之，八十歲以上老人依比例推之，應在1%以下。西漢末東海郡八十以上老人比

---

108 目前有關中國古代人口年齡結構的研究很少。史前人口結構可參王建華，〈黃河中下游地區史前人口年齡構成研究〉，《考古》4(2007)：63-73。據王先生分析墓葬人骨，黃河中下游地區史前人口高死亡率時期的年齡都在中年(36-50歲)，能活到五十歲以上的很少。這雖然不能說明漢代的情況，或可供參考。

109 詳參高大倫，〈尹灣漢墓木牘集簿中戶口統計資料研究〉，《歷史研究》5(1998)：110-123；邢義田，〈十年樹木，百年樹人——從尹灣出土簡牘看漢代的「種樹」與「養老」〉，《石璋如院士百歲祝壽論文集——考古、歷史、文化》(臺北：南天書局，2002)，頁541-547。

110 關於20世紀初及清代資料請參劉翠溶，〈清代老年人口與養老制度初探〉，收入《近代中國之傳統與蛻變：劉廣京院士七十五歲祝壽論文集》(臺北：中央研究院近代史研究所，1998)，頁259-281。

例高達2.42%，比清初高兩倍多，其誇大至爲明顯。

為何會這樣呢？比較可能的解釋是，漢代地方官有強烈的動機去虛報老年和幼年人口數字。依漢代的規定，老、幼年人口都在免除賦役之列；免賦役的人口越多，地方郡國就可以減少賦稅的上報和上繳。前文提到文帝時規定，家中有九十歲老人，可以有一個兒子不服繇役；有八十歲老人，可以免除家中兩人的算賦。有八十歲老人即可免兩人算賦，如有九十歲老人，可想而知可減免的賦稅應更多。元帝以後又規定，民年七歲出口錢，七歲以下免[111]。要減少上繳的一個辦法就是增報老年和七歲以下的人口數。

前文對老年人口數已作檢討，現在來看看集簿中六歲以下的人口數是否合理。第一個問題是集簿爲何統計六歲而非七歲以下人口？已無法確知原因。僅能猜測從元帝到集簿作成的成帝時代曾發生了口錢起徵年齡的變化[112]。東海郡集簿記錄六歲以下有262,588人，占總人口（1,397,343）的18.79%。1999年台灣地區六歲以下人口約爲2,157,536人，占總人口比例約爲9.76%。古代人口夭折率依一般理解遠高於今日，但東海郡六歲以下人口比例竟然幾乎是當今台灣的兩倍！和老年人口數一樣，其誇大增報幾無可疑[113]。虛報老、小人數，以避上繳賦錢，這正

---

111 這類研究甚多，可參黃今言，《秦漢賦役制度研究》（南昌：江西教育出版社，1988），頁206-218。

112 黃今言《秦漢賦役制度研究》中曾詳論兩漢口錢起徵年齡有武帝時三歲，元帝以後七歲，東漢時各別地區有一歲即起徵的變化，並謂「七歲起徵口錢，約為元帝以後的通制」（頁218）。黃先生特加一「約」字，現在看來十分明智。自江陵鳳凰山十號墓出土有關口錢和算賦的簡牘後，我們幾乎可以確信兩漢稅制有遠比文獻記載更為複雜的制度和變化。尹灣集簿計六歲而非七歲以下人口正提醒我們元、成間也可能有我們過去所不知的制度變動。

113 現代台灣盛行節育，導致出生率及兒童人口比例下降；漢代鼓勵生育，一家育有子女相對較多，因此東海郡六歲以下人口比例較高，似乎並非不合理。不過，如果我們注意一下東海郡每戶人數，就會發現東海郡每戶平均人數約為5.24人，與《漢書·地理志》所見之戶均人口數十分相近。除去父、母和一、二長

是宣帝所曾嚴厲批評的上計簿「務爲欺謾，以避其課」（《漢書·宣帝紀》黃龍元年春正月詔）。

其次，或許更重要的因素是地方官爲贏得善政的美名。漢代考課將地方人口的增減列爲重要的項目。人口中多高年和幼小，表示地方官符合了漢高祖以來鼓勵增加人口和照顧老者的要求，可以贏得養老慈幼的美名和考課上的好處[114]。實利和虛名都足以促使年齡統計偏離事實。

歸結來說，東海郡集簿木牘雖是極可貴的新材料，透露很多不容懷疑的內容，證實西漢時的確賞賜高年鳩杖，並應自高祖時即已如此，但是其人口年齡的統計違反人口學常識，是否可靠，不能不令人懷疑。值得更進一步追問的是這樣的虛報老少，是鄉里一層即已如此，還是到了縣、郡才作假？可惜這個問題目前還難以確切回答。

七、從出土資料看縣鄉里與八月案比

對秦漢基層社會的控制，過去學界長期存在著這樣的兩種看法：一是秦漢控制地方是以中央直接任命的縣令長爲基礎，縣以下的鄉里在中央控制之外，屬於由地方父老、豪族或其他勢力主導的自治或半自治的廣大農村聚落。另一種看法是秦漢政府的控制深入縣以下，例如秦代鄉嗇夫任命本鄉的郵人和里典，也需要徵得縣廷的同意，漢代每年八月舉行案比，由縣負責，由縣派人下鄉，和鄉里的嗇夫、里正等共同查核戶口[115]。

隨著出土資料的增加，事實愈來愈清楚，秦漢政府對地方的控制無

（續）—————————————————

　　　輩如祖父或祖母，每戶未成年子女人數並不可能太多。
114　《漢書·高帝紀》高祖七年：「民產子，復勿事二歲。」相關人口政策參葛劍
　　　雄，《兩漢人口地理》（北京：人民出版社，1986），頁33-34。
115　參邢義田，〈漢代案比在鄉或在縣？〉，《中央研究院歷史語言研究所集刊》
　　　60.2（1990）：451-487。

疑深入縣以下。縣以下的鄉在地方行政上扮演著關鍵性的角色。一鄉的鄉嗇夫或有秩以及里中的里正和父老代表著帝國控制力的最末梢，也代表著鄉里聚落裡兩種不同來源和性質的政治力量。沒有他們，可以說就沒有秦漢帝國。

　　以下先利用幾件出土資料，重新審視一下鄉里的權力結構，再看看八月案戶算民執行的實況。

(一)湖南龍山里耶秦牘里典和郵人任命木牘

　　我們先從前文提到過的湖南龍山里耶出土秦代遷陵縣的木牘文書，來看看秦始皇卅二年，行政最基層的里典和郵傳系統的郵人是如何任命的(圖13)。這反映出秦代由中央任命的縣令長如何控制著鄉里最基層的人事。在里耶出土的眾多木牘中有如下一件：

J1(8)157正：卅二年正月戊寅朔甲午，啟陵鄉夫敢言之：成里典、啟陵
　　　　　　郵人缺，除士五成里匀二 成二 為典，匀為郵人。謁令、尉
　　　　　　以從事，敢言之。
J1(8)157背：正月戊寅朔丁酉，遷陵丞昌郤(卻)之啟陵：廿七戶已有一
　　　　　　典。今有(又)除成為典，何律令？應(疑衍)尉已除成、匀
　　　　　　為啟陵郵人，其以律令。/氣手/正月戊戌日中，守府快行。
　　　　　　正月丁酉(20日)旦食時，隸妾冉以來/欣發　　　　　壬手。

　　公文內容主要有兩部分，分寫在牘的兩面：一面是啟陵鄉嗇夫報告建議由士伍成里之匀、成二人分別擔任啟陵鄉成里的里典及啟陵鄉之郵人，請縣令、尉批示。另一面則是縣丞的批示及對批示送回的處理。

　　我曾另文指出木牘上或有抄寫上的錯誤，否則有語法上的困難，

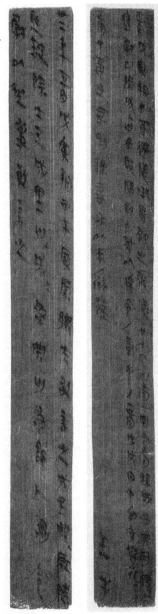

圖13 龍山里耶木牘
(正背面)

不易講通[116]。「何律令」後的「應」字疑衍；刪去應字，這一文書就可完全通讀。刪去應字後，這份文件的大意是：秦代的郵人和里典(即里正)，是由鄉嗇夫報請上級，經縣府同意而後任命。啓陵鄉照規定，上報人選，請求縣令和縣尉批准。可是遷陵縣丞在批文中認爲廿七戶的成里已有一位里典，又任命成爲里典，於法無據，退回(卻之)，並說縣尉已任命成和匄二人爲啓陵郵人，即遵此令。如此，由縣丞轉達縣尉的命令或批示。

不論衍字的推測是否正確，啓陵鄉的鄉嗇夫對鄉中的里典和郵人有權提名，卻無權決定。決定權在縣。這件文書是否具有普遍的代表性，雖然不確知，它可以說是最明確的一份文件，顯示秦王朝透過縣，可以左右帝國最末梢鄉里的人事，秦中央的控制力絕不止到縣一級而已。可是這是否反映秦漢政府就控制了最基層的鄉里聚落呢？並非如此。在鄉吏之外，鄉里間另有非中央可左右，代表地方利益的父老。這可以從以下河南偃師出土的父老僤買田約束石券談起。

---

116 詳見邢義田，〈湖南龍山里耶J1(8)157和J1(9)1-12號秦牘的文書構成、筆跡和原檔存放形式〉，《簡帛》第一輯(2006)，頁275-296。

（二）河南偃師出土侍廷里父老僤買田約束石券裡的父老與地方
權力結構

　　1973年河南偃師縣緱氏鎮鄭搖大隊南村在整地時，無意掘到高1.54公尺，寬80公分，厚12公分的長方形石券。不平整的石面上刻有隸書12行213字（圖14）。石券內容大意是說：東漢章帝建初二年(77)正月十五日，侍廷里于季等25位父老僤的成員，在里的治所共同訂立這個約束石券。石券涉及他們在明帝永平十五年(72)六月中組織父老僤時，湊錢六萬一千五百所買的82畝田地。現在約定凡僤中成員有因貲次，當為里父老的，可以借用僤中的田經營，以收穫的穀實等物，供給開銷。如果家貲不足，不夠格當父老，必須將田交出，轉給其他為里父老者。這些田就這樣子子孫孫的傳下去。如果成員有過世的，由他的後代接替，每戶一人。如果僤中的成員都因不中貲，不夠父老的資格，于季、左巨等人可將田租出去。約文之後刻上立約25人的名字[117]。

　　這方石券的發現使我們第一次知道漢代地方有父老僤這樣的組織。要談這個組織，應先談談父老。過去討論秦漢鄉里組織的學者，或者將「父老」當作一個代表特定身分的專名，或者認為與「三老」不同，只是對年高德劭者的泛稱。現在根據這方石券可以肯定「父老」除作通名用，應也是專名，指有一定貲產的里中領袖。秦漢里中的領導人物有里正和父老。為了避始皇諱，秦代稱里正為里典。

　　《公羊傳》宣公十五年何休注謂：「（里）選其耆老有高德者名曰父老；其有辯護伉健者為里正。」何休此注本在宣揚一種井田制的理想。

---

117 其詳參邢義田，〈漢代的父老、僤與聚族里居——漢侍廷里父老僤買田約束石券讀記〉，《漢學研究》1.2(1983)：355-377；〈漢侍廷里父老僤買田約束石券再議——兼與俞偉超先生商榷〉，《中央研究院歷史語言研究所集刊》61.4(1990)：761-782。

圖14　河南偃師侍廷里父老僤買田約束石券

但是他提到的父老和里正卻有漢代的影子,並不是純然虛構。武帝建元元年夏四月己巳詔曰:「古之立教,鄉里以齒,朝廷以爵,扶世導民,莫善於德。然則於鄉里先耆艾,奉高年,古之道也。」(《漢書‧武帝紀》)鄉里以齒,不但是古之道,也是漢之道。劉邦於漢初擇民年五十以上爲鄉三老,是三老須年高者爲之(《史記‧高祖本紀》)。西漢屢有尊高年、賜帛之舉[118]。江蘇尹灣西漢東海郡功曹史墓所出土的木牘文書上明白統計西漢晚期東海郡七十歲以上老者受王杖人數。年七十者受王杖,享有各種特權。1959年,武威磨嘴子漢墓所出王杖十簡,將受王杖者的特權一一列舉:他們得出入官府,見到官吏不必小跑步(不趨),可行於馳道旁道;有人敢妄加毆罵者,比之大逆不道[119]。這些簡是西漢成帝時物,簡上明說賜王杖之制始於高祖。東漢尊高年依舊。據《續漢志》,授王杖是仲秋案比時之常舉。明帝以後更有養三老、五更之儀,「用其德行年耆高者一人爲老,次一人爲更」(〈禮儀志〉)。尊高年有德者,蓋以其爲百姓之表率領袖。《白虎通》卷上謂:「教民者皆里中之老而有道德者」,是理想,也是寫實。東漢里父老除選擇年高與有德者,也須具有一定的貲產。蔡邕《獨斷》謂:「三老,老謂久也,舊也,壽也。皆取首(「首」或作「有」)妻男女完具者。」[120]據蔡邕之說,要當三老,還必須是有妻小的人才夠資格。

　　要了解秦漢基層社會的形態,似乎應該把握這兩點:第一,一個以安土重遷爲特色的農業社會從先秦到兩漢並沒有根本上大的變化。如果

---

118 參徐天麟,《西漢會要》(臺北:九思出版公司,1978),卷48,「尊年高」條,頁560-562。

119 郭沫若,〈武威王杖十簡商兌〉,《考古學報》2(1965):117;大庭脩,《秦漢法制史の研究》(東京:創文社,1982),頁332-356;林劍鳴等中譯本,《秦漢法制史研究》(上海:上海人民出版社,1991),頁273-287。

120 按《太平御覽》(臺北:商務印書館景印靜嘉堂文庫藏宋刊本,1997七版),卷535引作「三老五更皆取有妻男女完具者」(頁4下-5上)。

不是迫於人口自然增加的壓力或天災人禍，絕大部分的農民大概不會輕易離開他們的土地。漢元帝在詔書中曾說：「安土重遷，黎民之性。」這是歷史經驗的總結。

其次，要理解秦漢社會的基本形態，家與族的問題不宜和作為地方基本組織的里制分開。里制淵源甚早，大行於春秋戰國之世。隨著封建秩序的崩潰，爭衡的君王權卿，先後以閭里什伍之制將庶人百姓嚴密地組織起來，作為自己的後盾。這種閭里組織原本很可能只存在於城市（國），後來擴大運用到鄉野聚落（野）。不過將閭里組織推行到鄉野，應不是將原來族居的聚落打散，再納入新的閭里結構。大部分的情形很可能只是在原來自然分布的聚落之上加上新的編組，形成鄉與族疊合的現象。《墨子》卷9〈非命上〉：「是以入則孝慈於親戚，出則弟長於鄉里。」《韓詩外傳》卷4：「出則為宗族患，入則為鄉里憂。」親戚、宗族與鄉里連言，顯示宗族與鄉里組織關係的密切。前文提到長沙馬王堆墓出土的長沙國南部的地圖上有幾十個以里為名的聚落，大概在漢以前老早已經存在。它們很清楚是自然地、不規則地分布在河流的兩岸。同墓所出另一幅箭道封域圖上，幾十個里也是依山水之勢，不規則地坐落各處。這意味它們原本是一些自然的農村聚落，後來加上了里名，納入了鄉里的組織。里制的建立並沒有改變原來聚落的形態。當然在新闢的土地上，移民組織新里，又當別論。

世代不遷的農村聚落大抵因婚姻建立起濃厚的血緣關係。少數幾族人聚居一處，「祭祀同福，死喪同恤」（《國語‧齊語》），族中的長者就是聚落的領袖。後來的鄉三老、里父老一類的人物應淵源於此。《公羊傳》宣公十五年，何休注謂里「選其耆老有高德者名曰父老」，是可信的。父老也許原本是長者的泛稱，但是隨著新的鄉里行政的需要，通稱變成了專名。由於新里制並沒有破壞原有的血緣性聯繫，而是與舊聚落疊合在一起，因此聚落的三老、父老才不失其力量的基礎，在新的鄉

里中仍然居於領導的地位。

他們憑藉傳統的威望，和代表君王徵兵、抽稅、執法的有秩、嗇夫、里正，成為鄉里間領袖的兩種類型。鄉里間的事，多由這兩類人物參與解決。魏文侯時，西門豹為鄴令。河伯娶婦，送之河上，「三老、官屬、豪長者、里父老皆會。」[121]《墨子‧號令篇》描寫守城戰備，「三老守閭」；里中父老「分里以為四部，部一長，以苟往來不以時行」，而「里正與皆守，宿里門……吏行其部，至里門，正與開門內史，與行父老之守。」[122] 前引雲夢秦簡，里正與父老連稱，共同任事，共同受罰。不過有關徭役和法律事務，似乎主要由「吏」、「令史」和里正負責，父老未見出面[123]。前引《公羊傳》何休注接著說「其有辯護伉健者為里正」，頗說明了里正與父老性質的不同。《說苑》卷11〈善說篇〉有一段齊宣王與父老的對話，也足以表明父老與地方官吏代表的不同意義：

> 齊宣王出獵於社山。社山父老十三人相與勞王。王曰：「父老苦矣。」謂左右賜父老田不租。父老皆拜，閭丘先生不拜……復賜父老無徭役，父老皆拜，閭丘先生又不拜。……王曰：「……賜父老田不租，父老皆拜，先生獨不拜，寡人自以為少，故賜父老無徭役。父老皆拜，先生又獨不拜。寡人得無有過乎？」閭丘先生對曰：「……此非人臣所敢望也。願大王選良富家子有修行者以為吏，平其法度，如此臣少可以得壽焉。春秋冬夏，

---

121 《史記‧滑稽列傳》，褚先生補(頁3212)。
122 定本《墨子閒詁》(臺北：世界書局，1965)，頁348，355。
123 秦律：「可(何)謂『逋事』及『乏繇(徭)』？律所謂者，當繇(徭)，吏、典已令之，即亡弗會，為『逋事』；已閱及敦(屯)車食若行到縣(徭)所乃亡，皆為『乏繇(徭)』。」(《睡虎地秦墓竹簡》，頁221)可見徭役是由吏與里典(正)主持。此外從秦律〈封診式〉各條看來，有關法律刑案的調查、報告，有里正配合亭長、令史、丞等為之，不見父老參與其事。

振之以時，無煩擾百姓，如是臣可以少得以富焉。願大王出令，
令少者敬長，長者敬老，如是臣可少得以貴焉……。」齊王曰：
「善，願請先生為相。」

父老閭丘先生的請求，顯示父老代表地方百姓的利益。他們關心的
是君王所指派的吏，在執行法令時，如何能不煩擾百姓，如何能維護地
方敬長尊老的風氣。又《史記·滑稽列傳》褚先生補錄的一則故事也可
以反映漢初父老如何為百姓的利益說話。據說西門豹為鄴令，曾發民鑿
渠十二：

到漢之立而長吏以為十二渠橋絕馳道，相比近，不可。欲合渠
水，且至馳道，合三渠為一橋。鄴民人父老不肯聽長吏，以為
西門君所為也，賢君之法式，不可更也。長吏終聽置之。

漢代地方官為了馳道，曾打算改變西門豹所修的水渠，鄴的父老人
民反對。地方官只得尊重，放棄計畫。從西門豹為鄴令的魏文侯時代
（445-396BC）到漢代建立，二百多年間父老在鄴的力量，一點不見減弱。
這意味著鄉里尚齒的風氣未曾間斷。所謂「鄉黨莫如齒」或「鄉黨尚齒」
（《孟子·公孫丑下》、《莊子外篇·天道》），是父老在鄉里間地位和力
量的基礎。這和由君王所擇，一心以田租和徭役為務的吏，有代表意義
上的差異。

秦末，天下一亂，地方官吏的權力即不穩固，而權力不來自政府的
父老，反而成為亂局中地方最有力量的人物。劉邦得以起兵，沛縣父老
的支持是一大關鍵。他打天下期間，無時不以爭取父老好感為要務。他
入關中，即與父老約法三章。漢二年冬十月「如陝，鎮撫（師古曰：鎮，
安也；撫，慰也）關外父老」；同年二月，令「舉民年五十以上，有脩行，

能帥眾爲善，置以爲三老，鄉一人；擇鄉三老一人爲縣三老，與縣令丞尉以事相教，復勿繇戍，以十月賜酒肉。」漢四年，「西入關，至櫟陽，存問父老，置酒。」[124] 劉邦這樣爭取基層聚落領袖的支持，是他終能成事的重要本錢。《史記·高祖本紀》描述劉邦入咸陽以後：

> 召諸縣父老豪桀曰：「父老苦秦苛法久矣，誹謗者族，偶語者棄市。吾與諸侯約，先入關者王之，吾當王關中。與父老約，法三章耳：殺人者死，傷人及盜抵罪。餘悉除去秦法，諸吏人皆案堵如故。凡吾所以來，爲父老除害，非有所侵暴，無恐！且吾所以還軍霸上，待諸侯至而定約束耳。」乃使人與秦吏行縣鄉邑，告諭之。秦人大喜，爭持牛羊酒食獻饗軍士。沛公又讓不受，曰「倉粟多，非乏，不欲費人。」人又益喜，唯恐沛公不爲秦王。

　　劉邦爭取父老的支持，以「爲父老除害」爲說，是因爲他深深認識到父老力量的強大。劉邦初起兵，沛縣父老率領子弟殺沛令，迎他入城爲沛公的一幕，必然令他難以忘懷。

　　強大的父老力量在血緣性聯繫和尚齒風氣破滅的聚落裡是不可能存在的。我們必得承認從戰國以來，父老能與里正成爲閭里的雙元領袖，正顯示傳統聚落的血緣性聯繫和尚齒風氣未遭破壞，最少是還存在著。舊聚落與新里制應是處於疊合的狀態，這就是聚族里居的現象。鄉里中的人戶即使是小家庭，左鄰右舍大概仍然以或親或疏的宗族親戚爲多。商鞅行什伍連坐，漢人批評：「以子誅父，以弟誅兄，親戚相坐，

---

124 以上俱見《漢書·高帝紀》。

什伍相連。」、「至於骨肉相殘，上下相殺。」[125] 商鞅的連坐法是以在同一什伍者爲原則[126]，但連坐牽扯的卻是父子、兄弟、親戚。這不從宗族聚里而居是無法理解的。由若干族姓的人戶構成鄉里，應該是秦漢社會的普遍現象[127]。〈侍廷里父老僤約束石券〉正好證明了東漢明、章之世的情形。

(三)從江陵張家山西漢初墓出土《二年律令・戶律》簡看八月案比

約18年前，我曾從縣鄉和戶籍的關係，縣鄉的大小，縣鄉的行政條件、交通條件，漢唐制的比較以及漢代鄉里社會的特質，對學者一向主張的縣、道案比舊說提出質疑，並推測案比算民很可能名義上由縣道負責，實際施行卻在更基層的鄉里[128]。當時花了很大的氣力，作了大膽的論證。不意2001年張家山《二年律令・戶律》簡刊布，直接證實了18年前的推測，也證明極盡辛苦和仔細的論證，不論是被證實或被推翻，有時竟敵不過一件破土而出的新材料。

張家山《二年律令》簡328(圖15)原文如下：

> 恒以八月令鄉部嗇夫、吏、令史相雜案戶籍，副臧(藏)其廷。
> 有移徙者，輒移戶及年籍爵細徙所，并封。留弗移，移不并封，
> 及實不徙數盈十日，皆罰金四兩。數在所，正、典弗告，與同

---

125 王利器，《鹽鐵論校注》(臺北：世界書局景印中華書局本，1970)，卷10，〈周秦〉，頁354-356。

126 《史記・商君列傳》和《韓非子》的〈和氏篇〉、〈定法篇〉提到商鞅的連坐法，都是指什伍相連坐。

127 當然從戰國到漢初，社會上無疑有許多游離於鄉里宗族之外的人口，情況十分複雜。今天已難以評估這樣的人口到底有多少，占多大的比例。

128 參邢義田，〈漢代案比在鄉或在縣？〉，《中央研究院歷史語言研究所集刊》60.2(1990)：451-487。

　　罪。鄉部嗇夫、吏主及案戶者弗得，罰金各一兩。(〈戶
律〉)

　　這是漢代八月案比，審定戶籍一條極重要的新資料。「恆
以八月」案戶籍，和文獻記載完全相合。其重要性在於證實八
月案比不僅行於東漢，自西漢初，甚至秦以來即已如此。《二
年律令》簡335言立先令，「至八月書戶，留難先令，弗為券
書，罰金一兩。」簡345言民別立戶籍，「皆以八月戶時，非
戶時勿許」。可以證明所謂八月案比主要的工作即在處理這些
戶籍或財產繼承轉移，而不是將全縣男女老少集合起來貌閱。
〈戶律〉這一條又明確證明漢初戶籍是由鄉部嗇夫和縣吏、令
史共同編定。鄉無令史。此令史和所謂的吏應當都是縣吏，嚴
耕望先生考證縣之屬吏已言之甚詳[129]。案戶比民由縣主持，實
際上是由縣廷派員到各鄉和各鄉嗇夫共同執行，此即所謂「鄉
部嗇夫、吏、令史相雜案戶籍」。

　　過去我曾推測案比還應有鄉以下的里正等最基層的吏參
加。〈戶律〉這一條說「數在所正、典弗告，與同罪」，「數
在所」是指「名數」所在的單位，也就是最基層的里。「注釋」
以為正、典是指里正和田典，我以為應指里正或里典[130]。「副
藏其廷」是指戶籍副本藏於縣廷。此「廷」怎知是縣廷？因為

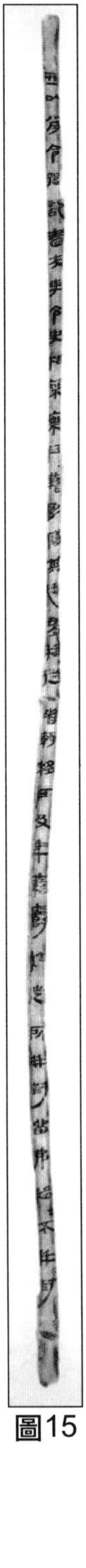

---

129 嚴耕望，《中國地方行政制度史　甲部——秦漢地方行政制度》
　　(臺北：中央研究院歷史語言研究所，1990)，頁221-222。
130 〈錢律〉有「正典、田典、伍人不告，罰金四兩」(簡201)之句，原簡字
　　跡清晰。正典之外，另有田典，如此正典的典明顯不是指田典。疑正典
　　指里正或里典，正、典之間漏書一「若」字。按〈置後律〉有「諸當拜
　　爵後者，令典若正、伍里人毋下五人任占」(簡390，頁185)。這是說諸
　　當拜爵後者，須以里典或里正以及同伍里人不下於五人作保並記錄在案。

圖15

簡331言民宅園戶籍、年細籍、田租籍等，有「謹副上縣廷」的話，本條之廷也應是縣廷無疑。副本上縣廷，正本則在鄉里。如果戶籍遷移，不能在時限內完成移戶手續，從里正或里典、鄉部嗇夫到縣級主管官員都要受到懲罰。「恆以八月令鄉部嗇夫、吏、令史相雜案戶籍」一語清楚證明了鄉在漢代地方行政和案戶算民上的重要地位。

八、代結論：安土重遷——古代基層社會的特色

最後，先說一個漢武帝時的故事[131]。武帝元狩元年（122BC），淮南王劉安謀反，苦無不安的情勢可以利用。於是中郎伍被獻上一計，鼓動民怨：

> 被曰：「必不得已，被有愚計。」王曰：「奈何？」被曰：「當今諸侯無異心，百姓無怨氣，朔方之郡土地廣美，民徙者不足以實其地。可為丞相、御史請書，徙郡國豪桀及耐罪以上，以赦令除，家產五十萬以上者，皆徙其家屬朔方之郡。益發甲卒，及其會日。又偽為左右都司空上林中都官詔獄書，逮諸侯太子及幸臣。如此則民怨，諸侯懼，即使辯士隨而說之，黨可以徼幸。」[132]

以伍被估計，在諸侯無異心、百姓無怨氣的情況下，如果製造徙民朔方的傳言，即可激起疑懼怨恨，創造有利起兵的情勢。淮南王聞其計，

---

131 詳見邢義田，〈從安土重遷論秦漢時代的徙民與遷徙刑〉，《中央研究院歷史語言研究所集刊》57.2（1986）：321-349。

132 《漢書‧蒯伍江息夫傳》，頁2174。又參《史記‧淮南衡山列傳》，字句大同小異。

也認為「此可也。」這個計畫後來雖然並沒有實現，卻很真切地反映了漢代人對遷徙，尤其是徙邊一事的感受。

　　伍被如此計謀，其實有他的背景。就在元狩元年的五年以前，也就是元朔二年(127BC)的春天，武帝遣衛青等人敗匈奴，收河南地，置朔方和五原郡。同年夏天，武帝即募民十萬口徙朔方。伍被說「民徙者不足以實其地」就是指這一次徙民。同時，武帝還曾徙郡國豪傑及貲三百萬以上於茂陵(《漢書・武帝紀》，頁170)。關東大俠郭解被迫遷徙又遭族誅一事，即發生在徙民茂陵的行動中。募民徙朔方一事在當時社會上有什麼反應，文獻失載，不得而知。不過，根據《漢書・游俠傳》，徙郡國豪傑及富人於茂陵一事，在當時震動了關山東西。時隔五年，人們記憶尚新，那些豪傑富人應更是餘悸猶存。五年前遷徙的是家貲三百萬以上者，遷徙的地點是京師茂陵，如今傳言徙家產五十萬以上者，受影響的富人將更多，遷徙的地點是更糟的邊郡朔方，其可能引起的疑慮震恐必然更大。這可以說是伍被此計的用心和最直接的背景。

　　如果更深遠一點說，自從中國成為一個定居的農業社會，離鄉背井大概已是一般人最不得已和最難忍受的事之一。定居的農業使人傾向安土重遷。絕大部分的農民如果不是因為天災人禍或人口增殖的自然壓力，通常都不輕易離開他們的土地。這種社會習性最早在《尚書・盤庚》篇已經可以看見。漢代人對百姓安土重遷的特性早曾有深入的觀察。漢元帝在永光四年勿徙民初陵的詔書裡說：「安土重遷，黎民之性。骨肉相附，人情所願也……奏徙郡國民以奉園陵，令百姓遠棄祖先墳墓，破業失產，親戚別離，人懷思慕之心，家有不安之意。是以東垂被虛耗之害，關中有無聊之民，非長久之策也。」(《漢書・元帝紀》，頁292)劉向在《說苑》裡也說：「安故重遷，謂之眾庶。」[133] 東漢崔寔則謂：

---

133 《說苑》(《漢魏叢書》本，臺北：新興書局，1966)，卷19，〈脩文〉，頁2上。

「小人之情，安土重遷，寧就飢餒，無適樂土之慮。」[134]對遷徙感受最深刻的恐怕要數屬籍安定的王符。王符在《潛夫論・實邊》篇中說：

> 且安土重遷，戀慕墳墓，賢不肖之所同也。民之於徙，甚於伏法。伏法不過一人死爾。諸亡失財貨，奪土遷徙，不習風俗，不辨水土，類多滅門，少能還者[135]。

東漢明、章以後，帝國西疆飽受羌患，朝臣紛紛主張放棄邊郡並遷邊民於內地。王符以邊郡人的切身感受，竟然說出「民之於徙，甚於伏法」，「奪土遷徙⋯⋯類多滅門」這樣深痛的話來[136]。他又指出邊地雖然危險，邊民「猶願守其緒業，死其本處，誠不欲去之極」[137]。他的話和崔寔所謂「寧就飢餒，無適樂土之慮」，可以說明白表露了當時人對遷徙離鄉的感受。

這一切的根源在於長久以來中國古代的百姓早已形成族居、族葬和世傳其業，老死一地的定居農業生活[138]。不論從文獻或出土資料來看，古來農業聚落的生產活動區、居住區和埋葬區往往相連，層層疊壓。在戰國變化最劇烈的幾百年裡，變法諸家編民為什伍，組織鄉里，除了在

---

134 《通典》（臺北：臺灣商務印書館，1987臺一版），卷1，〈食貨一・田制上〉，頁12上。

135 汪繼培，《潛夫論箋》（臺北：世界書局，1955），頁118。「安土重遷」原作「夫士重遷」，據汪箋校改。

136 類似的話也見於較晚王羲之給謝安的書信中：「其減死者，可長充兵役，五歲者可充雜工醫寺，皆令移其家以實都邑。⋯⋯今除罪而充雜役，盡移其家，小人愚迷，或以為重於殺戮。」（《晉書・王羲之傳》，頁2098）。

137 汪繼培，《潛夫論箋》，頁119。

138 以下詳見邢義田，〈從戰國至西漢的族居、族葬、世業論中國古代宗族社會的延續〉，《臺灣學者中國史研究論叢》家族與社會篇（北京：中國大百科全書出版社，2005），頁88-121。

城邑地區或新征服的土地上，一般應不會去割裂、遷移或集中舊有的鄉野聚落，反而是力圖恢復舊聚落「居同樂，行同和，死同哀」的共同體精神，並將這種精神貫注到新的什伍鄉里組織中。馬王堆和放馬灘地圖上的聚落，沿河自然分布，早已存在不知多久，秦漢時加上了里名而已。

除了族居和族葬，宗族或家族生業的世世相承也是自遠古以來不分貴賤的傳統。殷周封建之世，貴族職司世守，固不待言。隸屬各級封君的平民通常也沒有改業這樣的事。所謂：「良冶之子，必學為裘；良弓之子，必學為箕」（《禮記・學記》），職業之世代相承，在古代是普遍通常的現象。改業或遷徙都是出現於封建鬆弛以後。春秋中晚期至戰國，棄農就工、商，或游學以獵卿相的很多。當時的人感於時代的變化，多去記述變局中的特殊異常現象，後世學者受資料影響，也無不暢言戰國之變。

由於對戰國之「變」有先入為主的印象，一些足以顯示「不變」的資料反而在有意或無意之間被忽略掉。這些資料十分零星，卻可以顯示出時代的另一面；也就是說，世業相承在戰國那樣的時代裡，仍有其典型意義。例如《呂氏春秋・召類》有一個春秋時，宋人世世賣鞋履的故事：

> 士尹池為荊使於宋。司城子罕觴之。南家之牆犨（曲出也）於前而不直，西家之潦徑其宮而不止。士尹池問其故。司馬子罕曰：南家，工人也，為鞔（履也）者也。吾將徙之。其父曰：吾恃為鞔以食三世矣。今徙之，宋國之求鞔者不知吾處也，吾將不食。為是故，吾弗徙也。

司城子罕見《左傳》襄公六年(567BC)。這個故事不論是否確有其事，但工人不遷居、不改業，是那個時代的常態，十分清楚。《莊子・

逍遙遊》另有一個大家熟知，宋人賣不龜手藥方的故事：

> 宋人有善為不龜手之藥者，世世以洴澼絖為事。客聞之，請買
> 其方百金。聚族而謀曰：我世世為洴澼絖，不過數金，今一朝
> 而鬻拔百金，請與之。

這又是一個假借為宋人的寓言。宋人世世以洴澼絖為事，洴澼絖是
用水漂絮的工作，表明宋人的身分是勞力的平民，他們代代以此為生；
有事則聚族而謀，表明凡涉同族之共同利益，由族人共商。這個故事生
動地反映了戰國時期族人聚居生活、世守其業的現象。《莊子・漁父》
的另一個故事也有同樣的反映：

> 孔子遊乎緇帷之林……客指孔子曰：彼何為者也？子路對曰：
> 魯之君子也。客問其族，子路對曰：族孔氏。客曰：孔氏者何
> 治也？子路未應。子貢對曰：孔氏者，性服忠信，身行仁
> 義……。

客問孔子何族，又問其族以何為治，這雖是寓言，卻反映戰國時代
的人認為族和治業之間仍然相互關聯，否則不會有這樣的設問。〈逍遙
遊〉為莊子所作，〈漁父〉則為莊子後學所作；兩篇著作有先後，不約
而同反映相同的現象，這是值得注意的。在墨子後學所作的《墨子・公
孟》篇中另有類似的故事：

> 有游於子墨子之門者，子墨子曰：盍學乎？對曰：吾族人無學
> 者。子墨子曰：不然，夫好美者，豈曰吾族人莫之好，故不好
> 哉？

「吾族人無學者」一語所謂的「學」是學爲仕宦，顯示這個族原本是不學的平民之族；其次，當時的職業是以族爲單位，同族的人多以同樣的職業世世相傳。《莊子》中客對孔子的詢問，《墨子》裡游於墨子之門者的答語，都在無意中顯現一直到戰國，當時人的觀念中，還都以爲無論像孔子這樣的君子（治人者）或漂絮的平民（治於人者），他們的族屬和職業是二而一的。遷徙改業是戰國時代一個顯著的現象，但傳統的觀念仍然明顯存在。

列國變法，雖說突破不少傳統，可是對遷居改業的現象基本上都力圖扭轉，希望回復到舊時聚落不遷居、不改業或者說「族居世業」的傳統中去。《韓非子‧解老》說：「工人數變業則失其功，作者數搖徙則亡其功。」同書〈飾邪〉引「語曰：家有常業，雖飢不餓；國有常法，雖危不亡。」就是戰國言變法者態度的明證。所謂「語曰」云云，是引用當時的諺語。如果我們承認諺語可以反映某一時代的一般常識和心理，這個諺語本身以及《韓非子》加以引用，都證明當時還是將「家有常業」視爲和「國有常法」一般，是值得肯定的常態和價值。

秦漢基層社會在極大程度上不過是這樣一個安土重遷、定居農業社會的延續。本文討論的聚落形態，其在鄉野間的，一大特色就是沿河川的主支流自然分布。《管子‧水地篇》說：「水者，何也？萬物之本原也，諸生之宗室也，美惡不肖愚俊之所產也。」這是先秦思想家在一個農業社會環境裡，很自然得到的結論。爲農業生產、日常生活和交通運輸，古人都不得不作傍水而居的選擇，其淵源可以上溯到定居農業形成的新石器時代[139]。作爲古代人口、政治和經濟中心的城邑，基於相同的理由，絕大多數其實也坐落在或大或小的河流的兩側。前文所說的古代

---

139 劉建國，〈陝西周原七星河流域考古信息系統的建設與分析〉，《考古》3（2006）：82。

地圖以水系為主幹，三國桑欽作《水經》，都是這一事實的反映。蓋掌握了水系，即掌握了中國古代人文世界，不論是上層的地域國家或下層的聚落社會和文化[140]。

後記：本文在修改過程中，承劉增貴和侯旭東兄指教，謹此致謝。

2006.6.11／2009.1.6

---

140 鶴間和幸，〈中國古代的水系和地域權力〉，《日本中青年學者論中國史・上古秦漢卷》（上海：上海古籍出版社，1995），頁472-504。

附錄

論馬王堆漢墓「駐軍圖」應正名為「箭道封域圖」

　　馬王堆三號墓墓主是長沙國相軚侯利倉之子。其墓東邊廂的漆盒內出土了共約十餘萬字的古佚書，也包括三幅帛畫地圖。除去其中一幅僅勾畫建築，所謂的城邑或園寢圖，真正具有地圖性質的是所謂描繪長沙國南部的地形圖和駐軍圖。學者據字形、避諱各種線索研究的結果，證明這個漆盒中的古佚書應是由不同的人寫於漢代以前至漢初文帝初元三年左右[141]。這些地圖的製作時代一般認為和呂后七年(181BC)南越王攻打長沙國南部邊境到漢文帝元年(179BC)罷兵以前的長沙國緊張情勢有關[142]。換言之，這些書和地圖一般認為都不是為陪葬而特別製作的明器，而是墓主軚侯之子生前所喜愛或所需，蒐集和曾使用的實用品。果如此，這兩幅地圖就有了更能反映真實情況的價值；其內容大家都熟悉，不必多說。本文擬對所謂駐軍圖提出一些不同的看法，以求教於方家。

　　漢代沿邊的行政單位因邊防需要，一直有較為強烈的軍事性，在行政上常常軍、民政合一，有時僅以軍事性的都尉為首長，不置一般的縣令、長，或甚至可以同時有兩個以上的都尉。李均明先生曾比較漢西北邊塞居延地區和箭道的防務布局，有力地證明了在這類邊防地帶，軍事民政合一的特色[143]。李先生之說也可以堅強地證明駐軍圖上「箭道」的道是縣、道的道，是縣一級的地方行政單位。當邊地出現軍事狀況時，

141 陳松長，《帛書史話》(北京：中國大百科全書出版社，2000)，頁9-10。

142 同上，頁80。

143 參李均明，〈關于駐軍圖軍事要素的比較研究〉，收入湖南省博物館編，《馬王堆漢墓研究文集》(長沙：岳麓書社，1994)，頁161-165。

它也就成爲邊防中心。

過去大家因圖上有「周都尉軍」、「徐都尉軍」、「司馬得軍」等等注記，將此圖定名爲駐軍圖。因爲地圖周邊有一圈略呈長方形的紅色線，又有人名之爲防區圖或守備圖[144]。此外，大家注意到南越國在漢初曾攻陷長沙國數縣，普遍認爲周、徐都尉軍或是爲此，由中央調派而來此駐紮，也有學者認爲不是中央軍，而是長沙國本身的軍隊[145]。不論如何，幾乎沒有例外，大家一致認定因爲南越國的入侵，長沙國或中央調派防軍，因而繪製了這幅守備圖或駐軍圖。

這是一條理解此圖的思路，不是全無道理。地形圖只是長沙國南部的一個區域，所謂的駐軍圖又是地形圖所示區域的一部分，這兩圖和墓主有特殊的關係，應是合理的推想。但是，到底是什麼關係？可能性應該有很多。命名爲駐軍圖，強調了其軍事性，大家在思考時，有意無意之間，不免受到局限，會排除從其他角度去理解此圖的可能性。這樣是否能掌握到此圖的真正性質？不無疑問。

第一，將這幅圖的繪製和高后至文帝時期漢與南越國的衝突聯繫起來，並沒有真正直接的證據。圖上里戶注明有若干「不反（返）」或「今冊人」，或某里并某里，其原因可以很多，不一定非是因南越國攻入所造成。秦楚之際，百姓多逃離鄉里，漢定天下之初曾令百姓返還故里，復其故爵田宅。百姓歸返故里的速率，遲速不一。此圖假使如大家所說繪於高后至文帝時期，離劉邦定天下僅只二、三十年，有些逃戶不堪一遷再徙，索性落戶不歸，也是常事。長沙國南部或許就有這樣的情況。

---

144 參譚其驤，〈馬王堆漢墓出土地圖所說明的幾個歷史地理問題〉；詹立波，〈馬王堆三號漢墓出土的守備圖探討〉，收入《古地圖論文集》（北京：文物出版社，1977），頁24-40，50-56。

145 不同意見參傅舉有，〈關于駐軍圖繪製的年代問題〉，收入傅舉有，《中國歷史暨文物考古研究》（長沙：岳麓書社，1999），頁174；周世榮，〈馬王堆帛書古地圖不是秦代江圖〉，《馬王堆漢墓研究文集》，頁167。

另一個可能的情況是這些不返的多爲漢化尙淺或尙未漢化的越人,還算不上是秦漢治下穩定的編戶齊民,而是游離於「編戶」與「蠻夷」之間的「新黔首」。他們像張家山《奏讞書》秦始皇時代南郡文書中的新黔首,因不堪邊吏役使而逃亡。

第二,如果駐軍圖真的是在漢和南越國衝突的時期所繪,或如有些學者所說是「前線指揮中心」使用的地圖[146],圖上似乎應該注記「敵軍」之所在,或者注記其兵力部署。這是所謂守備圖、駐軍圖或防區圖不可少的內容吧。這幅圖上卻完全沒有和南越國軍事行動或部署相關的標示或文字注記。曾有學者表示:「根據馬王堆古地圖不成文的體例規定,凡屬南越境內的縣城村里聚落均不予以表示。」[147]姑不論如何能得知馬王堆地圖繪製時的不成文體例規定,僅僅從許多學者認定的此圖是「前線指揮中心」所使用的這一點看,就可以判定其上不可能不注記敵營何在。《管子‧地圖》說:「凡兵主者必先審知地圖。轘轅之險,濫車之水,名山通谷經川,陵陸丘阜之所在,苴草林木蒲葦之所茂,道里之遠近,城郭之大小,名邑廢邑,困殖之地必盡知之,地形之出入相錯者盡藏之,然後可以行軍襲邑,舉錯知先後不失利,此地圖之常也。」《管子》一書漢世十分流行,其所說地圖要素,頗可以和所謂的駐軍圖相互印證。如要「行軍襲邑」,怎可能不在圖上標出欲襲之「敵邑」位置?以下再舉一個漢代地圖上明確繪有「敵邑」山川要塞的例子。武帝欲征閩越,淮南王劉安上書反對。上書中說:「臣聞越非有城郭邑里也。……以地圖察其山川要塞,相去不過寸數,而間獨數百千里。」(《漢書‧嚴助傳》,頁2778)淮南王知道閩越沒有像中國一樣的城郭邑里,是

---

146 前線指揮中心一說見張修桂,〈馬王堆駐軍圖主區範圍辨析與論證〉,收入復旦大學歷史地理研究所編,《歷史地理研究》(一)(上海:復旦大學出版社,1986),頁189。

147 張修桂,〈馬王堆駐軍圖主區範圍辨析與論證〉,頁177。

聽說的；他了解閩越的山川要塞，卻是從地圖上得知。他的地圖明顯不是「前線指揮中心」的軍圖，而是諸侯王所能擁有的一般地圖。這樣的圖上不但可見閩越的山川，還可見到要塞！果如此，豈能想像一張前線指揮中心的地圖，反而一無敵人要塞的踪影？如果是因南越國入侵而繪製的地圖，圖上無論如何應有入侵者的相關注記。退一步說，如果這是一張不注記「敵軍」，僅注明本國軍隊的駐軍圖，最少也應注記各都尉和司馬軍的裝備或兵力人數。此圖沒有這方面的注記，卻注記幾十個里的里名、戶數和戶口動態，不是奇怪嗎？

第三，如果看一看秦末蕭何入關中，收秦丞相和御史府律令圖籍的故事，就可以知道，這些圖籍不僅包含各地的「戶口多少」，還有「天下厄塞，彊弱之處」（《史記·蕭相國世家》，頁2014）。如此，就可以理解淮南王劉安手上的地圖並不特別，當時不論中央或地方的地圖其實都注記有這些和民政和軍事相關的內容。

馬王堆「駐軍圖」、「守備圖」或「防區圖」這些命名，從一開始就造成了大家認識此圖性質的框框。唯有跳脫出來，才看得見其他的可能性。對照地形圖來看，所謂「駐軍圖」很可能是一張漢代郡國常有，普通的箭道行政區地圖，在漢代或應名為箭道圖或箭道封域圖[148]。如此一來，本來不可解之處，或許可以得到解釋。

第一，箭道是縣一級單位，漢代郡、國、縣、鄉都有行政地圖，清楚標明郡、國、縣、鄉之界[149]。傅舉有先生曾清楚指出沿箭道圖邊緣有用紅色線標出的近乎正方的長方形，方形紅線旁有七個紅色三角形表示

---

148 封域為漢代常用詞。《史記·秦始皇本紀》：「古之帝者，地不過千里；諸侯各守其封域。」《後漢書·梁冀傳》謂梁冀：「又多拓林苑，禁同王家。西至弘農，東界滎陽，南極魯陽，北達河、淇，包含山藪，遠帶丘荒，周旋封域，殆將千里。」

149 參邢義田，〈中國古代的地圖〉，《中山大學藝術史研究》6（2005）：105-124。

封界線的標示以及文字注記「居向封」、「昭山封」、「滿封」、「武封」、「留封」等。四周的封名是縣道封域的重要線索。傅先生指出所謂的封不是烽隧的烽,而是封界,完全正確。古代封疆以人為的列樹、界石、溝壑、土堆等作標識,或以自然地形如某山、某川為界線。這幅圖上的封恰恰都在紅色線框的邊上,有些是山,有些是水,又標注為某某封,可能是該處有特別樹立的標識。封界線之內就是箭道的行政轄區。因為箭道處在邊境,軍事頗重,都尉之軍布置各處,稱它為箭道防區圖,也無不可。但所謂防區,和行政轄區無疑相互重疊。張金光先生論先秦封疆之制,曾有這樣的總結:「辦理封疆過程及手續,除了履勘正定封界,並為文說明四至疆境封識外,還要立誓,並交付封域圖。〈散氏盤〉言『受圖於豆新宮東廷』可證。圖當繪以封疆界識之形象,文則以說明其四疆封識及其特點。圖文相輔。」[150] 漢武帝在立三子為王的制書裡,曾提到丞相等建議的禮儀中有「令史官擇吉日,具禮儀上,御史奏輿地圖」(《史記 三王世家》)。御史之所以要奏輿地圖,就是要劃定諸王所領的封域。馬王堆三號墓主是長沙國相之子,出土的這兩幅圖,正可以證明自先秦而來的封域圖,到漢世仍基本上沿襲未替。

第二,因為是縣道一級的行政區域圖,因此不僅以特別的符號,明顯標出行政中心的所在(即圖中央以三角城堡形狀標注「箭道」二字之處),也清楚繪出區域內外主要的山脈和水系等自然環境,以及道路、聚落、戶數、駐軍地等人為環境情況。縣、道和鄰近縣份不可能沒有往來,所謂的地形圖,主要標示了箭道和鄰近地區大範圍內的大致形勢,因僅為示意,標示的內容較為簡略。令人較不解的是行政中心箭道不畫成方形而畫成三角形。按漢代縣城一般呈方形,不論漢代河南縣城遺址或和林

---

150 參張金光,《秦制研究》(上海:上海古籍出版社,2004),頁166;邢義田,〈中國古代的地圖〉,頁107-111。

格爾東漢墓壁畫裡的縣城圖，基本上都是方形。這幅帛圖上幾個都尉軍所在基本上也以方形呈現。箭道作三角形，或因為寫實，箭道之城真的築成此形，各邊牆上更有供眺望的角樓或亭；也不排除另一可能，即在地圖標示法上，為突出箭道行政中心和周邊單位不同的等級，而用了唯一且不同的標示符號[151]。

第三，如為縣道行政圖，為何標示有「里」，卻沒有「鄉」？或許不是沒有標示，而是幾個都尉軍的所在，就是鄉一級單位的所在。這只要看看各軍分布，即可猜得一二。漢代一縣一般分為四或五鄉。在位居圖中央的箭道首府之旁，有長方框注明周都尉軍。這應是都鄉之所在。箭道以東，有長方形框，注記「徐☐」，東北又有長方框，注記「徐都尉☐」，北邊和西北另有長方框，注記「徐都☐軍」、「徐都☐別軍」，再偏西一點有長方框，注記「周都尉別軍」、西及西南有框，注記「司馬得軍」。西邊封界之外另有注記「桂陽☐軍」。此軍注記「桂陽」，表明屬桂陽，不屬箭道。就箭道封域內，可以清楚看出各軍布局，除中央都鄉一支，其餘各軍分屬周、徐兩都尉。如果自圖西北角到東南角劃

---

151 本附錄刊出後，承胡平生先生2008.7.21電子郵件賜告，關於馬王堆帛圖上的「箭道」，白建鋼先生和他都曾發表意見，詳見《龍崗秦簡》（中華書局，2001），頁97，簡六〇注釋（一）。兩位先生都認為箭道是一種軍事設施，不是縣道之道。白先生說：「圖上標在三角形臺中部，正是射者活動區域。因為它屬於軍事之『亭』，所以才強調標出『箭道』。」胡生先指出：「《駐軍圖》中所繪三角形建築即箭道，它似乎也可以是一種與甬道相似的，築有掩蔽自己且有射放弩箭孔穴的，類似長城牆垣的設施，具體形制尚待進一步考證。」一時失察，未能引用，謹向胡先生致謝。關於箭道是什麼？是否宜與龍崗秦簡提到的「弩道」並論？私意以為此說未安。龍崗秦簡原文說：「……弩道絕馳道，馳道、弩道同門、橋及限（？）☐」弩道既然可以阻斷（絕）馳道，和馳道共用門、橋等，又另一條說：「……徹弩道，其故與徹（？）☐☐（弩）、（道）行之，不從（？）☐☐」胡先生譯作：「那些故吏在清場後仍在弩道上行走，不服從（命令）的……。」（頁97）如果弩道可行走，似乎比較像某種性質的道路，不會是射放弩箭的軍事設施。如果弩道確為一種長城牆垣式的放弩設施，在居延或敦煌這樣的邊塞遺址應會有它們的痕跡。但迄今完全無可考。

一線，周都尉各軍剛好布置在箭道首府及箭道西南半部，徐都尉各軍在東北半部。幾個「別軍」應是都尉軍的分遣單位，二司馬軍應是周都尉的下屬。漢道編制於文獻無徵，應如李均明先生所考，較類似於西北邊地縣或候官一級的組織，也就是在都尉之下，置司馬、千人等等。嚴耕望先生在討論縣廷組織時，曾指出「尉常以部爲稱，故多與令長別治」，又指出縣常有左右二尉[152]。在地形圖和箭道圖中都有注明的「部」，已有學者指出這應相當於鄉[153]。駐軍需要糧草和民伕擔任後勤，只可能駐紮在人戶較集中的鄉部所在之地。

現在無法斷言箭道有幾鄉，以意忖度，除了中央的都鄉，東北三個徐都尉軍之間應有一鄉，西北徐都尉別軍和周都尉別軍之間有一鄉，或即在圖上的「俣部」，西南角兩司馬得軍一帶應也有一鄉，東南角不見駐軍，情況不明。如此或許最少有四鄉。長沙國這時仍多蠻夷，箭道的組織當然不必全同於一般的縣，或根本沒有鄉名，而由「道」內各「部」駐軍首長兼領相當於一鄉之民。周、徐二都尉正是縣道之二尉，在他們之外，箭道或另有長，無以確定。墓主利倉之子以這樣的地圖陪葬，生前曾在此任這一等級的職務，應是一個合理的推測。

還有一個根本問題必須回答：如果推定這張圖不是駐軍圖而是箭道行政區域圖，那麼這個區域有多大呢？是否符合漢代地方行政區域規模的一般標準？幸好此圖西南角注明有「齕障」、「齕里」，可知箭道西南應大致和齕道相鄰，此圖正東注明桂陽某軍，亦即東應與桂陽相鄰。可惜曾踏查地圖上古城址的周世榮先生沒有能找到漢代桂陽和齕道的

---

152 嚴耕望，《中國地方行政制度史　甲部──秦漢地方行政制度》（臺北：中央研究院歷史語言研究所，1990三版），頁220。

153 參張修桂，〈馬王堆地形圖測繪特點研究〉；傅舉有，〈馬王堆漢墓出土的駐軍圖〉，收入曹婉如等編，《中國古代地圖集　戰國－元》（北京：文物出版社，1990），頁6，10。

明顯遺跡[154]，否則即可根據桂陽和齕道的所在位置，較準確地估計出箭道的方位和大小。張修桂先生曾努力比對今天這一帶的地圖，指出駐軍圖各部分精確度不一，比例不同，其主區只可能在今日耒江以東的碼市盆地內，主區方圓160里，面積約850平方公里[155]。

　　張先生極盡地理學家計算之能事，得出以上的結論。可是細讀其文，不難發現爲維護這兩張珍貴古地圖的「精確性」，曲加彌縫的斧鑿之痕處處皆是。他將一張圖辛苦地分爲較精確的主區、次之的南鄰和北鄰區，以及無精確度可言的「裝飾區」。又發現駐軍圖在某些地區的準確性，甚至不如比例尺大甚多的地形圖。例如他說：「永豐河自東南流向西北，合沙田河之後才折向西流注入大寧河的平面形態，在地形圖上反映極其準確，但在駐軍圖上基本改爲東西流向，具有極大的變形。其原因蓋受南部圖框限制，不可能按其真實流路繪製。因此，駐軍圖永豐河上游河段，僅屬示意性質，絕不能和沙田河、福水，尤其是蕃水，延水和袍水的精度相提並論。」[156]大家不要忘了駐軍圖南部正是和南越國接界的「最前線」。依常理，愈是接敵的前線，愈需要小比例尺，精確詳細的地圖。這樣一幅前線指揮中心使用的小區域地圖，某些「最前線」部分的準確度，反比不上大比例尺的地形圖，甚至「受南部圖框限制，不可能按其真實流路繪製」而有「極大的變形」，這合理嗎？

　　迄今所有企圖找出馬王堆地圖和今天地圖關係的努力，都遇上一個共同的心理障礙，即大家都不太願意承認這兩幅圖「基本上不精確」；即使承認某些部分有誤差，甚至有較大的誤差，也要咬定和證明所謂的「主區」或某些部分相當精確。張先生作了十分細心和專業性的努力，

---

154 周世榮，〈馬王堆三號漢墓地形圖古城邑的調查〉，《湖南考古輯刊》2(1984)：
　　84；〈馬王堆帛書古地圖不是秦代江圖〉，《馬王堆漢墓研究文集》，頁169。
155 張修桂，〈馬王堆駐軍圖主區範圍辨析與論證〉，頁188，196。
156 同上，頁192。

指出馬王堆帛書整理小組及一些其他學者在估計地圖比例尺和地理位置比定上的錯誤，承認某些部分存在較大的誤差，推定駐軍圖的主區在今碼市盆地之內[157]。不過他的論證基本上仍建立於兩圖皆經「實測」的假定上，將駐軍圖上的山川形勢區分為幾個精度不一的區塊，再套疊在今天這一帶最相近的區域，其中若有不合，則加彌縫解說。正因為經他如此細緻努力，仍須費辭彌縫，反而使我肯定相信，這兩幅圖恐怕都僅僅是示意圖，大致勾勒了這一帶的山川地貌和人為建置的相對位置而已。想確切地比定它在今天地圖上的位置，得出令人信服的結論，恐屬徒勞[158]。

因此，與其費力比定今天的地圖，不如利用圖上提供的線索去估計它所打算示意的大致範圍。怎麼估計？圖上有些有用的注記。關鍵的注記出現在地圖西南角的石里和南部約略中央位置的封里（以地圖所標南北方位為準）。據帛書整理小組的釋文，石里旁的注記是：「到乘五十里，并石，到廷六十里。」封里注記作：「到廷五十四里，并犁里，到袍廷五十里。」袍、廷二字並不很可靠。袍字因原帛破損，極殘，幾不可釋。其旁有「袍水」，南方不遠有「袍里」，兩相比對，或可推測為袍字。廷字筆劃和圖上其他廷字頗有出入，比較像是封里南方的「延里」的「延」字（附圖1）。張修桂在其大作中即釋為「延」字[159]。換言之，這一注記似應釋為「到延五十四里，并犁里，到袍、延五十里」。

---

157 這裡必須指出曾參加古地圖復原工作的韓仲民先生，在十餘年後回顧地圖整理經過和檢討得失時，能夠平心靜氣檢討兩幅帛圖在拼接復原上存在的問題，也指出兩圖彼此之間以及兩圖和今天地圖比定上的矛盾。參氏著，〈關於馬王堆帛書古地圖的整理與研究〉，《中國古代地圖集　戰國─元》，頁12-17。

158 舉例來說，張修桂認為駐軍圖主區在今碼市盆地內，但曾調查遺址的周世榮先生發現駐軍圖上箭道的位置雖不能確定，但肯定離碼市盆地甚遠。目前諸說少有交集或共同認可的部分。參韓仲民，〈關於馬王堆帛書古地圖的整理與研究〉，頁16。

159 張修桂，〈馬王堆駐軍圖主區範圍辨析與論證〉，頁175。

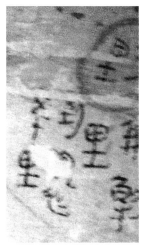  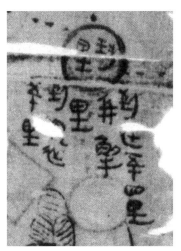

附圖1.1　到袍延五十里　附圖1.2　到廷五十四里　附圖1.3　「封里」文字注記

附圖2　延里

所謂袍、延，或指其南方距離約略相等的袍里和延里(附圖2)。唯果然如此，其里數又和圖上其他注記的里數，在比例上差距太大。思之再

三，沒有很好的解答，對封里注記中「袍延」二字的隸定只能暫時擱下，另從別處找線索。

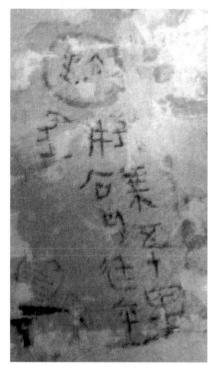

附圖3　到廷六十里

圖上石里、封里注記中的「廷」字，也有不同的隸定。馬王堆漢墓帛書整理小組釋作「廷」；張修桂先生卻將「廷」一律釋作「延」，認爲即延里、延水的延，並作爲推定駐軍圖主區範圍的一個依據[160]。曹婉如等編《中國古代地圖集 戰國—元》附有一張駐軍圖復原釋文，也一律將「廷」改釋爲「延」[161]。這一出入關係重大。我手邊幸有陳松長先生所贈若干地圖局部照片和1977年文物出版社《古地圖》中所附的原帛拚復照片和線描摹本。從照片和摹本看，整理小組所釋似較爲正確，應作廷而不是延，尤其是石里注記中的「廷」字，完整清晰，可以確認爲廷字無疑(附圖3)。由此推定封里注記中，上半殘，下半和「廷」字相近的字，應也是廷。如果「廷」字之釋可以接受，接著要問「廷」何所指？又該當何處？

160 參馬王堆漢墓帛書整理小組，〈馬王堆三號漢墓出土駐軍圖整理簡報〉，收入《古地圖論文集》，頁48-49；張修桂，〈馬王堆駐軍圖主區範圍辨析與論證〉，頁175；〈西漢初期長沙國南界探討——馬王堆漢墓出土古地圖的論證〉，收入陳橋驛編，《中國歷史地理論叢》(西安：陝西人民出版社，1988)，頁336。
161 《中國古代地圖集 戰國—元》，圖27。

　　在回答之前，須先判定圖上的另一定點，即石里注記中「乘」的所在。一旦找到兩、三個定點，就可以依據注記的里數，推定整個區域的大致面積和範圍。在圖的東南角，有用紅色和某某里相同的圓圈注明的「故乘城」，在箭道的西南方另有「乘陽里」。張修桂先生認為「到乘」的「乘」是指乘陽里[162]，我認為從里程和比例尺看，應指故乘城。原因很簡單：「乘陽里」可簡稱為「乘陽」，卻無法簡稱為「乘」。所謂的故乘城，「故」字是形容詞，和圖上另一注記「故官」的故一樣，都是指曾經設置而今已廢除的單位；「乘城」，依漢世語言習慣（漢簡中書爵里，每省略縣邑鄉而僅書其名，此圖中袍里、延里即可省作袍、延），則可簡稱為「乘」。因此將石里注記中的乘推定為故乘城，較為合理。

　　如果從石里到故乘城為50里，即可進一步去推算和封里相距54里，又和石里相距60里的「廷」，應大致在什麼方位。推算的結果，此「廷」似乎只可能是指居於全圖中心，特別畫成三角形城堡的箭道。第一，從距離來說，圖上標示的里數無疑不是直線距離，而是漢代簡牘文書中常見的「道里數」，也就是圖上以虛線表示的交通線長度。石里在箭道的西南，封里約在箭道的正南，石里距箭道稍遠有60里，而封里相距54里，相對距離大致合理。其次，依漢代習慣，地方政府可以稱為「廷」的通常有郡廷和縣廷[163]，又廷、庭相通。《後漢書·馬援傳》謂馬援奏言西于縣戶有三萬二千，「遠界去庭千餘里，請分為封溪、望海二縣」。

---

162 張修桂，〈馬王堆駐軍圖主區範圍辨析與論證〉，頁192。

163 侯國治所也可稱為廷。例如湖南沅陵虎溪山一號漢初墓，墓主吳陽被認為是長沙王吳臣之子，為第一代沅陵侯。其墓所出簡有「廷到長安道函谷三千二百一十九里」之句。這裡的廷應指沅陵侯封國治所所在。參郭偉民，〈虎溪山一號漢墓葬制及出土竹簡的初步研究〉，收入艾蘭、邢文編，《新出簡帛研究》（北京：文物出版社，2004），頁52及書前圖版三。郭文釋文漏一「道」字。又參湖南省文物考古研究所等，〈沅陵虎溪山一號漢墓發掘簡報〉，《文物》1(2003)：36-55。

此庭指縣庭，十分清楚。哀帝時拜龔舍爲太山太守，《漢書·龔舍傳》謂「使者至縣請舍，欲令至廷拜授印綬。」這一句，荀悅《前漢紀》作「使者到縣，請舍到庭受拜」。「至廷」也就是「到庭」，即到縣庭。去廷(庭)和到廷(庭)都是漢世常用詞。湖南沅陵虎溪山一號墓出土漢初竹簡也有「到廷百一十六里」之句[164]。這幅帛圖上的「到廷」也不例外。道相當於縣，箭道應該就是所屬鄉里所謂的廷。

箭道之名不見於傳世文獻。從馬王堆帛圖和其他越來越多的出土文獻可證，傳世文獻失載的地名或行政單位名稱極多，不能因此認爲箭道不是地方行政單位──道[165]。就這幅圖來說，箭道居於全圖的中心，以最細緻和特殊的三角形帶角樓的城堡形狀被標示出來，甚至標示其有門，其旁有複道和塘陂(波)，其重要性可謂一望可知。學者早已正確指出，地形圖的繪製時間要比駐軍圖早，在地形圖上沒有標注箭道。這意味著箭道設置的時間明顯較地形圖上注明的泠道、齕道等爲晚。箭道和泠道、齕道同名爲道，可知應是和泠、齕二道同級的地方行政單位。

如果以上的推定可以成立，也就是從圖西南角的石里到故乘城有50里，到圖中央的箭道有60里，封里到箭道也是50里，那麼就可依比例推估略呈方形的箭道封域邊界，一邊長度約在100里左右。所謂依比例，僅是大略言之。由於這些標注的里數是交通線的長度，非直線距離，又

---

164 竹簡圖版見艾蘭、邢文編，《新出簡帛研究》(北京：文物出版社，2004)，圖版三。

165 曾有學者認爲箭道「當爲守軍訓練使用弓弩、射箭之場地」，也有學者認爲箭道似乎不是一般縣城，地形圖中沒有此城，「似爲戰時臨時建築起來的指揮中心」，這些說法都不確。參熊傳薪，〈關于駐軍圖中的有關問題及其繪製年代〉，收入湖南省博物館編，《馬王堆漢墓研究文集》，頁157；傅舉有，〈馬王堆漢墓出土的駐軍圖〉，收入曹婉如等編，《中國古代地圖集 戰國─元》，頁10。傅文又說「爲何稱它爲道？這是因爲戰時的防區軍政合一，它既是防區的最高軍事指揮部，也是防區的最高行政機關。取名爲『道』，說明具有縣級政權的性質」(頁10)，這是正確的。

全圖僅僅是示意大致的相對位置，因此不能要求完全合於比例。箭道封域方百里左右，恰恰合於《漢書‧百官公卿表》所說的漢代一縣「大率方百里」。如果這一估算尚非無理，也就可以證明所謂的駐軍圖，在性質上，更準確地說，應是箭道圖或箭道封域圖。

假使承認所謂的駐軍圖僅僅是一般縣道一級的封域圖，第一，就比較容易理解其上為何沒有軍事守備圖、駐軍圖或防區圖上不可少的要素。其次，也比較好理解地形圖和箭道封域圖上的兩個重要歧異。其一，大家都注意到「深平」在地形圖上是用和里相同的圓圈表示，封域圖卻用方框，更注明為「深平城」，為何有此差別？其二，為何封域圖標注了「箭道」，地形圖卻不見其蹤影？過去學者一致認為地形圖的繪製較早，但因南越國的衝突，兩圖繪製的時間相去不應太遠。這樣思考，完全是因為大家都擺不脫兩圖和南越衝突相關的這一認定。可是，如果認定兩圖和這一衝突有關，繪製的時間即不可能相去不遠；如此，則較不好解釋為何圖上出現了上述的差異。

如果擺脫和南越國入侵事件的關聯，就可假設這兩圖是由不同的人所製，繪製的時間可以相去較久。第一，這兩圖山脈的畫法，完全不同。地形圖用扭曲的閉合曲線畫出綿延的山脈走勢，其中加上斜線；封域圖用相連的山字形和堆疊的三個加墨線的圓圈表示山脈。為什麼短時間內產生的兩張地圖，會有這麼大畫法上的歧異？過去大家注意到了，多避而不論。如果對照甘肅天水放馬灘五號西漢墓出土紙質地圖上的山脈，用較為簡略相連的山字形表示(附圖4.1-4.2)，放馬灘一號墓木板地圖第三塊背面的山脈，也用和馬王堆封域圖更為相似，但較為簡略的山字形和堆疊的圓圈表示(附圖5)[166]。據此或者可以說，在山脈畫法上，地形

---

166 何雙全，〈天水放馬灘秦墓出土地圖初探〉，《文物》2(1989)：16，圖七。
曹婉如已指出它們畫法的相似性，參曹婉如，〈有關天水放馬灘秦墓出土地圖的幾個問題〉，《文物》12(1989)：84-85。

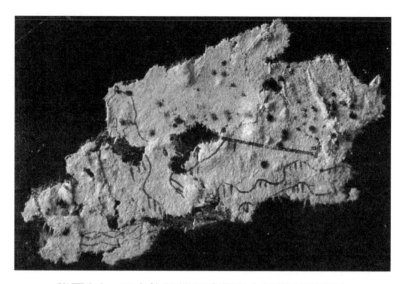

附圖4.1　天水放馬灘五號墓出土紙質地圖殘片

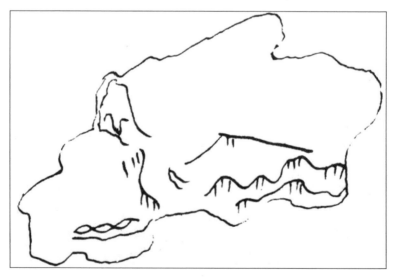

附圖4.2　紙質地圖殘片線描圖

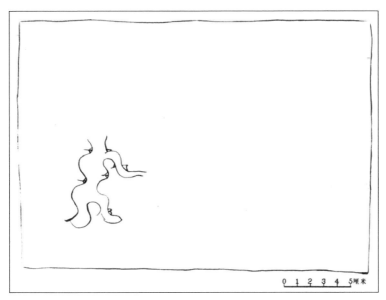

附圖5　天水放馬灘木板地圖第三塊背面線描圖

圖是一派，放馬灘地圖和箭道封域圖屬於另一派。如果承認放馬灘地圖的時代（秦昭王卅八年，李學勤之說）早於馬王堆的帛圖，那麼封域圖畫工所師承的畫法，反而可能早於地形圖。這其中隱含的問題，一時無法在此進一步討論。無論如何，畫法如此不同的兩幅圖，與其說是短期間內製成，不如說是在相去較久的時間內，由不同的畫工所製。將兩圖製作的時間距離拉長，也比較好解釋深平前後地位的變化，又為何箭道不見於繪製較早的地形圖上。

　　為什麼箭道封域圖和地形圖會出現在長沙國相軑侯利倉之子的墓中？並沒有直接證據，仍然無法確實回答。目前只能說，箭道一地和其周邊地區和墓主生前應曾有特殊緊密的關係，或許他曾在此地任一生中最主要，或最後的官職吧。有些學者根據三號墓出土不少弓矢、劍、戈、矛等兵器，認為墓主很可能是長沙軍隊在這個守備地區的統帥或重要將

領[167]。可是漢代地方或守疆之吏，身兼文武，墓中出土兵器十分平常[168]。利倉之子只要曾在箭道出任一地之長或其他要職，就可能擁有地圖，也可以兵器陪葬。這些都不是統帥或重要將領的專利。

總結來說，馬王堆這兩幅地圖的價值恐怕不在於其精確性，也不在它們可以如何復原在今天的地圖上，而是帝國邊陲的一位地方官員曾如此刻意地將這樣的兩幅圖帶往死後世界，而這兩幅圖又如此微觀地呈現了當時帝國邊緣一個小小的角落。

本文附錄原刊《湖南大學學報(社會科學版)》21.5(2007)：12-19。刊出後承陳松長先生厚意，賜下原帛圖局部照片，因而得以更換附圖，稍作修訂。在此謹誌對陳先生的深深感謝。

---

167 詹立波，〈馬王堆三號漢墓出土的守備圖探討〉，收入《古地圖論文集》，頁53。

168 參邢義田，〈允文允武──漢代官吏的一個典型〉，《中央研究院歷史語言研究所集刊》75.2(2004)：223-282。

漢魏六朝的自然聚落
——兼論「邨」「村」關係與「村」的通稱化

侯旭東[*]

一、引言

　　春秋戰國時期，各國君主為了加強對地方的控制，逐漸在境內設立郡、縣，由國君直接委派官員管轄，郡縣之下亦設立各種名目不同的基層編制，來統領百姓。隨著秦的統一，這種郡縣制取代了西周所建立的分封制成為新興帝國的主要支柱，縣以下亦統一建立了「鄉里」制度[1]。進入漢代，儘管分封制又局部得到恢復，但幾經波折，其實質已與西周情形貌合神離，諸侯王只是「衣食租稅」，封國的行政管理則由朝廷委

[*] 北京清華大學歷史系。
　　本文寫作修改過程中先後得到史睿、蔡萬進、王子今、劉海旺、劉樂賢、邢義田、劉增貴、劉淑芬、濱島敦俊等先生的指教，謹此一併致謝。

[1] 參杜正勝，《編戶齊民——傳統政治社會結構之形成》（臺北：聯經出版事業公司，1990），頁97-126。

派的官員負責，郡縣制依然是帝國地方的基本制度。西漢平帝元始二年（AD2）全國有郡國103個，縣級政區1,587個；東漢永和五年(140)則有郡國105個，縣級政區1,180個。縣、邑、道、侯國以下則沿用秦代的鄉里制度。

「鄉」與「里」的關係，《漢書・百官公卿表》謂：「大率十里一亭，亭有亭長。十亭一鄉，鄉有三老、有秩、遊徼」。其中「亭」與「鄉里」的關係已被證明有誤，「亭」屬於治安系統，與鄉里無直接對應關係[2]。「里」隸屬於鄉，鄉除了三老外，設有嗇夫、鄉佐[3]，里有里正、田典[4]。一里的戶數，文獻中的記載各不相同，但有一點是一致的，均是以一定的戶數作為標準。按照《漢書・食貨志》的描述，「里」不僅是行政編制，亦是當時百姓實際居住的聚落：

> 在壄曰廬，在邑曰里。五家為鄰，五鄰為里，四里為族，五族為黨，五黨為州，五州為鄉。鄉，萬二千五百戶也。……春令民畢出在野，冬則畢入於邑。……春，將出民，里胥平旦坐於

---

2 參王毓銓，〈漢代「亭」與「鄉」「里」不同性質不同行政系統說〉，《歷史研究》1954.2，後收入《萊蕪集》(北京：中華書局，1983)，頁14-24；日比野丈夫，〈鄉亭里についての研究〉，《東洋史研究》14.1、2(1955)：23-42。後收入《中國歷史地理研究》(東京：同朋舍，1977)，頁151-154；張春樹，〈漢代邊地上鄉和里的結構──居延漢簡集論之二〉，《大陸雜誌》32.3(1966)：1；朱紹侯，〈漢代鄉、亭制度淺論〉，《河南師大學報》(社會科學版)1982.1：14-21。近年出土的《尹灣漢簡》中的1號木牘《集簿》正面的第二、三行分別記載了西漢末年東海郡的鄉、里(包括里正)數量與亭、郵(包括亭卒、郵人)數量，亦證明「鄉里」與「亭」分屬不同的系統，可參楊際平，〈漢代內郡的吏員構成與鄉、亭、里關係〉，《廈門大學學報》1998.4：33-35。

3 嚴耕望，《中國地方行政制度史　甲部──秦漢地方行政制度史》(臺北：中央研究院歷史語言研究所，2006)，頁238-240。

4 張家山二四七號漢墓竹簡整理小組，《張家山漢墓竹簡(二四七號墓)》(釋文修訂本)(北京：文物出版社，2006)，「二年律令・錢律」，簡201，頁35；「置後律」，簡390，頁61。

> 右塾，鄰長坐於左塾，畢出然後歸，夕亦如之。入者必持薪樵，
> 輕重相分，班白不提挈。冬，民既入，婦人同巷，相從夜績，
> 女工一月得四十五日。必相從者，所以省費燎火，同巧拙而合
> 習俗也。

班固描繪的「里」是一種有垣牆圍繞，設門，內分左右，置監門司出入的聚落，他將此段話納入「先王制土處民富而教之之大略」中，似乎是前代的情形，若參以近年出土的西漢初年的「二年律令・戶律」的有關條文[5]，其描述確實是有現實依據的。

基於上述記載與其他資料，不少學者視漢代的「里」為實際聚落，因此，當三國以後的文獻中出現「村」時，許多學者認為這是基層聚落發展史上劃時代的變動，與漢末的整體時代變革有密切關係。的確，村落、農村是當今仍在廣泛使用的通用詞彙，而「村」的出現以及到唐代成為官方基層制度中的一部分是漢末以來產生的新現象，但其意義究竟何在，應如何估價，需要在漢代以來聚落變遷史的大背景下去認識，其中重要的工作是結合新資料對漢代以來的聚落形態做進一步分析。

回顧學術史，自1930年代，日本學者就開始關注漢代的鄉里問題，1950年代以來以宮川尚志與宮崎市定為代表的日本學者就開始深入研究漢末以來的村落問題，1990年代以後中國學者也加入其中。通過長期的研究，圍繞「村」的產生形成了許多重要的論斷，對於推動中國中古歷史研究發揮了重要作用。

檢視半個多世紀以來學界關於村的研究，主要涉及了如下幾個問

---

5 《張家山漢墓竹簡(二四七號墓)》(釋文修訂本)，「二年律令・戶律」：「自五大夫以下，比地為伍，以辨□為信，居處相察，出入相司。有為盜賊及亡者，輒謁吏、典。田典更挾里門籥(鑰)，以時開；伏閉門，止行及作田者。」(簡305-306)，頁51。

題：一是村的起源與分布，包括村的前身是什麼，在何種背景下發展成
「村」，分布在哪些地區；二是村內的情況，如村落的外觀、村的領導
者等；三是村具有哪些行政職能；四是村與鄉里制度的關係；五是「村」
的出現在中國歷史上的意義。其中「村」的起源問題是關鍵，其他問題
均與此相聯。

關於「村」的起源，有不同的見解。一種強調漢末出現的「村」是
在漢代「聚」的基礎上發展起來的，宮川尚志首倡此說，堀敏一、齊濤、
馬新、吳海燕、劉再聰、高賢棟亦表贊同[6]。二是認為漢代、三國的屯
田所形成的聚落發展為「村」，宮川尚志承認兩者間的聯繫，但未予重
視，宮崎市定則力主此說，堀敏一亦認可[7]。三是認為漢末動亂中形成
的「塢」與「塢壁」之類自衛性集團是村落，特別是北方村落的來源，
宮川尚志最早提出此觀點，堀敏一、韓昇與吳海燕均持此說。齊濤則認
為在北方，漢代的聚，經過十六國的塢壁發展成北方的村落[8]。四是認

6　宮川尚志，〈六朝時代の村について〉，《六朝史研究──政治、社會篇》（東
　　京：日本學術振興會，1956），中譯文〈六朝時代的村〉，收入劉俊文主編，
　　《日本學者研究中國史論著選譯》第4卷（北京：中華書局，1992），頁69-70，
　　74，103；堀敏一，〈魏晉南北朝時代の「村」をめぐって〉，收入《中國古
　　代の家と集落》（東京：汲古書院，1996），頁299-304；齊濤，《魏晉隋唐鄉村
　　社會研究》（濟南：山東人民出版社，1995），頁31，37，41；馬新，《兩漢鄉
　　村社會史》（濟南：齊魯書社，1997），頁201-202；吳海燕，〈魏晉南北朝鄉村
　　社會及其變遷研究〉（鄭州：鄭州大學博士論文，2003），頁87；劉再聰，〈村
　　的起源及「村」概念的泛化──立足于唐以前的考察〉，《史學月刊》2006.12：
　　7-8；高賢棟，《南北朝鄉村社會組織研究》（濟南：山東大學出版社，2008），
　　頁53-55。
7　宮川尚志，〈六朝時代的村〉，頁104；宮崎市定，〈中國における村制の成
　　立──古代帝國崩壞の一面〉，《東洋史研究》4(1960)，中譯文〈中國村制
　　的成立──古代帝國崩壞的一面〉，收入中國科學院歷史研究所編譯組編譯，
　　《宮崎市定論文選集(上)》（北京：商務印書館，1963），頁39-40；堀敏一，〈魏
　　晉南北朝時代の「村」をめぐって〉，頁297-299。
8　宮川尚志，〈六朝時代的村〉，頁70-73，84；堀敏一，〈魏晉南北朝時代的「村」
　　をめぐって〉，頁304-310；韓昇，〈魏晉隋唐的塢壁和村〉，《廈門大學學報》

爲村來源於漢代城內外的里，另有在無人之地新設立的村，越智重明持
此說[9]。五是認爲村的早期形態還有廬與丘，劉再聰持此說[10]。從以上
概括中不難發現，宮川尚志、越智重明、堀敏一、吳海燕與劉再聰等均
認識到「村」的來源並非一種，章義和等的最新研究亦確認了「村」的
淵源的多元性[11]。

　　對於南方的村落，亦有不同的觀點。宮崎市定認爲南方村落的出現
與異族入侵，北人南遷有直接聯繫，兼田信一郎在此說基礎上進一步認
爲江南「村」的出現與山越人的邑落有關[12]。齊濤則認爲東晉南朝的村
落來源於漢代的聚[13]。章義和等具體分析了北人南遷路線與南方村落分
布的關係，認爲人口遷移與村的形成存在對應關係[14]。

　　仔細分析，無論學者對於「村」的淵源的見解有何不同，他們多數
均強調了「村」的出現與漢代原有的鄉里制度的對立性質，認爲「村」
是在漢末鄉里制度崩潰的形勢下出現的[15]，只有越智重明與堀敏一認真

(續)————————————
　　　1997.2：104，吳海燕，〈魏晉南北朝鄉村社會及其變遷研究〉，頁88。齊濤，
　　　《魏晉隋唐鄉村社會研究》，頁31。
　9　越智重明，〈東晉南朝の村と豪族〉，《史學雜誌》79.10(1970)：2-6。
　10　劉再聰，〈村的起源及「村」概念的泛化——立足于唐以前的考察〉，頁6-7。
　11　章義和，〈關於南朝村的淵源問題〉，《福建論壇》(人文社會科學版)2005.4：
　　　69-72；章義和、張劍容，〈關於南朝鄉村研究的幾個問題〉，收入牟發松主編，
　　　《社會與國家關係視野下的漢唐歷史變遷》(上海：華東師範大學出版社，
　　　2006)，頁188-194。
　12　宮崎市定，〈中國村制的成立——古代帝國崩壞的一面〉，頁41-45；兼田信一
　　　郎，〈六朝時期江南の村落についての一考察〉，收入《中國古代の國家と民
　　　眾》(東京：汲古書院，1995)，頁318-319。
　13　齊濤，《魏晉隋唐鄉村社會研究》，頁41。
　14　章義和、張劍容，〈關於南朝鄉村研究的幾個問題〉，頁194-198。
　15　如宮川尚志，〈六朝時代的村〉，頁70；韓昇，〈魏晉隋唐的塢壁和村〉，頁
　　　99；吳海燕，〈魏晉南北朝鄉村社會及其變遷研究〉，頁87-88；章義和、張劍
　　　容，〈關於南朝鄉村研究的幾個問題〉，頁203-205。

討論了魏晉以後的鄉里制度[16]。基於上述認識，不少學者突出了「村」
的出現的意義。宮崎市定根據他一貫倡導的都市國家理論，認為「村」
的出現意味著古代帝國的崩潰和城市與村落對立的出現，這種對立是中
世紀的特點。因此，村制的成立是從古代邁向中世紀的劃時代變革的一
個重要標誌[17]。谷川道雄同樣強調了「村」的出現是從漢到六朝的時代
變化的一環[18]。

此外，不應忽視的是，不少研究先秦秦漢歷史的學者亦對聚落變遷
問題做過分析，其中關於鄉里以外的聚落問題是討論的核心之一。這方
面用力頗深的是池田雄一。前舉宮崎市定代表了一種觀點，與之相對，
池田雄一則認為自龍山時期以來就存在「散村」，先秦時期的「落」「聚」
「邑」「廬」等就是漢末「村」的前身[19]。馬新、齊濤新近的研究亦認
同此說[20]。

檢討以上諸家的研究，至少有這樣幾個問題值得注意，首先，多數
學者關注的目光幾乎都集中在「村」字上，並沒有充分意識到「村」的
出現實際包含的是鄉里之外的自然聚落發展問題，除了宮崎市定以外，

16　越智重明，〈漢魏晉南朝の鄉・亭・里〉，《東洋學報》53.1（1970）：9-38；
　　堀敏一，〈魏晉南北朝および隋代の行政村と自然村〉，頁346-354。而宮川尚
　　志只是指出，「里在南北朝時期的法律上確實是存在的。當表述本籍時，與漢
　　代一樣，舉鄉亭里的名稱，當表述居住地時，則常用村名」（〈六朝時代的村〉，
　　頁97），並沒有進一步分析鄉里制度是否發揮作用。

17　宮崎市定，〈中國村制的成立──古代帝國崩壞的一面〉，頁49；兼田信一郎
　　亦認為村的出現顯示了中國社會構造的變動，見〈六朝時期江南の村落につい
　　ての一考察〉，頁328。

18　谷川道雄，〈六朝時代城市與農村的對立關係──從山東貴族的居住地問題入
　　手〉，收入氏著、馬彪譯，《中國中世社會與共同體》（北京：中華書局，2002），
　　頁286。

19　按照池田雄一的看法，這種被他稱為「散村」的聚落自龍山文化以後就開始出
　　現，見〈中國古代における聚落の展開〉、〈石器時代の聚落〉，均收入氏著
　　《中國古代の聚落と地方行政》（東京：汲古書院，2002），頁10，39-47，54。

20　馬新、齊濤，〈漢唐村落形態略論〉，《中國史研究》2006.2：88。

亦沒有進一步思考漢代在鄉里之外是否大量存在的自然聚落問題，往往只是注意到文獻中出現的「聚」。就南方而言，並沒有留心漢代以來南方是否存在自然聚落問題，更多注意的是外部因素（北人南遷、山越外遷）與村落的關係，似乎暗示村落是北人自北方引入南方的。

其次，學者討論的時段幾乎都是以東漢末年為界，或是從先秦至東漢末年，如池田雄一，或是自東漢末至南北朝，如宮川尚志等，除了宮崎市定，很少有人能夠從兩漢，乃至先秦以來人們聚居形式的變化中去認識這一問題，均對聚落變遷缺乏前後通貫的分析。馬新、齊濤的新作關注漢唐，兼及先秦，但論斷多於論證，許多具體觀點缺乏認真的證明，難以憑信。這亦涉及到一個更為根本的問題，即將「村」的出現視為是歷史發展的延續還是斷裂，如果我們將目光局限在東漢末年，局限在特定的「村」字上，很容易得出是歷史發展的斷裂，或轉折的結論，如果我們從更長的時段觀察人們聚居形式的演變，可能會有不同的看法。

復次，過去的研究關注的是「村」，但幾乎沒有學者考慮過「村」為何會成為通稱[21]，儘管均注意到「村」在唐代成為官方制度中的一部分。這一問題對於為「村」定位，認識其意義頗為重要。忽略這一問題，而將「村」成為通稱視為當然的客觀事實，乃是以後代逆推古人，倒果為因。如此則將當時聚落面貌的多樣性過濾掉了，同時過濾掉了「村」從多樣化的稱呼中脫穎而出的具體歷史過程，其結果導致認識「村」出現的意義時產生偏差。

最後，已有的研究，除了越智重明與堀敏一外，都是將「村」的出現作為漢代鄉里制度的對立面來把握的，對於六朝時期的鄉里制度也多簡單地認為已經瓦解，這種對立說與瓦解說亦是有問題的，村與鄉里的

---

21 宮崎市定只是簡單地指出「起初把這種在城外散居的聚落叫做『屯』，不久附個『邑』字偏旁成為『邨』，再以後到了南朝末年，就常常用同音的『村』字來代替了」，見〈中國村制的成立──古代帝國崩壞的一面〉，頁45。

關係也需要認真的分析。

本文試圖側重考察漢代以來聚落形態,並揭示鄉里編制下自然聚落稱呼的複雜情況,進而考察「村」為何會成為通稱,並在南朝及唐代官方的制度中占有一席之地,從而對「村」出現的意義做些新的探討。

這裡有必要對文中使用的「自然聚落」一詞做些說明。日本學者在討論這類問題時,經常使用「自然村」或「散村」與「行政村」之說,因為「村」是本文的分析對象之一,使用上述概念顯然不合適。堀敏一又提出並使用了「集落」一詞[22],「集落」(しゅうらく)是日語詞彙,用在中國歷史上有些生僻,不如直接使用「聚落」[23]。當然,從來源上看,聚落可分為兩類,一類可稱為「行政聚落」,指漢代以後納入縣鄉里編制體系的居住點,另一類則是「自然聚落」,指在 「行政聚落」所占據的物理空間以外形成的居住點。實際上,這種「自然聚落」並非永遠處在鄉里行政編制之外,而是不斷被納入其中,甚至更有不少自形成之時起就不曾脫離過官府的控制。下文提到的這類聚落多數是出現在官方記錄或與官方有關的文本中即是明證。這裡從起源角度加以區分只是為了分析與敍述的便利。

二、漢代的自然聚落

如前所述,漢代的基層行政制度是鄉與里,至於鄉里,尤其是里,與聚落的關係,學界長期存在不同意見。一些學者認為「里」是行政村,屬於戶口編制單位,沒有自己的轄區,而百姓居住在另外的聚落中[24]。

---

22 堀敏一,《中國古代の家と集落》,頁2。

23 據濱島敦俊教授指教,日語中「集落」與「聚落」發音相同,但文部省規定的當用漢字是「集落」,因而近年的著作多改用「集落」。

24 持此說的學者如日比野丈夫,〈鄉亭里について〉,頁148-151。池田雄一,〈漢

另有學者則認為「里」既是行政聚落(行政村)，亦是自然聚落(自然村)，在「里」以外基本不存在聚落[25]。具體來說，在「里」為聚落說中又有不同的觀點：一派以宮崎市定為代表，認為在東漢末年以前的中國古代，這些鄉里均位於有城牆環繞的城市中，而城外基本沒有聚落[26]。這一觀點得到一些學者的認同與支持，並依據豐富的資料對漢代城市做了進一步的研究[27]，將宮崎的理論向前推進了一步。不過，此說亦遭到批評[28]，實際宮崎市定並沒有完全否認城市之外存在小聚落[29]。另一說則認為城外的「邑」亦是聚落，鄉里制度建立後則被編制到鄉里中[30]，實際承認在「城」外存在聚落，但沒有仔細考慮「邑」與「里」的關係。第三種觀點則認為「里」分為兩種，一是城邑之里，有圍牆設門，內分左右，有監門司出入；一是散戶鄉村之里，或幾個自然村合編為一里，其戶數不甚整齊劃一；前者是民居里，後者是行政里[31]。此說可以說是前述兩說的折衷。

　　爭論儘管進行了幾十年，上述觀點至今並沒有相互說服，第三說出現最晚，似乎也沒有引起足夠的注意。爭論的核心是「里」與聚落的關

(續)─────────────────────
　　　代における里と自然村とについて〉，《東方學》38(1969)：37-38。

25　岡崎文夫，《魏晉南北朝通史》(東京：弘文堂書房，1932)，頁580-581。馬新的觀點與此相近，她認為鄉里是政府法定的基層單位，其基礎是「聚」或「落」，而兩者設置是重合的，由此「里」的戶數多寡不一，見《兩漢鄉村社會史》，頁201-203。

26　宮崎市定，〈中國村制的成立──古代帝國崩壞的一面〉，頁34-36。

27　張繼海，《漢代城市社會》(北京：社會科學文獻出版社，2006)，頁28-95；特別是頁61-89。

28　池田雄一，〈漢代における里と自然村とについて〉，頁37-38。

29　宮崎市定，〈中國における聚落形態の變遷について〉，《大谷史學》6(1956)，中譯見〈關於中國聚落形體的變遷〉，收入劉俊文主編，《日本學者研究中國史論著選譯》第3卷(北京：中華書局，1993)，頁13-21，他在文中曾提到存在沒有城郭的小聚落(頁12)，但在論證中卻忽視了這一點

30　杜正勝，《編戶齊民──傳統政治社會結構之形成》，頁107-110。

31　張金光，〈秦鄉官制度及鄉、亭、里關係〉，《歷史研究》1997.6：33，34。

係，具體則集中在「里」與城的關係、「里」與城外聚落的關係，後一問題還包括了城外聚落名稱與「里」的關係。下面則從漢代聚落名稱與聚落形態入手，討論上述問題。過去關於漢代存在自然聚落的說法最大的難題是依據不足，隨著考古事業的發展，這方面的新證據逐漸多了起來，傳統史料中如果仔細辨別，也能找到有用的材料。

首先，來看看文獻中出現最多的是「聚」。對此，前人已有很多研究，這裡略作補充的是一條新資料。湖南沅陵縣虎溪山一號墓出土的「黃簿」中就記載了該國的亭聚情況，發掘簡報披露了其中一枚，釋文爲「泣聚戶百卅四，口五百廿一人」（MIT：43-101）。該墓墓主是西漢第一代沅陵侯吳陽（162BC卒）[32]。此聚不見於《漢書‧地理志》與《續漢書‧郡國志》，儘管如此，我們至少對於「聚」存在的上限獲得了一個明確的標誌。

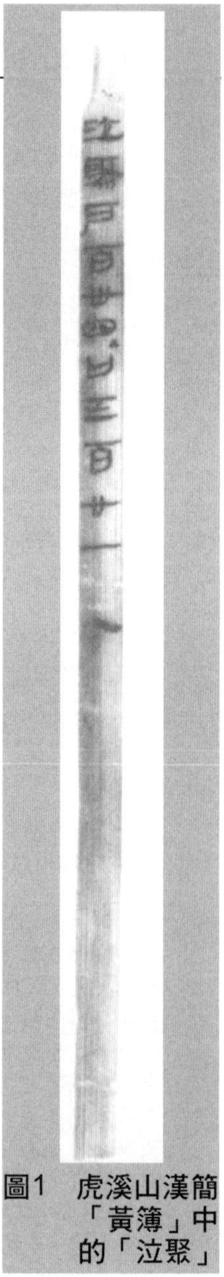

此外，先秦時期出現的「落」、「邑」與「廬」亦被認爲是漢代「散村」的源頭[33]。其實在漢代的文獻中我們亦能看到用這些稱呼的蹤影。《後漢書‧馮衍傳》載，西漢末年，馮衍勸說更始帝劉玄手下的鮑永時描述境內局勢時，在指出「父子流亡，夫婦離散」之類百姓的境況後又說：

圖1　虎溪山漢簡「黃簿」中的「泣聚」

---

32 湖南文物考古研究所、懷化市文物處、沅陵縣博物館，〈沅陵虎溪山一號漢墓發掘簡報〉，《文物》2003.1，頁50、55及頁53圖。

33 池田雄一，〈中國古代の聚落形態〉，收入《中國古代の聚落と地方行政》，頁65-88。

> 盧落丘墟，田疇蕪穢，疾疫大興，災異蜂起。

　　根據這幾句話的句式，「丘墟」這裡用作動詞，表示淪為丘墟，文獻中「丘墟」作動詞的例子很多[34]。「盧落」與「田疇」相對，指的就應是百姓居住的聚落。馮衍這裡使用的是「盧落」，而非「鄉里」，看來根據馮衍的經驗與觀察，百姓實際更多的是居住在名為「盧」或「落」的地方。這些「盧落」大概就是《漢書‧王莽傳下》提到的那種「離鄉」與「小國無城郭」的聚落，因遭受戰爭的蹂躪而淪為丘墟。

　　此外，東漢元初五年(118)立於嵩山中嶽廟前(今河南登封縣)的〈嵩山泰室神道石闕銘〉的題名中有「陽翟平陵亭部陽陵格王孟、功□車卿」等字樣[35]，這裡出現的「陽陵格」實際就是一個與鄉里對應的「自然聚落」。分析〈石闕銘〉題名的句式，「陽陵格」之前是「陽翟平陵亭部」，「陽翟」表示縣，「平陵亭部」則表示更具體的位置。「亭部」是漢代用來指示方位的常見標識，漢代皇帝陵墓的位置常用「亭部」表示，民間的買地券中亦多用來標明土地的坐落[36]，依此，「亭部」後面的詞彙亦應表示的是更具體的方位。晉宋時人徐廣所著《史記音義》在訓解

34　如《後漢書》(北京：中華書局，1965)，卷13，〈公孫述傳〉，頁535，有「城邑丘墟」之說。

35　永田英正主編，《漢代石刻集成　圖版‧釋文篇》(京都：同朋舍，1994)，頁59。不過作者誤將「陽陵格」與「王孟」斷開。高文，《漢碑集釋》(開封：河南大學出版社，1997)，頁40亦如此斷句，亦誤。

36　如《漢書》(北京：中華書局，1962)，卷97上，〈外戚傳上〉，頁3949，記孝武陳皇后死後「葬霸陵郎官亭東」。帝陵位置則多用「亭部」，如《漢書》，卷10，〈成帝紀〉，頁305，建始二年「以渭城延陵亭部為初陵」；《漢書》，卷11，〈哀帝紀〉，頁340：建平二年「以渭城西北原上永陵亭部為初陵」。民間買賣土地表示方位則用「亭」及「阡陌」，見東漢的買地券，茲不詳引。參王毓銓，〈漢代「亭」與「鄉」「里」不同性質不同行政系統說〉，頁23-24注一；日比野丈夫，〈鄉亭里についての研究〉，頁152-154；周振鶴，〈從漢代「部」的概念釋縣鄉亭里制度〉，《歷史研究》1995.5：42。

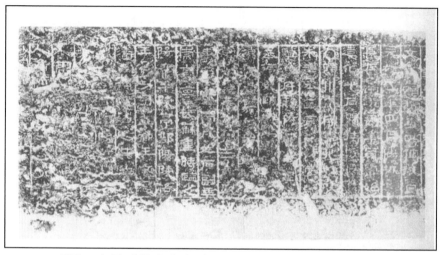

圖2　東漢〈嵩山泰室神道石闕銘〉中的「陽陵格」

《史記・酷吏列傳》「置伯格長以牧司奸盜賊」句時指出：「一作『落』。
古『村落』字亦作『格』。街陌屯落皆設督長也。」[37] 根據這種解釋，
「格」亦是漢代的一種聚落稱呼。據該銘的題名，此石闕是在潁川太
守、陽城縣長與郡府屬吏等的監督與參與下修造的。石闕建造的官方
背景亦暗示「陽陵格」乃是爲官府所了解並承認的「聚落」，儘管它
非「鄉」非「里」，屬於前文所說的「自然聚落」，卻並沒有逸出官
府的管轄之外。徐廣能在《史記音義》中爲「格」字做注，一方面說
明晉宋時期人們對「格」的此種含義已很陌生，另一方面，亦應承認

37　《史記》（北京：中華書局，1959），卷122，〈酷吏列傳〉集解引，頁3150。
　　《學林》卷5「格」及《別雅》卷5「村格村落也」條均將上引全部視爲徐廣所
　　言，點校本亦循此將這段話均視爲徐廣《史記音義》所言，置於引號內。按照
　　裴駰《集解序》的概括，該書「具列異同，兼述訓解。粗有所發明，而殊恨省
　　略」，而裴駰則「聊以愚管，增演徐氏」，「街陌屯落皆設督長也」句或許出
　　自裴氏，但這亦無妨筆者的結論。

以「格」爲名的聚落具有一定的普遍性[38]。

東漢中平三年(186)所立的〈張遷碑〉在講述張遷爲谷城長時的種種善政時說:

> 八月算民,不煩於鄉,隨就虛落,存恤高年[39]。

「虛落」的含義就是聚落,指的是百姓的居住地[40]。此碑爲張遷爲谷城長時的眾故吏「感思舊君」集資興立,這些人應是穀城本地人,他們撰碑文時並沒有使用「里」來表示百姓的住所,當是基於當地的生活實際。《續漢書·郡國志三》「東郡·谷城縣」云「有厀下聚」,「聚」是鄉里之外的聚落,此聚的存在表明東漢時期這裡已經在鄉里外出現了新的聚落。而「虛」與「落」或是該地區比較普遍的聚落通稱,故用來指代百姓的居住地。

還有一種自然聚落,名爲「××丘」。目前看至晚出現於東漢後期,一直存在到三國孫吳初年,分布在當時的長沙郡臨湘縣(侯國),它們因1996年長沙走馬樓三國吳簡與2004年長沙東牌樓東漢簡牘的發現與整理而爲世人所知[41]。

---

38 此外,甘肅省天水市放馬灘秦墓出土的木板地圖中的第一塊上出現了地名「山格」,北京大葆台西漢墓出土的唯一一枚竹簡上的文字是「樵中格吳子孟」,可證「格」作爲聚落的類名分布較廣,存在時間較長。詳參侯旭東,〈北京大葆台漢墓竹簡釋義——漢代聚落自名的新證據〉(待刊)。

39 永田英正,《漢代石刻集成　圖版·釋文篇》,頁253;高文,《漢碑集釋》,頁490。

40 參邢義田,〈漢代的案比在縣或在鄉?〉,《中央研究院歷史語言研究所集刊》60.2(1989):454。作者認為虛落即聚落,在漢代又稱里落,也就是鄉村、村里的意思。或許泛稱為百姓的居住地更準確一些。

41 上古時先民多居住在高亢的區域,他們稱之為「丘」,先秦文獻中常見。與「丘」相聯的活動與說法亦不少,如「魯作丘甲」、「子產作丘賦」以及「丘民」之說等等,這類帶有「丘」的地名亦保存到秦漢以後,如營丘、商丘之類。關於

　　走馬樓吳簡出土後，其中頻繁出現的眾多「××丘」很快就引起中外學者的注意，關於「丘」的性質及其與「里」的關係問題很快成爲一個熱點，各種觀點層出不窮[42]。

　　在筆者看來，「丘」屬於本文所說的「自然聚落」[43]。臨湘地區以「××丘」爲名的聚落出現的時間不會晚於東漢靈帝時期。在新近發表的長沙東牌樓7號古井出土的東漢靈帝時期的簡牘中，簡100(整理號；出土編號為1022)作：

　　　　中平三年二月桐丘男子何君□從臨湘伍仲取／(正面)
　　　　十月當還。以手書為信。 同文／(背面)

(續)

　　這一問題，參胡厚宣，〈卜辭地名與古人居丘說〉，收入氏著《甲骨學商史論叢初集》(外一種)上冊(石家莊：河北教育出版社，2002)，頁495-505。至於臨湘的「丘」的來歷，是否與此傳統有關目前尚不清楚。

42　各種具體觀點的綜述可參王素，〈長沙走馬樓三國吳簡研究的回顧與展望〉，《吳簡研究》第一輯(武漢：崇文書局，2004)，頁7，24-25；王素，〈中日長沙吳簡研究述評〉，《故宮學刊》2006.3：540-544的有關部分，以及侯旭東，〈長沙走馬樓三國吳簡「里」「丘」關係再研究〉，武漢大學學報編輯部，《魏晉南北朝隋唐史資料》第23輯(2006)，頁14-15的概括。

43　持此說的有關尾史郎，〈長沙吳簡所見「丘」をめぐる諸問題〉，長沙吳簡研究會，《嘉禾吏民田家莂研究──長沙吳簡研究報告》第1集(東京：2001)，頁42-54；宋超，〈長沙走馬樓吳簡中的「丘」與「里」〉，《長沙三國吳簡暨百年來簡帛發現與研究國際學術研討會論文集》(北京：中華書局，2005)，頁77-85。針對于振波的批評，宋超又做了進一步的分析，見〈走馬樓吳簡中的「丘」與「里」再探討〉，長沙簡牘博物館、北京吳簡研討班，《吳簡研究》第二輯(武漢：崇文書局，2006)，頁137-156；李卿，〈「長沙走馬樓三國吳簡‧嘉禾吏民田家莂」性質與內容分析〉，《中國經濟史研究》2002.1：127-129；蘇衛國、岳慶平，〈走馬樓吳簡鄉丘關係初探〉，《湖南大學學報》(社會科學版)19.5(2005)：33；馬新、齊濤，〈漢唐村落形態略論〉，頁89。不過，兩位作者在此並未作論證而得出此結論。

圖3

湖南長沙東牌樓出土的東漢簡中的「丘」

長沙市文物考古研究所、中國文物研究所，《長沙東牌樓東漢簡牘》（北京：文物出版社，2006），彩版八，頁40，釋文見頁112。背面釋文原做「以手書券信」，「券」字應做「為」，據長沙東牌樓東漢簡牘研讀班，〈「長沙東牌樓東漢簡牘」釋文校訂稿〉，《簡帛研究2005》（桂林：廣西師範大學出版社，2008），頁163。或疑「桐丘」為縣名，查《續漢書‧郡國志》，東漢未見此縣，應屬聚落名。

這是一份借還物品的憑證。中平三年為西元186年，說明最晚到東漢末該地已經存在「丘」，而且從此簡用例看，亦應是標識居民的居住地點。更值得注意的是已刊的三國吳簡中亦多次出現「桐丘」[44]，儘管

---

44 如長沙市文物考古研究所、中國文物研究所、北京大學歷史學系走馬樓簡牘整理組編著，《長沙走馬樓三國吳簡‧嘉禾吏民田家莂》（北京：文物出版社，1999）中的簡5.550-559；長沙市文物考古研究所、中國文物研究所、北京大學歷史學系走馬樓簡牘整理組編著，《長沙走馬樓三國吳簡‧竹簡〔壹〕》（北京：文物出版社，2003）中的簡1.2797、1.4388、1.4552、1.4643；《長沙走馬樓三國吳簡‧竹簡〔貳〕》（北京：文物出版社，2007）中的簡2.3959、2.5336、2.5612與2.6076；《長沙走馬樓三國吳簡‧竹簡〔叄〕》（北京：文物出版社，

目前僅此一例[45]，但至少無法否認「丘」在東漢末年已經存在，並一直延續到孫吳嘉禾年間(232-237)。同時，東牌樓簡中發現的「桐丘」亦說明「丘」的出現與孫吳的屯田制度毫無關係。東牌樓簡內容以與督郵有關的官私文書為多，表明東漢末年時「丘」已經處在官府的管理之下。

走馬樓吳簡中另有如下簡J22-2617：

私學長沙劉陽謝達年卅一居臨湘/都鄉土沂丘/ 十一月十五右郎中實通舉

圖4

湖南長沙走馬樓出土的

三國吳簡中的「丘」

　長沙市文物工作隊、長沙市文物考古研究所，〈長沙走馬樓J22發掘簡報〉，《文物》1999.5：20，圖版見彩版貳；2左。

（續）————————————————————

　　2008）中的簡3.3654。

45　這批簡牘中還出現了「度上丘郭☑」（正面）（簡88，整理號；出土編號1087），
　　但簡文殘損，見上引書，彩版一六，頁48，釋文見頁109-110。已刊吳簡中未見
　　「度上丘」，但多次出現「度丘」，如《長沙走馬樓三國吳簡‧嘉禾吏民田家
　　莂》中的簡5·524-549；《長沙走馬樓三國吳簡‧竹簡〔壹〕》中的簡1.1410、
　　1.3331、1.4638、《長沙走馬樓三國吳簡‧竹簡〔貳〕》中的簡2.5503、2.8410
　　與2.8457；《長沙走馬樓三國吳簡‧竹簡〔參〕》中的簡3.1226、3.3740與3.5205。

　　還有近百枚帶有「居在×丘」內容的簡，其中包含了若干居在的主體是「大男」、「大女」之類正戶民的簡[46]，因此，可以斷定「丘」應是包含正戶民與私學、新吏之類各色人口共同居住的聚落。這種「丘」，作爲居住區應是自然形成的，屬於本文所說的自然聚落[47]。至於「里」，現有資料除了一例外，均只見於名籍中，目前只能認定「里」是吏民戶名籍的編制單位[48]。

　　臨湘地區里與丘的具體對應關係，亦可根據人名間的聯繫作一初步的分析。《嘉禾吏民田家莂》中完整的「莂」的開頭部分均作「某丘＋身分＋人名」，而《竹簡〔壹〕》中則有大量「某里＋爵位＋人名＋年齡」的名籍，兩相比較，有不少人名，乃至身分是一致的，繼而可以建立起該人所屬的里與丘之間的對應關係。應該說，由於吳簡中重名現象較爲普遍，這種做法是存在一定風險的。

　　按照這一思路考察發現，孫吳初年臨湘地區的里與丘之間存在著複雜的對應關係，簡單地說，就是一里之人分別居住在不同的丘，而居住在一丘之人則分屬不同的里[49]。這種複雜局面並非僅見於此，元代常熟

46　《竹簡〔壹〕》中的三十多枚簡見前引侯旭東，〈長沙走馬樓三國吳簡「里」「丘」關係再研究〉，頁15-17。大男、大女的資料出自前引〈長沙走馬樓三國吳簡・竹簡〔壹〕〉的簡1.942、1.958、1.963；此外，《竹簡〔貳〕》與《竹簡〔參〕》中還有不少，不贅引。

47　這一點宋超先生已經從里名與丘名的對比中作了分析，見宋超，〈長沙走馬樓吳簡中的「丘」與「里」〉，頁77-85。及其〈長沙走馬樓吳簡中的「丘」與「里」再探討〉，《吳簡研究》第二輯，頁139-156。

48　最近獲讀郭浩，〈從漢「里」談長沙走馬樓吳簡中的「里」和「丘」〉，《史學月刊》，2008.6：97-100，亦持此說。

49　具體結果詳參侯旭東，〈長沙走馬樓三國吳簡「里」「丘」關係再研究〉，頁21；〈長沙走馬樓吳簡・竹簡〔貳〕「吏民人名年紀口食簿」復原的初步研究〉，《中華文史論叢》2009.1（總第93輯）（上海：上海古籍出版社，2009年3月），頁57-93。

縣亦如此[50]，明代的徽州亦出現過[51]。這種局面的出現，是鄉里編制的規範要求和實際聚落人口移動以及數量變化間折衷的產物。

應當指出，除了「鄉里」這種朝廷規定的統一的編制單位外，帝國境內存在自然聚落的話，其名稱一定是千差萬別，上文所舉不過是偶然保存下來的數種而已，其中唯有「聚」流行許多地區，其餘稱呼或許只是個別地區通行的稱呼，而更多的則已消失在歷史的塵埃中。先秦時期各種文獻記載的地方行政組織所使用的名稱頗多[52]，很多應有具體的實際聚落名稱的背景，可以窺見聚落名稱多樣性之一斑。

以上只是鈎輯了各種「文本」對聚落的描述，難以觸及當時聚落的實際情況。近年考古學的新進展則為我們認識聚落的具體形態提供了寶貴的資料[53]。

2003年以來在河南內黃縣南部三楊莊北的黃河故道中發現了一處規模宏大的漢代農業聚落遺址，經過近三年的考古發掘與勘探，發現了十餘處漢代庭院，並在庭院周圍發現了大面積的耕作農田遺址（圖5）。該遺址發現了三枚王莽時使用的「貨泉」銅錢，結合其他出土遺物的狀

---

50 見〔宋〕孫應時纂修，鮑廉增補，〔元〕盧鎮續修，《琴川志》，卷2，如「顧莊」就分別隸於感化鄉第二都與第七都，「錢市」則隸該鄉第三都與第五都，類似情況還可舉出不少。收入《宋元方志叢刊》（北京：中華書局，1990），頁1169-1170等。濱島敦俊教授提示這些聚落可能屬於規模較大的市鎮。

51 參欒成顯，《明代黃冊研究》（北京：中國社會科學出版社，1998），頁301-302。

52 參池田雄一，〈中國古代の聚落形態〉，《中國古代の聚落と地方行政》，頁84-85的表。

53 遼寧省遼陽市北郊三道壕村發現的西漢時期（時間約200BC-AD25）的聚落遺址，是過去數十年中唯一一處系統發掘過的漢代基層聚落。遺址中發掘了居住址6處，水井11眼，磚窯址7座，鋪石道路兩段，而未找到外牆遺址。實際發現的鋪石大路就在居住址一側，且道兩旁沒有水溝、壕棱、副道等的建築痕跡，路面上留有明顯的轍跡。但關於這一遺址的性質有不同的看法，一說是村落遺址，一說是軍隊屯駐地。見東北博物館，〈遼陽三道壕西漢村落遺址〉，《考古學報》1957.1：119-127；中國社會科學院考古研究所編，《新中國的考古發現與研究》（北京：文物出版社，1984），頁399。

況,推測是因王莽後期的水災而被廢棄,因此遺址時代屬於西漢時期。

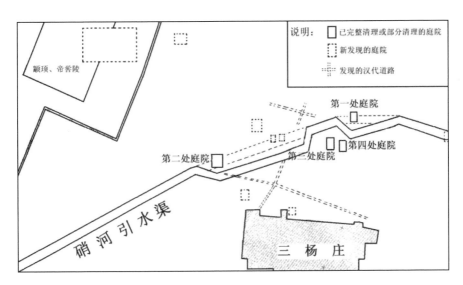

圖5　河南內黃縣三楊莊漢代聚落遺址分布圖

　　從目前發掘的四處庭院看,這些庭院均爲坐北朝南,方向一致(南偏西約10度),均爲二進院布局,占地面積大體相同;前後左右的距離不一,最近的25公尺,最遠的超過500公尺,相互之間隔以農田。每處庭院均建在田中,農田由較寬的大道分割成小區,田中的各個庭院均有單獨的小路與大道相通。四處庭院如果加上門前的場地,面積近2,000平方公尺。主房屋頂全部用瓦,牆基用磚,牆體爲夯土或土坯築成;門前有活動場地,各自有水井;院後有廁所;庭院周圍植樹,後面(北面)樹尤其多。庭院外則是農田。另外,聚落周邊沒有發現圍牆痕跡,只是在3號庭院東西牆外發現各有一條水溝,兩條溝並不相連[54]。

54　劉海旺、朱汝生,〈河南內黃三楊莊漢代田宅遺存〉,收入國家文物局主編,

　　這一聚落遺址位於西漢魏郡的轄區內，或許當時屬於黎陽縣。值得注意的是該聚落內庭院布局相對鬆散，彼此距離較遠，庭院與農田相間；聚落外圍亦沒有發現圍牆，應屬於池田雄一所說的「散村」。儘管此遺址只有一個孤例，談不上任何代表性，但這些信息亦足以提醒我們關注漢代聚落的多樣性。

　　以上文獻、石刻、簡牘以及考古資料儘管數量不算豐富，更說不上有多少代表性，卻足以表明：西漢以來便已經存在著不以「里」為名而另有名稱的「自然聚落」，這些聚落並非全部為圍牆所環繞，相應地，統轄這些聚落居民的「鄉里」只是戶口編制單位，而非聚落。

　　不過，與此並不一致的是：秦與西漢初期的法律條文在涉及百姓的聚落時針對的均是封閉的「里」[55]，《公羊傳‧宣公十五年》何休注與《漢書‧食貨志》所描述的亦均是這種封閉的「里」。其他文獻中描述的里居生活亦多是以此為背景的[56]。可以說前述「鄉里」為聚落的觀點正是立基於這類資料。如何解釋漢代聚落的這種複雜面貌？

　　關於聚落變化的軌跡，我曾做過推測：

(續)────────────────
　　　《2005中國重要考古發現》（北京：文物出版社，2006），頁100-104；劉海旺，〈新發現的河南內黃三楊莊漢代遺址性質初探〉，《簡帛研究2006》（桂林：廣西師範大學出版社，2008），頁296-297。圖引自劉海旺後文頁294。關於此遺址的詳細分析，亦可參本書所收邢義田先生的論文。

55　如《睡虎地秦墓竹簡‧釋文‧法律答問》簡160：「燔火延燔里門，當貲一盾；其邑邦門，貲一甲」。簡186：「越里中之與它里界者，垣為『完』不為？巷相直為『院』；宇相直者不為『院』」。睡虎地秦墓竹簡整理小組編，《睡虎地秦墓竹簡》（北京：文物出版社，1990），頁130，137。
　　　《張家山漢簡》「二年律令」中「雜律」規定「越邑里、官市院垣，若故壞決道出入，及盜啟開戶，皆贖黥。其垣壞高不盈五尺者，除。」（簡182）「捕罪人及以縣官事徵召人，所徵召、捕越邑里、官市院垣，追捕、征者得隨迹出入。」（簡183）「戶律」有「田典更挾里門籥，以時開，伏閉門，止行及作田者。」（簡305-306）前引《張家山漢墓竹簡(二四七號墓)》（釋文修訂本），頁33，51。

56　參周長山，《漢代城市研究》（北京：人民出版社，2001），第六章，〈漢代城市居民的基本編制──里〉，頁145-149。

大體說來，自先秦至秦漢，百姓居住場所經歷了由集中在封閉
有圍牆的聚落（城居）到逐漸以城居與生活在無圍牆聚落（散
居）並存的變化。早先這種有圍牆有門定時開閉的封閉聚落多
位於規模較大的城邑內，出現鄉里編制後，這種聚落則成為
『里』。……隨著時間的推移，這種新型聚落（指無圍牆聚
落──引者）不斷增加。它們就應是文獻中所見到的「某某
聚」，走馬樓吳簡所見三國初年長沙地區的「某某丘」，以及
宮川尚志文與本文所研究的「某某村」一類，其名稱應是由聚
落居民自發選定的。不過，這些散居聚落儘管是自發形成的，
擁有自己的名稱，卻也不會脫離官府的控制，亦應被編入「鄉
里」體系而隸屬於「某鄉」且具有「某某里」的稱呼。按照漢
初法律的規定，分家、移徙都要受到官府的監管[57]，這種由於
日常生活的積累而出現的新聚落自然不會逸出官府的管轄。因
此，漢代的聚落總體上看，應分為帶圍牆的城居與無圍牆的散
居兩種[58]，相應地，「里」大致也有位於城內與城外無牆的兩
類。前一種聚落應只有「某某里」的名稱；後一種自發形成的
散居聚落則往往既有居民自己賦予的聚落名稱，又有官府賦予
的鄉里編制下的某鄉某里的名稱。相應地，前一種「里」是聚
落，而後一種則主要體現為行政編制[59]。

關於新聚落出現的原因，池田雄一認為流民與出現新聚落有聯繫[60]，

57　見《張家山漢墓竹簡（二四七號墓）》（釋文修訂本）「二年律令」簡328、334-336，
　　頁54。

58　邢義田先生提示，除了圍牆，還應考慮溝塹，所言甚是。

59　侯旭東，《北朝村民的生活世界──朝廷、州縣與村里》（北京：商務印書館，
　　2005），頁42，44-45。

60　池田雄一，〈中國古代における聚落の展開〉，《中國古代の聚落と地方行政》，

筆者曾經簡單提出，影響更爲持久的應是人口的自然增長[61]，在此有必要作更具體的論證。

據葛劍雄研究，秦統一中國時全國人口達到4,000萬，經過秦末的戰亂，人口減少到1,500-1,800萬[62]，而到西漢末年人口又增長到5,959萬多。隨著人口的增加，生活所需的空間亦增加，舊有的封閉聚落不足以容納時就必然建立新的聚落。這種人口增長是在相對和平時期出現的，百姓未必會出力建設圍牆，新的聚落就未必會設置圍牆，成爲散居性的聚落[63]。《續漢書‧五行志》記載，東漢建武年間上黨郡的潞縣著火「災起城中，飛出城外，燔千餘家，殺人」，說明該城外居住著不少百姓。以西漢元始二年的數據爲依據，上黨郡在西漢人口極盛時的每平方公里的人口密度只有12.57人[64]，當時全國103個郡國的平均人口密度是每平方公里14.66人[65]，密度最大的是濟陰郡，每平方公里265.32人，最少的是會稽郡南部，每平方公里0.32人，上黨郡在全國範圍內屬於人口密度較低的郡。經過了西漢末年的動亂，當地的人口或許會減少一些，因此東漢建武年間人口密度可能會更低[66]，元始二年的數據無論如何反映的是峰值。儘管如此，上黨郡的潞縣已然出現了在城外居住的情況，其他

頁14-16。

61 我對此曾做過概括的分析，見《北朝村民的生活世界──朝廷、州縣與村里》，頁43-44。馬新、齊濤，〈漢唐村落形態略論〉，亦簡單提到這一點，頁98。

62 葛劍雄，〈關於秦代人口數量的新估計〉，收入《葛劍雄自選集》（桂林：廣西師範大學出版社，1999），頁16-25；《中國人口史》（上海：復旦大學出版社，2005）第一卷，頁300-312。

63 這一點就連認為漢代人主要居住在城市中的張繼海亦承認，見張繼海，《漢代城市社會》，頁50-51。

64 葛劍雄，《中國人口史》，頁487-490。如果按照邢義田的折衷數據則為11.9人，見〈漢代案比在縣或在鄉？〉，頁480附表的數據。

65 這一數據是根據葛劍雄，《中國人口史》，頁490的合計密度。按照邢義田的數據則為15人。

66 具體分析見葛劍雄，《中國人口史》，頁408-411。

地區更可想而知了。

　　這裡可以根據漢代縣城的面積，對其所容納的人口做一粗略的推測。周長山與張繼海均採用計算縣城面積與居民家庭占地面積的數量關係來推測漢代城市居民所占的比例[67]。我們亦可採用同樣的方法來計算漢代的城所能容納居民的數量。周長山對考古發現的漢代城址資料的分析表明，一般說來，普通縣城的城郭周長為1,000-3,000公尺，郡治所在的縣城則稍大，周長為3,000-5,000公尺[68]。我們分別取2,000公尺與4,000公尺作為縣城與郡治所在的縣城城郭的周長。假定這些城均為正方形，每面的長度分別為500公尺與1,000公尺，面積為25萬平方公尺與100萬平方公尺。如果城內一半面積為居住區，每戶平均占地面積為200平方公尺[69]，則一般縣城可容納625戶，郡治所在的縣城為2,500戶。折算成人口數，則分別為625×4.67=2,919人，2500×4.67=11,675人。西漢元始二年全國平均每縣7,835戶[70]，由此不難看出封閉聚落所容納的居民的限度。

67　周長山，《漢代城市研究》，頁122-123；張繼海，《漢代城市社會》，頁323-324亦接受了這一方法。

68　周長山，《漢代城市研究》，頁36-37。

69　前面提到的三楊莊遺址3號庭院的面積是30×30㎡；遼寧遼陽三道壕西漢村落遺址挖掘的6個居住址面積分別是20×13㎡、38×15㎡、34×18㎡、30×16㎡、30×18㎡、22×30㎡（東北博物館，〈遼陽三道壕西漢村落遺址〉，《考古學報》1957.1：120-125）；河南洛陽發現的東漢河南縣城內的房基遺址的面積小的10㎡，大的15㎡（郭寶鈞，〈漢代西郊漢代居住遺址〉，《考古通訊》1956.1，頁18-19）。另據研究，唐宋之際敦煌地區一般的宅院面積在200㎡左右（黃正建，〈敦煌文書所見唐宋之際敦煌民眾住房面積考略〉，《敦煌吐魯番研究》第三卷〔1998〕頁219）。根據這些數據，選取相對較小的是200㎡作為計算的基礎。周長山則以每戶平均占地面積70-80㎡作為計算的基礎，見周長山，《漢代城市研究》，頁122；張繼海亦接受了這一數據，見張繼海，《漢代城市社會》，頁323-324。這個數據偏小。

70　據葛劍雄，《中國人口史》，頁490的數據折算的。

　　東漢時期郡國的人口平均密度是每平方公里11.14人[71]，而《續漢書‧郡國志》提到的57個「聚」中有49個位於人口密度高於平均值的郡國[72]。即便是8個出現在人口密度低於平均值的郡國的「聚」，也應該注意到當時郡國內人口分布的差異。這些郡國總的人口少，密度低，但局部地區，如郡治或較發達的地區，有可能集中較多的人口，從而出現新的聚落。上面提到的上黨郡的潞縣就是一例。

　　其實，上文提到的若干地區出現的「自然聚落」，均不難從人口增長的角度得到解釋。前面指出，考古發現了西漢魏郡境內的散居聚落，東漢穎川郡與東郡均出現了「自然聚落」，這三個郡均是兩漢時期人口稠密的地區，西漢元始二年(AD2)魏郡的人口密度是91.79人/平方公里，而全國的平均密度是14.66人/平方公里。東漢永和五年(140)穎川郡與東郡的人口密度分別是123.35與49.60人/平方公里，全國平均密度則是11.14人/平方公里[73]。儘管東漢時兩郡的人口密度都低於西漢元始二年的對應數據，但對兩郡而言，就全國情況看，密度亦不低，在這裡出現「自然聚落」亦屬意料之中。

　　至於東漢末至三國初長沙郡臨湘的「丘」，儘管孫吳初年臨湘地區人口減少很多，一里所「領」的吏民戶多數不過20-50餘戶，一鄉僅有170-210餘戶[74]，還不斷出現「叛走」的現象，但在東漢後期，這裡則是人口聚集的地區。比較史書記載的西漢與東漢時期長沙郡(國)的人口數量，可知經歷了飛躍式的增長。西漢時長沙國13縣，43,470戶，口為235,825，每縣平均3,344戶。東漢順帝永和五年(140)時長沙郡依然為13

71　數據根據的是葛劍雄，《中國人口史》，頁498的合計數據。

72　見《續漢書‧郡國志》。齊濤，《魏晉隋唐鄉村社會研究》，頁39-40將這些「聚」列成表，可參看。

73　據葛劍雄，《中國人口史》，頁487-490，494-498的數據。

74　參于振波，〈走馬樓吳簡所見戶與里的規模〉，收入氏著《走馬樓吳簡初探》（臺北：文津出版社，2004），頁150-151。

縣，戶數爲255,854，口爲1,059,372，每縣平均19,681戶。戶數增長了5.9倍，口數增長了4.5倍[75]。這種情況下假定西漢時人口居住在封閉的聚落中，面對人口的持續增加，原有的空間顯然難以容納，出現新的聚落勢屬必然，至晚東漢後期出現「丘」是很正常的。而形成「里」與「丘」的複雜對應關係則是由於居民自由遷往新聚落，卻又要保持舊有鄉里編制的結果。從「劉里」發展出「劉里丘」也就容易理解了。吳簡中出現了「□遷里領吏民戶二百五十五戶口一千一百一十三人……」（簡9407）的記錄，戶口規模比一鄉還多，反映的或許就是東漢末年的情況。

面臨人口增加，容積有限的難題，是否會採取城牆外加築「郭」辦法呢？不難排除個別事例[76]，但總體上不會如此。一些城帶有「郭」亦非因經濟發展而增設[77]，而是漢代的城乃利用前代舊城部分城牆，再在其中加修部分城牆而成，如漢代的河南縣城利用了周的王城，魯縣縣城則使用了周代的魯國都城。目前考古發現的漢代城址擁有兩道城牆的極少，多數見於北部及西北邊境地區[78]。

以上推論是在假設漢代人口集中在封閉聚落的前提下得出的，如

---

75 這種人口增長亦有學者認爲是由於外來移民造成的，如黃今言，《秦漢江南經濟述略》（南昌：江西人民出版社，1999），頁26-28；葛劍雄，《中國人口史》，頁535-536。若此，也同樣存在居住空間的拓展的問題。

76 張繼海便是堅持認爲如此，見《漢代城市社會》，頁51-54。

77 張繼海，《漢代城市社會》，頁40-41，51提出這一推測。並以明代北京修建外城爲例具體說明其論點。其實明代北京外城的修建恰恰不是經濟發展的產物，而是面臨蒙古入侵不得已而採取的措施，參侯仁之主編，《北京城市歷史地理》（北京：北京燕山出版社，2000），頁113-114。
郭的大量出現恰好是在戰亂頻繁的魏晉南北朝時期，而且多集中在北方。朱大渭統計這一時期出現37座套城，35座在長江以北，參朱大渭，〈魏晉南北朝時期的套城〉，《齊魯學刊》1987.1，後收入氏著《六朝史論》（北京：中華書局，1998），頁79-86。亦可參劉淑芬，〈魏晉北朝的築城運動〉，收入氏著《六朝的城市與社會》（臺北：學生書局，1992），頁374-384，特別是頁383。

78 周長山，《漢代城市研究》，頁42-43。

果漢代原來就存在自然聚落，隨著時間的推移，這種聚落會愈來愈多。無論如何，漢代，特別是人口增長比較快的地區，作為「行政聚落」的鄉里以外，存在自然聚落的情況應是相當普遍的。如果不拘泥於這種聚落是否叫「××村」，鄉里之外的自然聚落顯然並非漢末三國時期才開始出現的新現象。

三、六朝時期南方的自然聚落

關於六朝南方的自然聚落，如前所述，宮川尚志、宮崎市定、越智重明、兼田信一郎與章義和等分別做過研究。研究相對集中在帶有「村」字的聚落上，涉及其起源、分布、內部形態等[79]。這些當然都是很重要的，但是不能忽視的是，南方並非只有以「村」命名的自然聚落。不帶有「村」字的自然聚落在南方亦不少，不了解它們，就無法對村落問題做全面準確的認識，故在此做一初步的分析。

首先需要說明的是，正史以及地志中分別提到一些「村」以及縣以下的地名，但縣以下的地名多數難以斷定是人所居住生活的聚落。下文的分析則較多採用了六朝「小說」類文獻中的資料，這些資料因涉及的是人物，尤其是普通人在正史所敘述的圍繞朝廷、官府展開的重大事件以外的具體的、細碎的活動與經歷，觸及日常生活的許多角落，包括活動的具體空間、位置等等。其內容儘管有荒誕之處，其他信息則應是可靠的[80]。

---

79 章義和、張劍容更進一步分析了人口遷移與南方村落分布間的關係與村落的形勢、規模和形態，見章義和、張劍容，〈關於南朝鄉村研究的幾個問題〉，頁194-203。

80 關於《冥祥記》等「釋氏輔教之書」內容真實性的分析，見侯旭東，《五六世紀北方民眾佛教信仰》（北京：中國社會科學院出版社，1998），頁39-47。其他小說亦可作如是觀。

　　除了名爲「村」與「丘」，六朝南方常見的自然聚落名稱大概要屬
「浦」了。《述異記》稱東晉元興末年，「魏郡民陳氏女名琬，家在查
浦，年十六，饑疫之歲，父母相係死沒，唯有一兄，傭賃自活」。記載
還提到此女子「容色甚豔，鄰中士庶，見其貧弱，竟以金帛招要之」[81]，
既然存在「鄰中士庶」，查浦自然是個有不少住戶的聚落[82]。建康西南
長江邊有一「查浦」，或許就是這段材料所提到的聚落。這裡是自西南
進入建康的門戶之一，東晉蘇峻之亂時陶侃率兵屯於此[83]，很早就居住
了相當的人口。西晉左思〈吳都賦〉云「橫塘查下，邑屋隆誇」，李善
注指出：「查下，查浦，在橫塘西，隔內江，自山頭南上十里至查浦。
建業南五里有山崗，其間平地，吏民雜居。」劉良注則說：「橫塘、查
下皆百姓所居之區名。」[84]據此，這裡很早就是人口密集的聚落了。「浦」
亦是種臨水的聚落，同是《述異記》指出：「上虞縣有石馳步，水際謂
之步也。瓜步在吳中，吳人賣瓜于江畔，因以名也。江中有魚步、龜步，
湘中有靈妃步。按吳楚間謂浦爲步，蓋語訛耳。」[85]文獻中名爲「浦」
的地名相當多，建康西南除了有「查浦」，附近還有「沙門浦」[86]，可

81　《太平御覽》，卷441，〈人事部・貞女下〉引祖沖之《述異記》（影印本，北
　　京：中華書局，1960），頁2031。

82　小說類文獻亦有「（周）璫家在阪怡村」（《法苑珠林》〔上海：上海古籍出版
　　社，1991，據磧砂藏影印〕，卷18頁，141上，引《冥祥記》「晉周璫」條）；
　　「宋劉齡者，……居晉陵東路城村」（《法苑珠林》，卷62，頁457中，引《冥
　　祥記》「宋劉齡」條）；及「伏萬壽……居都下」（《系觀世音應驗記》，收入
　　董志翹，《觀世音應驗記三種譯注》〔南京：江蘇古籍出版社，2002〕，頁
　　73）的說法，表達方式與此相似，但所指居住地爲習見的「村」或「城」，參
　　此可證本節所引「小說」中出現的各種地名所指確是聚落，而不僅是地名。

83　《晉書》（北京：中華書局，1974），卷67，〈溫嶠傳〉，頁1793。

84　蕭統編、李善注，《文選》（北京：中華書局，1977），卷5，頁88；李善等注，
　　《六臣注文選》（杭州：浙江古籍出版社，1999），頁90。

85　《太平御覽》，卷75，〈地部・浦〉，頁352。

86　《晉書》，卷67，〈溫嶠傳〉，頁1793。

以確定爲聚落的還有武昌的「五丈浦」與「寒溪浦」。《靈鬼志》載「晉
周子長僑居武昌五丈浦東岡頭，咸康三年，子長至寒溪浦中愁家，家去
五丈數里」，隨後講述他遇到鬼的故事[87]。這兩個「浦」相去不遠，《志》
中曾提到「寒溪寺」，「寒溪浦」可能是個更大的聚落[88]。此外，京口
縣城東南有個「屠兒浦」，因爲過去「諸屠兒居此小浦，因以爲名也」[89]。
該浦過去曾是聚落，後來當北方流民大量湧入京口一帶後自然不會被廢
棄，亦應繼續有人居住。

　　南方長江及其支流中還有許多名爲「洲」的聚落。《爾雅·釋水》
說「水中可居者曰洲」，東漢揚雄《方言》亦稱「水中可居爲洲」[90]，
證明居住在「洲」中的情況至少東漢已經大量存在，否則不會出現上述
解釋。梁代蕭世誠的《荊南志》說：「枝江縣界內，洲大小凡三十七，
其十九有人居，十八無人。」[91]一說自縣西至上明，東及江津，其中有
九十九洲[92]。這一帶洲的數量大概難以確數，總之是數量頗多。檢《水
經注》的「江水」、「沔水」等篇的確可以找到眾多的「洲」。這些洲
大的長達百里，一些行政治所亦設置其上，陸水入長江處有一洲名「蒲
圻洲」，又名「擊洲」或「南洲」，洲頭爲蒲圻縣治。江水再向東北，
江中有沙陽洲，爲沙陽縣治[93]。小的亦常成爲人們的居住地。劉宋劉損

87　《法苑珠林》，卷65，頁480中。《太平廣記》（北京：中華書局，1961），卷
　　318引，「五丈浦」作「五大浦」，頁2515。
88　《太平寰宇記》（南京：金陵書局，1882），卷112，〈鄂州·武昌縣〉云在縣
　　西二里，頁9下-10上。
89　劉楨，《京口記》（《藝文類聚》〔上海：上海古籍出版社，1999新二版〕），
　　卷9，〈水部下·浦〉引，頁177。
90　周祖謨，《方言校箋》（北京：中華書局，1993），卷12，頁78。
91　《太平御覽》，卷69，〈地部·洲〉，頁327；《太平寰宇記》，卷146，〈荊
　　州·枝江縣〉，頁12上。
92　陳橋驛，《水經注校釋》（杭州：杭州大學出版社，1999），卷34，〈江水〉，
　　頁597-598：「又東過枝江縣南，沮水從北來注之」下盛弘之曰。
93　《水經注校釋》，卷35，〈江水〉，頁604。

（一做「禎」）的《京口記》記載：「嘉子洲西一里得貴洲，周回四十里許，上多有居民」[94]，即是一例。該洲接近長江入海口，表明無論東西，洲上均可居住。這些「洲」多數有「××洲」的名稱，有些就是聚落的名稱。江陵縣北的江中有一洲名「枚迴洲」，亦被稱爲「枚迴村」[95]，證明兩者是一致的。

這些洲多數是由於江水中攜帶的泥沙，在水流緩慢處逐漸沉澱積聚而成[96]，往往土地豐美，適於耕作，尤其是水果。枝江縣附近的百里洲便是「其上平廣，土沃人豐，湖澤所產，足穰儉歲，又特宜五果，甘奈梨蔗，於此是出」[97]，其餘的洲當亦如此。三國孫吳時的李衡爲家庭未來的生計，暗中遣十戶客到武陵郡龍陽縣的氾（一作「汜」）洲上「作宅，種甘橘千株」，七八年後到他臨死前時已是可以作到「歲上一匹絹」，足夠其子生活之用[98]。此事發生在孫休爲帝初年，這十戶客在洲上作宅並生活了至少七八年，「氾洲」顯然已發展成一個新興的聚落。類似情形在南方一定不少。

又有名「溝」的。《冥祥記》「卞悅之」條云「宋居士卞悅之，濟陰人也。作朝請，居在潮溝」[99]，當時不少顯貴居住在這裡，所以時人有「京師鼎族在潮溝北」的說法[100]。「潮溝」又被稱爲「潮溝村」，撰

---

94 《太平御覽》，卷69，〈地部‧洲〉，頁327。

95 《水經注校釋》，卷34，〈江水〉，頁598：「又東過江陵縣南」。《太平御覽》，卷970，〈果部‧梅〉，頁4300引伍端休《江陵記》。

96 具體例子見周宏偉，〈論古橘洲即橘子洲的形成過程〉，《歷史地理》第17輯（上海：上海人民出版社，2001），頁63-72。

97 《太平御覽》，卷69，〈地部‧洲〉，頁327，引《荊州圖副》。

98 《三國志》（北京：中華書局，1959），卷48，〈孫休傳〉注引《襄陽記》，頁1156-1157。亦見《水經注校釋》，卷37，〈沅水〉，頁650：「沅水又過臨沅縣南」下引述；孟昭庚、孫述圻著，伍貽業點校，《建康實錄》（上海：上海古籍出版社，1987），卷3，頁56亦節引。

99 《法苑珠林》，卷52，頁380下，《太平廣記》，卷111，頁760。

100 〔梁〕陶季直，《京邦記》；景定《建康志》，卷19，〈山川〉引。

人不詳的《建康宮殿簿》說「林光殿，在縣東北十里潮溝村覆舟山前。晉以爲藥園」[101]。除了著名的「潮溝」，文獻中還出現了「馬溝」。《冥祥記》「張應」條記載東晉時人張應在咸康二年「至馬溝糴鹽，還泊蕪湖浦宿」[102]，「馬溝」能買到鹽，自然是個聚落，可能還有市場。

　　亦有名爲「渚」的。《述異記》記載劉宋時庾某死而復生事時說到在冥間遇到一女子，庾問女子何姓，女子答道「姓張，家在茅渚」，庾某蘇醒後「至茅渚尋求，果有張氏新亡少女」[103]。「家在茅渚」說的自然是家的所在地，「茅渚」顯然是一聚落，庾某醒來後曾去該地訪尋，更證明那裡有不止一家居民。《爾雅·釋水》說「小洲曰陼(渚)，小渚曰沚」，顏師古進一步解釋說「此蓋水中之高處可居者耳」[104]，「渚」爲一種聚落越發清楚了。除了「茅渚」，六朝時期更知名的是建康附近的「鵲渚」。西元前537年，楚國伐吳，吳敗之於鵲岸，杜預便指出「盧江舒縣有鵲尾渚」[105]，或許春秋後期就已有這一地名。《冥祥記》「慧和」條亦是劉宋時期發生在「鵲渚」[106]，該地是否爲聚落，史無明文，姑且不論。文獻中還出現了「公田渚」，位置在廣平郡陰縣[107]。

　　此外，還有個別名爲「××墟」、「××野」、「×場」與「×林」的聚落。《幽明錄》稱劉宋時永興縣吏鍾道「先樂白鶴墟中女子」，得

---

101 《太平御覽》，卷175，〈居處部·殿〉，頁855。

102 《法苑珠林》，卷62，頁454上。

103 《太平廣記》，卷383，〈庾申〉，頁3054。

104 顏師古、劉曉東平議，《匡謬正俗》(濟南：山東大學出版社，1999)，頁241。

105 《左傳·昭公五年》注，《春秋左傳註疏》，卷43，阮元編，《十三經註疏》(北京：中華書局，1980)，頁2043。

106 《法苑珠林》，卷27，頁202下。

107 《南史》，卷74，〈孝義·張景仁傳〉(北京：中華書局，1975)，頁1843。羅國威整理，《日藏弘仁本文館詞林校證》(北京：中華書局，2001)，卷699，頁460-461。

重病初愈後依然想念她[108]。陶潛的《歸田園居》有「曖曖遠人村,依依
墟里煙」的詩句,這種「墟」亦是當時聚落的一種稱呼·唐代僧人玄應
在注釋《正法華經》「墟隙」時說「墟,居也。民之所居曰墟」[109]。另
外,《搜神記》說有一名叫秦瞻的人「居曲阿彭皇野」[110]。建康附近有
名為「場」的聚落,《建康實錄》「東晉義熙九年十二月」記載說該年
「移秣陵縣於鬥場桓社之地」,作者在小注中說「按《圖經》,在今縣
東南八里。鬥場,村名也」。還有的聚落名為「林」,湘水注入長江後
東北流不遠就有三個聚落,分別名為「上烏林」「中烏林」與「下烏林」,
下烏林是孫吳黃蓋擊敗曹操的地點。對於「上烏林」,酈道元明確說「村
居地名也」[111],即是自然聚落名。

由於文獻記載有限,目前所能找到的「村」以外的六朝時期南方自
然聚落的名稱不多,儘管如此,亦可以窺見當時自然聚落名稱的多樣
性。上面舉出的以「浦」(步)、「洲」、「渚」等命名的聚落顯然都與
聚落所處的水邊的位置有關,應是帶有南方地域特色的聚落名稱。

其實,六朝以後的朝代我們依然可以在各地發現許多名稱各異的自
然聚落。唐代以後南方的情況,宋元的方志提供了一些線索。宋代始修,
元代重修的《琴川志》記載宋元時期江蘇常熟的情況,其卷二「敘縣」
中的「鄉都」部分詳細記載了各鄉名稱、方位,所轄各都下屬「里」與
「鄉村」的數量名稱。鄉村的名稱相當多樣化,有稱「村」者,如「感
化鄉」下「第一都」有「山前湖村」,「第三都」有「柴村」,儘管名
為「村」的數量很多,但更多的不稱為「村」,而且名稱各異,具體統

---

108 《太平廣記》,卷469,〈鍾道〉,頁3862。

109 玄應,《一切經音義》(《大正藏》第54冊),頁495上。

110 《太平御覽》,卷934,〈鱗介部・蛇下〉引,頁4151;《太平廣記》,卷457,
「秦瞻」作「彭星野」,出處作《廣古今五行記》,頁3734。

111 《水經注校釋》,卷35,〈江水〉,頁604:「湘水從南來注之」下。

計如下表：

名稱	村	山	前	祁	頭	莊	塘	市	舍	堰	綴	陵	林	宅	請	尖	屯	鞋	和	巷	澳	岸
數量	29	7	9	8	8	51	20	32	28	6	3	3	8	5	3	2	2	2	2	4	5	2
名稱	徐	北	忽	橋	涇	港	江	產	園	浦	店	塔	埭	屋	阜	漕	溝	里	湖	沙	澤	城
數量	2	1	2	16	23	7	2	1	3	9	4	5	3	2	2	3	2	3	4	4	5	4

　　根據統計，該縣聚落名稱至少有44種之多，莊、市、村、舍與涇是數量最多的五種稱呼。其中亦包括「浦」「溝」「林」等六朝時就已出現的稱呼。

　　這種情況並非僅見於此。斯波義信所列舉的宋代湖州烏程縣的72個自然村的名稱中帶有「村」的28個，稱為「墟」的有8個，「浦」3個，「林」3個。到了明代，名稱則更為多樣[112]。

　　北方的情況，就北朝而言，稱為「××村」的聚落的確居多，但也存在稱為「××川」或「××莊」的[113]。唐以後的情形從晚唐入華的日本僧人圓仁所撰的《入唐巡禮求法行記》中可見一斑。該書記錄了村落名稱八十多處，除了五十多處稱為「××村」外，亦有不少名為「××店」或「××莊」的聚落，前者18處，後者4處。此外，尚有「茶鋪」（代州五台縣）、「大于」（太原府）、「白楊」（太原府）、「天王邑」（蒲州寶鼎縣）等稱呼[114]。敦煌文書P4648號《往五臺山行記》記錄了從懷州至太原的行程路線，在關、驛與城以外，還提到了許多地名，如牛仿店、新

112 參斯波義信著，方鍵、何忠禮譯，《宋代江南經濟史研究》（南京：江蘇人民出版社，2001），頁391的表4與表5。

113 侯旭東，《北朝村民的生活世界——朝廷、州縣與村里》，頁33。

114 以上參考了齊濤，《魏晉隋唐鄉村社會研究》，頁69-71對圓仁書中有關記載的統計。

店、寒店、亂柳、交口、團柏店、徐溝、南橋等[115]，均應是沿線的自然
聚落。

綜合以上分析，至少可以斷定，漢魏以來的南北方，尤其是北方，
自然聚落儘管名爲「村」的很多，但依然存在相當多的其他稱呼，且無
論南北從未出現過「村」一統天下的局面，而是自古至今都是眾多名稱
並存，可能存在局部地區某種稱呼爲主的現象，但就全國而言，不曾有
過所有聚落均名爲「××村」的情況。

與此同時，亦不能忽視，當時確實依然有人居住在名爲「××里」
的聚落中，各類文獻均提供了一些資料。

劉宋帝室爲彭城人，具體又分居三里，「劉氏居彭城縣者，又分爲
三里，帝室居綏輿里，左將軍劉懷肅居安上里，豫州刺史劉懷武居叢亭
里」[116]，劉裕的曾祖父劉混「始過江，居晉陵郡丹徒縣之京口里」[117]，
劉宋時著名的孝子郭世道所居的里叫「獨楓里」，後因其孝行改爲「孝
行里」[118]。蕭道成的祖先蕭整在中原喪亂後「過江居晉陵武進縣之東城
里。寓居江左者，皆僑置本土，加以南名，於是爲南蘭陵蘭陵人也」[119]。
南朝陳時徐孝克「後東遊，居於錢塘之佳義里」[120]。此外，小說類文獻
中也有一些事例。《搜神記》「倪彥思」條說孫吳時嘉興倪彥思「居縣
西埏里」[121]；《甄異記》記載東晉末年，吳縣張君林「居東鄉楊里」[122]；
《冥祥記》「陳安居」條說劉宋時陳安居在冥間讀到一婦人的辭牒「云

115 錄文據鄭炳林，《敦煌地理文書彙輯校注》（蘭州：甘肅教育出版社，1989），
　　頁309-310。
116 《宋書》（北京：中華書局，1974），卷78，〈劉延孫傳〉，頁2019-2020。
117 同上，卷1，〈武帝紀〉，頁1。
118 同上，卷91，〈孝行‧郭世道傳〉，頁2244。
119 《南齊書》（北京：中華書局，1972），卷1，〈高帝紀〉，頁1。
120 《陳書》（北京：中華書局，1972），卷26，〈徐陵傳附弟孝克傳〉，頁337。
121 《太平廣記》，卷317，〈倪彥思〉，頁2510。
122 同上，卷322，〈張君林〉，頁2557。

家在南陽冠軍縣黃水里」，安居蘇醒後還真的去冠軍縣打聽此婦人，果然有此人[123]。

上述例子所見的「里」有些應是城中的「里」，未必盡是城外的「里」。因此，全面地觀察，六朝時期聚落的稱呼亦有不同情況：一種只有鄉里名稱；另一種儘管也被納入鄉里編制，卻同時具有居民賦予的各色名稱，居民更習慣地使用固有的名稱。兩類聚落的分布也有區別；前者多數分布在各級治所中，治所以外的地區亦有部分分布；後者均應分布在治所以外的地區。

此外，一如先秦秦漢時期，六朝時期南方田間依然存在臨時性的住處「田舍」或「廬」。《雜鬼神志怪》記載，東晉永嘉初年，寓居東平的陳國人袁無忌得了「疫癘」，家中百餘口人，幾乎都死了，袁無忌於是「徙避大宅，權住田舍」。從文獻描述看，田舍附近還有「井」與道路[124]。這種「田舍」顯然具備一定的生活條件，亦可充當其他人的住處。《幽明錄》稱，一寓居章安縣的河東人以採蒲爲業，帶領一小兒在湖邊拔蒲，晚上「恒宿空田舍中」[125]。東晉末年，零陵施子然「家大作田，至稄（應爲「穫」）時，作蝸牛廬于田側守視，恒宿在中」[126]。這些例子發生在北到東平、南至臨海郡章安縣、西及零陵的廣大地區內，表明耕作中使用「田舍」或「廬」亦是南方普遍存在的習慣。這種臨時的住處爲日後形成新的聚落提供了基礎。

南方居民多依水而居形成聚落，因而常常是三家五落，星散各地，聚落數量眾多而分布廣泛，每個的規模往往不大，與北方地區一、二百

---

123 《法苑珠林》，卷62，頁454下。

124 同上，卷95，頁664引《志怪集》；《太平廣記》，卷322，〈袁無忌〉，頁2557-2558引《志怪錄》。

125 《藝文類聚》，卷82，〈草部下‧蒲〉，頁1407；《太平御覽》，卷980，〈菜茹部‧蒪〉，頁4340；又卷999，〈百卉部‧蒲〉，頁4421。

126 《太平廣記》，卷473，〈施子然〉引《續異記》，頁3898。

戶聚集一地的情形形成明顯的對照。關於北方的聚落形態，筆者已做過探討，不擬贅述[127]。

南方的聚落就外觀而言，具有圍牆的不多。小聚落的情況難以詳知，不妨看看大城。就六朝的都城建康來說，除了宮城有土製城牆外，都城在孫吳至南齊建元元年(479)間很長時間中也只是用竹籬爲牆，建元二年才開始改築夯土城牆。外郭城是以竹籬爲牆[128]。南方諸城大概只有軍事重鎮才有城牆護衛，兩漢時期南方的不少郡縣並無城郭，孫吳時曾在沿江諸城開展過築城工程，赤烏三年(240)孫權下詔「諸郡縣治城郭，起譙樓」[129]，《三國志·吳志》中屢見「城」某地的記載[130]。其餘多數州郡縣可能只是人口密集的聚落。一般的聚落更無必要修建圍牆。晚至唐代，依然有部分縣以上的治所沒有圍牆，《唐律·衛禁律》規定「諸越州、鎮、戍城及武庫垣，徒一年；縣城，杖九十」，《疏議》指出：「諸州及鎮、戍之所，各自有城。若越城及武庫垣者，各合徒一年。越縣城，杖九十。縱無城垣，籬柵亦是。」《疏議》最後一句的補充說明表明唐初仍有一些縣沒有修建城垣，只是設置了「籬柵」一類的竹木柵欄。這類縣的地域分布情況不得而知，但南方可能更多一些。由此推測，小聚落儘管不排除有圍牆的[131]，多數應無此類設施。

---

127 參見侯旭東，《北朝村民的生活世界》，頁40-51，328-329。

128 劉淑芬，〈六朝建康城的興盛與衰落〉，《六朝的城市與社會》，頁63；盧海鳴，《六朝都城》(南京：南京出版社，2002)，頁80-81，86-88。關於建康都城的城牆問題亦有不同觀點，羅宗真認為是以土築成城牆，竹編成城門，見氏著《六朝考古》(南京：南京大學出版社，1994)，頁31-32。

129 《三國志》，卷46，〈吳主傳〉，頁1144。

130 如《三國志》，卷46，〈吳主傳〉，頁1143：赤烏二年「城沙羨」；同卷，頁1144：赤烏四年「陸遜城邾」；同卷，頁1147：赤烏十一年「朱然城江陵」；卷48，〈孫亮傳〉，頁1151：建興元年「城東興」。

131 宮川尚志，〈六朝時代の村〉，頁79、83提及此點。劉宋時沈亮議中亦提到「村郭」即是一例，見《宋書》，卷100，〈自序〉，頁2450。感謝邢義田先生示知此資料。

四、屯、邨與村及「村」的通稱化

如上所述，儘管六朝時期南北方實際聚落的名稱未曾全部統一到「村」上，但不容忽視的是「村」在歷史發展進程中的確成為了通稱，在唐代甚至成為「在田野」的聚落的代稱，朝廷的制度設計上亦使用「村」與「村正」[132]。「村」在與其他眾多的表示自然聚落的「詞彙」的競賽中勝出，這樣一個競爭的過程亦需要分析。

要了解「村」字的歷史，不能不涉及到「邨」字。今天字書中「邨」是作為「村」的異體字出現的，應該說「邨」與「村」原本是兩個獨立起源的字，唐代以後的訓詁學家開始將兩字聯繫起來，視為古今字或正俗字。儘管「邨」見於東漢許慎的《說文解字》，因此長期被訓詁學家認為是正字，「村」則視為俗字，在長期的使用過程中，「村」卻廣為世間乃至官府所採用，逐漸成為通用字詞，流傳至今，「邨」則退而變為異體字。兩字的使用歷史經歷了並行到「村」字勝出的過程。這一變化過程產生於六朝時期，完成於唐代，有必要作一番認真的梳理。這番工作不僅有利於揭示這兩個字的演變歷史，也有助於認識字背後所代表的聚落演變以及時人對聚落稱呼演變的歷史。

(一)邨與屯

「邨」最早見於東漢許慎的《說文解字》，該書「邑部」云「邨，地名，從邑，屯聲」，據此，「邨」應讀為「屯」，《說文》中的「屯」表示「難」，做這種解釋的「屯」在《廣韻・諄部》作「陟綸切」，應

---

132 參杜佑著，王文錦等校點本，《通典》（北京：中華書局，1988），卷3，〈食貨・鄉黨〉，頁63-64。

讀做「zhun」，因而「邨」在許慎看來或許應讀爲「zhun」。不過，後代的訓詁學家們幾乎均不從此音，多數認爲「音豚」(tun)[133]，強調了該字與屯的聯繫。這種分析在許慎看來可能是錯誤的，不過，從當時歷史實際看，更多的人是如此理解的，這種力量是巨大的，足以改變一個字的讀音[134]。《說文解字·邑部》中所列的字有26個只標明「地名」，而沒有具體指出郡縣鄉或國之類的方位，其中只有「邨」與「邱」今天還在使用。「邱」字姑且不論，「邨」能夠沿用至今，主要就是因爲它與當時的一種聚落「屯」存在看上去明顯，但其實或許是出自誤會的聯繫。

「屯」按照《廣雅·釋詁三》的解釋，含義是「聚」。這應是晚出的意思，更早的時候，「屯」是軍隊的基層編制，始見於先秦，至少一直存在到東漢時期。《商君書·境內》說「其戰也，五人來薄(束薄)爲伍，……五人(什)一屯長，百人一將」，「屯長」爲中級軍官，下轄五十人。《睡虎地秦簡·秦律雜抄》中也提到「敦(屯)長」，規定屯長對於不到崗值宿警衛的徒卒不報告，要被罰一盾。對於服役以及軍事行動中弄虛作假者，屯長知情不報，亦要受罰[135]。秦末起兵的陳勝、吳廣被徵發去戌守漁陽，兩人便「爲屯長」[136]。西漢初年，則開始將這種服兵役稱爲「屯」，服役者稱爲「屯卒」[137]。直到東漢時期，軍隊中依然設

---

133 如《廣韻·魂部》、《玉篇·邑部》及段玉裁，《說文解字注》。

134 這裡可以舉一個現實中的例子。「蓓」按照字典的讀音是bei，但是做人名使用時人們均讀「pei」，而字典上並無此音。

135 前引《睡虎地秦墓竹簡》釋文，頁88。

136 《史記》，卷48，〈陳涉世家〉，頁1950。並參于豪亮，〈雲夢秦簡所見職官述略〉「敦長　僕射　士吏」，收入氏著《于豪亮學術文存》(北京：文物出版社，1985)，頁106。

137 《張家山漢墓竹簡(二四七號墓)》(釋文修訂本)「奏讞書(一)」(高祖)十一年八月(196BC)夷道介丞嘉所讞，頁91。並參池田雄一編，《奏讞書——中國古代の裁判記錄》(東京：刀水書房，2002)，頁36-37注5。

有「屯長」。《續漢書‧百官志一》說到大將軍的下屬時稱「大將軍營五部,部校尉一人」,部下有曲,「曲下有屯,屯長一人,比二百石」,屯長統率前後兩隊,兵力約百餘人[138]。

西漢武帝以後在西北邊地諸郡實施「屯田」,由戍卒與應募徙邊的百姓且屯且守,所謂「屯」,應是對先秦以來就存在的軍隊編制的借用。

官府組織軍民屯田,並設立「屯」為駐地,出於管理上的需要,必須給予「屯」以名稱,西漢時就有「屯所」之稱[139],長沙出土的孫吳初年的簡中有不少涉及屯田與運送糧食問題,如簡1737:廿八斛九斗一升運送大屯及給稟諸將史士□米一萬三千卅六斛[140],明確是將糧食送到大屯,並將糧食作為口糧發給將士。「大屯」一定指一個具體地點,此地點當與屯兵有關。簡1046亦提到「大屯」,該簡文如下:「☐☐☐☐稟長水日☐大屯☐☐☐☐☐☐☐」此簡殘缺過甚,文意難曉,不過,如果整理者所補的「詣」字不誤,「大屯」應是軍隊集結地,可能是潘濬所率討伐武陵蠻的軍隊駐紮的地點。

「屯所」、「大屯」只是一種泛稱,或表示駐紮地,或強調屯聚規模很大,並不能與特定的空間位置對應,應與軍隊聚集屬於臨時性的征討有關。如果屯聚並非臨時性的駐紮,而是長期存在,需要官府實行持續性的管理,而不能再簡單地稱為「大屯」或「屯所」,因此而形成的聚落也就自然會擁有名稱,久而久之則發展為「地名」,否則難以相互區分,無從管理。從文獻看,漢代就已出現了被稱為「××屯」的具體屯聚。《元和郡縣志‧隴右道下‧伊州》記載伊吾縣的來歷時云「本後

---

138 參勞榦,〈漢代兵制及漢簡中的兵制〉,《中央研究院歷史語言研究所集刊》10(1948):32;劉昭祥主編,《中國軍事制度史‧軍事組織體制編制卷》(鄭州:大象出版社,1997),頁153-155。

139 《漢書》,卷69,〈趙充國傳〉,頁2984。

140 引《長沙走馬樓三國吳簡‧竹簡〔壹〕》下,頁930,915。

漢伊吾屯，貞觀四年置縣」，這個「伊吾屯」並非唐人賦予的名稱，而是東漢時期已有的舊稱。此屯漢明帝永平十六年(73)竇固通西域時設，史稱「留吏士屯伊吾盧城」[141]，該城不久就被稱為「伊吾盧屯」。四年後，馬嚴對章帝說竇固誤先帝出兵西域，就說「置伊吾盧屯，煩費無益」[142]，後來大概就簡稱為「伊吾屯」，該屯所在的城則稱為「伊吾屯城」，晚至北魏進一步演變成地名「伊吾縣」[143]。此例說明長期駐守的「屯」會有名稱。「伊吾屯」是一個很大的「屯」，駐兵當在數千人以上，至於那些規模不大的「屯」，如果長期存在，也應如此。漢代的記述有限，後代的類似記載相對豐富，亦可旁證漢代的情況。

　　孫吳時期在長江沿岸設立了不少軍事要塞，同樣是以「屯」為名，《水經注》中提到了不少，但多名稱不詳。名稱見於記載的尚有位於夏口(今湖北武漢市)的「魯口屯」[144]，位於蕪湖西南的「赭圻屯」[145]。南朝時期亦設有「屯」，且這些屯有具體稱呼。劉宋元嘉二十三年七月，

141　《後漢書》，卷23，〈竇固傳〉，頁810。

142　《後漢書》，卷24，〈馬防傳〉，頁861。伊吾屯的設立與東漢西域政策關係密切，最新的研究參孟憲實，〈東漢的西域經營與高昌〉，收入氏著《漢唐文化與高昌歷史》(濟南：齊魯書社，2004)，頁70-79。

143　《後漢書》，卷47，〈班勇傳〉稱「屯伊吾」，可見稱呼已簡化，頁1587；卷88，〈西域傳〉，頁2930。設「伊吾縣」的時間，文獻記載有分歧。《元和郡縣圖志》(北京：中華書局，1983)，卷40，〈隴右道下・伊州〉云「至魏立伊吾縣，晉立伊吾都尉，並寄理敦煌北界」，頁1029；而《通典》，卷174，〈州郡典四・伊吾郡・伊吾縣〉則說「後魏為縣」，頁4557；《太平寰宇記》，卷153，「伊州伊吾縣」亦認為是後魏置縣。學界亦多從北魏立縣之說。不過，從出土簡牘文書看，魏晉時期對於樓蘭地區尚有持續的管理，曹魏時開始設縣亦不無可能。

144　《南齊書》，卷15，〈州郡志下・郢州〉云：「郢州，鎮夏口，舊要害也。吳置督將為魯口屯，對魯山岸，因為名也。」頁276；並參《元和郡縣圖志》，卷27，〈江南道三・鄂州〉，頁643。

145　《元和郡縣圖志》，卷28，〈江南道四・宣州〉，頁682：「赭圻故城……西臨大江，吳所置赭圻屯處也」。

「嘉禾生醴湖屯，屯主王世宗以聞」，同年，又有嘉粟生於該屯，該屯主亦上報朝廷[146]。南齊時，鄖州丁坡屯獲白鹿一頭[147]，此兩屯就均有名稱。此外，宋齊的一些郡縣亦是由「屯」改置的，亦可見「屯」的名稱[148]。根據這些後代的例子亦可推知漢代的「屯」如果存在時間較長，也會有具體的名稱。從情理上分析，爲「屯」賦名也是必要的。朝廷官府要通過文書來管理這些「屯」，必然要通過命名來加以區分與稱呼，否則各種指令無法傳達，各屯亦無法表述自己。

民屯也面臨同樣的問題，因此，南北方的民屯隨著時間的推移也擁有具體的名稱亦是自然的。而且，民屯系統與郡縣系統平行，就曹魏而言，由屯（農）司馬－典農都尉－典農校尉或典農中郎將－大司農自下而上逐級管理，是在郡縣鄉里體制之外。孫吳的情況亦是如此，吳簡中已經見到屯田司馬、屯田掾之類專門管理屯田事務的官員，與屯田客這種從事屯田生產的勞動者。這些因民屯而形成的聚落只有「××屯」的名稱而沒有納入傳統的郡縣鄉里編制。漢末，「屯」具有了「聚」的含義就應是在這種歷史背景下產生的。

這些「屯」因爲長期存在而成爲固定的聚落，人們或根據造字的一般習慣，爲「屯」加上「邑」，形成「邨」來表示聚落，讀音應是從「屯」，做tun，或是發現了《說文》中的「邨」字，借用來稱呼這種新型聚落，恰好《說文》說「屯聲」，人們也就想當然地讀爲tun。其實這種情況在當時並非孤例，同樣表示聚落的「聚」字就有多種寫法，如酃、壣

---

146 《宋書》，卷29，〈符瑞志下〉，頁829，833。

147 《南齊書》，卷18，〈祥瑞志〉，頁357。

148 《宋書》，卷36，〈州郡志二·江州〉，頁1091：「虔化男相，孝武大明五年，以虔化屯立」；同卷，頁1093：「溫麻令，晉武帝太康四年，以溫麻船屯立」。卷37，〈州郡三·郢州〉，頁1128：「東安左縣長，前廢帝永光元年，復以西陽蘄水、直水、希水三屯爲縣」。《南齊書》，卷14，〈州郡志上·交州〉，頁267：「義昌郡，永元二年，改沃屯置」。

等[149]，在佛經中就常可見到[150]，可以想像世間日常使用的文字中類似的情況應不罕見。

到了曹魏咸熙元年(264)廢除民屯以及西晉太康元年(280)取消孫吳屯田制度時，這些被稱為「××屯或邨」的聚落應該被納入郡縣鄉里體制之中，但原有的名稱不會消失，尤其是在這些聚落居民的頭腦中。同時，官府的文書中，以及有關官員的頭腦中同樣會對這類稱呼留有痕跡，一旦有必要，還會應用到新的場合。

永嘉喪亂以及隨之而來的北人南遷，恰好提供了這樣一個機會。永嘉之亂後大約有六七十萬北人過淮，其中到達長江以南地區的有40萬左右[151]。這些流人到達江東後主要聚居在原先孫吳設立屯田的地區，如京口、晉陵地區與淮南郡，江北沿江地區也有不少。這些北人屬於「流寓」之人，在這些地區分得田地從事生產，時刻準備返回家鄉，在戶籍上亦是與南方土著不同的「白籍」，處境與曹魏時期的流民類似。很可能就再次使用了「屯」來稱呼他們所建立的聚落。據南齊永明元年(483)南兗州刺史柳世隆的描述，這些北人有些是「十家五落，各自星處，一縣之民，散在州境」。「落」如上所述，是漢代一種聚落的名稱，「十家五落」說的是一落只有兩家的極端分散狀態。另一些則相對集中，「鄉

---

149 玄應，《一切經音義》《正法華經》（《大正藏》第54冊），卷6釋，頁495上。

150 如吳康僧會譯《六度集經》卷5有「隙隙有人行取樵」，卷8有「趣及前隙」，《大正藏》第3冊，No. 152，頁26上、47下；又如西晉竺法護譯《漸備一切智德經》卷3有「隙邑村落，居家田地」，《大正藏》第10冊，No. 285，頁474中；安世高譯《分別善惡所起經》卷1有「生為隘隙長，侵人以行惡」，《大正藏》第17冊，No. 729，頁521中。

151 早期的研究見譚其驤，〈晉永嘉喪亂後之民族遷徙〉，原刊《燕京學報》15(1934)，後收入氏著《長水集》(上)(北京：人民出版社，1987)，頁199-223；新近更為細緻的分析見童超，〈東晉南朝時期的移民浪潮與土地開發〉，《歷史研究》1987.4：74-75。

屯里聚，二三百家，井甸可
修，區域易分」[152]。這裡所說
的「鄉屯里聚」，可以理解為
一鄉規模的屯，一里規模的
聚，「屯」在此指代聚落，齊
建元三年（481）柳世隆出任該
州刺史，至永明元年（483）已
有兩年，且柳世隆自劉宋末年
以來多年在江北為官[153]，自然
熟悉當地情況。據此，「屯」
應是這些北人逃到南方後建
立新的聚落時所沿用的一種
稱呼。而且當時的一些僑置郡
縣「官長無廨舍，寄止民村」，
結果被裁省[154]。這裡所謂的
「民村」，也就是包括上面所
說的「屯」在內的流民建立的
聚落。

　　這類「邨」在石刻及文獻
中也保存了一些痕跡。江蘇
淮安市出土的東魏武定五年

圖6　東魏武定五年揭嶺邨法儀造像

---

152 《南齊書》，卷14，〈州郡志上〉，頁255-256。
153 參《南齊書》，卷24，〈柳世隆傳〉，頁446，451。劉宋末年，柳世隆曾領南
　　泰山太守，後轉任東海太守。齊武帝在土斷江北前曾給柳世隆下敕詢問南兗州
　　是否可以行土斷，說「卿視兗部中可行此事不？」柳世隆為此也要作一番了解。
154 《南齊書》，卷14，〈州郡志上〉，頁256。

(547)石質造像的題記說：

> 遵義鄉揭嶺塸(邨)法儀等眾敬白十方諸佛，……[155]。

淮安市南北朝時期為山陽郡，不過，武定五年前後東魏並沒有占據過山陽郡一帶，故此造像不是當地信徒所造。而此造像高76公分，寬38.2公分，厚11.5公分，有一定的重量，長距離搬運也並不容易，應是淮安市附近東魏轄地上的佛徒所造，後被移到出土地點。視之為江蘇北部居民的作品應無大錯。山陽郡則是東晉安帝義熙土斷時分廣陵郡而設立的[156]，歷史上當地是北方僑人聚居地區，這裡出現「邨」亦是相當自然的。陳太建二年(570)衛和墓誌(圖7)記述死者的葬地時云：

> 葬于河陽邨引鳳池上。

該墓誌云「其先僻讐來南沙，遂家焉」，「南沙」縣陳代屬於南徐州信義郡，位置在今江蘇省常熟市西北[157]。據記載，此墓誌民國年間出土，舊藏常熟沈氏[158]。出土地點很可能就在今天江蘇常熟附近。這裡位於孫吳時期毗陵典農校尉轄區的邊緣，東晉時期又是北方流民的聚居區，存在以「邨」命名的聚落並不奇怪。該墓誌亦表明至晚到陳代後期，以「邨」命名的聚落依然存在。

---

155 見王錫民、陳錦惠，〈江蘇淮安出土東魏石刻銘文造像碑〉，《東南文化》1994.4：127-128及封三拓片圖版。

156 《宋書》，卷35，〈州郡志一〉，頁1055。

157 參胡阿祥，《六朝疆域與政區》(西安：西安地圖出版社，2001)「陳政區建置表(禎明二年588年底)」，頁406-407。

158 〔清〕方若原著，王壯弘增補，《增補校碑隨筆》(上海：上海書畫出版社，1981)，頁225。

圖7　南朝陳太建二年衛和墓誌[159]

此外，沈約在《宋書·自序》稱「史臣七世祖延始居縣東鄉之博陸里余烏邨」，沈延做過桓溫的安西將軍府的參軍，他居此邨的時間大約在東晉中期。沈約精通音韻之學，對於字詞的使用是很有講究的，特別是涉及到自己祖先的住址，更不會大意。這裡出現的「余烏邨」應是該村當時的稱呼，乃至當時官方文書中的寫法。而唐人李延壽所著《南史·

---

159 《北京圖書館藏中國歷代石刻拓本彙編》第2冊（鄭州：中州古籍出版社，1989），頁170。關於此誌，北圖目錄注為「偽刻」，不過〔清〕方若原著，王壯弘增補，《增補校碑隨筆》，頁225，記錄了該墓誌的來歷，考察該誌的內容，亦合史實。趙超亦認為此誌是真刻，不僅收入《漢魏南北朝墓誌彙編》，在《中國古代石刻概論》（北京：文物出版社，1997），頁267-268中亦提到了解南朝石刻文字特點可參考此墓誌。感謝中國國家圖書館善本部史睿先生提供有關信息。

沈約傳》在記述同樣內容時就將「余烏邨」改爲「余烏村」[160]，類似的
情形又見於兩人在〈顧覬之傳〉中對唐賜事的記述。沈約用的是「唐賜
往比邨朱起母彭家飲酒還」，而李延壽則改爲「唐賜往比村彭家飲酒
還」。這兩個例子顯示南朝齊梁與唐代在「邨」「村」兩字使用上的不
同。到了唐代，人們已經普遍將兩字視爲古今字或正俗字，所以李延壽
作了上述改動。不過，在南朝後期兩者還是有區別的，沈約在《宋書》
中就提到了若干個「邨」，如建康附近的「白石邨」、「故治邨」、晉
陵郡的「占石邨」與徐州高平郡金鄉縣的「富民邨」等[161]。這四個「邨」，
最早的富民、占石與白石三邨是在劉宋時見於記載，而「故治邨」在沈
約編撰《宋書》的南齊至梁朝初年依然存在，所以他在記述秣陵縣治的
變動時說「本治去京邑六十里，今故治邨是也」。這些事例雖然不多，
但也足以說明南朝時期，在南方存在著被稱爲「××邨」的聚落。當然，
這是以假定流傳至今的《宋書》上述段落的文字依舊保存原貌爲前提而
得出的結論。

　　這類「邨」可能早在孫吳時期就已出現在江南地區。孫吳爲了抵抗
曹魏，在長江沿岸屯駐重兵，這些將士同時也承擔耕作任務，從事屯田
活動，他們的駐紮地也被稱爲「××屯」，前文已舉出一些。另外，孫
吳在建康周邊大量的民屯也會形成一些帶有「邨」的聚落。《晉書·劉
超傳》載，東晉初年劉超出補句容令後，推動徵收賦稅方式的改革，過
去徵稅，主事者常常要自己下到百姓住處估算百姓家的財產價值，劉超
到任後，則「但作大函，邨別付之，使各自書家產，投函中訖，送還縣。」
結果是百姓實事求是地報告自家財產，「課輸所入，有踰常年。」史書
在記載這段軼事時是用「邨」來表示百姓的聚落，如果不是後代妄改，

160 《南史》，卷57，〈沈約傳〉，頁1404。
161 分見《宋書》，卷14，〈禮志一·北郊〉，頁346；卷35，〈州郡志·揚州·
　　秣陵〉，頁1030；卷28，〈符瑞志中·黃龍〉，頁800；〈甘露〉，頁818。

應體現了當時當地通行的聚落稱呼。這一稱呼應與該地聚落形成的背景
有密切的關係。據《三國志·吳書》與《宋書·州郡志》，孫吳時期在
建康周圍設置了許多屯田區，如句容縣周圍的溧陽縣、湖熟縣、江乘縣、
于湖縣與後成為晉陵郡的毗陵地區等[162]，句容縣是否也成為屯田區，文
獻無載，不過，《建康實錄》卷2「赤烏八年八月」條載「使校尉陳勳
作屯田，發屯兵三萬鑿句容中道，至雲陽西城以通吳會船艦，號破崗
瀆」[163]，據此，句容亦應納入屯田地區。若此，亦應立有許多名為「××
屯」的居民點，西晉平吳後廢屯田，恢復郡縣，以「屯」命名的基層聚
落應被重新納入鄉里編制，不過，原有的「××屯」的稱呼不會消失，
所以到了三十多年後的東晉初年，劉超做該縣縣令時，當地聚落還習慣
地稱「屯」（邨）。

　　另外，值得注意的是，在三國以至南朝初期，「屯落」一詞在世間
亦很通行，「村落」反倒尚未成為通用詞彙。西晉皇甫謐《高士傳》記
述漢末大亂，管寧避地遼東時的事跡時說「寧所居屯落，會井汲者，或
男女雜錯，或爭井鬥鬩。寧患之，乃多買器，分置井傍，汲以待之」[164]，
作者就是用「屯落」來稱呼管寧的居住地。此外，東晉末期桓玄在〈沙
汰眾僧教〉中抨擊寺廟收容逃避賦役者時說：「避役鍾於百里，逋逃盈
於寺廟，乃至一縣數千，猥成屯落。」[165] 亦是用「屯落」稱呼這種聚
落。更值得一提的是徐廣《史記音義》在訓解《史記·酷吏列傳》「置
伯格長以牧司奸盜賊」句時指出：「一作『落』。古『村落』字亦作『格』。

162 參高敏，〈東吳屯田制略論〉，收入氏著《魏晉南北朝社會經濟史探討》（北
　　京：人民出版社，1987），頁92-93。

163 孟昭庚等點校本，頁39。此事亦見《三國志》，卷47，〈吳主傳〉，頁1146，
　　傳文作「遣校尉陳勳將屯田及作士三萬人鑿句容中道，自小其至雲陽西城」。
　　許嵩稱「作屯田」而非「將屯田」必另有根據。

164 《三國志》，卷11，〈管寧傳〉注引，頁355。

165 《弘明集》（《大正藏》第52冊），卷12，頁85中。

街陌屯落皆設督長也。」徐廣用「屯落」來解釋「格」，儘管有避免與前面出現的「村落」重複的原因，但既然使用「屯落」來解釋一個費解的古詞，「屯落」必是時人所熟悉並通用的詞彙。

檢閱相關資料，大體說來，「邨」字主要在東晉南朝統治地區使用，特別是在那些北方流民居住區以及歷史上的屯田區，北方地區幾乎未見，敦煌的佛經中亦尚未見到使用「邨」的，使用的均是「村」字[166]。

(二)村與邨

由於唐以後訓詁學家將「邨」與「村」視為正俗字，並相沿至今，唐以後的人在撰寫、刻印文獻時對兩字也就不再區別，乃至任意改動兩字。這為今天辨析兩字的演變增加了許多困難。

這裡再來分析一下前面引用過的江蘇淮安出土的東魏武定四年(546)的石刻造像。該造像的記文部分注明「遵義鄉揭嶺邨」，記文下面的題名中又出現了「村正康永睿」。該記中同時使用了「邨」與「村」字，這種情況表明至少在當時當地，在這些造像的佛徒頭腦中，兩字無論音還是義，均是有區別的，這兩個字尚不通用。

不過，兩字的音與義已經在逐漸趨同。囿於資料，這一發展過程已難以詳解，但從字書的記載中還可署見一二。南朝梁顧野王著，宋代重修的《玉篇》卷2〈邑部〉云「邨，且孫切，地名，亦作村，又音豚。」

---

166 查敦煌文書中的佛經使用「村」字情況，就《法華經》卷4〈見寶塔品第十一〉中「無諸聚落村營城邑」句（《大正藏》第9冊，頁32下）而言，黃永武主編，《敦煌寶藏》（臺北：新文豐出版公司，1981-1986）影印敦煌寫經S0265、S0493、S0569、S0652、S0703、S0853、S0994、S1375、S1421、S1491、S1544、S1636、S1756、S1787與S1909中均作「村」。敦煌寫經《金光明經》卷1〈空品第五〉（S0364b、S2490、S4155）、卷2〈四天王品第六〉（S1963、S2957、S3257、S4155）與卷3〈鬼神品第十三〉（S0415a、北1401、北1402、北1405）中出現的「村」字亦均作「村」而非「邨」。

這裡仍然以「邨」為正字，不過在發音上則有變化，已將東漢時的音（屯、豚）作為「又音」，表明已非通用音。被認為保留了《切韻》聲系的《廣韻‧上平‧魂韻》依然注明「邨」為「徒渾切，地名，亦音村」，「村，墅也，此尊切」，承認「邨」有兩讀，卻還是遵從《說文解字》的傳統，認為正音應為「徒渾切」，與「屯」同音。兩書對「邨」字標音的不同似乎可視為現實生活中「邨」與「村」糾纏關係的體現。兩書儘管遵從的標準不同，但均顯示了「邨」音在向「村」發展的趨勢。

這一過程目前看來完成於唐代。唐代張戩撰《古今正字》解釋「村」時說「從木，寸聲，或作『邨』」[167]，「或作『邨』」暗示「村」更為通用。宋人張有著《復古編》更明確指出：「邨……別作村，非，然今『村』字通用之矣。」[168] 此時已不僅認為「邨」有「村」音，還更進一步認定兩者是正俗字，即相信它們的字義也相通。從而完成了自兩個獨立起源的字到正俗字的發展過程。

(三)「村」的通稱化

上文證明，漢魏六朝以來乃至以後的任何時期，在全國範圍內均不曾出現過以「村」為名的自然聚落一統天下的局面。城鎮以外的自然聚落從其出現之日起，就全國而言，名稱就是多元化的，這種情況一直延續到今天。就某一具體區域而言，在某一時期可能存在過一種聚落稱呼為主，甚至一統天下的局面，如目前發表的走馬樓吳簡所見孫吳初期的臨湘（今湖南長沙市）便是均稱為「××丘」。而今天我們將城鎮以外的聚落概稱為「村」或「村落」，實際另有一名稱的發展史需要關注。這

---

167 慧琳，《一切經音義》卷13，《大寶積經》（《大正藏》第54冊），卷48〈村墟〉引，頁386下。

168 解縉等，《永樂大典》（影印本，北京：中華書局，1986），卷3529，〈九真‧村〉，頁2077引。

一側面恰好爲學者所忽略。

這裡首先討論「村」成爲通稱的過程。由於前述「村」與「邨」糾纏不清，這裡先依據字形明確的出土文字材料展開[169]。

目前所見，「村」字至晚在西晉時期，即4世紀初已經出現在湖南南部地區的官方文書中，且含義已是指聚落，亦具有通稱的意義。不久亦出現在洛陽地區[170]。5世紀以後，南北方的地券、造像與墓誌等石刻用「××村」表示方位或人們的居住地已經愈來愈多。江蘇徐州出土的宋元嘉九年(432)王佛女買地券在記述墓地位置時說；

169 文獻中「村」的出現最早是在東漢末年至三國初年。宮川尚志，〈六朝時代的村〉，頁68舉出《三國志》，卷16，《魏志・鄭渾傳》，頁511：「入魏郡界，村落齊整如一」，此為曹魏文帝時事。章義和、張劍容，〈關於南朝鄉村研究的幾個問題〉，頁192又檢出《通志・氏族略三・以地為名》引一條《風俗通》佚文「奄氏……風俗通云：新鄭人，楊奄村在縣西二十五里」(影印1936年世界書局本《通志略》，上海：上海古籍出版社，1990，頁45)，此至晚為東漢末年記載；邢義田先生復檢示《太平御覽》卷762引《魏志》云「管輅……往同村郭思家」云云，頁3385，應為曹魏初年事，描述的是平原郡的情況。今本《三國志》卷29〈管輅傳〉載此事(頁815)，文字有別，亦無「同村」兩字。若以上三條資料所用「村」字均非後世所改，則中原地區漢末曹魏初年確已出現以「村」為名的聚落。因「村」與「邨」兩字關係複雜，以上記載中的「村」是否為原貌已不易辨別。如魏郡，至少曹魏文帝黃初時亦設有典農中郎將，裴潛曾任此職(《三國志》，卷23，〈裴潛傳〉，頁672)，該郡當有民屯，究竟是「村落」還是「邨落」遽難斷定，慎重起見，姑暫不置論。

170 據吳榮曾、羅新先生見告，湖南郴州(即西晉時期的荊州桂陽郡所在地)出土的西晉時期的官府文書已經使用了「村」字，如簡C2-289「卒(？)郵亭丘村　為計階簿如右 即日遣主者」，其他簡上還有具體村名，如「新村」、「中廉村」、「曾村」、「□罡村」等。此外，洛陽出土的東晉石獅座的銘文也出現了「村」字，該座正面文字：「永和四年/二月初五/已卯□村/合社奉為/同立石堪/永垂不朽云。」見韓玉玲，〈洛陽出土的兩件晉、北魏宗教石刻〉，《河洛史志》1993.4：44。但文中未附該石獅座的拓片，難以確認。感謝河南社會科學院歷史所蔡萬進先生、北京師範大學歷史系王子今先生的惠助。

為佛女買彭城郡□□□北鄉垞城里村南龜山為墓田百畝[171]。

廣東始興發現的十年後的元嘉十九年(442)妳女買地券記墓地所在時云：

妳女始興郡始興縣東鄉新城里名村前掘 土塚作丘墓[172]

此時北方的石刻與敦煌寫經也出現了「村」字[173]。這些資料發現於南北不同地區，其間是否存在相互傳播關係亦不可知。至少可以證明到5世紀「村」字使用已經逐漸多了起來。

此外，南朝文獻中還出現了「聚落＋村」的表示法，暗示「村」開始向通稱發展。《宋書‧謝靈運傳》記述謝靈運將要被徙送廣州，暗中派人組織中途攔截，未果，這些人返回時因饑餓沿路搶劫，被秦郡府將宗受發現，史書記載地點為塗口附近的「桃墟村」，這些人的供詞中亦兩次使用了「同村」。此事發生在元嘉十年(433)。〈謝靈運傳〉中的這段文字應採自官府記述其經過的文書檔案，「桃墟村」應是文書中的用語，而非齊梁時期史家所追述的。前文業已指出「墟」是南方一種聚落名稱，而這裡稱為「桃墟村」而非「桃墟」，表明至劉宋初年，「村」已經具有了泛稱的意義。史書引用這些劫匪的供詞均為當時口語，同樣應是摘自官府保存的檔案。這亦說明普通百姓也已在使用「村」來表示

---

171 羅振玉，《石交錄》，卷2，頁29-30，收入《羅雪堂先生全集‧續編三》(臺北：文華出版公司，1969)，頁968。

172 廖晉雄，〈廣東始興發現南朝買地券〉，《考古》1989.6：566；釋文據張傳璽主編，《中國歷代契約會編考釋》上(北京：北京大學出版社，1995)，頁118。

173 石刻中的情況見侯旭東，《北朝村民的生活世界》，頁27所列的表。敦煌文書P4506a北魏皇興五年(471年)所抄《金光明經‧鬼神品》中已經使用了「村」字，見黃永武主編，《敦煌寶藏》，第133冊，頁210。

自己居住的聚落，及由此而產生的相互關係(同村)。

　　另一例出現在《南齊書‧張敬兒傳》。該傳記載沈攸之結局時說「沈攸之于湯渚村自經死，居民送首荊州」。此事發生在劉宋升明二年(478)。「渚」亦是南方習見的聚落名，後綴一「村」字表明「村」乃是更爲通行的聚落稱呼。

　　「村」成爲通稱的下限是南齊的建元元年(479)[174]。該年蕭道成登基後蕭子良上表描述臺使爲害百姓的情況時說：

　　　　朝辭禁門，情態即異，暮宿村縣，威福便行，

揭露他們的具體做法時又說：

　　　　其次絳標寸紙，一日數至，征村切里，俄頃十催[175]。

　　這兩處使用的「村」均是指代百姓生活的聚落。蕭子良此時正任會稽太守，會稽富甲江南，是朝廷物資上所仰仗的地區，臺使之害更甚於其他地區，有切膚之感，故新朝甫立就即刻上書，希望革除此弊。上書須經過尙書省官員，然後才能被皇帝看到，文書中所使用的詞彙必定是尙書官員與皇帝均能讀得懂的。此上書可以作爲「村」已成爲官場所熟悉的用語的標誌。當時使用文字最頻繁的就屬官府了，因此，這亦可視爲「村」通稱化完成的標誌。

---

174 吳海燕認為「村作為正式的，被官方承認並在村中設置村吏的鄉村基層組織，應該在南朝，特別是齊梁之後」，見氏著〈東晉南朝鄉村社會基層組織的變遷〉，《中國農史》2004.4：115，此說大體可從。

175 《南齊書》，卷40，〈蕭子良傳〉，頁692，記載此事說「子良陳之曰」，沒有明確說是上表還是面陳，不過從文字看，文辭工整對仗，顯然是文書體，而非口語，應是通過文書上陳。

　　這種變化過程在六朝的字書上亦有所反映。6世紀以後，「村」開始成爲詞，並具有了一般性的解釋，且用來注釋其他的字。梁朝以前編撰的《字書》云：「屯，亦村也。」[176]這當然可能是一種互訓，不過，揣測語氣，似乎「村」是更爲時人熟知的詞。顧野王《玉篇・木部》：「村，聚坊也。」此時「村」已成爲詞，代表一種聚落[177]。《四聲字苑》曾說「村，野外聚居也」[178]，該書中土不存，僅見日本《倭名類聚抄》頻繁引用。日本學界對此書的情況似乎也沒有更多的解釋[179]。

　　「村」能夠成爲通稱，推究其原因，至少有兩條，一是較之其他表示聚落的詞，如川、洲、浦、渚等，「村」字並不能與特定的地理特點聯繫起來，因而具有更強的包容性。二是在南方，「屯」與私家封山占水有密切關係，多屬於朝廷打擊的對象[180]，因此朝廷不會使用由「屯」而生的「邸」。在這種背景下，「村」成爲朝廷選用的詞彙。

　　在南方，「村」不僅發展爲自然聚落的通稱，亦成爲官府一級基層設置的統稱對象。

　　南齊海陵王延興元年(494)冬十月的詔書曰：

---

176 玄應，《一切經音義》釋《大方等大集經》卷11時引，《大正藏》第54冊，頁413上。據孫啓治、陳建華，《古佚書輯本目錄(附考證)》(北京：中華書局，1997)，〈經部・小學類・字書〉條，頁91。

177 越智重明據此認爲「村」亦存在於城內，嫌證據不足，見氏著〈東晉南朝の村と豪族〉，《史學雜誌》79.10：6。

178 狩穀木夜宅箋注，《倭名類聚抄》(大阪：全國書房，1945)，卷3，〈居住部・屋宅類・坊〉引，頁134。

179 清代學者顧震福將其等同於東晉葛洪的《字苑》，見所輯《小學鉤沈續編》(《續修四庫全書》〔上海：上海古籍出版社，2002〕，第203冊)，卷4，頁777。此說不妥。

180 《南齊書》，卷2，〈高帝紀下〉，頁33：建元元年(479年)四月高帝詔書便說「二宮諸王，悉不得營立屯、邸，封略山湖。」梁武帝時類似的詔書更多，見《梁書》(北京：中華書局，1973)，卷2、3〈武帝紀〉，天監七年九月詔、大同七年十二月詔與大同十一年三月詔，頁48，86，89。

又廣陵年常遞出千人以助淮戍，勞擾為煩，抑亦苞苴是育。今
並可長停，別量所出。諸縣使村長、路都防城直縣，為劇尤深，
亦宜禁斷[181]。

這裡出現了「村長」一詞，應是朝廷在基層聚落設置的管理人員。
這些人始置於何時，職責何在，目前均無法確知[182]。

《梁書·武帝紀中》天監十七年(518)正月下詔書安撫流民，規定：

若流移之後，本鄉無復居宅者，村司三老及餘親屬，即為詣縣，
占請村內官地官宅，令相容受，使戀本者還有所託。

這裡提到的「村司」應指上面所說的「村長」一類人，屬於官府在
聚落中的代表。三老則代表了聚落內部的民間勢力。這種規定與漢代以
來鄉里處置土地財產的傳統做法是一脈相承的。

西漢初年的「二年律令」中的「戶律」規定：「民欲先令相分田宅、
奴婢、財物，鄉部嗇夫身聽其令，皆參辨券書之，輒上如戶籍。」[183] 法
律要求的是鄉部嗇夫參與，具體實踐中則會有各種變通，但總是少不了
地方小吏的在場。江蘇儀徵胥浦101號漢墓出土竹簡涉及的是西漢元始
五年(AD5)朱㝹的兩件文書。參與見證第一份「先令券書」交代子女各
自生父情況的文書的有縣鄉三老、都鄉有秩、里師，而見證第二份家庭

---

181 《南齊書》，卷5，〈海陵王紀〉，頁79。對這段資料的斷句與理解有不同意
  見，齊濤，《魏晉隋唐鄉村社會研究》，頁49-50及馬新、齊濤，〈漢唐村落形
  態略論〉，頁90對此有所討論，其說可從。
182 章義和、張劍容認為劉宋時「村」開始被賦予基本的行政管理職能，見〈關於
  南朝鄉村研究的幾個問題〉，頁206，實無充分證據。
183 《張家山漢墓竹簡(二四七號墓)》(釋文修訂本)，頁54。

土地財產分配文書的擔保人為里師、同伍的居民以及親屬[184]。參與此事的外人不出三類：基層機構的官吏，如都鄉有秩與里師；三老和親屬及同伍居民。類似的例子又見於安徽南陵縣出土的孫吳赤烏八年(245)蕭整買地鉛券，證知這筆買賣的是「鄉尉蔣玟、里帥謝達」[185]。

不同以往的是在梁代的規定中，以「村司」取代了鄉里的官吏。而且，這道詔書是針對梁朝全境而發的，文中有「凡天下之民，有流移他境」的說法，因而，大致可以斷定，到了梁初，「村司」已經普遍成為官府在最基層的管理人員，或者可以說，在朝廷層面上已經認為其最基層的管理人員叫做「村司」，而非「里司」，前面提到的「村長」應是其中一種。當然並不能據此就相信百姓生活的實際聚落中已經全部由「村司」取代了「里司」。的確，我們能在南朝文獻中找到幾條關於「里」吏的記載[186]，而且無論從文獻還是出土資料看，鄉里編制在六朝時期的南方一直存在[187]。

如上所述，從聚落形態看，西漢時已存在散居無圍牆與溝塹的聚落，此後這種聚落一直存在。因自然環境差異，南北的聚落面貌更是各

---

[184] 最新的釋文編排與分析見李解民，〈揚州儀徵胥浦簡書新考〉，收入長沙市文物考古研究所編，《長沙三國吳簡暨百年來簡帛發現與研究國際學術研討會論文集》（北京：中華書局，2005），頁451-457。

[185] 安徽省文物工作隊，〈安徽南陵縣麻橋東吳墓〉，《考古》1984.11：978，參張傳璽，《中國歷代契約會編考釋》上，頁107。

[186] 章義和、張劍容，〈關於南朝鄉村研究的幾個問題〉，頁204提到三條史料。蕭整買地鉛券又是一條。其實兩者也並非相互排斥。當時州郡縣治所所在的城中依然有「里」，其官吏應作「里」吏。治所以外的聚落究竟設「里吏」還是「村吏」，更多的根據是各地的「舊俗」，並不一律。如沈約在《宋書》，卷40，〈百官志下〉，頁1258，「縣令」條所說「其餘眾職，或此縣有而彼縣無，各有舊俗，無定制也」。縣吏如此，縣以下的鄉里官吏的設置更是如此。

[187] 越智重明、堀敏一、吳海燕均注意到六朝時期鄉里編制的存在。越智重明，〈漢魏晉南朝の鄉・亭・里〉，《東洋學報》53.1(1970)：9-38；堀敏一，《中國古代の家と集落》，頁346-354；吳海燕，〈東晉南朝鄉村社會基層組織的變遷〉，頁113-114。

具特色,形態上的不同亦反映到聚落的稱呼上。

　　至少自西漢以來,就已經存在帶有「××里」以外的名稱的聚落,三國以後,各類資料中能見到的這類聚落更爲豐富,名稱也更加多樣化。「村」只是其中一種稱呼,多見於北方,南方亦有不少,但從未出現以「××村」爲名一統天下的局面。文獻中所出現的聚落稱呼的變化——也許並非稱呼變化了,而是隨著文獻視綫的下移與角度的多樣化,使得久已存在的聚落稱呼浮現出來——並不意味著實際生活中聚落形態的變化。

　　「村」字至晚在西晉時已經出現,並用來表示聚落。南朝後期至唐代,東漢末就已存在的「邨」的音與義逐漸向「村」靠攏,最後變成「村」的古字或正字。

　　晚至劉宋時,南方「村」成爲自然聚落的通稱,泛指城之外百姓的實際居住地,且至晚自齊代起,朝廷開始在聚落中設置名爲「村長」、「村司」的管理人員,成爲唐代「在田野者爲村」,設立「村正」的先聲。之所以出現這種情況,當與南方聚落分散,百姓遷徙頻繁,傳統里制難以發揮作用有關。亦是南朝官府適應百姓聚落發展變化的產物。從里到村的變化與其說是百姓居住形態的變化乃至社會結構的變化,不如說主要是一種稱呼的變化,是朝廷順應現實的舉措,是管理百姓單位名稱的調整,百姓的實際聚落形態並未因此而產生實質性變化。因此,這種名稱上的調整未必具有不少日本學者所強調的時代變遷的重大意義[188]。

五、餘論

　　隋開皇九年(589)二月,即隋軍攻占建康後不到一個月,楊堅下詔

---

188 馬新、齊濤,〈漢唐村落形態略論〉,頁95亦提到這一點。

規定「五百家爲鄉，正一人，百家爲里，長一人」[189]，對基層行政設置進行了重要的調整。這次調整亦是開皇三年廢郡所開始的地方制度改革的延續，開皇十五年廢州縣鄉官則是更進一步的動作。這一制度設想是由蘇威提出，得到高穎的支持，用來取代北方原有的三長制，利用鄉正貫徹朝廷意旨，包含了打擊北齊統治區漢族大姓的企圖[190]。重建鄉里制度儘管主要目的是削弱舊齊地區豪右對地方的控制，而南北統一後頒布這一新制必然亦推行到南方，代替了南方原有的「村司」。不過，既然「村」在南方已經成爲通稱並發展爲朝廷的基層編制單元，「村司」則在許多地區（如果不是所有南方地區的話），存在了數十年，並進而成爲南方朝廷心目中最基層職司的代稱；北方聚落更是以「村」相稱的居多。楊隋以及繼之而起的李唐朝廷顯然無法完全無視這種歷史的積澱，在基層制度的設計中承認相對於城坊的「在田野者爲村」，並設置「村正」輔助「里正」也就勢所必然了。而這一規定的出現與實施，在全國範圍內鞏固了「村」的通稱地位。儘管唐以後的朝代很少再將「村」列入正式的基層制度，但經過有唐近三百年的制度實踐，「村」作爲相對於城鎮的聚落的通稱地位在人們觀念中已牢不可破，這種狀況遂沿襲至今。

2006年4-6月初稿
2007年1-3月修訂
2008年12月再次修訂

---

189 《隋書》（北京：中華書局，1973），卷2，〈高祖紀下〉，頁32。
190 關於這一制度改革的背景與意義，隋代鄉長、鄉正情況的深入分析，參見氣賀澤保規，〈隋代鄉里制に関する一考察〉，《史林》58.4（1975）：95-133。

唐代鄉村基層組織及其演變

張國剛[*]

一、引言

　　自秦漢建立統一的中央集權的帝國體制以來,如何解決中央政府對於廣袤地區的基層社會的統治問題,一直是一個重要的政治與社會課題。相對於分封制度和西方的采邑制度,中央政府實施對於基層社會編戶齊民的直接統治,構成了帝制時期中國歷史的一個重要特色。

　　就中古時代而論,自北魏馮太后採取李冲提出的三長制,取代此前宗主都護制,北方鄉村地區就開始擺脫強宗豪右的控制,回歸於中央政府的掌控之中。李冲的建議是:「宜準古法:五家立鄰長,五鄰立里長,五里立黨長,取鄉人強謹者為之。鄰長復一夫,里長二夫,黨長三夫;三載無過,則升一等。其民調,一夫一婦,帛一匹,粟二石。大率十匹為公調,二匹為調外費,三匹為百官俸。此外復有雜調。民年八十已上,

* 北京清華大學歷史系。

聽一子不從役。孤獨、癃老、篤疾、貧窮不能自存者，三長內迭養食之。」[1] 三長的職責主要是戶口控制與戶籍編造，賦役徵調與派發，當然，也承擔鄉里社會保障的部分職能。這種制度接續了秦漢的鄉治傳統，也奠定了隋唐鄉里制度的雛形。

關於隋唐時代主要是唐代的鄉里制度的研究，中外學術界結合敦煌吐魯番出土文書和唐令都有過充分的討論，其中不乏精湛的成果[2]。本文在以往研究的基礎上，主要討論如下幾個問題：

第一，鄉制的特色

第二，里正及其職能

第三，鄰保與村正

第四，鄉治的困境

---

1 《資治通鑑》卷136，南齊武帝永明四年(486)二月。設立三長的年代，諸家頗有爭議，最近的討論見侯旭東，〈北朝三長制〉，其考訂的年代為北魏太和十年(486)，收入所著《北朝村民的生活世界》(北京：商務印書館，2005)，頁108-112。

2 早期的研究有陳國燦，〈唐五代敦煌縣鄉里制度研究〉，《敦煌研究》1989.3：39-50，110；王永曾，〈試論唐代敦煌的鄉里〉，《敦煌學輯刊》1994.1：24-31；齊濤，《魏晉隋唐鄉村社會研究》(濟南：山東人民出版社，1994)。近年的研究有林文勳、谷更有著，《唐宋鄉村社會力量與基層控制》(昆明：雲南大學出版社，2005)，頁133-243；谷更有，《唐宋國家與鄉村社會》(北京：中國社會科學出版社，2006)。相關博士論文有：李浩，〈唐代鄉村組織研究〉(濟南：山東大學博士論文，2003)；劉再聰，〈唐代「村」制度研究〉(廈門：廈門大學博士論文，2003)；張玉興，〈唐代縣官與地方社會研究〉(天津：南開大學博士論文，2008)。日本學者相關論著，參見曾我部靜雄，《中國及び古代日本における鄉村形態の變遷》(東京：吉川弘文館，1963)，第二章第四節，〈唐の鄉里制と村制〉，頁81-100；中村治兵衛，〈唐代の鄉〉，《鈴木俊教授還曆紀念東洋史論叢》(東京：鈴木俊教授還曆紀念會，1964)，頁419-446。與此相關的還有柳田節子，《宋元鄉村制の研究》(東京：創文社，1986)。

二、鄉制的特色

隋文帝即位之初，規定以五家為保，保五為閭，閭四為族，各置長正；京畿之外則置里正（相當於閭正）、黨正（相當於族正），「以相檢察焉」[3]。這些制度是與人口、賦役制度一起頒行的，與北魏「三長制」的內容大同小異。唯一的變化是把三長中的最高一級（北魏為「黨」，隋為「族」或「黨」）的標準戶數從一百二十五家變成了一百家。

開皇九年(589)二月，蘇威建議設置統領五百家的鄉正，理詞訟之事。遭到了李德林的反對。反對的理由是：「本廢鄉官判事，為其里閭親識，剖斷不平，今令鄉正專理五百家，恐為害更甚！」朝廷之中，支持李德林看法的官員甚眾。但是，由於宰相高熲的支持，李德林的意見沒有被採納。第二年，全國統一之後，虞慶則到關東巡視考察，回來報告說：「五百家鄉正專理詞訟，不便於人，黨與愛憎，公行貨賄。」「乃廢之。」廢除了鄉正的訴訟之職權[4]。鄉正又稱鄉長，大業末年依然設置[5]。

無論是李德林反對的理由，還是虞慶則反映的問題，都說明鄉級行政聽取詞訟，很難擺脫人情愛憎，難免會有權錢交易。

關於唐朝鄉里組織的完整記載，據《通典》卷3〈食貨三·鄉黨〉

---

3 魏徵等撰，《隋書》，卷24，〈食貨志〉，頁680。
4 杜佑，《通典》(北京：中華書局，1988)，卷3，〈食貨三·鄉黨〉，頁63。參見濱口重國，〈所謂隋的廢止鄉官〉之說，載入劉俊文主編，《日本學者研究中國史論著選譯》(北京：中華書局，1992)；參見谷更有，《唐宋國家與鄉村社會》，頁107。
5 周紹良主編，《唐代墓誌彙編續集》(上海：上海古籍出版社，2001)，咸亨008，〈唐故蓬州安固縣令孫君墓誌之銘〉，頁190：「父長遷，隋清德鄉長。君隋大業八年被舉遼西郡書佐。」

引大唐令:

> 諸戶以百戶為里,五里為鄉,四家為鄰,五家為保。每里置正
> 一人(原注:若山谷阻遠,地遠人稀之處,聽隨便量置。)掌按比戶
> 口,課植農桑,檢察非違,催驅賦役。在邑居者為坊,別置正
> 一人,掌坊門管鑰,督察奸非。並免其課役。在田野者為村,
> 別置正一人。其村滿百家,增置一人,掌同坊正。其村如〔不〕
> 滿十家者,隸入大村,不需別置村正[6]。

　　據此,唐代鄉里基層組織基本繼承了隋代的制度。主要變動有二,
一是對於「鄉」級組織進行了改造;二是設置了村坊組織。這裡先談
「鄉」,關於村坊,後面再談。

北魏隋唐基層組織簡表

時代	鄉	里	村、坊	鄰保
北魏	無	黨長(125家)	里長(25家)	鄰長(5家)
隋代	鄉正(500家)	黨正/族正(100家)[7]	里正/閭正(25家)	保正(5家)
唐代	耆老(500家)	里正(100家)	村正/坊正	鄰保(5家)

　　如上表所示,北魏時代的三長制沒有「鄉」的組織。隋代統一全
國,宰臣蘇威和高熲力主在「三長」之上設置管理五百家的鄉正,很可
能是考慮到,在廢除鄉官及郡級機構,並省州縣之後,需要加強基層的

6　杜佑,《通典》,卷3,〈食貨三・鄉黨〉,頁63-64。
7　根據魏徵等撰,《隋書》,卷2,〈高祖紀下〉的記載,開皇九年頒布「制五
　　百家為鄉,正一人」的法令的同時,還有「百家為里,長一人」。這個紀錄不
　　見於《通典》和《隋書・食貨志》。很可能此時乃是把原來的族長和黨長改稱
　　里正。

統治。雖然不久其司法職能被廢止，但是，終隋一代鄉正（長）的職位仍在。李淵晉陽起兵，就得到晉陽富豪鄉長劉龍的支持[8]。唐代初年大約是廢除了隋代的鄉長制度。否則，就不會出現貞觀年間新設鄉級行政主管，幾年後又廢罷的事情。《通典》卷3云：「貞觀九年，每鄉置長一人，佐二人，至十五年省。」[9]貞觀年間的鄉長居然配置兩名「佐」官，可見當時確有強化其職能的意圖[10]。貞觀十五年廢罷鄉長之後，鄉級組織依然存在：「鄉置耆老一人，以耆年平謹者，縣補之，亦曰父老。」[11]鄉級的司法行政事務收歸了縣司，耆老負責禮儀教化之類的工作。

那麼，這樣的鄉級組織，有鄉而無長，究竟是什麼性質的一種機構？研究者有幾種不同的看法。一種意見認為，「鄉」只是名義上的基層組織，實際上並不存在這樣一級基層政權，只有「里」才是名副其實的基層政權機構，在基層行政中起重要作用[12]。另外一種意見認為鄉與里是上下二級關係，一些學者明確提出唐代的鄉里制是「縣以下的兩級管理體制」[13]。還有比較多的學者對以上看法有所折中，他們雖然不否定鄉的存在，但是傾向於把「里」看成是縣以下的鄉村社會的中心，或認為「里」是鄉的派出機構，而不是鄉的下級組織；也有的主張鄉只是一個

---

8 溫大雅，《大唐創業起居注》（上海：上海古籍出版社，1983），卷1，頁7。此劉龍當即《舊唐書‧劉文靜傳》中的劉世龍，記云：「大業末，為晉陽鄉長。」

9 參見劉昫等撰，《舊唐書》，卷3，〈太宗紀下〉。

10 咸豐五年增修《太谷縣志》收入〈鄉正馬君墓誌〉（見《唐代墓誌彙編續集》上元024，頁226，注云「首題似非原文」），這位名叫馬惲（599-675）的前鄉正，上元二年（675）去世時77歲，隋亡時不足20歲，不可能任鄉正職務；貞觀九年（635）為37歲，故推測馬惲就是貞觀時期設置的鄉正（長）之一。

11 杜佑，《通典》，卷33，〈職官十五‧鄉官〉，頁924。

12 參見孔祥星，〈唐代的里正──敦煌吐魯番文書的研究〉，《中國歷史博物館館刊》1979.1：60-61。

13 參見趙呂甫，〈從敦煌吐魯番文書看唐代「鄉」的職能〉，《中國史研究》1989.2：9-11；王永曾，〈試論唐代敦煌的鄉里〉，頁24。

戶籍管轄區或財政供役區,而不是作爲一級行政區存在[14]。還有研究者認爲唐代基層組織實行「鄉」實「里」虛而以鄉行政爲主的基層管理體制[15]。

導致以上對於唐代縣以下基層行政機構產生種種不同看法的主要原因,是西域出土文獻資料中,五百戶的鄉作爲戶口和賦役徵發單位始終存在,卻沒有設置鄉級幹部,里正實際主持鄉政工作卻只是百戶之長。換言之,「鄉」是土地戶口賦役等工作的申報單位卻沒有鄉級主管幹部;里正主持土地戶口賦役申報工作,是以「鄉」而不是「里」爲操作平臺進行。這樣一種矛盾的關係,從不同的角度進行分析,就會有不同的解讀。在基層行政運作中,你若強調執行官員,那麼就是以「里」爲主;你若強調操作平臺,那就是以「鄉」爲主。這種體制其實正是唐代鄉制的特點所在。

這一特點包含兩個方面的內容:

首先,在唐代中央政府的制度設計中,鄉毫無疑問是最基層的一級實體政務組織。《唐六典》卷1記載中央政府與地方的文書傳達方式說:「尙書(省)下於州,州下於縣,縣下於鄉,皆曰符。」[16] 尙書省是中央行政的總匯,州、縣都是地方政府。上級政府部門向下級政府部門發布的文書爲「符」;縣下達於鄉的文書也稱爲「符」。這就表明,全部政治制度設計中,鄉具有地方上基層政務實體的意義,一點也不虛。考察一下天寶年間的官方統計資料,天寶元年的情況是:「天下郡府三百六十二,縣一千五百二十八,鄉一萬六千八百二十九。戶部進帳,今年管

---

14 齊濤,《魏晉隋唐鄉村社會研究》,頁67;李錦繡,《唐代財政史稿》上卷(北京:北京大學出版社,1995),頁105-106;谷更有,《唐宋國家與鄉村社會》,頁108。

15 張玉興,〈唐代縣官與地方社會研究〉,頁147。

16 李林甫撰,《唐六典》(北京:中華書局,1992),卷1,〈三師三公尚書都省〉,頁10-11。

戶八百五十二萬五千七百六十三，口四千八百九十萬九千八百。」大體
平均每鄉五百戶。天寶十三載統計資料中，郡府和縣數都沒有什麼變
化，鄉也依然是一萬六千八百二十九個，但是，全國的戶口數卻已經達
到了九百六十一萬九千二百五十四戶，平均六百戶一鄉[17]。所謂「縣成
於鄉」，鄉的行政主體位置十分明確。

　　白居易〈錢塘湖石記〉云：「若歲旱，百姓請水，需令經州陳狀，
刺史自便押帖，所由即日與水。若待狀入司，符下縣，縣帖鄉，鄉差所
由，動經旬日，雖得水，而旱田苗無所及也。」[18]此處措辭，「（州）符
下縣，縣帖鄉」，符、帖的用法略有差異。許多情況下也把州縣下行到
鄉的文書稱爲帖或者文帖，因爲帖與符有相通之義。比如，吐魯番出土
文書中高昌縣下太平等鄉主者的文書稱符，而圓仁《入唐求法巡禮行記》
中卻也有「縣帖青寧鄉」的文書[19]。可見鄉作爲縣政的承接者，終唐之
世都沒有改變。縣以下政務工作的施展，是以鄉而不是里爲操作平臺進
行的。白居易說「縣帖鄉，鄉差所由」，到了鄉級，就無法再發帖文，
因爲鄉就是最基層的行政組織。

　　其次，雖然鄉政府是實體運作，但是鄉長卻是虛位，主持五百家鄉
政的卻是其下一級、掌管一百家的里的負責人——里正。五里正共管鄉
務，里正因而就成了實際上的鄉官。這是唐代鄉級行政的另外一個特點。

　　唐代戶令云：「諸戶籍三年一造，起正月上旬，縣司責里正收所部
手實，具注家口、年紀、田地。若全戶不在鄉者，即依舊籍轉寫，並顯
不在所由。收訖依式勘造，鄉別爲卷，總寫三通，其縫皆注某州、某縣、
某鄉、某年籍。州名用州印，縣名用縣印，三月三十日納訖。並裝潢，
一通送尚書省，州縣各留一通。所需紙筆裝潢，並皆出當戶，縣司勘量

17　劉昫等撰，《舊唐書》，卷9，〈玄宗紀下〉，頁216，229。
18　朱金城箋校，《白居易集箋校》（上海：上海古籍出版社，1988），卷68，頁3668。
19　釋圓仁撰，《入唐求法巡禮行記》（上海：上海古籍出版社，1986），頁65。

多少，臨時斟酌，不得侵損百姓。其籍至省，並即先納後勘。若有增減隱沒不同。隨狀下推，州縣承錯失，即於省籍具注事由，州縣亦注帳籍。」[20]

仔細分析這一段關於戶籍編造的法令中縣司與鄉里的關係，可以發現，鄉的出現在兩種場合，一是戶籍編造的場合：縣司責成里正收取各家各戶的手實，是以鄉為單位進行的，手實是戶籍編造的基礎檔案。二是戶籍製作和保管的場合：編造百姓戶籍之時，以鄉為單位（「鄉別為卷」）裝訂在一起，並在其上寫明某州、某縣、某鄉、某年籍，其中，州縣直接蓋印，而鄉無印。這就是政府機構和基層民戶管理組織的差別。這個管理組織的負責人不是別人，就是五位里正[21]。所以，吐魯番文書中高昌縣下予太平鄉的符採用「太平鄉主者」來稱呼當值的里正[22]，這代表了官方的稱謂。墓誌中也有「安西鄉里正」的提法[23]，並不說是某里里正，反映了民間的看法。

20　見宋家鈺，《唐代戶籍法與均田制研究》（鄭州：中州古籍出版社，1988），頁46-47。

21　唐長孺在研究了西州戶口帳後，指出「諸帳都是以鄉為單位的、由五個里聯合申報的當鄉。」他得出結論說：「唐代籍帳都是以鄉為單位，但鄉卻不置主管租調力役的鄉官，這些職務分屬所管五個里的里正。」見所著，〈唐西州諸鄉戶口帳試釋〉，收入唐長孺主編，《敦煌吐魯番文書初探》（武漢：武漢大學出版社，1983），頁149，166。

22　〈唐永淳元年西州高昌縣下太平鄉符為百姓按戶等貯糧事〉，收於國家文物局古文獻研究室編，《吐魯番出土文書》（北京：文物出版社，1986）第七冊，頁392。張廣達指出：「從現有資料來看，高昌縣下給武城、寧戎、寧昌、太平諸鄉符中之各位當鄉主者，幾乎均指各鄉里正而言，諸鄉事務牒具，也由里正具名。里正地位極為重要，這一情況和敦煌、內地相同，證實了唐代在有些時候鄉級政權由里正行使。」見氏著，《西域史地叢稿初編》（上海：上海古籍出版社，1995），頁120。

23　周紹良主編，《唐代墓誌彙編續集》，永徽046，頁83：「惟永徽六年歲次癸卯十二月丙申朔十三日戊申，故安西鄉里正陽士通春秋廿四，殯葬斯墓。」這裡只說安西鄉里正，不說某里里正。

王梵志詩云：「當鄉何物貴？不過五里官。縣局南衙點，食並眾廚飧。文簿鄉頭執，餘者配雜看。差科取高戶，賦役數千般。處分須平等，併攉出時難。職任無祿料，專仰筆頭鑽。管戶無五百，雷同一概看。愚者守直坐，黠者馳馳看。」[24]「文簿鄉頭執」，這個鄉頭是誰呢？就是那個號稱「五里官」的里正，是里正們在主持鄉務。他們在縣衙當差，甚至在縣司吃飯堂。

如此看來，所謂鄉、里只是縣司爲了便於全縣管理工作而作的一種行政區分。五百戶一鄉、百戶一里，縣司把全縣戶口按照規定的數字作一劃分。根據《元和郡縣志》的記載，開元時期的鄉數與戶數之比，大體保持在每鄉五百戶左右，也有超過五百戶的。元和時期的鄉數與戶口之比則多數有錯誤，而且每鄉戶口數普遍很少[25]。顯示唐代後期鄉制已經陷入混亂。

總之，唐代的鄉是縣以下的最基層管理組織。「鄉」以下的「里」不是承接縣政的獨立管理單位，里正作爲鄉務的實際主持者，並不以里的負責人在縣司活動，而實際上是以鄉的名義在進行管理。

三、里正及其職能

里正是鄉務的實際主持者，已經如上所述，那麼里正如何履行自己的職責呢？

---

24 項楚，《王梵志詩校注》（上海：上海古籍出版社，1991），頁129。

25 如華州條，「開元戶三萬七百八十七，鄉七十。元和戶一千四百三十七，鄉二十二。」有的版本元和鄉作七十二，校點者賀次君注引《考證》云：「按戶數減於開元二萬九千餘，鄉不宜更增於舊。諸州率多脫錯，無佐證者不具錄。」見李吉甫撰，《元和郡縣圖志》（北京：中華書局，1983），卷2，頁33及注32。即使按照二十二鄉計算，元和年間鄉平均也只有六十多戶，而開元年間鄉平均超過五百戶。

　　如前所述，唐代鄉里制度較之於北魏三長制的第二個變化，是村坊
制度的設立與完善。所謂「在邑居者為坊」、「在田野者為村」，是指
那些被編入鄉里的民戶，按照其居住地域的不同，又有坊村的社區組織
相約束。里是按照民戶之數量劃分的，大體以百戶為限[26]。村(坊)是以
居民生活聚落來劃分的，聚落大小多數在十至一百戶之間。假如有某村
超過百戶，也許該村就有兩個以上的村正。

　　唐代取消了鄰保(五家)與黨正(一百二十五家)或族正(即唐代的里
正，管一百家)之間的那一級組織，而用坊村取代了北魏三長中間的第二
「長」[27]。但是，村坊並不構成里的自然下級。簡單說來，鄉里是依據
行政原則劃分的基層行政組織，坊村是按照居住地域原則劃分的社區管
理單元。在這種社區管理單元下，居民按照家庭所在地被劃分為鄉村居
民戶和坊郭居民戶。以下從里正與村正(坊正略同)在人選、命名以及職
責上的不同，來討論鄉村行政與社區組織的差異，進而論述唐代縣以下
基層行政的特點。

　　首先是里正與村正的人選資格上的差別，里正的角色顯得比村正更
重要。《通典》卷3《食貨三‧鄉黨》引「大唐令」說[28]：

　　　諸里正，縣司選勳官六品以下、白丁清平強幹者充。其次為坊
　　　正。若當里無人，聽于比鄰里簡用。其村正取白丁充。無人處，
　　　里正等並通取十八以上中男、殘疾等充。

26　杜佑，《通典》，卷3，〈食貨〉，頁63，在「每里置正一人」的令文之下有
　　小注：「若山谷阻遠，地遠人稀之處，聽隨便量置。」這樣的變通措施，表明
　　每里實際戶數和里正職數因實際情況會有所變通。

27　據前引註7所言，魏徵等撰《隋書‧高祖紀下》記載，開皇九年把原來統領百
　　家的族長和黨長改稱里正的同時，把作為二十五家的里正或閭正廢除了。唐代
　　當是繼承了此一制度。

28　杜佑，《通典》，卷3，頁64。

　　這裡明確縣級政權(所謂「縣司」)負責基層幹部的選拔。選拔對象是勳官六品以下即驍騎尉、飛騎尉、雲騎尉、武騎尉，以及白丁中有德(清平)有才(幹練)之人。這類人選要優先滿足里正的要求，其次是滿足坊正的要求。如果當里沒有合適人選，可以從相鄰的里中簡拔。至於村正，則取白丁充當。其實，勳官六品以下，也與白丁差不多，但是，畢竟是有過軍人經歷，而且立有軍功，與一般的鄉村農民相比，應當更有行政工作能力。

　　「令」文不說村正從鄉村簡拔，只說從白丁甚至是中男和殘疾人口中選任。里正與村正選取條件的這點細微區別，乃是因為里正是行政官員，可以不在同里居住，村正則必須是本村之人，否則就無法管理社區事務。至於最後一句「無人處，里正等並通取十八以上中男、殘疾充」，是考慮到缺乏合適的白丁人選，或者現有白丁急需承擔必不可少的賦役(首先是兵役)的情況下，可以取十六至二十二歲的中男(唐代中男和成丁年齡頗有變動)[29]以及輕度殘疾之人來擔任里正、坊正和村正。敦煌文獻唐天寶差科簿殘留名單中，有十二人的身分是村正，其中十七至二十二歲的中男十人(唐初以十六歲以上為中男，玄宗開元二十九年改中男年齡為十八以上，則十七歲尚未及法定中男)，三十五歲的白丁和三十六歲的白丁殘疾各一人；而在該差科簿所記十名里正中，年齡為二十九至四十歲的上柱國子、上柱國或品子共有五人，三十至四十歲的白丁五人[30]。從這些任職者的條件就可以看出，天寶年間敦煌地區，多數里正的年齡較大，身分較高；而村正相對來說比較年輕。這說明當時當地的里正比村

29　唐朝初年，十六歲以上為中男，二十一歲或二十二歲入丁，開元二十九年改以十八歲以上為中男，二十三歲入丁，前後有所變化，具體情況參見王溥撰，《唐會要》(北京：中華書局，1955)，卷85，〈團貌〉，頁1555-1556。

30　敦煌天寶差科簿有村正若干，有中男或白丁殘疾為之。參見王永興，〈敦煌唐代差科簿考釋〉，《歷史研究》1957.12：80-100。

正的任務更為繁重，職權更為重大。

其次是村與里在命名方式上有差別。村的名稱以自然形成的方式為主要特徵，里的名稱以人為命名的方式比較常見。我們知道長安的坊都有美名[31]，唐代的里也各有佳名，例如，相州鄴縣萬春鄉綏德里[32]，京師通軌里[33]，神都弘敬里[34]，東京毓德里[35]，洛州洛陽縣上東鄉嘉善里[36]。此外，還有懷德里[37]、靜恭里[38]、德懋里[39]，等等，出土文書記載的西州有靜泰里、安樂里、六樂里、忠誠里、仁義里、歸政里、德義里、成化里、禮讓里、和平里、順義里、昌邑里、淳風里、長善里、安義里、慕義里、歸化里、高昌里、投化里、永善里、淨化里、積善里、尚賢里、弘教里、依賢里、淳和里、柔軟里、長垣里、高泉里、獨樹里、新塢里、新泉里、橫城里等[40]。這些「里」名，絕大多數都寓有美好意義，應非自然形成的行政區域，而是由行政當局命名，按照人口的多少而整齊劃定的。

相反，村的名稱則十分多樣化，其中尤以姓氏命名最為普遍。《入

---

31 參見楊鴻年，《隋唐兩京坊里譜》(上海：上海古籍出版社，1999)。

32 周紹良主編，《唐代墓誌彙編續集》，麟德009，頁145。

33 同上，麟德010，頁145。

34 周紹良主編，《唐代墓誌彙編》(上海：上海古籍出版社，1992)上冊，大足003，〈大周遊騎將軍左武威衛永嘉府左果毅都尉長上直營繕監上柱國孫阿貴夫人故成都縣君竹氏墓誌銘〉，頁986。

35 周紹良主編，《唐代墓誌彙編》下冊，天寶124，張階，〈唐故河南府洛陽縣尉頓丘李公墓誌銘並序〉，頁1619。

36 周紹良主編，《唐代墓誌彙編續集》，麟德016，〈唐故趙君墓誌銘並序〉，頁149。

37 同上，麟德019，〈大唐驃騎大將軍益州大都督上柱國盧國公程使君墓誌銘並序〉，頁152。

38 同上，麟德024，〈唐故黎州潭水縣丞宋君墓誌銘並序〉，頁156。

39 周紹良主編，《唐代墓誌彙編》下冊，天寶186，〈唐故朝議郎平原郡長河縣令盧府君墓誌銘並序〉，頁1661。

40 參見張廣達，《西域史地叢考初編》，頁117-120。

唐求法巡禮行記》中留下了圓仁所過的許多村名[41]，此處且以河南縣平樂鄉爲例，墓誌中見到的村名有：翟村、王晏村、李村、王村、郝村、杜郭村、陶村、馬村、王趙村、杜翟村、景業村、伯樂村、朱陽村、晏村等等[42]。我懷疑，其中王晏村也許是王村和晏村的合稱。但不管如何，用姓氏命名是非常普遍的情況。

　　村與里名稱的這種差異顯示，與自然形成的村落不同，里是一種人爲劃定的行政區。制度規定五里組成一鄉，平樂鄉在墓誌中已知「里」名有：

河南縣平樂鄉纏佐里[43]

河南縣平樂鄉張陽里[44]

河南縣平樂鄉安善里[45]

河南縣平樂鄉安川里[46]

河南縣平樂鄉河東里[47]

41　參見齊濤，《魏晉隋唐鄉村社會研究》，頁69-71；李浩，〈唐代的村落與村級行政〉，收入張國剛主編，《中國社會歷史評論》第六集（天津：天津古籍出版社，2005），頁93-96。

42　均見周紹良主編，《唐代墓誌彙編》。

43　周紹良主編，《唐代墓誌彙編》上冊，顯慶020，〈大唐故程君墓誌銘並序〉，頁241。

44　周紹良主編，《唐代墓誌彙編》下冊，開元350，雍惟良，〈唐故朝散郎行潞州長子縣尉太原王公墓誌銘並序〉，頁1398。按《唐代墓誌彙編》上冊，龍朔079，〈唐故定襄參軍古君墓誌銘並序〉，頁389，有張相村，估計此處村與里同名。

45　周紹良主編，《唐代墓誌彙編》上冊，上元042，〈大唐袁氏故柳夫人墓誌〉，頁623。

46　同上，貞觀124，〈大唐右宗衛大都督楊君墓誌並序〉，頁87。

47　同上，開元166，〈大唐故太子僕寺丞王府君夫人隴西李氏墓誌銘〉，頁1271。

　　假如嚴格按照制度規定的五里爲一鄉,也許平樂鄉就是由以上五里組成[48],其下至少有十四個以上的村莊[49]。平均大約一里有三個村,平均每村大約30戶左右。村的民戶多少不作硬性規定,就突顯了以居民自然生活空間爲管理單元的劃分原則。但這個平均數字與三長制中的第二「長」(管轄25戶)很接近。由此也可以解釋,唐代廢除北魏和隋初的25戶那一級管理機構,乃是因爲設置了村正和坊正這樣的自然聚落來取代。

　　最後,是里正與村正坊正各自對於下屬民戶在管理職責的分工有所不同。里正的職責是「按比戶口,課植農桑,檢察非違,催驅賦役」。它包含四項內容:一是民戶家庭人口的登錄;二是農業生產的獎勸;三是治安與秩序的管理;四是催督農戶的賦稅徭役。這些職責的核心是催驅賦役,其他三條都是爲這一條服務的。

　　坊正與村正的職責則有異於是:坊正「掌坊門管鑰,督察奸非」,村正「掌同坊正」。唐代城中的「坊」乃一封閉的居民區,鄉下的「村」也是一相對封閉的居民聚落。坊正和村正的職責主要在維持本社區的治安秩序,雖然「督察奸非」與「檢察非違」的字面差異不大,但是,由於它是與社區的管鑰工作聯繫在一起的,更凸顯的是其保安責任。

　　舉例而言。吐魯番文書〈唐永淳元年坊正趙思藝牒爲勘當失盜事〉[50]:

48　平樂鄉又有杜翟里(見《唐代墓誌彙編續集》,咸通089,李都,〈唐故御史中丞汀州刺史孫公墓誌並序〉,頁1103),又有杜翟村(見《唐代墓誌彙編》下冊,開元503,〈大唐故趙府君墓誌銘〉,頁1501),村名與里名完全相同,與張相村情況相似。估計是該村戶數符合成立一里的條件。

49　陳國燦的研究曾提供敦煌地區13個鄉名、18個里名,但未有村名,見氏撰,〈唐五代敦煌縣鄉里制度的演變〉,頁39-50,110。齊濤的書提供了許多村名,但是過於分散,看不出與里的關係。

50　國家文物局古文獻研究室編,《吐魯番出土文書》(圖錄本)第三冊(北京:文物出版社,1981),頁341。

1（前缺）坊

2 芻仲行家婢僧香

3　　右奉判付坊正趙藝專為勘當

4　　者，准狀，就僧香家內檢，比鄰全無

5　　盜物蹤跡。又問僧香家口云：其銅錢

6　　耳當等在廚下，被子在一無門房內

7　　坎上，並不覺被人盜將，亦不敢

8　　加誣比鄰。請給公驗，更自訪覓

9　　者。今以狀言

10　　□狀如前。謹牒

11　　　　永淳元年八月　日坊正趙思藝牒

12　　　（前缺）方

　　這則文書涉及到永淳元年(682)一個叫僧香的女傭(某人家婢)報了失竊案，縣衙的判司責成坊正趙思藝去調查。本文書就是趙思藝的調查報告。大意謂失主家的銅錢在廚下，被子在一間沒有房門的炕上(原文的「坎」疑即「炕」)，並沒有失盜的跡象；比鄰也沒有入室行盜的蹤跡。於是，坊正檢查後請官府給予鑑定報告(「公驗」)。這個案件處理居民失竊問題，符合坊正維護治安秩序的職責，故縣司責成坊正出面處理。

　　與村正主要負責本村治安不同，里正是縣司的吏職，要經常到縣衙辦公。唐朝末年，僖宗幸蜀，有張昇攝涪州衙推，「州司差里正游章當值」[51]。這是少數州司直接給里正派差的事例。涪陵里正范端，辦事幹練，「充州縣任使」[52]。無論是「充使」，還是「當值」，都表明里正

51　李昉，《太平廣記》，卷430，〈張昇〉，頁3494。
52　同上，卷432，〈范端〉，頁3506。

要在州縣(主要是縣)承值公務。此外還有一些間接材料,說明里正是縣司辦案工作的主要協助者。唐朝開元年間,東光縣令謝混之,因爲苛暴而吃官司,中書令張九齡派御史張曉前往按問。告發者也被帶去同往。謝混之不知告發者究竟是什麼人,乃「遍問里正,皆云:不識有此人。」後來在整個案情發展中,里正都作爲在縣衙服役的「吏人」忙前忙後[53]。

《廣異記》載:開元年間,「有盧氏者,寄住滑州,晝日閑坐廳事,見二黃衣人入門。盧問爲誰。答曰:是里正,奉帖追公。」[54] 下文說是衛縣發的帖文,縣司派里正追捕寄住之民。類似的事例並不鮮見。有一個叫朱同的十五歲少年,父爲瘿陶縣令,「暇日出門,忽見素所識里正二人,云判官令追,倉促隨去。」[55] 後來朱同被送到陰司及遣回陽間的過程,都是二里正相隨。可見,里正在地方抓捕人員的事件中,充當執法的角色。

官府特別之需索,也靠里正去辦理。「唐何澤者,容州人也,嘗攝廣州四會縣令,性豪橫,唯以飲啖爲事,尤嗜鵝鴨。鄉胥、里正,恒令供納。」[56] 縣尉也是向里正徵索官府需要財物的縣司官員。滑州靈昌縣尉梁士會就曾經判道:「官需烏翎,何物里正,不送烏翎!」[57] 這兩個例子,前者鵝鴨是縣令個人的需求,後者烏翎是官府的需求,都要依靠里正去獲取。

綜合這些材料,我們感覺到,里正的主要工作內容之一是輪流到縣衙裡當差聽調,而不僅僅在鄉里辦公。

吐魯番出土文書裡也發現了兩件有關里正當值的材料。

53　李昉,《太平廣記》,卷449,〈謝混之〉,頁3676。
54　同上,卷104,〈盧氏〉,頁704-705。
55　同上,卷384,〈朱同〉,頁3062。
56　同上,卷133,〈何澤〉,頁948。
57　同上,卷260,〈梁士會〉,頁2029。

文書(一)：

阿斯塔那376號墓〈唐西州高昌縣諸鄉里正上直暨不到人名籍〉[58]：

1　昌：康達、令狐信、樊度、氾惠　直　仁
2　　　　　　檢不到人過。思仁
3　　　　　　白。
4　　　　　　　　六日
5　二月六日里正後衙到
6　化：尉思　嚴海　張成　宋感　仁
7　西：鞏才　馬才　曹儉丞直　仁
8　順：曹感　賈提　嚴似　仁
　　　　　　　　　到
9　平：趙信　史玄　牛信　張相　仁
10　戎：陰永　仁
　　　　　　　到
11　大：慈彌〔　〕康洛令直　李藝　仁
12　昌：令狐信　樊〔　〕仁　　（後缺）

　　文書的左邊是高昌縣各鄉的鄉名簡寫，右邊是各鄉里正之名字，值
得注意的是，第五行「二月六日里正後衙到」中的「後衙」字樣，與王
梵志詩歌中反映鄉頭催徵紙張「後衙空手去，定是撌你勒」[59]中的「後
衙」可以互相印證，證明里正(鄉頭)是要到縣衙聽差的。而第七行的「丞
直」、第十一行的「令直」字樣，也許是說這些里正在縣令、縣丞處當

58　《吐魯番出土文書》(圖錄本)第三冊，頁291。
59　項楚，《王梵志詩校注》，頁134。

差，而其他里正按照通常情況應該在縣尉的統領下，在諸曹處理相關事務。因爲縣尉負責徵收賦稅[60]，所以文書中所發現的「抄」上有尉(縣尉)、典(佐、史)的署名。

文書(二)：

阿斯塔那91號墓出土〈唐西州高昌縣寧大等鄉名籍〉：

1 十一月十八日〔

2 甯大 翟隆歡 □□□邢達 令狐建

3 甯戎鄉 沙佚洛 康豐海 康才

4 武城鄉 趙延洛 夏尾信

5 〕 令狐文歡 □□隆 嚴其延 張軌端

6 甯昌 孟定 曹貞 氾阿柱 馬武貞 王才歡

7 崇化 索延信 氾信 馬武貞

8 安西鄉 □□□ 張伏海 祁胡 高士通 [61]

本件文書的結構與文書(一)相似，左側是諸鄉名，右側人名中的趙延洛等在其他文書中的身分是里正，所以研究者大多認定這份文書也涉及到里正上直問題[62]。

以上這兩件文書涉及到兩個時間，一個是二月六日，一個是十一月十八日。《唐律疏議》卷12規定：「里正之任，掌案比戶口，收手實，

---

60 李林甫撰，《唐六典》，卷30，〈三府督護州縣官吏〉，頁753：「縣尉，親理庶務，分判眾曹，割斷追催，收率課調。」

61 《吐魯番出土文書》(圖錄本)第三冊，頁8。

62 參見張廣達，〈唐滅高昌國後的西州形勢〉，收入氏著，《西域史地叢稿初編》，頁124；李方，〈唐西州諸鄉的里正〉，《敦煌吐魯番研究》第九卷(北京：中華書局，2006)，頁190。

造籍書。」[63] 居民有向里正定期申報家庭人口現狀的義務，這種居民自己申報家庭人口的文書被稱爲「手實」。里正依據居民提供的「手實」編造戶籍。在西域出土文書中保存了若干唐代居民自報家庭人口的手實殘本。唐代戶籍的編造是每年的正月到三月，此處文書（一）簽署的二月八日，正處在戶籍編造期間，這說明造籍期間里正需要上直，協助縣司共同完成戶籍的編造工作。《唐律疏議》卷13又規定：「依田令，應收受之田，每年起十月一日，里正勘造簿，縣令總集應退應受之人，對供給受。」說明每年十月開始的土地還授，是在縣衙由縣令主持進行的，里正只是這項工作的助手，具體從事本鄉里簿籍的勘造工作。此處文書（二）簽署的十一月八日，正處在勘造簿籍期間，故里正應該上直。總之，在縣司進行全縣土地還授或戶籍編造工作時，縣下各鄉的里正均需要到縣衙協助辦公，所以西域出土文書中往往有多名里正簽署的戶口帳、欠田授田文書等，說明這些檔的簽署是里正在縣衙共同完成的，在鄉里並沒有里正固定的辦公場所[64]。也許里正上直期間，還能享受廚餐，如前引王梵志詩所寫的那樣，「縣局南衙點，食並眾廚飧」。

在戶籍登記、土地還授等重要工作之外，里正未必需要全部到縣衙辦公上直。因爲在當地了解居民實際的戶口變動情況，是里正履行職責的基礎。

里正對於城鄉居民家庭現狀及其動向的掌握，以「戶」爲單位進行。《通典》卷7云：「諸戶主皆以家長爲之。」居民家庭被劃分爲兩大類別：「戶內有課口者爲課戶，無課口者爲不課戶。」居民的各類人口按照年齡被劃分爲不同類型：「諸男女三歲以下爲黃，十五以下爲小，二

---

63 長孫無忌奉敕撰，《唐律疏議》（北京：中華書局，1985），卷12，〈戶婚律〉，頁274。下文引此不逐一注明。

64 參見趙璐璐，〈里正與唐代前期基層政務運行研究〉（北京：中國人民大學歷史系碩士論文，2007），頁49。

十以下為中,其男年二十一為丁,六十為老。無夫者為寡妻妾。」其中,中男(女)的年齡範圍是十六至二十歲,丁男的年齡是二十一至五十九歲(丁中的年齡,前後有所變動)。確定人口年齡、身分的工作過程,叫做團貌,是里正的重要職責。

除了家庭人口現狀的登錄,還有對家庭人口變動的審查,也是基層政權的職責。所謂家庭人口變動主要包括新生、死亡和成長三個方面。

家庭成員無故脫離家庭,戶主不僅要予以如實申報,而且要設法加以阻止,否則就會犯罪。「諸脫戶者,家長徒三年,無課役者減二等,女戶,減三等。」脫離戶籍的,家長要判三年徒刑。假如脫戶者是無需承擔課役之人,家長的徒刑可以減為二年。若該家庭沒有男夫,以女為戶主,則減刑至一年。從這一點可以看出,民間婚嫁雖然無須政府機關出具證明,但是,戶口的更動卻是必須報請基層政府備案的。

《唐律疏議》卷12〈戶婚〉:「諸里正不覺脫漏增減者,一口笞四十,三口加一等;過杖一百,十口加一等,罪止徒三年。(原注:不覺脫戶者,聽從漏口法。州縣脫戶準此。)若知情者,各同家長法。」「諸里正及官司,妄脫漏增減以出入課役,一口徒一年,二口加一等。贓重,入己者以妄法論,至死者加役流;入官者坐贓論。」總之,居民家庭人口的現狀記錄及其變動,國家都要通過基層政權來加以掌控。掌控的辦法就是完善的戶口登錄制度,並通過這個辦法實施著國家權力對於居民家庭生活的干預。

四、鄰保與村坊

如上節所述,唐代村正的主要職責是社區治安,但是隨著時間的推移,其職能在逐漸擴大化。

唐代的村是有村門的。《舊唐書》卷37〈五行志〉:「隋文時,自

長安故城東南移于唐興村置新都，今西內承天門正當唐興村門。今有大槐樹，柯枝森鬱，即村門樹也。有司以行列不正，將去之，文帝曰高祖嘗坐此樹下，不可去也。」[65] 大約正因為有村門，所以村正手上有管鑰可以掌握。這使人聯想到村落與中古塢堡組織之間的某種歷史痕跡。唐詩有「綠野村邊樹，青山郭外斜」之句，至少可見一些村會帶「郭」（牆）。

村治的基礎是鄰保。鄰保本置於村坊之中、里正之下，「四家為鄰，五家為保」，就是要家庭與鄰里之間互相監督，組成一個有互保連帶責任的居民小組。「四家為鄰，五家為保」的意思，就是說五戶人家中，每家以相鄰的其他四家為「鄰」，加上自家，一共五家，構成一保，故又稱「伍」或「伍保」。一里就大約有二十個稱為「保」的居民小組[66]。設置鄰保的意義除了治安秩序的檢察外，還有一種賦役上的連帶責任，即在戶口、田地登記中，鄰保有互相擔保記錄真實的義務；在戶口逃亡的情況下，鄰保有分攤逃戶租稅的義務。唐戶令：「諸戶逃走者，令伍保追訪，三年不獲，除帳，其地還公。未還之間，鄰保近親（或四鄰伍保三等以上親），均分佃食，租庸代輸。戶內口逃者，同戶代輸，三年（或六年）不獲，亦除帳，地準上法。」[67] 敦煌出土文書中，有里正解決逃戶稅錢問題的案例。

〈唐景龍三年(709)十二月至景龍四年正月西州高昌縣處分田畝案卷〉有一宗案件是：

65　劉昫等撰，《舊唐書》，卷37，〈五行志〉，頁1375。

66　周紹良主編，《唐代墓誌彙編續集》，光化002，王弘達，〈唐故扶風郡馬氏夫人墓誌並序〉，頁1166，云：「明州慈溪縣上林鄉石仁里三瀆保」。這個「三瀆保」頗似鄰保之名稱。但後文又有「當鄉湖內山北保」，似乎為地名。

67　參見宋家鈺，《唐代戶籍法與均田制研究》，頁44。

```
112        〕□分常田二畝
113 右上件大女已向北庭逐糧在外，死活不知。昨
114 被前里正左仁德逐追阿彌分地入收授出給，比來
115 阿彌所有戶內□錢，恒是本里代出。其戶內更兩
116 人，戶見未絕，地未出，望乞處分⁶⁸。
```

這件文書大約是逃戶阿彌所在的里正給縣司的報告。內容為大女阿彌逃亡後，其應繳納的戶內□錢此前由同里代為交納。前里正左仁德要求收回阿彌的土地，現任里正以其戶內尚有兩人，並未成絕戶，也沒有退還土地，請示縣司如何處理。前里正要求把土地收回，其法律依據就是上述「唐律」中的規定。文書此處有「恒是本里代出」。究竟逃戶所欠錢是里正代出，還是鄰保代出？不太清楚。事實上兩種可能都存在。按照「唐律」應該鄰保攤付，王梵志詩則說「租調無處出，還須里正倍（賠）。」⁶⁹

鄰保組織是幫助里正實施職責的有力助手。《全唐文》卷270收錄席晉〈對移鄉判〉之判題曰：「丁適他邑，伍謂其叛，追之。遽出旌節以徇，伍訴諸邑吏，將納之。圄土曰：未有授也。」判文作者的態度肯定人民可以自由走動，因為這個到鄰縣去的某丁有走動的憑證（旌節），並不是逃戶：「今則旌節有憑，伍人何逐捕之有？」⁷⁰這裡出現了伍人和邑吏。邑一般指縣邑，邑吏則為縣中之吏人，這只能是里正。里正或稱某縣里正，如吳清居住在湖城天仙鄉車轂村，稱為「湖城小里正」⁷¹。

68　《吐魯番出土文書》（圖錄版）〔三〕，頁562。

69　項楚，《王梵志詩校注》，頁651。

70　董誥編，《全唐文》第三冊（北京：中華書局影印本，1987），卷270，頁2741。

71　李昉，《太平廣記》，卷67，〈吳清妻〉，頁418。

又有「贛縣里正」[72]。伍保追逃亡之戶,其直接報告的負責人就是邑吏(里正)。

鄰里關係本來是居民社區中的最基本關係,當鄰里中的伍保成為里正的下屬或助手,那麼,社區之中的村正、坊正又扮演什麼角色?《唐律疏議》卷24〈鬥訟〉:「諸強盜殺人,賊發,被害之家及同伍即告其主司,若家人同伍單弱,比伍為告。」疏議解釋說:「被害之家及同伍共相保伍者,須告報主司者,謂坊正、村正、里正以上。」在這裡坊正、村正與里正放在同一系列,都是伍保的「主司」。因為這件事涉及到居民治安問題。治安問題既是村坊長正之責,也是鄉里行政官員里正之責。《舊唐書‧食貨志》有「村坊鄰里,遞相督察」一句,也可以印證在安全問題上,村坊與鄰里具有互動之關聯。但總體而言,坊正或村正大約相當於寢室的「樓長」那樣的角色,甚或社區物業保安兼管理員的角色,而里正才是街道或居委會的「行政幹部」。

我們注意到,唐代中後期,村正和里正之間的關係有所變化。變化的方向是,村的地位顯得愈來愈重要。

首先,由於村是居民生活社區,王梵志詩:「遙看世間人,村坊安社邑。一家有生死,合村相就泣。」[73]居民聚落有社邑互助性質的民間組織。朝廷發布的一般民間公共活動規範,都以村為單位發布,鮮有提「里」者。

如開元十七年八月五日千秋節(玄宗皇帝生日),朝廷定為法定節假日,民間活動有「士庶以絲結承露囊,更相遺問,村社作壽酒宴樂,名賽白帝」。德宗貞元五年,制以二月一日為中和節,「士庶以尺刀相遺,村社作中和酒,祭句芒神,聚會宴樂」。直到元和二年,皇帝生日時「士

72　李昉,《太平廣記》,卷218,〈楊玄亮〉,頁1672。
73　項楚,《王梵志詩校注》,頁11。

庶村社宴樂」[74]的活動才被停止。從這裡可以看出，鄉村中的宴樂活動以村社爲單位，不以里的名義安排。又如，玄宗開元二年十月六日敕云：「散樂巡村，特宜禁斷。如有犯者，並容止主人及村正決三十，所由官附考奏，其散樂人仍遞送本貫入重役。」[75]散樂就是指雅樂之外的一般大眾音樂。「散樂巡村」就是指歌舞下鄉巡迴演出的活動，這種活動的出現，也是因爲村是居民聚落。朝廷不允許散樂巡村，受到處罰的人就是村正而不是里正。

唐玄宗開元二年七月規定：「如聞坊巷之內，開鋪寫經，公然鑄佛。自今已後，村坊街市等，不得輒更鑄佛寫經爲業。」[76]唐宣宗大中五年，雖然提倡佛教，也禁止在「村坊」設置佛堂蘭若[77]。但是，這只是官方的規定罷了。唐宣宗本人在大中九年，就親眼看見「近縣父老於村寺設齋」，爲地方官醴泉縣令李君奭祈福[78]。可見鄉村的寺廟照樣實際存在。無論是禁止敕令，還是實際存在的規定，都表明村坊愈益成爲國家政策的關注重點。

又如學校的設置情況。開元二十六年正月十九日敕：「其天下州縣，每鄉之內，各里置一學，仍擇師資，令其教授。」但是到了安史之亂之後，貞元三年正月，右補闕宇文炫上言：「請京畿諸縣鄉村廢寺，並爲鄉學。並上制置事二十餘件。」由於鄉村廢寺其實都設置於「村」，因此在廢寺設置鄉學，就是把學校建立在村這一級居民點之上。儘管這條奏疏並未獲得批准，但卻道出了當時的實際情形，如在敬宗和文宗朝爲宰相的竇易直，幼年家貧，就是「受業村學」[79]。里學向村學的轉變，

74　並見王溥，《唐會要》，卷29，〈節日〉，頁542，544，545。

75　同上，卷34，〈雜錄〉，頁629。

76　同上，卷49，〈雜錄〉，頁861。

77　同上，卷48，〈寺〉，頁854-855。

78　同上，卷69，〈刺史下〉，頁1212。

79　趙璘撰，《因話錄》(上海：上海古籍出版社，1979)，卷6，〈羽部〉，頁112。

也昭示了唐代後期鄉村基層組織的發展方向。

　　一般人提到自己的出生地、葬地和籍貫，多數情況下習慣「鄉－村」
連稱，與唐代前期多數稱鄉或者鄉、里，形成鮮明對比。如《太平廣記》
卷63：「唐元和十二年，虢州湖城小里正吳清，妻楊氏，號監真，居天
仙鄉車轂村。」[80]這位里正的住地已經不用某鄉某里，而是說某鄉某村。
房山石經題記咸通年間的〈巡禮碑題名〉有：「固安縣政和鄉程村正」
李弘琳，程村正即程村之村正；又有「歸義縣得化鄉西楊村突將楊方諫」、
「東楊村突副李匡實」[81]；這裡提到居住地都用縣－鄉－村的結構。〈李
府君墓誌銘〉：「君諱讓，本貫魏州莘縣太平鄉北孫村人也。」[82]介紹
誌主的籍貫是也用某縣某鄉某村，而不說某縣某鄉某里。

　　這不是個別現象，筆者系統地搜集了一下《唐代墓誌彙編》、《唐
代墓誌彙編續集》中的記載，在唐代開元之前的墓誌中，絕對多數墓誌
記載葬地為某某鄉，或者某某鄉某某里。比如「洛州洛陽縣清風鄉月城
里」（《續編》貞觀007）；「兗州任城縣黃山鄉定丘里」（《續編》貞觀018）。
但是，開元之後特別是安史之亂以後，多數葬地記為某某鄉某某村，比
如：「洛陽縣清風鄉五品子趙思忠，葬于呂樂村之平原禮也」（《彙編》
開元211）；「河南縣平樂鄉崔村」（《彙編》開元374）；「河南縣朱陽鄉
之朱陽村」（《彙編》乾元010）；「江陽縣嘉寧鄉五乍村」（《續集》貞元
052）；「薊城東南八里會川鄉從善村」（《續集》太和004）；「易縣西南
候台鄉北韓村」（《續編》咸通022)等等。

　　在住地以及葬地表示方法中，從「鄉－里」結構到「鄉－村」結構

80　李昉，《太平廣記》，卷63，〈吳清晏〉，頁418。

81　北京圖書館金石組、中國佛教圖書文物館石經組編，《房山石經題記彙編》，
　　（北京：書目文獻出版社，1987），頁52。

82　周紹良主編，《唐代墓誌彙編續編》，咸通010，郭緒製，〈唐故隴西郡李府
　　君夫人清河張氏合祔墓誌銘並序〉，頁1040。

的這種變化，清楚地告訴我們，唐代中後期，「村」的重要性已經超越了「里」。

再看唐代官方面向基層社會發布的朝廷公文，一般使用村坊或者鄉村(村鄉)，鮮有稱鄉里者。這在玄宗時代就已經出現，之後更形普遍。茲舉《唐會要》中的若干事例如下：

> 天寶四載三月敕：……自今已後，每至定戶之時，宜委縣令與村鄉對定。審於眾議，察以資財，不得容有愛憎，以為高下，徇其虛妄，令不均平，使每等之中，皆稱允當。(卷84〈定戶等第〉)
>
> 天寶五載八月敕：朕所撰《廣濟方》，宜令郡縣長官，選其切要者，錄於大版上，就村坊要路榜示；仍委採訪使勾當，無令脫錯。(卷82〈醫術〉)
>
> 其年(元和十三年)六月，京兆尹李遊奏：諸司使諸軍所由官徒等共九十四人挾名。伏檢元和二年三月敕，並委京兆府，比從十年更無逃亡補替等處，遂使影占文牒，散在村坊，凡欲差役，皆無憑據。臣祈請諸司案舊名額。自元和二年，其逃亡補替挾名，鄉縣牒臣當府，令別與。(卷72〈京城諸軍〉)
>
> (長慶)三年正月，新羅國使金柱弼進狀：先蒙恩敕，禁賣良口。使任從所適，有老弱者棲棲無家，多寄傍海村鄉，願歸無路。(卷86〈奴婢〉)
>
> (長慶)四年三月制敕：應屬諸軍諸司諸使人等，於城市及畿內村鄉店鋪經紀，自今已後，宜與百姓一例差科，不得妄有影占。(卷72〈京城諸軍〉)
>
> 太和二年二月。宰臣李絳進則天太后刪定兆人本業記三卷。宜令諸州刺史寫本，散配鄉村。(卷69〈都督刺史以下雜錄〉)

會昌元年正月制：……自今已後，應州縣開成五年已前，觀察
使刺史差強明官就村鄉，指實檢會桑田屋宇等，仍勒令長加檢
校，租佃與人，勿令荒廢，據所得與納戶內徵稅，有餘即官為
收貯，待歸還給付，如欠少，即與收貯，至歸還日，不須征理。
（卷85〈逃戶〉）

　　上述這些詔敕或者奏表，涉及的事務，並不限於治安工作，而是廣
泛及於鄉村生活的各個方面，包括戶口和賦役方面這些以往只是里正掌
管的內容。總之，村與里的關係在逐漸變化，變化的方向是，唐代基層
管理愈益按照自然村的模式進行。因為居民的實際家庭生活，都是以自
然村落為單位而進行的，對於整齊劃一的「里」的認同感比較薄弱。

　　但是，這並非說里正被村正取代了，相反，里正的職能集中到了
「鄉」的事務上，「里」的事務倒是被弱化，而由村正取代了。圓仁《入
唐求法巡禮行記》中村正對於外來人口入住本村問題要向里正請示和
報告，不僅因為涉及村坊治安的本職工作，而且因為里正實際上是鄉
司的負責人。

　　在唐代前期已經有村頭協助里正去催徵賦役的情況。王梵志詩云：
「村頭語戶主，鄉頭無處得。在縣用紙多，從吾相便貸。我命自貧窮，
獨辦不可得。合村看我面，此度必須得。後衙空手去，定是撾你勒。」[83]
這裡的鄉頭可以看作就是主持鄉務的里正。「鄉頭」在縣衙當差，用紙
甚多，要從村頭那裡借貸紙張，村頭自己無力置辦，於是召集全村戶主
徵集。鄉頭（里正）在縣衙需要較多的辦公用紙，就是因為他們在縣司當
差的緣故。

　　王梵志詩又云：「里正追庸調，村頭共相催……里正被腳蹴，村頭

83　項楚，《王梵志詩校注》，頁134。

被拳搓。驅將見明府，打脊趁回來。租調無處出，還須里正倍(賠)。」[84]
里正的催徵賦役工作，需要有村頭(正)的合作。催徵不上來的話，里正
要負賠償之責。王梵志一般認為是隋末唐初之人，庸調等的徵收也是唐
代前期的制度。這說明在村設立之初，村正就自然而然成為里正催徵賦
役的幫手。

玄宗時期，里正、村正共同承擔賦役徵催似乎已經制度化了。唐玄
宗〈安養百姓及諸改革制〉：

> 其天下百姓，有灼然單貧不存濟者，緣租庸先立長行，每鄉量
> 放十丁，猶恐編戶之中，懸磬者眾，限數既少，或未優洽。若
> 有此色，尚軫於懷。特宜每鄉前放三十丁，仍准旨條處分。待
> 資產稍成，任依恒式。其所放丁，委縣令對鄉村一一審定，務
> 須得實。仍令太守仔細案覆，本道使察訪。如有不當者，本里
> 正、村正先決一百，配入軍團，縣令解，太守、本道使不舉者
> 量貶降[85]。

這道詔書發布於天寶五年(746)正月，「委縣令對鄉村一一審定」
的具體對象，就是里正、村正。里正相對於鄉而言，村正相對於村而言。
唐制，凡一村超過百戶，增置村正一人，則一村正所管最多不超過百戶，
這一點已經與里正所管相似。在里正掌管一鄉之同時，村正似乎成了里
正掌管百戶的代理人。鄉與村所對應的負責人分別是里正與村正。這則
詔書等於是中央政府在現實中承認了「鄉－村」體制在基層管理中的實
際作用。

---

84 項楚，《王梵志詩校注》，頁651。

85 李昉等奉敕編，《文苑英華》(北京：中華書局，1966)，卷433，頁2190；董
誥編，《全唐文》，卷25，頁284。

　　如果說以上還只是村正協助徵收賦役或者放免租庸的話，那麼，中唐時期杜甫〈東西兩川說〉就提到村正直接出面催徵賦役了：「村正雖見面，不敢出示文書取索，非不知其家處，獨知貧兒家處。」[86]杜甫的話凸顯出，在這個時期一般村官很難履行賦役催徵的職責。於是，選擇「有力人戶」擔任村官便成為自然的選擇。杜牧在黃州刺史任上，就提到「鄉長村正，強為之名，豪者尸之。」[87]這裡的鄉長其實就是「五里官」的里正[88]。

　　到了五代時期，鄉、村成為縣司下屬基層組織，甚至不提及里了。後唐左補闕王延長興元年(930)十二月上奏建議：「一縣之內，所管鄉、村，而有割屬鎮務者，轉為煩擾，益困生民，請直屬縣司，鎮唯司賊盜。從之。」[89]後周顯德二年(955)五月詔：「諸道州府、縣鎮、村坊，應有敕額寺院，一切仍舊」[90]。這些材料都表明，「鄉－村」已經取代「鄉－里」成為縣司以下的基層行政機構。

五、鄉治的困境

　　「民惟邦本，本固邦寧」。「民本」的意思，不僅因為國家的財政稅收依賴農民提供，而且也因為有「載舟覆舟」的警示。中央政府要依靠鄉村基層組織控制人民，又要防止他們魚肉人民。這本身就矛

86　杜甫，〈東西兩川說〉，收於董誥編，《全唐文》，卷360，頁3656。

87　杜牧，《樊川文集》(上海：上海古籍出版社，1978)，卷14，〈祭城隍神祈雨文〉，頁203。

88　劉聰，〈唐代村制度研究〉(廈門：廈門大學歷史學博士論文，2003)，認為唐代後期又恢復了鄉長的設置，其實這裡的鄉長(正)依然是「五里官」的代名詞。

89　王欽若等編，《冊府元龜》(北京：中華書局，1982)，卷457，〈台省部・奏議六〉，頁5674。

90　劉昫等撰，《舊唐書》，卷115，〈周書・世宗紀〉，頁1529。

盾。

王梵志詩：「早死無差科，不愁怕里長。」[91]可見，里正在民戶心中的形象極其糟糕，里正催驅賦役是很可怕的一件事。國家賦予基層政權以干預居民家庭生活的權力，難免會出現濫施權力的貪官污吏，於是，爲了長治久安，國家又在一定程度上限制基層政權的胡作非爲，剝奪鄉村長正差派賦役的權力，扮演保護農村居民的角色。這就是中央集權下鄉治的困境。

在唐朝前期，正如王梵志詩〈富饒田舍兒〉所說：「里正追役來，坐著南廳裡。廣設好飲食，多酒勸亦醉。追車即與車，須馬即與馬。須錢便與錢，和市亦不避。索面驢馱送，續後更有雉。官人應須物，當家皆具備。縣官與恩澤，曹司一家事。縱有重差科，有錢不怕你。」[92]富裕人家在受到里正追役的情況下，可以交納錢物，並用錢財打點里正和縣司官員，不必應差。差役於是落到了貧窮百姓身上。開元時代已經制定法令，防範此類事情發生。

依據寧波天一閣新發現《天聖令》復原「唐令」云：

> 諸縣令須親知所部富貧、丁中多少、人身強弱。每因收手實之際，即作九等定簿，連署印記。若遭災蝗旱澇之處，任隨貧富爲等級。差科、賦役，皆據此簿。凡差科，先富強，後貧弱；先多丁，後少丁。凡丁分番上役者，家有兼丁者，要月；家貧單身者，閑月。其賦役輕重、送納遠近，皆以此以爲等差，豫爲次第，務令均濟。簿定之後，依次差科。若有增減，隨即注記。里正唯得依符催督，不得干豫差科。若縣令不在，佐官亦

91　項楚，《王梵志詩校注》，頁583。
92　同上，頁645。

準此法[93]。

　　這條令文要求各縣縣令要親知部內人丁貧富、多寡、強弱等情況，在收受手實的基礎上，編造九等定簿，「連署印記」，這個連署者是誰？既然是在里正收受手實的基礎上製作的，連署者中很可能就有五位里正。按照研究者目前的理解，「天聖令」是以「開元令」為基礎編製的，那麼這個規定就是唐朝前期的制度。制度的目的，是防止里正等基層鄉官在差役分派中上下其手。但是，這樣做的結果，又發生了另外一個問題，即豪強之家拒絕當差應役。

　　著名的《唐開元二四年(736)九月岐州鄖縣尉□勳牒判集》有一則判文提到：

> 初里正朱本，據戶通齊舜著幽州行。舜負恨，至京詣台，訟朱本隱強取弱，並或乞斂鄉村。台使推研，追攝頗至。再三索上，為作此申。牒使曰：此縣破縣，人是疲人，一役差科，群口已議，是何里正，能作過非？如前定行之時，所由簡送之日，其人非長大不可，非久行不堪。在朱本所差，與敕文相合，類皆壯健，悉是老行。簡中之初，十得其四，餘所不送，例是尫羸，不病不貧，即傷即薦，役者准敕不取，交(較)貧者于法亦原。其中唯呂萬一人，稍似強壯，不入過簿，為向隴州，且非高勳，又異取限。如齊舜所訟，更有何非。或云，遍歷鄉村，乞諸百姓，昨亦令人訪問，兼且追眾推研，總無所憑，渾是虛說。至如州縣發役，人間難務，免者即無響無聲，著者即稱冤稱訟。

93　天一閣博物館、中國社會科學院歷史研究所天聖令整理課題組校證，《天一閣藏明抄本天聖令校正(附唐令復原研究)》(北京：中華書局，2006)，頁467-468。

此搖動在乎群小，政令何關有司，眾證既虛，朱本何罪！昨緣
此事，追攝亦勤，廿許人數旬勞頓，農不復理，身不得寧，忝
是職司，敢不銜恤。具狀，牒上御史臺推事使。

這裡已經不是差遣貧弱的問題，而是根據「戶通」徵派符合條件的
民丁，遭到了豪強的抵制。強勢的里正或許會欺凌弱勢村民，弱勢的里
正又不能威懾地方豪強，鄉治的困難，於此可見。

實際上，開元令文規定的派役方法，實際操作起來相當困難，所以
恐怕未必真正能做到，唐代後期一些地方官把類似的措施當做「新政」
來推行。

杜牧〈與汴州從事書〉記述襄邑縣令李式往下派發牽船夫役的做法
云：「某當縣萬戶已來，都置一板簿，每年輪檢自差，欲有使來，先行
文帖，克期令至，不揀貧富，執掌一切均同。計一年之中，一縣人戶，
不著兩度夫役，如有遠戶，不能來者，即任納錢，與於近河雇人，對面
分付價值，不令所由欺隱。一縣之內，稍似蘇息。蓋以承前但有使來，
即出帖差夫，所由得帖，富豪者終年閑坐，貧下者終日牽船。今即自以
板簿在手，輪轉差遣，雖有點吏，不能用情。」

然後杜牧又談到自己的行政體驗：「某每任刺史，應是役夫及竹木
瓦磚工巧之類，並自置板簿，若要使役，即自檢自差，不下文帖付縣。
若下縣後，縣令付案，案司出帖，分付里正，一鄉只要兩夫，事在一鄉
遍著，赤帖懷中藏卻，巡門掠斂一遍，貧者即被差來。若籍在手中，巡
次差遣，不由里正典正，無因更能用情。」[94]

以上李式和杜牧的行政經驗總結，道出了州縣以下派遣賦役的行政
運作模式問題。這裡略作分析。

---

94 杜牧，《樊川文集》，卷13，頁198。

以往的派遣夫役程序，是州司發文帖到縣司，縣令作出批示，交由相關的判司製作成派遣夫役的正式帖文，交給里正辦理。要注意的是，這個帖文是面向全鄉的。以鄉爲單位徵點夫役。帖文雖然是交給里正辦理，但是，差發工作卻要遍及於全鄉，這是因爲里正就是鄉司的實際主者。李式的改革辦法是，他作爲縣令自己製作一個掌握全縣丁額的「板簿」——差役名簿。輪流差派，不分貧富，這樣每年最多不超過兩次輪差的機會，防止了「所由」的上下其手。

杜牧在擔任刺史期間，也學習李式的做法。除了夫役之派遣外，凡是徵發竹木瓦磚工巧等工匠當差，他也製作了一個板簿，如要使役，就自己檢閱板簿進行差點。否則，像以往那樣，先下文帖到縣，縣裡再付判司成案，交由里正去面向全鄉徵點，里正典正就會從中作弊。顯然，這個辦法與《開元令》(《天聖令》)的差別在於，開元令強調按照貧弱來徵派徭役，而李、杜的做法只是按照人頭順序來差派役事，不管居民有貧富的差別，後者反而被認爲更公平。其原因就是只要有差別地徵役，就會給基層胥吏上下其手的機會。

唐宣宗大中九年(855)詔：「以州縣差役不均，自今每縣據人貧富及役輕重，做差科簿，送刺史檢署訖，鎖於令廳，每有役事，委令據簿輪差。」[95]這個詔書中的差科簿與《天聖令》中的「九等定簿」在立意和方法上也是完全一致的。那麼其能否公平實行，也就可想而知了。

李式和杜牧改革夫役或丁匠差派方式，都是爲了防範基層胥吏在決定差役人選時做手腳，由州縣長官直接按照預定的差科簿點派，可以保證派役的公平和公正。唐代後期迄於五代，兵荒馬亂，人口逃散，政府控制局面的能力也日益削弱，社會財富與民戶土地的轉換加速，州縣

95　馬端臨，《文獻通考》(北京：中華書局，1986)，卷13，〈職役二〉，考一四〇。

設定的差科簿更加難以及時反映居民真實的家庭情況，於是，為了保證服役的徵發，強有力的鄉村基層組織自然必不可少。

後唐長興二年(931)六月敕：「委諸道觀察使屬縣，於每村定有力人戶充村長，與村人議，有力人戶出剩田苗，補貧下不迨頃畝者。」[96] 縣司直接選任村長，由村長與村民協定攤派。後周顯德五年十月詔：「諸道州府，令團並鄉村，大率以百戶為一團，選三大戶為耆長。民家之有奸盜者，三大戶察之；民田之有耗登者，三大戶均之。仍每及三載，即一如是。」[97] 三大戶擔任的「耆長」，與唐代前期鄉官耆長完全不同，在這裡，耆長是共同掌管百戶之事的村官，也負有均攤民戶損耗之責。顯而易見，這樣的村官，非豪而且富不可。

總之，鄉治的責任愈來愈落到豪民身上，而基層社會的治理依然在沿著從「鄉－里」到「鄉－村」這樣一個模式前進。

六、結語

唐代在縣政權以下鄉村基層社會設置有兩類組織，一個是鄉、里，一個是村、坊，這兩類組織都建立在居民的家戶之上。百戶為里，五里為鄉，這是基層行政組織，帶有基層政權的性質；在城居者為坊，在鄉野者為村，這是居民社區組織，主要負責治安責任。連接兩者的是鄰保。鄰保一方面在治安上為坊村服務，另一方面在賦役攤派上又為鄉里服務，從而使其具有雙重身分。其實，這種雙重身分是因為他們建立的基礎都是當地的居民家庭。

在唐代鄉、里機構中，「鄉」是縣以下按照人口多寡劃分成的政務

---

96 王溥撰，《五代會要》(上海：上海古籍出版社，1978)，卷25，〈租稅〉，頁401。

97 同上，卷25，〈團貌〉，頁405。

管理實體，里正是協助縣令管理這些區域的負責人，其任務是提供相關區域的民戶資料，監控其資料的變動。一方面，里正是縣司的胥吏，承擔著縣司派遣的任務，里正在縣司服務期間，多數情況在縣尉及其諸曹（佐史）當值，協助編造本鄉戶籍材料。另一方面，里正又是鄉司的實際主管。這已經暗含了「里」功能的弱化。

「里」的功能的弱化以及里正主持「鄉」務的制度化，是中唐以後唐代鄉村基層組織發生變化的重要推手。這種變化的基本方向就是「縣－鄉－里」結構讓位於「縣－鄉－村」結構。具體表現爲整齊劃一的「里」的功能在逐漸退縮，而自然居民聚落「村」的功能在擴張和強化。發生這種變化的社會背景是隨著戶口的增長（玄宗開元天寶之際的戶口數較之貞觀增加了將近四倍），鄉和村的人口都在擴張，村與里的法定戶數之間的差別愈益縮小，村取代里的可能性在提高，村的獨立性增強，作爲居民實際生活的自然聚落，在管理上也有諸多便當之處。於是，唐前期的「鄉－里」結構向後期的「鄉－村」結構轉變。不管是涉及賦役和戶籍問題，還是涉及到居民生活秩序的內容，管理層大多數情況直接面對鄉村或村鄉。「村落」作爲管理實體，愈益進入了統治者的視野。

唐代中央集權制度下鄉治的困境在於，鄉村胥吏既是中央政府控制鄉村的爪牙，又是殘害村民、危害鄉村穩定的元兇。中央政權如何在這兩者之間操控得當，其實是至今都沒有完全解決的難題。

香火因緣
──北朝的佛教結社

劉淑芬[*]

一、引言

　　北朝時期出現一種佛教僧、俗信徒共組的信仰團體，亦即佛教結社（學界通常稱之為「社邑」），當時人稱為「義」、「義邑」或「法義」。由於中古佛教的流布興盛，使得它蓬勃發展，成為其時社會中突出的現象之一。從1930年代以迄於今，學者已有很多的研究[1]，以前人豐碩的成果疊成一座小山，登高遠望，發現還可以從文本的視角對此課題再做一些思考。

　　直至今日，學者對北朝佛教結社沒有統一的稱呼，有以下三種名稱：「義邑」、「邑義」、「社邑」，而以稱「邑義」者居多數。事實上，所有研究依據的資料是造像記，因此應細細披讀造像記，並參酌相

　　*　中央研究院歷史語言研究所。
　　1　中、日學者主要的研究，請參見拙文〈中古佛教政策與社邑的轉型〉，《唐研究》13：233，註2。

關文獻，以找出當時人對佛教社邑、成員確切的稱呼[2]。再則，迄今相關的研究幾乎都做整體性的敘述和討論，較少考慮到地域性的差別。事實上，北朝佛教結社具有一些地域性特色，以社邑的名稱來說，山東地區多稱「法義」；部分陝西的義邑兼崇佛、道，又其執事名稱也和山西、河北、河南等地有少許的差別。因此，似宜就區域性分別敘述。

本文嘗試就從文本的性質來討論造像記的內容，包括「迴向文」中「四恩三有」的意涵、以及社邑成員的共修性質，並略述其受到傳統私社的影響。此外，則從造像記的內容和造像題名分別討論「義」、「邑義」、「義邑」諸名詞的含義，以釐清當時人確切的稱呼，文末並略述區域性的特色。

二、從造像記的文本談起

北朝時期各地普遍存在著僧、俗信徒組成的社邑，其成員們捐資建造佛像碑（其上的文字通常稱為「造像記」）、寺院和石窟，並且留下了記錄，它們成為研究其時佛教結社最重要的資料。從造像記可知很多石佛像碑係由僧、俗信徒——包括不同階層的官員與平民共同結社、集資造像；同一時期南方佛徒集會的資料，則幾乎全是上層階級的皇室、官員、高僧和隱士的活動，因此日本學者山崎宏認為北方的「義邑」是平民的，一般而言知識教養較低；南方的「法社」成員係貴族、大官，戒律嚴謹，重視禪修[3]。這個結論正是反映南、北方兩種文本性質的差異，故此結

---

2 由於未能就造像記做較為精密的閱讀，學者對於北朝佛教結社的名稱常為造像記上出現的諸名詞所惑，甚至認為其中出現的「合邑」、「邑會」、「諸邑」都是民間信仰團體的稱呼。（佐藤智水，〈中国における初期の「邑義」について（上）〉，《龍谷大學佛教文化研究所紀要》，45輯（2006），頁77。）

3 山崎宏，《支那中世佛教の展開》（東京，清水書店，1947），頁827-831。

論值得再做檢討。

(一)文本的性質

造像記的性質不同於一般的碑刻，它是外來新信仰的產物[4]。造像碑文幾乎沒有留下撰文者的姓名[5]，因此無法得知撰文者的身分和背景。就一般「造像記」的格式而言，第一部分通常讚嘆佛教、略述佛教義旨，第二部分敘述造像緣起——包括發起者、成員身分的敘述，第三部分係功德迴向(這一部分也有佛教意涵，見下文)。造像記的內容顯示：撰文者通常須對佛教教義有相當程度的理解，因此部分的造像記可能出自嫻熟佛教教理的僧人之手，由於僧人不應祈求名聞利養，所以未標註姓名。再則，很多的造像活動係在僧人領導或在指導下進行的，其名字已經見諸於碑上，故毋庸另署其名。不論如何，不標示撰文者姓名是北朝佛教碑銘的一個特色，至唐代則大多皆署名。

北朝佛教社邑大都由僧尼和俗人共同組成，在俗人部分出現了官員和平民共同加入的情形，這應是受當時流行經典宣揚的理念所致。以北魏孝明帝神龜二年(519)崔氏家族造佛像碑爲例，「像主崔勰」雖然沒有任何官銜，但卻是出身山東清河的望族名家，係北魏名臣崔光(449-522)之子，史書上作「勸」，但在碑刻上作「勰」，當係碑刻別字[6]。

---

4 此承陳弱水先生提示，特此致謝。

5 迄今所見，僅有在河南北齊天保三年宋顯伯造像碑上有「都維那伏波将軍、防城司馬程洛文并書」，《金石續編》(收入《石刻史料新編》第一輯第四冊)(臺北：新文豐出版公司，1978)，卷2，頁26，〈宋顯伯等造像龕記并陰側〉。

6 如〈隋常景墓誌〉，北川博邦，《偏類碑別字》(東京：雄山閣，1975)，頁23。中古單字當另加偏旁，下另有一例。邱忠鳴從《魏書‧崔光傳》中記載他有十一子：勵、勗、勔、勸、劼、勉、勏、劬、勰、勲、勉，其名都從力字，皆為勤勉之意，故崔勰或為其中之一子，他推斷「勰」為上述十一字中某字的異體字，或為可與之並列的另一字。參邱忠鳴，〈北朝晚期青齊區域的佛教美術研究〉(北京：中央美術學院博士論文，2005)，頁43-44。不過，從碑別字和中古

崔勵家族多人仕宦於北魏，參與此一造像活動的崔鴻、崔鸝、崔鷴三人是他的堂兄弟（崔光之弟崔孝友之子）。在造此像時，崔鷴是廣川太守，崔鸝擔任徐州倉曹參軍；至於崔鴻當時為高陽王右司徒府右長史，著述豐富，《魏書》（卷67）有他的傳記。這一個以崔勵為主導人物的造像活動中，除了崔氏家族之外，還有佛教社邑成員的參與。

　　山東地區的佛教結社大都稱為「法義」，在此造像碑的側鐫有「法義兄弟廿五人各錢一百裁佛金色」，其後有二十五人的題名，他們都係平民[7]。一個全國性的望族和一群平民百姓可以共同結社，更值得注意的是：像主崔勵負擔大部分的造像費用「像主崔勵用錢九千」，其堂兄弟出錢若干不得而知，但參與此活動的法義兄弟二十五人每人僅各出錢一百，差距甚大。崔氏家族似應足以負擔全部的造像費用，同時貴為名望士族，為何邀約這些平民百姓一起造像？這只有從當時流行的經典來理解。6世紀時流行經典之一《像法決疑經》（大‧2870）對福田的闡釋是：「獨行布施，其福甚少」，而鼓勵眾人「不問貧富貴賤，若道若俗，共相勸他，各出少財，聚集一處」，共同布施[8]。另一部流行的中國撰述經典《示所犯者瑜伽法鏡經》（T‧2896），也有相同的論述[9]。這可以解釋在一個重視身分地位的社會中，會出現平民和官員——甚至是州刺史這樣高位階官員共同造像的現象，他們的名字並且同鐫刻在造像碑上。如西魏鎮固城大都督白實率領當地文武官吏軍士、平民共同建造中興寺石佛像，可以說是最極致的一個例子[10]。

（續）

　　俗字的角度來看，其中「劾」字在〈唐‧樊寬墓志〉中，就在其字下加「火」部（《偏類碑別字》，頁21）。

7　《八瓊室金石補正》（收入《石刻史料新編》第一輯第六冊），卷15，頁6-7，〈崔勵造像記〉。

8　《像法決疑經》（收入《大正新修大藏經》第85冊），頁1336中。

9　《大正新修大藏經》，第85冊，頁1417下。

10　北京魯迅博物館、上海魯迅紀念館編，《魯迅輯校石刻手稿》（上海：上海書

　　同一時期，南方因有禁碑令的緣故，幾乎沒有造像記這種文本的遺存[11]；東晉南朝僧、俗集會的資料，都是社會地位崇高、深具佛學素養的皇室、貴族、官員、文人、隱士和高僧往來所留下來的詩文；它所反映的是僧、俗的上層階級，而不包括一般僧人和居於市廛郊野多數平民的信仰情況。如《高僧傳》記載遊於廬山慧遠法師門下的隱士劉遺民、雷次宗、周續之、宗炳、畢穎之、張季碩，以及僧俗信徒共一百二十三人，在般若精舍的阿彌陀像前建齋立誓，互相策勉共修，期生西方[12]；其中，劉遺民、雷次宗、周續之、宗炳在《宋書‧隱逸傳》都有傳記。山崎宏沒有注意到南、北朝上述文本性質的不同，而遽以文本的差異性作為南、北方佛教信仰的特點，這種看法是值得商榷的。

　　南朝都城建康的確有皇室、大臣共組信仰團體，《大宋僧史略》卷下「結社法集」條云：「齊竟陵文宣王募僧俗行淨住法，亦『淨住社』也。」[13]可見南齊竟陵王蕭子良集合僧俗，修習淨住法，稱為「淨社」。《出三藏記集》有宋、齊時〈京師諸邑造彌勒像三會記〉之目[14]，可知有修習彌勒淨土法門的信徒建造彌勒像和齋會（「龍華三會」、「龍華會」）[15]，由於內文已亡佚，不知參與者究竟有哪些人。不過，此目和周顒所作的〈宋明皇帝初造龍華誓願文〉、〈齊竟陵文宣王龍華會記〉並

（續）────────────

　　畫出版社，1987），第二函第三冊，〈白實等造中興寺石象記〉，頁515-523。
11　關於南朝時期南方少有集體造像和造像碑資料遺存，請參見拙文〈從造像碑看南北朝佛教的幾個面向〉，收入《中國史新論‧宗教篇》（臺北：聯經出版公司，2009）。
12　《高僧傳》（收入《大正新修大藏經》第50冊），卷6，〈慧遠傳〉，頁358下。
13　《大正新修大藏經》，第54冊，頁250下。竟陵文宣王子良撰有《淨住子》20卷。
14　同上，第55冊，頁92中。
15　守屋美都雄，《中國古歲時記的研究》（東京，帝國書院，1963），第二篇，四、第二部〈荊楚歲時記‧寶顏堂祕笈本校注〉：「四月八日，諸寺設齋，以五色香水浴佛，共作『龍華會』。」頁349。

列在「龍華像會集」之中[16]，可見所謂「京師諸邑」(指建康城內的佛教結社)的成員可能是以皇室成員和高級官員為主。另外，同書還有〈定林上寺建般若臺、大雲邑造經藏記第一〉，〈定林上寺太尉臨川王造鎮經藏記第二〉之目。太尉臨川王蕭宏係梁武帝之子，定林上寺位於建康城東的鍾山，係由罽賓禪師曇摩蜜多所建的；東晉以來建康城東的鍾山地區有很多官員的賜田和別墅，城東也是王公貴人住宅分布的地區，故此地的寺院多是名僧修禪講經之所，其信徒多是帝王和官員，有「鍾山帝里，寶刹相望」之稱[17]。據《梁書》的記載，劉勰依隨上定林寺僧祐住在該寺；梁武帝天監初年，劉勰出任中軍臨川王蕭宏的記事參軍，定林寺的經藏即由劉勰所制定[18]。天監七年(508)，梁武帝念及佛典浩瀚，敕令莊嚴寺沙門僧旻、臨川王記室參軍劉勰等三十人，同集在定林上寺抄一切經論，至次年(509)撰輯成《眾經要抄》一書[19]。可見定林上寺應屬皇室貴族的寺院，從〈定林上寺建般若臺、大雲邑造經藏記第一〉、〈定林上寺太尉臨川王造鎮經藏記第二〉之目看來，「大雲邑」應係佛教社邑之名，它的成員可能都是官員或帝室成員。至於蕭宏是否是「大雲邑」的領導者，或者僅係「大雲邑」的成員之一，則不得而知。此外，梁簡文帝撰有〈八關齋制序〉，其中立制十條，第六條稱：「白黑維那‧更相糾察‧若有阿隱‧罰禮二十拜‧」[20] 可知參與八關齋會者有

16　《大正新修大藏經》，第54冊，頁92中。

17　《續高僧傳》(收入《大正新修大藏經》第50冊)，卷15，〈義解篇十一‧論曰〉，頁548中。並見拙文〈南朝建康的佛寺與城市空間〉，收入《鄭欽仁教授七秩壽慶論文集》(臺北：稻鄉出版社，2006)，頁71-72。

18　《梁書》(北京：中華書局，1973)，卷50，〈文學傳下‧劉勰〉，頁710。

19　《歷代三寶記》(大‧2034)(收入《大正新修大藏經》，第49冊)，卷11，頁99上；《續高僧傳》，卷1，〈譯經‧梁揚都莊嚴寺金陵沙門釋寶唱傳〉，頁426下。

20　《全梁文》(收入嚴可均輯，《全上古三代秦漢三國六朝文》)(京都：中文出版社，1981)，卷12，簡文帝〈八關齋制序〉，頁3018。

寺院僧職「三綱」(上座、寺主、維那)的「維那」,也有佛教社邑執事的「維那」(借用寺職之稱),故稱「黑、白維那」,即參與八關齋會者有僧、俗信徒,以上二例因有竟陵王、簡文帝的參與,當係在城市之中以貴戚皇族為主體的修習佛法的結社。

至於同一時期南方平民百姓是否也有類似的佛教結社?迄今未見任何資料。筆者認為:由於東晉南朝實施禁碑令,南朝沒有出現大量的石佛碑像;又因佛教傳布的形式和北朝僧人遊化的傳統不同,因此迄今未見集體造像,也沒有留下如北朝造像記資料。此外,由於南方施行「符伍制」,或許也影響及人們結社的意願[21]。

(二)迴向文中的「四恩三有」

佛像碑上的文字包括「造像記」與造像者題名兩部分,少數造像碑上甚至僅有造像者題名,有的則僅有造像記而無造像題名。學者通常將「造像記」中的功德迴向(以下簡稱「迴向文」)稱做「發願文」[22],這是沒有從佛教意涵來思考,似難以回歸當時佛教徒造像的意義。

造像記的「迴向文」充分顯示大乘佛教的報恩與普度眾生思想,功德迴向的對象是「四恩三有」,或作「四恩三友」。「四恩」是指父母恩、眾生恩、國主恩、三寶恩;「三有」係指欲界、色界、無色界。造像者係以造像功德上報四恩,同時與一切眾生共享此福報,因此在結尾常出現「咸同斯福」之語。「三有」也可以「四生」代替,佛教以出生的形式將眾生分做四類:胎生(人、畜)、卵生(如飛禽魚類)、濕生(昆蟲)、化生(依業力而出現者,包括諸天、地獄眾生)。

21　詳見拙文〈從造像碑看南北朝佛教的幾個面向〉,收入《中國史新論‧宗教篇》。

22　一般提及造像記,都稱這一部分為「發願文」,如侯旭東,《五、六世紀北方民眾佛教信仰:以造像記為中心的考察》(北京:中國社會科學出版社,1998),頁90,150-152。

　　在造像記的文字中，報四恩有兩種表現方式：一種是直稱迴向「四恩三有」，另一種則細數「四恩三有」包括的各種對象。直稱迴向「四恩三有」者，便不一一細數四恩對象的國主帝王、七世及現世父母、同邑成員、有靈含識、邊地眾生等，如孝明帝孝昌二年(526)帝主元氏法義卅五人造彌勒像記中稱「普爲四恩三有、法界眾生，願值彌勒。」[23]北齊孝帝皇建二年(561)邑義七十人造盧舍那像記：「以此功德灑及四恩，遍潤三友。」[24]隋文帝開皇四年(584)東莞縣阮景暉等一百餘人造十六王子像題記云：「上報四恩，下爲含識敬造十六王子像壹軀。」[25]以「四生」代替「三有」者，如北魏洪懋等造石象銘迴向：「願此福資主上聖昌，百司賢明，風和雨順，國豐民泰，三寶玄化，四生蒙度，同超危苦，齊證常樂。」[26]北齊武成帝河清二年(563)陽阿故縣村合邑長幼造像記的迴向文是「藉此功福，上爲皇帝(下闕)僧七世父母，因緣眷屬，邊地四生，咸登正(覺)」[27]。北齊後主天統三年(567)許州有一個義邑成員一百人等造丈八大像，其功德迴向作「上爲皇家永康，下爲群品師僧□□，累刼因緣，四生洽(含)識，悉捨忘(妄)想，同登正覺。」[28]唐代以後的佛事中「四恩三有」的迴向常以「上報四重恩，下濟三途苦」的詞句表達，迄今仍然流行。

　　北朝多數的迴向文仍然是細數四恩三有中的各種對象，北魏孝明帝

23　《八瓊室金石補正》，卷16，頁2，〈帝主元氏法義卅五人題記〉。
24　北京魯迅博物館、上海魯迅紀念館，《魯迅輯校石刻手稿》，第二函第四冊，〈邑義七十人等造盧舍那像記〉，頁735。
25　《八瓊室金石補正》，卷24，頁3，〈阮景暉等造象記碑〉。
26　《匋齋臧石記》(收入《石刻史料新編》第一輯第十一冊)，卷7，頁24，〈陽城洪懋等造石象銘〉。
27　《山右石刻叢編》(收入《石刻史料新編》第一輯第二十冊)，卷2，頁11，〈陽阿故縣村造像記〉。
28　《金石萃編》(收入《石刻史料新編》第一輯第一冊)，卷34，頁9，〈造丈八大像訟〉。

正光四年(523)在絳州(今山西新絳縣)董正國等人造像記中有相當完整的呈現:

> 微功既成,情存兼濟,□願皇帝祚延明踰日月,四表□寧光隆
> □□;又願邑師并諸邑子等,蠻越□纓,龍飛常樂,望超淨方。
> 現在□益,捨受從生,□沐法澤,六趣四衢,咸同斯福[29]。

又如武定五年(547)平定州(今山西平定縣)安鹿交村王法現等廿四人造像記的迴向文作:

> 造□成就,上為佛法興隆,皇帝陛下、勃海大王,又為群龍伯
> □□宰令長國士上寧,兵駕不起,五□熟成,人民安樂;下為
> 七世父母、前生父母、因緣眷屬。蠢動眾生,有形之類,普蒙
> 茲眷,一時成佛[30]。

也有稍微簡化者,如北魏法義兄弟一百餘人造像記中稱:「上為帝主、法埒(界)群生、師僧父母、居家眷屬、咸預福慶,所願如是。」[31]

北魏薛山俱二百人等造像碑的碑陽篆書「為國結福」四個大字[32],此即報國恩之意,國恩包括帝王國主、百官群僚,乃至於社會大眾。因此之故,也有的造像記中細述為皇帝、七世父母、法界眾生造像,如龍門石窟題記中有正光六年(525)蘇胡仁合邑十九人等「造釋加一區,□為皇帝陛□□,邑子等復願七世父母、所生父母、因緣眷屬,一時成

29　《山右石刻叢編》,卷1,頁1,〈董成國等造像記〉。
30　同上,卷1,頁19,〈安鹿交村二十四人造像記〉。
31　《八瓊室金石補正》,卷16,頁2,〈法義兄弟百餘人題記〉。
32　《魯迅輯校石刻手稿》,第二函第三冊,〈薛山俱二百他人等造象〉,頁563。

仏(佛)。」[33] 永熙二年(533)二十人造像記中稱「□爲皇帝、□□法界有形，敬□石像一區」[34]。

由上可知，發願迴向中的「爲皇帝敬造」、「爲國敬造」，都是佛教報恩思想中的國主恩、國土恩，似不宜全從世俗的觀點來看：如日本學者塚本善隆所稱北魏佛教從道武帝以下即具有濃厚的國家色彩，或如佐藤智水提出北魏透過僧人教化民眾皇帝崇拜和鎮護國家的觀念[35]，或是中國學者認爲此係將崇佛的信念和儒家的忠孝思想合而爲一[36]，或者以爲是民眾的國家認同等[37]，皆係沒有從當時造像者所理解、接受的教義去了解所導致的偏差；解讀造像記宜從宗教的角度去理解它的內涵，方能回歸當時人們造像的心態情境及其真正的意涵。

(三)香火因緣

北朝佛教僧、俗因共同修習佛法而結社，對佛教教理的信奉——特別是透過共同造像、造經、建造寺院、供養寺院、舉行齋會等活動，是維繫成員之間最重要的因素。在上述的宗教活動中，都有以香爐供養佛的儀式，因此「香火因緣」一詞就被用以形容共同供佛侍僧，乃至於因

---

33 《八瓊室金石補正》，卷13，頁21，〈蘇胡仁十九人等題記〉。

34 同上，卷13，頁27，〈元□□廿餘人題記〉。

35 塚本善隆，〈太祖建國の佛教——趙郡法果活動と國家的佛教の基調〉、〈復與佛教の國家性格〉，收入《塚本善隆著作集第二卷：北朝佛教史究》，頁11-27，74-78。佐藤智水，〈北朝造像銘考〉，頁87-96；〈雲岡仏教の性格 北魏国家仏教成立の一考察雲岡佛教性格〉、〈北朝造像銘諸問題—皇帝崇拜について〉，《北朝佛教史論考》(岡山大學文學部，1998)，頁157-158，114-123。

36 李文生，〈中國石窟佛社造像最早出現于雲岡石窟——雲岡第11窟《北魏太和七年邑義信士女造像記》探討〉，雲崗石窟文物研究所編，《2005年雲崗國際學術研討會論文集·研究卷》(北京：文物出版社，2006)，頁312。

37 侯旭東，〈造像記所見民眾的國家認同與國家觀念——北朝村里社會研究之一〉，收入鄭振滿編，《民間信仰與社會空間》(福建人民出版社，2005)，頁10-41。

佛教行事而結合的代名詞。

　　佛典中屢有以花、香(包括末香、塗香、燒香)、燈燭、幢幡供養佛的敘述，這些物品都是法事儀式重要的供養品，其中香火是必備之物，故以「香火」作爲法事的代稱[38]。中古佛教徒使用的香器至少有兩種，一種是置於地上的香爐，形狀和博山爐相似；另一種是手持的長柄香爐，北朝造像碑上即可見到這兩種香爐的圖像。造像碑主龕佛像之下，常雕有一座博山爐狀的香爐，它的旁邊或是有一對護法的獅子，或是有兩位供養人，這樣的一種組合幾乎成爲多數石佛像碑的共有的圖像。由於香鑪和獅子也是造像的重要內容，有些造像記中也提及此成分，如唐高宗顯慶五年劉某在龍門趙師客龕內造「阿弥□像一軀，并二菩薩二聖□(僧)、師子、香爐」[39]。邑師道略和「邑義三百餘人等」建碑像一所，置在寺院之中，其造像記敘述此寺「內安万練之僧，招精進之士，銀爐鼓炎，百和騰烟，錫響讚聲，定崩煩惱。」[40]所描繪的就是寺院僧人以焚香梵唄的供養修習。

　　造像碑上香爐代表著對佛像的禮拜供養，少數香爐圖像甚至有極爲生動的描繪，或是香煙裊裊，或有僧俗信徒的手勢作添香之狀，如北魏孝武帝永熙三年(534)韓顯祖等人造佛像碑上，在佛像下鑴的香爐中還有裊裊香煙自爐中上生的狀樣，兩傍鑴刻著僧人和信徒像[41]。

38　《續高僧傳》，卷16，〈周京師大追遠寺釋僧實傳〉，頁558上：「忽一旦告
　　僧曰：『急備香火，修理法事，誦觀世音以救江南某寺堂崩厄也。』」

39　《八瓊室金石補正》，卷31，頁7，〈趙客師龕內劉某題記〉。

40　《金石萃編》，卷34，頁27，〈邑師道略等造神尊碑像記〉。

41　《匋齋藏石記》，卷7，頁23，〈韓顯祖等造象記〉；北京圖書館金石組編，
　　《北京圖書館藏中國歷代石刻拓本匯編》(鄭州市：中州古籍出版社，1989)，
　　第五冊，頁199。

圖1　韓顯祖等人造塔像碑

（《北京圖書館藏中國歷代石刻拓本匯編》第五冊，頁199。）

　　另如洛陽龍門石窟古陽洞北（左）壁東魏馮道智等題名，有圖「供一鑪，一人侍，右以手探之，作添香狀，左右僧尼像各一人。」[42] 又例，北魏正光四年(523)翟興祖等人造像碑右側思惟像龕下，有比丘撞鐘的圖像[43]，另，2004年西安市東郊出土的北周佛立像之中，編號BL004-002佛座正面浮雕一個香爐，兩側各有一比丘，右側比丘手持長炳香爐，爐上薰煙如雲，編號BL004-005佛座正面浮雕一個香爐，右側有一俗家信徒持長炳香爐，左側雕一比丘左手亦持香爐，旁書「比丘法通一心供養」[44]。

42　《八瓊室金石補正》，卷17，頁8，〈馮道智等題名〉。

43　李獻奇，〈北魏正光四年翟興祖等人造像碑〉，《中原文物》1985.2：23-24。

44　趙力光、裴建平，〈西安市東郊出土北周佛立像〉，《文物》2005.9：85、圖十七；頁88、圖二十六。

圖2　北周佛立像基座

（〈西安市東郊出土北周佛立像〉，《文物》，2005年第9期。）

　　由於香、燈在儀式中重要性，因此造像碑的題名中遂有「香火」、「登明主」、「唄匭」（意即「梵唄」）的名銜[45]，此當是負責香火、燈燭供養者。北齊武平五年(574)絳州(今山西新絳)楊珍洛等人造像碑上有「香花主張纇」的題名[46]，也有「登明主」和「香火主」同時出現在同一個造像碑[47]，亦可見佛教結社的活動包含了成員的修習佛法及參與宗教儀式。由於對於佛教神祇的崇奉禮敬及相關佛事是這些成員結合的紐帶，隋〈寶泰寺碑〉敘述郭建欽、王神通等人為了佛事而組成義邑，頌詞

45　《八瓊室金石補正》，卷17，頁9，〈張貴興等石龕記〉；同書，卷21，頁2，〈劉碑造像記〉。關於「香火」的例子很多，今從略。郝春文教授認為「香火」源於南北朝寺院的香火一職，是在佛事活動中負責香火事的成員(曉文(郝春文)，〈釋香火〉，《北京師範學院學報》，1992.5：69-70；《中古社邑研究》，頁147)。此外，他也認為香火一詞在魏晉南北朝時期常指結義、結盟(《中古社邑研究》，頁71)。

46　《山右石刻叢編》，卷2，頁21，〈楊遵善造象記〉。

47　《金石萃編》，卷36，頁2-4，〈王妙暉等造像〉(武成二年)，題名中有四個「登明主」和六個「香火」的題名。《金石續編》，卷5，頁23，〈張周醜等造象記〉(在陝西扶風)有「登明主」、「香火主」。

中也有香火的描述:「時雨溟濛,香煙氛馥;天長地久,春蘭秋菊。」[48]

中古佛教社邑主要是因共同造像、修習佛法而組織起來的,各種佛教行事(香火)是他們結合的紐帶,所以用「香火邑義」一詞稱呼其成員。造像記的迴向文在細數「四恩三有」時,有時也列有「香火邑義」(指社邑的成員),如龍門石窟北魏正光六年(525)比丘尼惠澄造像的題記稱:「仰爲七世父母,所生父母,朋右致口,香火邑義,一切眾生,敬造石像一區。」[49]西魏大統四年(535)山西芮城邑師法仙領導四十名社邑成員建造四面天宮像一區,迴向文稱:「逮及師僧父母、七世所生、因緣眷屬、香火邑義,生生世世,值佛聞法。」[50]又,東魏天平四年(537)比丘尼曇超、比丘曇演造彌勒像碑的迴向祈願:「上願三寶常化,國祚永隆。又爲師僧父母,生緣眷屬,一切邊地,俱至道場;香火邑義,妙果同歸,一時成佛。」[51]西魏大統四年(538)合邑四十人等造四面天宮像碑,功德迴向「遂及師僧父母、七世所生、因緣眷屬、香火邑義,生生世世,值佛聞法,彌勒現世,願登初首。」[52]上述諸例「香火邑義」和「七世父母」、「因緣眷屬」等並舉,皆指人員,「邑義」係指社邑成員(詳下文),「香火邑義」也是同義詞。

在造像記中和「香火邑義」相似的稱呼,還有「香火知識」、「因緣知識」。「知識」即「善知識」的簡稱,指能令人增長善法者[53],又

48 《山右石刻叢編》,卷3,頁6,〈寶泰寺碑〉。
49 大村西崖,《支那美術史‧彫塑篇》(東京:佛書刊行會圖像部,1915),頁227。
50 《魯迅輯校石刻手稿》,第二函第三冊,〈合邑四十人等造天宮像記〉,頁525。中央研究院歷史語言研究所傅斯年圖書館藏拓本第00760號。
51 《匋齋藏石記》,卷8,〈比丘尼曇超等造象記〉,頁2;《支那美術史‧彫塑篇》,頁255;《魯迅輯校石刻手稿》,第二函第二冊,〈曇超等造彌勒下生象記〉,頁261。
52 北京圖書館金石組編,《北京圖書館藏中國歷代石刻拓本匯編》(中州古籍出版社,1989),第六冊,頁6。
53 《釋氏要覽》(T‧2127,收入《大正新修大藏經》第54冊)卷上,「善知識」

稱為「善友知識」。佛教社邑成員共同修習法事，彼此互為善知識；又因佛事結合，亦稱為「香火知識」。如孝莊帝建義元年(528)山東黃石崖王僧歡造佛像的迴向文：「上願皇祚永隆，歷劫師僧，七世父母，兄弟姊(姊)妹妻子女等，及善友知識、邊地眾生，常生佛國，弥(彌)勒出世，龍華三會，願登初首。」[54]北齊河清四年(565)王惠顯等廿人造盧舍那像碑迴向文也提及「善友知識」[55]。此外，佛教認為善知識是成道的具足因緣[56]，因此善知識又稱為「因緣知識」，北魏孝明帝神龜二年(519)龍門趙阿歡等造像的祈願迴向中有「因緣知識」[57]，又龍門北魏比丘尼化造釋迦像一軀「上為七世父母、所生父母、兄弟姊姝五等眷屬、因緣知識，若墮三惡道者，皆得解脫。」[58]

佛教社邑成員因事佛、造像等宗教活動而結合，也是一種「香火因緣」，如北齊天保元年(550)比丘僧哲領導四十人在洛音村建造四面像一區，其上的迴向文作：

> 不獨為邑身，前願皇帝國主延粗，人民長壽；復願邑內大小、香火因緣、七世所生父母師僧，朋友知識，□生蠢動，邊地眾生，有形之類，普同斯願[59]。

(續)————————————————

條，頁260上。

54　《八瓊室金石補正》，卷16，頁3，〈王僧歡題記〉。

55　《匋齋藏石記》，卷12，頁9，〈王惠顯等廿人造象記〉。

56　〔姚秦〕鳩摩羅什譯，《成實論》(大‧1646，收入《大正新修大藏經》第54冊)，卷14，〈定具中初五定具品〉，頁351下：「問曰：『若爾何故但說善知識耶？』答曰：『經中說：阿難問佛：我宴坐一處，作如是念，遇善知識則為得道半因緣也。佛言：莫作是語。善知識者，則為得道具足因緣。」

57　《金石萃編》，卷28，頁26，〈趙阿歡等造像記〉。

58　《八瓊室金石補正》，卷13，頁31，〈比邱尼化題記〉，頁31。

59　《北京圖書館藏中國歷代石刻拓本匯編》，第七冊，〈僧哲等四十人造像〉，頁1。這一年洛音村有兩個造像活動，一是五月三十日由比丘僧哲領導的造像，一是六月十五日由比丘僧通等八十人建造兩個石像碑，兩個造像記內容除了所

　　「邑內大小」的「邑」是邑里之意，即功德迴向給邑里之人；「香火因緣」係指因佛事而結合的社邑成員[60]。北周武成二年(560)王妙暉等五十人義邑造釋迦像記中，形容他們之間的結合是：「邑子五十人等，并宿樹蘭柯，同茲明世，爰託鄉親，義存香火。」[61]一直到唐代，「香火因緣」皆指現世中一起參與佛事的人們，如吉藏(594-623)《無量壽經義疏》(大‧1746)述：「世間人民明作惡人，相因寄生者，由過去或作善知識、香火因緣，相託以爲眷屬也。」[62]這裡「香火因緣」所說的是人們過去生中因佛法、佛事而結識者，又如白居易(772-846)在〈祭中書韋相公文〉中，述及長慶初年和韋處厚(字德載，773-828)同從普濟寺宗律師受八關齋戒，月持十齋，一起到寺院參加寺院齋會和活動，使得他們有同道相親的情誼，因此白居易稱「緣是香火因緣，漸相親近」[63]，此一因緣和前世並無關涉[64]。

(四)傳統的社、私社與佛教結社

　　中古佛教信仰組織屬於漢代以降私社的一種。中國傳統對土地神的

(續)————————————————————————

　　造石像有些微差異之外，其餘文字完全一樣，見同書，頁3，〈僧通等八十人造像〉。

60　關於以上幾個造像記，郝春文教授有不同的解讀：「『義』應該就是結義的意思。如〈比丘尼惠澄等造像記〉、〈西魏合邑四十人等造四面天宮石像記〉均明確自稱其所在的邑義為『香火邑義』，〈北齊邑義僧哲造四面像記〉、〈北齊僧通等合邑造釋迦大像記〉更進一步稱『邑內大小』為『香火因緣』」。(《中古時期社邑研究》，頁71)。

61　《金石萃編》，卷36，頁1，〈王妙暉等造像記〉；《支那美術史‧彫塑篇》，頁364-365。

62　《大正新修大藏經》，第37冊，頁124中。

63　〔唐〕白居易著，朱金城箋校，《白居易集箋校》(上海：上海古籍出版社，1988)，卷69，頁3714。

64　郝春文教授認為：香火一詞在魏晉南北朝時期常指結義、結盟，西魏造像記中明確自稱其所在邑義為「香火邑義」，北齊的造像記中稱「香火因緣」，這就把現世的結義關係又推到了前世。《中古時期社邑研究》，頁71。

崇拜與祭祀，爲的是祈求農作物豐收，祭祀的場所是「社」，它也是公眾聚會的場所。從西漢以來出現了在傳統里社之外另立私社的情形，如邗江漢墓的〈神靈名位牘〉[65]、河南偃師發現的〈漢侍廷里父老僤買田約束石券〉，「僤」即私人結社[66]。佛教傳來之後，佛教信徒爲了供敬事佛的目的結社，也是一種私社；由於其奉行佛教的義理教法，會聚成社，故稱爲「法社」[67]，亦即贊寧所謂的「法會社」[68]。

法社在崇祀的對象、方法、跨越里社範圍的結合等方面，對傳統的社造成一些衝擊。傳統的社主要是依據居住的區域來畫定的，春秋二社以牲祭祀，它的儀式和社聚都遵從尊卑秩序。法社在以下四方面和傳統的里社有所差異：一是法社所崇奉信仰的是外來的佛、菩薩等神祇。二是由於佛教不殺生的觀念，在舉行齋會和各種儀式時，不食肉飲酒，葷腥不沾。三是義邑有時打破居住地里社的範圍，如諸村聯合，有時候有外來者的加入。四則佛教結社遵守佛教眾生平等的理念，和禁斷殺生的修習，使得它和傳統私社的牲祀和社聚的飲酒食肉有所抵觸，這也對國家所支持的社祀造成一些衝擊。從北朝以來就有一些僧人在傳教的過程中，勸導信徒在春秋二社時不殺牲祭祀，如隋朝僧人釋普安(529-609)在京師大興城郊傳道，勸導信徒在春秋二社時勿以血祀牲祭，由於受到他的感召「不殺生邑，其數不少」[69]。另例：北齊文宣帝天保三年(552)，

---

65 楊華，〈戰國秦漢時期的里社與私社〉，《天津師範大學學報(社科版)》，2006.1：26。

66 邢義田，〈「漢侍廷里父老僤買田約束石券」再議〉，《中央研究院歷史語言研究所集刊》61.4：768-722。

67 山崎宏認爲：「法社」是佛教性質的社，《支那中世佛教的展開》，頁803。

68 《大宋僧史略》(大．2126，收入《大正新修大藏經》第54冊)，卷下，〈結社法集〉：「社之法以眾輕成一重，濟事成功，莫近於社。……今之結社，共作福因，……歷代以來，成就僧寺，爲法會社也。」

69 《續高僧傳》，卷27，〈遺身篇第七．隋京師郊南逸僧釋普安傳〉，頁682上。山崎宏認爲這是將中國古來普通的「社」法社化了。

在河內郡野王縣(今河南沁陽)宋顯伯等四十餘人結社造塔建寺,並建佛像碑、刻石記事,自述「邑社宋顯伯等卅餘人皆體識苦空,洞(下缺)毗救鴿之念,下愍羊噭屠剮之痛(下缺)二八血祠之祈,專崇法社減饍之(下缺)」[70] 雖然石刻有缺字,但從前後文可知他們應係革除二、八月春秋二社血祀之習,而改崇佛教的「年三月六」(即正、五、九三長齋月和每月六齋日:初八日、十四日、十五日、二十三日、二十九日、三十日)的齋戒[71];佛教的齋是過中不食,因此有「法社減膳」之句[72]。在唐玄宗開元初年,河北獲鹿本願寺僧人智琇組織信徒建立金剛經碑,〈金剛般若石經讚并序〉云:「勸化鹿泉縣崇善鄉望五十人等,厭生死苦,□解脫樂,革社會而鼎法會,拔罪根而種善根;月取三長,齋持八戒,同餐法藥,共庇禪林。」[73] 更明白宣稱其係「革社會而鼎法會」。所謂的「法社」、「法會」都是指佛教的社邑聚會,它改革了傳統社祀聚會的方法和內容。

雖然佛教結社和傳統的社有上述的差別,但它在執事的名銜,以及造像碑上刻有成員「邑子」的畫像這兩方面,則受到後者的影響。寧可研究〈晉當利里社碑〉,認為從漢至晉,里社的執事者的名稱有所改變,漢代為社宰、社祝,而見於此碑的執事者則為「社老」、「社正」、「社掾」、「社史」[74],在佛教義邑的執事中,也有「邑老」、「邑正」之名。如龍門北魏神龜二年(519)趙阿歡諸邑三十二人等造像,就有「邑老張伏保」、「邑正許惠但」的題名。西魏常岳百人等造佛像碑上,有

---

70 《金石續編》(收入《石刻史料新編》第一輯第四冊),卷2,頁24,〈宋顯伯等造像龕記並陰側〉。

71 拙文〈年三月十——中古後期的斷屠與齋戒(上)、(下)〉,《大陸雜誌》104.1 (2002):15-33;104.2(2002):16-30。

72 郝春文,〈中古時期儒佛文化對民間結社的影響及其變化〉,頁202。

73 《常山貞石志》(收入《石刻史料新編》第一輯第十八冊),卷8,頁2-3,〈金剛經碑〉。

74 寧可,〈記晉當利里社碑〉,收入氏著《寧可史學論集》(北京:中國社會科學出版社,1999),頁489。

「邑老定陵太守楊崇、邑老任懷勝」之名[75]。另如鞏縣北齊邑義五百人造雙石寶柱像，其上有七位「邑老」和七位「邑正」的題名[76]。此外，造像題名另有「邑中正」一銜，則屬朝廷官屬(見下文)。此外，傳統的社之成員稱為「社人」或「社民」，佛教義邑成員則稱為「邑子」。就碑刻上的圖像而言，〈晉當利里社碑〉上有社官「社老」、「社掾」、「社史」和「社民」的題名，在八名社官的題名旁並且繪有圖像[77](見圖3)。較此晚出的北朝社邑造像碑上也刻有成員的形像，並在其旁題名，如「大像主□□」「開光明主□□」，乃至於「邑子□□」，由此似乎不難看出後者似是受前者的影響。

三、北朝的義邑

從造像記和《續高僧傳》的資料，可知北朝社邑一般稱為「義邑」，其成員才稱「邑義」。今日「義」和「邑」二字同音，以此二同音字的組成的「義邑」、「邑義」的名詞，既拗口也容易混淆，頗令人費解。不過，根據《廣韻》，中古時期「義」、「邑」的發音是不同的。中古音「義」字是去聲的寘韻疑母字，「邑」是入聲緝韻影母字。如果用董

75　《金石萃編》，卷28，頁26，〈趙阿歡等造像記〉；《八瓊室金石補正》，卷16，頁19，〈常岳等百餘人造像碑〉。王昶認為〈趙阿歡等造弥勒像記〉有邑正許惠但，殆邑薦紳之屬也(見《金石萃編》卷28，頁21，〈袁□等五十人造像記〉)。此說不確。「邑正」是義邑的執事。「邑中正」才是朝廷的官屬，多以當地大族擔任，才是「邑薦紳之屬」。

76　〔清〕張紫峴撰，《鞏縣金石志》(收入《石刻史料新編》第三輯第三十冊)，〈隋五百人造像記〉，頁10-15。按：雖然題為〈隋五百人造像記〉，但細讀造像記文稱「然今偽齊邑義道俗五百人等所營雙石寶柱像」，可知實係北齊所建，至隋開皇元年舊像殘敗，乃由白公臺、比丘慧□等人修復。

77　傅斯年圖書館藏拓本第186928號。

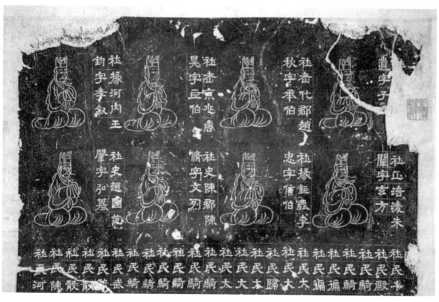

圖3　晉當利里社殘碑及碑陰
（中央研究院傅斯年圖書館藏拓本）

圖4　東魏武定元年(543)道俗九十人造像記(局部)
（中央研究院傅斯年圖書館藏拓本）

同穌的擬音，中古「義」讀如*³je，「邑」讀如*Öjep[78]。

北朝造像記中出現「義」、「邑義」、「義邑」、「法義」相關的名詞，敦煌社邑文書中也有「義邑」、「邑義」之詞；不過，迄今學界對於「邑義」、「義邑」、「法義」三個名詞究竟何所指，還沒有一致的看法。早年山崎宏解釋「法義」一詞是指「依佛法結合的組合員」，再用「法義」來解釋「邑義」，稱「邑義」是「邑的法義之意」[79]。今日學者或認為應稱作「邑義」[80]，或將「義邑」和「邑義」混用[81]。由於中古時期和佛教有關的事務幾乎都帶有「義」字，如「義門」、「義食」、「義堂」、「義坊」、「義所」、「義徒」、「義井」、「義橋」等；因此，如要解讀造像記中和社邑相關的名詞「義」、「邑義」、「義邑」的含意，非得從「義」字著手不可。關於古代至西漢「義」字的含義，陳弱水先生有專文討論[82]，以下僅就漢代以後社會上對於「義」的看法而言。

(一)釋「義」

---

78 關於中古「義」、「邑」的讀音，承蒙中央研究院語言研究所林英津博士提供專業知識；董同穌，《漢語音韻學》（臺北：臺灣學生書局，1974年五版）。

79 山崎宏，〈隋唐時代的義邑及法社〉，《支那中世佛教の展開》，頁768。

80 大村西崖，《支那美術史彫塑篇》則稱「從元魏至隋造像銘記所見的邑師、邑義等邑里的布教組織……」，頁179。郝春文，〈專門從事佛教活動的民間團體及其與佛教的關係〉，收入《中古時期社邑研究》，頁71。佐藤智水，〈中国における初期の「邑義」について(上)〉，《龍谷大学仏教文化研究所紀要》，45輯(2006)，頁77-85。倉本尚德，〈北朝造像銘道佛二教關係〉，《東方宗教》第109號，頁19-20。佐藤智水，〈河北省涿縣の北魏造像と邑義(前編)〉，《佛教史研究》43(2007)：1-47。

81 山崎宏，《支那中世佛教の展開》論文題目及小標題，都稱這種信仰團體為「義邑」，不過，他在文中有時候也稱「邑義」，頁768，769，770，776。

82 陳弱水，〈說「義」三則〉，收入丘慧芬編，《自由主義與人文傳統：林毓生先生七秩壽慶論文集》（臺北：允晨文化，2005）

　　南北朝時期，「義」的觀念和價值出現一些變化。漢朝時的「行義」係指忠孝仁篤之類的義行美德，顯爲儒家的道德標準[83]；然而，由於佛教的盛行，北魏朝廷標舉「孝義」雖然仍依循儒家的標準，但佛教的捨田建寺、敬僧營齋、救濟飢寒等社會工作，也成爲義行美德之一，有此等行爲者也成爲鄉人標舉孝義的對象[84]。

　　中古時期「義」字被賦與佛教的意涵，它可以作爲佛教社邑的名稱，也可以指其成員。

1.「義」的佛教意涵

　　在佛教傳來之前，「法儀」係指「法義」、「法度」，或是「禮法義度」[85]，南北朝漢譯經典中，「法義」則是指佛法義理。諸佛菩薩說法稱爲「演法義」、「說法義」、「宣揚法義」，如《大方廣佛華嚴經》（大・279）卷22〈昇兜率天宮品〉云：「百萬億菩薩演說法義」[86]。當時僧尼大德講經也稱爲「談法義」或「談義」，《洛陽伽藍記》敘述胡統寺的比丘尼皆是「帝城名德，善於開導，工談義理，常入宮與太后說法」[87]。北朝末年釋彤淵（543-611）「目不尋文，口無談義，門人以爲蒙

83　邢義田，〈論漢代的以貌舉人——從「行義」舊注說起〉，收入《慶祝高去尋先生八十大壽論文集》（臺北：正中書局，1991），頁253-265。

84　《魏書》（北京：中華書局，1974），卷87，〈節義傳〉；《周書》，卷46，〈孝義傳〉。並請參見拙文〈北齊標異鄉義慈惠石柱——中古佛教社會救濟的個案研究〉，《新史學》5.4；後收入《臺灣學者中國史研究論叢：城市與鄉村》（北京：中國大百科全書出版社，2005），頁52-87。

85　《墨子・法儀篇》：「子墨子曰：『天下從事者不可以無法儀，無法儀而其事能成者無有也。雖至士之爲將相者，皆有法；雖至百工從事者，亦皆有法。百工爲方以矩，爲圓以規，直以繩，正以縣。』」《荀子》、《莊子》屢言及「禮義法度」，「禮法義度」、「禮義法度」兩者是可以互通的，見《莊子集解內篇校正・應帝王第七》，頁181。

86　《大正新修大藏經》，第10冊，頁116下。

87　〔魏〕楊衒之撰，范祥雍校注，《洛陽伽藍記校注》（上海：古籍出版社，1978），

類也，初未齒之」[88]。《續高僧傳》記載隋代北天竺僧人那連提黎耶舍遊行至烏場國，國主在宮中設齋「與諸德僧共談法義」[89]。〔唐〕慧立《大慈恩寺三藏法師傳》敘述玄奘以「所悲本國法義未周，經教少闕」，故西行求法心切的理由，回絕了高昌國王的請留供養[90]。唐五代敦煌講經文中也有「敷揚法義」、「傳法義」之語[91]。

「義」字成爲佛教經義的代名詞，僧俗弟子崇仰高僧的深研佛理，稱爲「慕義」，論說佛教義理稱爲「談義」。《宋書》敘述建康東安寺的僧人慧嚴、慧議二人學行精整，另一寺院鬪場寺則多禪僧，因此時人諺稱「鬪場禪師窟，東安談義林」[92]。從刻於北魏孝明帝正光四年(523)〈馬鳴寺根法師碑〉(山東樂安)的碑文，更可以看出「義」字係佛法教理的代稱：

> 大夏閑居，授講後生，四方慕義，雲會如至。……興難則眾席喪氣，復問則道俗雷解，音清調逸，雅有義宗[93]。

北齊皇建元年(560)山東東平有比丘法□和佛教信仰組織成員共同建造一所刻有《觀音經》的造像碑，其上稱其目的在於「刊經揚義」[94]。

(續)───────────────

「胡統寺」，頁59。

88　《續高僧傳》，卷11，〈隋終南山至相道場釋彤淵傳〉，頁511下。

89　同上，卷2，〈隋西京大興善寺北天竺沙門那連耶舍傳〉，頁432中，提及烏場國王：「與諸德僧共談法義」。

90　〔唐〕慧立、彥悰著，孫毓棠、謝方點校，《大慈恩寺三藏法師傳》(北京：中華書局，1983)，卷1，頁19。

91　潘重規，《敦煌變文集新書》(臺北：中國文化大學中文研究所敦煌學研究會，1984)，卷2，〈維摩詰經講經文(一)〉，頁231，252；〈維摩詰經講經文(五)〉，頁355。

92　《宋書》，卷97，〈夷蠻傳〉，頁2391。

93　《八瓊室金石補正》，卷15，頁16，〈馬鳴寺根法師碑〉。

94　傅斯年圖書館藏拓本第00797號。

北齊天保八年(557)河南登封智禪師弟子靜明勸化僧俗信徒修整故塔并石象一區,其記有「名僧慕義,上德依仁」之句[95]。

2.「義」是佛教社邑的名稱

　　「義」字不僅是佛教經義的代名詞,它也成為佛教社邑的名稱。迄今所知最早的佛教社邑造像,是大同雲岡石窟第11窟東壁太和七年(483)邑義信士女等五十四人造像,在其題記中出現了「義」、「邑義」與「同邑」三個名詞,在迴向文中稱「又願『義』諸人命過諸師、七世父母、內外親族,神栖高境,安養光接,……」[96]可知此處的「義」當係指社邑。再從從下一個例子來看,就更清楚了,東魏孝靜帝武定二年(554),「青州北海郡都昌縣方山東新王村凡法義有二百人等敬瑩石像碑銘」上的迴向文稱:「願使天下『義』諸人并家眷屬,剋唱萇年,常以佛會,面奉聖顏,彌勒下生,願登上首。」[97]

　　最具體的例子是6世紀時今河北定興縣一個佛教結社,有詳細完整的碑記敘述其名稱叫做「義」。「義」的成員從事埋葬無人掩埋的屍骨、救濟飢民、施給醫藥的工作。北齊後主天統三年(567),他們的義行美風被刊刻在一座高約7公尺石柱上,上面鐫有「標異鄉義慈惠石柱頌」九個大字,並且有長達三千餘言的頌文,以表彰這一群佛教徒的義行美風(此石柱約在後主武平元年〔570〕以後才完成)。從頌文中可知此一佛教結社的名稱是「義」,創首者稱「義首」,主其事者稱「義主」,而其成員或稱為「義夫」、「義士」、「義徒」、「義眾」。他們從事的各種活動也都冠以「義」字,如救濟飢民的食物的叫「義食」,提供義食

95　《金石續編》,卷2,頁32,〈邑義垣周等造象記〉。
96　傅斯年圖書館藏拓本第18408號。
97　《匋齋臧石記》,卷9,頁1,〈王貳郎等造佛菩薩像〉。

的場所叫「義堂」，其間建築物稱「義坊」[98]。前面提及隋〈寶泰寺碑〉云：「尚書省使儀同三司潞州司馬東原郡開國公薛邈、因檢郭建欽、王神通等立義門，恭敬事佛。」[99]「立義門」係指以恭敬事佛而結合的團體。

3.「義」也可指社邑成員

北朝時期，「義」字有時也指社邑成員，它可能是「邑義」、「法義」（此二詞皆指社邑成員，見下文）的略稱。如西魏文帝大統三年(537)曾任河北太守、鎮守固城的白實「率固城上下村邑，諸郡守、大都督、戍主，十州武義等，共崇斯福，爲國主大王……造中興寺石像」[100]。北周武帝建德元年(572)，在陝西銅川、白水二縣之間一個村落中，由邑主都督黨仲茂，邑師比邱智□，和邑子八十人等，共同建造佛像碑，其迴向文稱：「藉此微功，願皇帝陛下，與日月齊暉，群公百辟，與天地同□。義等合邑七世父母，長居妙樂；見在眷屬，迴向上道。」[101]「義等合邑七世父母」，此處「義」係指社邑成員，「義等合邑七世父母」則祈求成員及其七世父母，都可以得生善處。

(二)釋「邑義」

北朝造像記最常出現的是「邑義」一詞，因此有些學者誤會北朝社邑即稱爲「邑義」；然而，造像記主要敘述成員的活動，又從造像記的

---

98 詳見拙文〈北齊標異鄉義慈惠石柱──中古佛教社會救濟的個案研究〉，《臺灣學者中國史研究論叢：城市與鄉村》，頁52-87。

99 《山右石刻叢編》，卷3，頁6。

100 《魯迅輯校石刻手稿》，第二函第三冊，〈白實等造中興寺石像記〉，頁516。

101 《關中石刻文字新編》(《石刻史料新編》第一輯第二十二冊)，卷1，頁18-19，〈邑子黨仲茂八十等造像記〉；《關中金石文字存逸考》(《石刻史料新編》第二輯第十四冊)，卷10，頁54下：「碑當在銅川、白水二縣間。」

文義和造像題名看來，可知它多指社邑成員。以下將用較多篇幅解讀造像記暨題名，以闡明此說。

1. 造像記主要交代造像者(包括發起人、佛教社邑的成員)、造像緣由、造像的內容及功德迴向。就文義而言，造像記中的「邑義」多指社邑的成員，因此在此一名詞之後通常連接數詞，如「率邑義若干人」、「道俗邑義若干人」。如提及雲岡太和七年「邑義信士女等五十四人造石厝、形像九十區及諸菩薩」[102]，另在河南登封始建於北魏孝武帝永熙二年(532)、武定元年(543)竣工的佛碑像上稱：「……然州武猛從□、汲郡□□□□□六鄉之秀老，遂割損家資，率諸邑義五百餘人」，共同造像和建造寺院[103]。孝靜帝元象二年(539)河北元氏縣趙融及長兄浮陽太守趙文奴、元氏縣令文□等人率領當地信徒「鄉人中兵參軍鄭鑒、邑義二千等」，在凝禪寺造三級浮圖，並且刊石立碑記其事[104]。北齊文宣帝天保十年(559)〈周雙仁等造像記〉中，敘述了她替亡夫造像，勸募佛徒「邑義七十一人」共同完成此事[105]。北齊武成帝河清三年(564)北豫州州都白水王府行參軍兼別駕毛叉、比丘道政共同「率邑義卅人等，選自福田，瞻言勝地，在垣墹寺所造像一區」[106]。武平元年(570)「清信士女楊暎香、任買女等邑義八十人」先後造《涅槃經》一部、建一佛像碑[107]。武平元年河南董洪達率「邑徒卅人等，乃訪濫田美玉，琨璞京珍，敬寫靈儀。」[108]北周武帝天和年間(566-572)在陝西咸寧縣「有諸

102 傅斯年圖書館藏拓本第18408號。

103 《魯迅輯校石刻手稿》，第二函第二冊，頁343-347；《支那美術史‧彫塑篇》，頁262-263。

104 《金石續編》，卷2，頁3，〈凝禪寺三級浮圖碑〉。

105 《匋齋藏石記》，卷11，頁17-18，〈文海珎妻周雙仁等造象碑〉。

106 傅斯年圖書館藏拓本第10099號。

107 《魯迅輯校石刻手稿》，第二函第四冊，〈楊暎香等八十人造象〉，頁813；傅斯年圖書館藏拓本第24910號。

108 《金石萃編》，卷34，頁20，〈董洪達造像銘〉。

邑義一百六十人等，減割資財，造石像一區」[109]。由「邑徒卅人」和「邑義卅人」句，可證明「邑義」非指稱社邑，而是指社邑成員，即「邑徒」之意。

又，武平二年(571)河南河內永顯寺道端法師率領信徒造像：「以武平二年歲次辛卯七月中，帥邑義三百人，在太行山大窮谷上寺之中造石像一區。」[110] 同年，河南偃師有「邑師」比丘道略率領成員造像：「共邑義三百餘人……敬造神碑一所，尊像八堪。」[111] 武平三年(572)在山東費縣有「興聖寺都維那王子□道俗邑義卅造四面像碑」[112]，此例數詞接在「邑義」之後，亦可見「邑義」所指的是社邑成員。西魏河南洛陽常岳等人造像記稱：「今佛弟子常岳等……遂率邑義一百余人，寄財扵三寶，託果於婆婆，罄竭家珍，敬造石碑像一區。」又稱此造像活動係由邑師領導的：「自非大士邑師法建都邑義等」[113]。不論是「率(領)邑義」或是「都(導)邑義」，「邑義」一詞都是指社邑成員。以下這個例子就更清楚了，隋文帝開皇五年(585)河北前七帝寺主惠鬱暨弟子玄凝欲修復該寺，安喜縣裴世元和王姓、劉姓兩名縣尉率領群僚「勸率二長，詳崇結邑，尊事伽藍」，另外還有武職的「十二州左開府其元岳、右開府和元志、副儀同宇文義演說軍人齊心歸善，胡漢士女邑義一千五百人，三邑併心，四方並助。」[114] 從「結邑」之詞，可見「邑」是佛教結社的單位，而「邑義」則指其成員，所以「胡漢士女邑義一千五百

---

109 《關中石刻文字新編》，卷1，頁18，〈邑義一百六十人等造像記〉。

110 傅斯年圖書館藏拓本第10004號。在河南新鄭。

111 《金石萃編》，卷34，頁26，〈邑師道略等造神尊碑像記〉；《支那美術史‧彫塑篇》，頁346。

112 《支那美術史‧彫塑篇》，頁347。

113 《魯迅輯校石刻手稿》，第二函第一冊，頁229；並見《八瓊室金石補正》，卷16，頁18。

114 同上，第二函第五冊，〈七帝寺造象記〉，頁1043-1045。

人」。同年，孫龍伯等人所建造的石塔上稱：「又邑義等睹相□奇，人各脩心例己，共崇此福。……」[115] 正因為「邑義」係指社邑成員，由於見到奇相，故捐資建造石塔。

2. 有些造像記在「邑義」一詞之後接續人名，益可見此詞係指佛教結社的成員。北齊天統二年(566)〈姚景四十人等造像記〉：「維大齊天統二季歲次丁亥，十月戊辰朔八日乙亥，……是以邑義姚景、郭度哲四十人等」[116]，前述北齊〈標異鄉義慈惠石柱頌〉文中，提及北齊時曾經下令：「諸為邑義，例聽縣置二百餘人，壹身免役。」其題名中也有「信心邑義維那張市寧」[117]。少數造像記在「邑義」或「法義」一詞之後，加上「人」字，下接人名，如北魏宣武帝延昌二年(513)〈劉璿造像記〉云：「邑義人劉璿等同悼浮俗性田，眾生道缺，……故仰為皇帝陛下，師僧父母，敬造白石迦業像一區，崇願供養。」[118] 武定五年(547)三月河北定縣有二所寺院信徒所組的信仰組織造像，造像記上即稱「豐樂七帝二寺邑義人等……故仰為皇帝陛下師僧父母、邊地眾生，敬造白玉龍樹思惟像一區，詳崇供養。」[119] 同一個造像記上同時使用「邑子」、「邑義人」之詞，下接人名，更可證明此二詞同樣都是指社邑成員，1997年山東惠民縣出土東魏武定六年(548)王叔義等人造像記云：「興陵縣人邑子李仲伯侍佛時，武定六年三月十四日濕沃人、像主王叔義、邑義人定州中山郡槐昌縣人劉瓷貴、趙景仲……」[120]。可知「邑義」、「邑

---

115 《支那美術史‧彫塑篇》，頁396。

116 同上，頁336-337。

117 《定興金石志》(即《定興縣志》，卷16〈金石〉，收入《石刻史料新編》第三輯第二十三冊)，卷16，頁6-7。

118 《北京圖書館藏中國歷代石刻拓本匯編》，第四冊，頁13。

119 《魯迅輯校石刻手稿》，第二函第二冊，〈豐樂七帝二寺邑義人等造龍樹思惟象記〉，頁405。

120 惠民縣文物事業管理處，〈山東惠民出土一批北朝佛教造像〉，頁74。

義人」、「邑子」爲同義詞。

3. 從一些造像記中對「邑義」的敘述，可見它係指社邑成員。西魏大統六年(540)曾任高涼令的巨始光率領地方上的官民建造石碑像，其記云：「維大魏大統六年歲次庚申七月丙子朔十五日庚寅，巨始光合縣文武邑義等，仰爲皇帝陛下、大丞相，七世、所生父母，存亡眷屬，爲一切眾生敬造。」[121] 說明此一佛教結社的成員有高涼縣的文、武職官，故稱「合縣文武邑義」。又，東魏武定三年(545)河南獲嘉縣〈邑子李洪演造像頌〉云：

> 夫靈光郁烈，……是以邑義等皆藉出蘭蕙，秀貫煙霞，悼暉之
> 日削，惻重闇之年深。遂相率捨，爰圖嘉石，於此爽塏，□像
> 一區，庶鍾萬品，等階十號。頌曰：
> ……於穆邑義，廣夏之樑，爰樹填像，髣□遺光，功崇先祀，
> 福潤見方，咸□□吉，永拔宿霜[122]。

從「邑義等皆藉出蘭蕙，秀貫煙霞」、「於穆邑義，廣夏之樑」之句，顯見「邑義」係指佛教結社的成員。在陝西咸寧縣北周天和年(566-572)間造像題記稱：「有諸邑義一百六十人等，減割資財，造石像一區，復願國祚遐延，朝野□□，□願諸邑義等永□善因，不生退轉……。」[123] 亦可顯示「邑義」係指成員。另，在今河北藁城縣賈同村出土的北齊後主武平元年(570)造像碑的碑座鐫刻著：「武平元年正

---

121 周錚，〈西魏巨始光造像碑考釋〉，《中國歷史博物館館刊》1985.7：90-92；
　　傅斯年圖書館藏拓本第18571號。
122 《金石萃編》，卷31，頁14-15，〈李洪演造像頌〉；《支那美術史‧彫塑篇》，
　　頁266。
123 《關中石刻文字新編》，卷1，頁18，〈邑義一百六十人等造像記〉。

月十五日賈壝村邑義母人等普爲法界敬造玉像一軀」，其他三面都是造像者的題名，如「維那零目母劉」、「唯那祠伯母王」、「唯那顯伯母張」、「仲遠母王」、「伯仁母杜」等。這應是賈村社邑成員之母集資建造的佛像，此村居民可能以賈姓爲主，故題名大都只列名字，而不註明姓氏，零目、祠伯、仲遠都是人名，「邑義母人」係指社邑成員「邑義」的母親們一同造像[124]。

4. 再從造像記中的對偶之詞，也可證明「邑義」係指信仰組織的成員，而非組織之名。西魏文帝大統四年(538)山西芮城佛弟子合邑四十人造像，其迴向文數及「因緣眷屬，香火邑義」，眷屬、邑義相對，都係指人員，而不是佛教結社[125]。

5. 從造像題名的名銜上，亦可證明「邑義」指的是社邑成員，如北齊後主天統五年(569)，山東「邑義孫昕卅人等」共同建寺造像，在題名中成員名字之上皆冠以「邑義」之銜[126]。北齊後主武平三年(572)，佛教社邑執事「都維那」王子□卅人造四面佛像碑，其題名可識者三十一人，多冠以「邑義」之銜，另有十五人名之上冠以「邑子」之稱[127]，由此可見「邑義」意同「邑子」。另外，「法義」之稱限於山東地區，但在北朝山東一個無年月的造像碑的題名中並見「邑義」和「法義」[128]，可知「邑義」、「邑子」、「法義」都是指社邑成員。

6. 除了造像記之外，文獻上記載的「邑義」也指社邑的成員。《續高僧傳·釋曇曜附曇靖傳〉：「隋開皇關壤，往往民間猶習《提謂》，

---

124 程紀中，〈河北藁城縣發現一批北齊石造像〉，《考古》，1980.3：244，（圖一，1、2、3、4）。
125 《魯迅輯校石刻手稿》，第二函第三冊，〈合邑四十人等造天宮象記〉，頁525。
126 同上，第二函第四冊，頁799-801；《十二硯齋金石過眼錄》（收入《石刻史料新編》第一輯第十冊），卷7，頁1-2，〈孫昕卅人等造象殘碑〉。
127 《魯迅輯校石刻手稿》，第二函第四冊，〈王子□等造象〉，頁799-801。
128 同上，〈李神恩等造象題名〉，頁919-922。

邑義各持衣鉢，月再興齋。儀範正律，遞相鑒檢，甚具翔集云。」[129] 文中「邑義」顯然指社邑的成員，故可各持衣鉢，每月舉行兩次齋會。同書也記敘僧人法通遊化各地，從今內蒙古到河南洛陽，乃至山西省各地，組織信徒組成社邑：「於即遊化稽湖，南自龍門，北至勝部，嵐、石、汾、隰，無不從化。多置邑義，月別建齋；但有沙門，皆延村邑，或有住宿，明旦解齋，家別一粲，以爲通供，此儀不絕，至今流行。」[130] 此處的「邑義」似指社邑，但下文又稱每有僧人行腳巡化至村落「皆延村邑」，請僧人爲他們主持齋會的儀式，則顯示佛教結社仍以「邑」爲單位或名稱，故村民延請遊化僧人至村中的社邑「村邑」。又，《續高僧傳》另一則記載中「邑義」、「義邑」並舉，則可清楚分辨出「義邑」係社邑之名，「邑義」則指成員（見下文）。

7. 南北朝時期，漢譯佛經中已出現「邑義」一詞，一方面顯示了印度原來就有佛教徒集結的傳統，另一方面也反映了當時中國社會存在著佛教徒結社及其具體的名稱。姚秦（384-417）時，竺佛念譯《出曜經》（大·212）中敘述迦葉佛涅槃後，人們起塔供養，經過數世以後，其塔崩壞，當時有「義合邑眾九萬二千人，時瓶沙王最爲上首」共同修復故塔[131]。此處的「義」字就有佛法之意，故稱「義合邑眾」。北朝以「邑義」稱呼佛教社邑的成員，此一名詞也爲唐代譯經者所延續，如隋代淨影寺慧遠（523-592）《大般涅槃經義記》（T·1764）卷10，敘述「過去世時波羅奈國有婆羅門姓憍尸迦，好修福業，與其同友三十二人共爲邑義。」[132] 〔唐〕玄奘譯《本事經》（T·765）卷7敘述在所有的聚會中：「一切施

---

129 《續高僧傳》，卷1，〈譯經·魏北臺石窟寺恒安沙門釋曇曜傳附曇靖傳〉，頁428上。

130 同上，卷24，〈護法下·釋法通傳〉，頁641下。

131 《大正新修大藏經》，第4冊，頁659中。

132 同上，第37冊，頁861上。

設徒眾、朋侶、邑義,諸集會中佛、聖、弟子,僧為最勝。」因此應延請僧眾恭敬供養,可獲得無上福田[133]。此處「邑義」應是指上述的義合義眾,也就是佛教社邑的成員。朋侶、邑義併稱,在北朝造像記中就有先例,如前面提到北魏正光六年比丘尼惠澄造像記:「比丘尼惠澄仰為七世父母、所生父母、朋右(友)香火義邑,一切眾生,敬造石像一區。」〔唐〕玄奘譯《瑜伽師地論》(T‧1579)卷33,敘述各種集會的:「種種品類集會音聲想者,謂由此想遍於彼彼村邑聚落,或長者眾、或邑義眾、或餘大眾⋯⋯。」[134]「長者眾」、「邑義眾」並舉,可知長者、邑義都是指人們身分的名詞,「邑義」即佛教社邑的成員。

(三)釋「義邑」

由於造像記主要敘述造像者,所以遍見「邑義」,而幾乎不見「義邑」一詞[135],很容易讓人誤解「邑義」就是北朝佛教社邑的名稱;上節已論證造像記中的「邑義」幾乎都是指社邑成員,此處則從文獻記載論述「義邑」才是佛教社邑之稱。

《續高僧傳》的作者道宣(596-667)生年跨北朝末年以迄唐初,對北朝的佛教徒結社必有相當的了解,他敘述四川僧人釋寶瓊(?-634)的傳教活動:「歷遊邑洛,無他方術,但勸信向尊敬佛法。晚移州治住福壽寺,率勵坊郭,邑義為先。每結一邑必三十人,合誦大品,人別一卷。月營齋集,各依次誦,如此義邑,乃盈千計。」[136]上文中出現「邑義」、「邑」和「義邑」三個名詞,僧人寶瓊布教傳道以組織信徒為第一要務,

---

133 《大正新修大藏經》,第17冊,頁697中。
134 同上,第30冊,頁469下。
135 郝春文認為:「義邑」是唐以後才出現的。《中古時期社邑研究》,頁175-176,註18。
136 《續高僧傳》,卷28,〈讀誦八‧唐益州福壽寺釋寶瓊傳〉,頁688上。

以三十個人組成一個團體「每結一邑，必三十人」，共同誦習經典，建齋營會。可知「邑」是社邑的單位，其成員稱「邑義」，所以稱「率勵坊郭，邑義為先」，而此社邑即稱為「義邑」，故云「如此義邑，乃盈千計」。

正因為「邑」是佛教社邑的單位，因此義邑的宗教指導者稱為「邑師」，籌組社邑的領導者稱「邑主」。至唐代以修造石經為主所組的社邑稱「石經邑」，依其所修習的經典或教法而命名的社邑稱「金剛經邑」、「普賢邑」、「法華邑」、「上生邑」、「九品往生社」等[137]。綜上所述，「邑」作為佛教結社的單位是很清楚的，雲岡邑義信士女等五十四人造像的迴向文也稱：「又願同邑諸人從今已往，道心日隆，戒行清潔……」[138]。因此造像記中常稱「合邑若干人」，其成員稱為「邑子」，如龍門石窟孝文帝太和七年(483)孫秋生等人造像、宣武帝(500-504)景明中楊大眼等造像，以及邑主魏桃樹等題名，都有額題作：「邑子像」[139]，意指此為義邑成員所建造之像。又如，北魏孝武帝永熙三年(534)韓顯祖等建塔像記云：「合邑之人迭相殼率，建立須彌塔石像二軀」，題名中其成員皆冠以「邑子」之銜[140]。

北朝佛教社邑一般稱為「義邑」，另外有少數義邑是有名稱的，稱作「某某邑」。如北魏宣武帝正始元年(504)河南汲縣有僧人法雅與「宗那邑」一千人，為孝文帝建造一所巨大碑像；在碑陰原有二十四列題名，今僅存十列，均為楊姓[141]，可見這是一個以楊氏家族為主組成的義邑。

---

137 參見拙文〈中古佛教與社邑的轉型〉，《唐研究》13：277-284。
138 傅斯年圖書館藏拓本第18408號。
139 《金石萃編》，卷27，頁20，〈孫秋生等造像記〉；《八瓊室金石補正》，卷12，頁30，〈仇池楊大眼題記〉；同書，卷17，頁11，〈邑主魏桃樹等題名〉。
140 《八瓊室金石補正》，卷16，頁17，〈韓顯祖等建塔像記〉。
141 徐玉立，〈北魏「一千人為孝文帝造九級一軀」碑及相關的幾個問題〉，《文博》1993.3，〔附一〕一千人為教文帝造九級一軀碑文，頁49，51。

北朝時期,大家族多聚族而居,亦常見某一家族組成的義邑,如李氏合邑造像碑、朱氏邑人造像記等[142]。此「宗那邑」就是一個義邑的名稱,有學者將「宗那邑」和義邑執事的「維那」、「典錄」等混淆了,認為:「『宗』當是指比丘法雅俗姓楊,與一千人同宗;『那邑』應是維那、邑子的合稱。」又從碑文「楊宗得其宜與」之句,推測這是因為孝文帝遷都洛陽,並定郡姓的緣故,楊氏是一漢族大姓,所以為孝文皇帝造九級浮圖以歌功頌德[143],以上論點皆不正確。在北朝造像銘記中,若造像者先世官世顯耀者,無不一一稱述,而本碑看不到任何一位楊氏先人或者當世楊氏族人的官銜,所敘述楊氏門望內容極為空洞,沒有任何具體的事實,由此可以推定楊氏充其量只是當地豪族,絕非高門大族。孝文帝定姓族主要是依當代官爵而定的[144],就此標準而言,楊氏當然沒有份。楊氏之所以為孝文帝建浮圖並造碑像,可以視為一個沒有名望的家族藉著造九級浮圖和建碑像之舉,一則以彰顯自己在新都洛陽地主的身分,再則建塔、造像也可以增加自己的「象徵資本」,以擴大自己在當地的影響力[145]。「宗那邑」作為一個義邑的名稱,也不是孤例,例如北齊武成帝河清四年(565)有一「承林邑」造交龍佛像碑[146],開皇元年(581)甘肅涇川縣水泉寺有李阿昌等廿家組成「大邑」造寺建像[147]。敦

---

142 拙文〈五至六世紀華北鄉村的佛教信仰〉,《中央研究院歷史語言研究所集刊》63.3(1993):527-544。

143 徐玉立,〈北魏「一千人為孝文帝造九級一軀」碑及相關的幾個問題〉,頁51。

144 參見唐長孺,〈北魏孝文帝定姓族〉,收入氏著《魏晉南北朝史論拾》(北京:中華書局,1983)。

145 參見拙文〈北魏時期的河東蜀薛〉,《中國史學》(日本)第11期,頁54-55。後收入《臺灣學者中國史研究論叢:家族與社會》(北京:中國大百科全書出版社,2005),頁259-281。

146 《匋齋臧石記》,卷12,頁5-6,〈王邑師道□等造象碑〉;《支那美術史‧彫塑篇》,頁334-335。

147 張寶璽,《甘肅佛教石刻造像》(蘭州:甘肅人民出版社,2001),頁171(圖版)、221(錄文)。《隴右金石錄》,卷1,頁1,〈隋李阿昌造相碑〉。

煌文書中則有隋代「優婆夷邑」、「大興善寺邑」的造經題記[148]。

　　唐代敦煌文書中也有「邑義」之詞，從其中的敘述可知「邑義」亦指社邑成員。斯‧6537背〈上祖社條〉(文樣)為歸義軍曹氏時期文書，其中有「夫邑義者，父母生其身，朋友長其值(志)，危則相扶，難則相久(救)」，可知形容的是人員；另如伯‧4044〈公元905至914年修文坊巷社再緝上祖蘭若標畫兩大聖功德讚並序〉稱：「……次願社內先亡考妣，勿落三塗，往生安樂之國；次為見存合邑義、合家等共陟仙堦，……」[149]，從文義上看來，「邑義」係指成員。至於敦煌常見的「三長邑義」一詞，則指為三長齋月所組社邑的成員，如伯‧3980〈三長邑義設齋文〉：「厥今於開寶殿，蠲現金人，僧請祇園，飯呈香積者，有誰施之？即有三長邑義爐焚寶香，廣豎良緣之加(嘉)會也。唯合邑之公等，天亭之美，月角為眉，……」[150]。斯‧4860背／1〈社邑建蘭若功德記並序〉稱：「厥有當坊義邑社官某等貳拾捌人等，並龍沙貴族，五郡名家，……」[151] 由此可知「義邑」是社邑之稱，凡此皆可見北朝社邑及其成員稱呼的痕跡。

四、區域性的差別

　　考古和藝術史學者都注意到造像碑的區域性特徵，如李靜杰將造像碑分成中原東部地區、西北地區、蘇南地區和成都地區四部分討論[152]。就佛教結社而言，也有一些地域性的差別，郝春文指出：佛教結社的名

---

148 寧可、郝春文，《敦煌社邑文書輯校》(江蘇古籍出版社，1997)，頁750，752，753。
149 同上，頁55-57，668。
150 同上，頁582。
151 同上，頁679-680。
152 李靜杰，〈佛教造像碑分期與分區〉，《佛學研究》，1997。

稱和其首領在不同時期、不同地區及同一時期不同地區的稱呼不一[153]。本節將簡述山東地區、關隴地區佛教社邑及其成員、執事的名銜的區域性特色。

(一)山東地區的「法義」

　　學者研究近幾十年來在山東地區出土的金銅和石造佛像，認為北朝晚期山東地區出現一種新的藝術風格，它和東魏北齊鄴城地區的造像有較大的差異，並且將它名為「青州風格」[154]。同一時期山東地區的社邑也有以下三項特色，一是社邑的名稱，相對於北方多數地區(包括山西、河北、河南、陝西)多稱為「義邑」，其成員稱「邑義」；山東地區佛教結社成員則多稱稱為「法義」(或作「法儀」)，其組織也稱為「法義」。二是成員之間互稱「兄弟姐妹」，三則相較於其他地區，山東法義的執事較為簡單，僅有「維那」、「維那主」、「都維那」三種名銜，而「維那主」之銜僅見於本區[155]。

　　山東地區佛教社邑成員稱「法義」，其組織也稱為「法義」，東魏孝靜帝武定七年(549)〈高嶺以東諸村邑儀道俗等造像記〉稱其成員「有願共相契約，建立法儀，造像一區，平治道路，刊石立碑。」[156]從「建立法儀」之句，可知此佛教社邑之名為「法義」(法儀)。又，東魏武定年間河南有法義建造佛像碑，額題隸書「意瑗法義造佛國之碑」，碑陰

---

153 郝春文，〈隋唐五代宋初佛社與寺院的關係〉，《敦煌學輯刊》1990.1：16。

154 劉鳳君，〈論青州地區北朝晚期石佛像藝術風格〉，《山東大學學報(社科版)》，1997.3：116-118；李靜杰，〈青州風格佛教造像的形成與發展〉，《敦煌研究》2007.2：6-13。

155 《昌樂金石續志》(《石刻史料新編》第三輯二十七冊)，頁4-5，〈夏慶孫等三十二人造像〉。

156 《支那美術史‧彫塑篇》，頁274-275。

題名皆冠以「法義」之名[157]。「意瑗法義」可能是此一法義的名稱,如前述義邑有名爲「宗那邑」、「承林邑」、「大邑」者。

山東地區的造像記中屢見「法義兄弟」或「法義兄弟姐妹」之稱,如北魏孝明帝神龜二年(519)〈崔勰等造像記〉中稱:「法儀兄弟廿五人,各錢一百裁佛金色」[158]。孝明帝正光五年(524),以道充爲首的「道俗法義兄弟姐妹一百人」共造佛像碑[159];在博興縣境發現的北魏孝明帝正光六年(525)王世和等造像碑,題記作:「青州樂□□般縣王世和、□父□王伏會寺法義兄弟□心敬造尊像一□,……」[160]又,孝莊帝永安三年(530),青州齊郡臨淄縣高柳村以比丘惠輔爲首的一個造像記稱:「法義兄弟姐妹一百午(五)十人等敬造彌勒尊像二軀」[161]。永熙三年(534)有「法義兄弟二百人等,……敬造尊像一區,二侍菩薩」[162]。東魏孝靜帝武定二年(544),青州北海郡都昌縣方山東新王村王貳郎等造像記云:「有維那王貳郎、綰率法義三百人等,信心崇道,……法義兄弟題名刊後。」[163]又,北齊天保八年(557),在今山東一個造塔記中也稱「法儀兄弟八十人等」建妙塔一軀[164]。北齊河清四年(565),有「法

---

157 《魯迅輯校石刻手稿》,第二函第二冊,〈意瑗法義造佛國碑〉,頁493-501;《支那美史·彫塑篇》,頁280。

158 《八瓊室金石補正》,卷15,頁7,〈崔勰造像記〉;《支那美術史·彫塑篇》,頁234。

159 《北京圖書館所藏歷代石刻拓本匯編》,第四冊,〈道充等一百人造像記〉,頁171。

160 王思禮,〈山東省廣饒、博興二縣的北朝石造像〉,《文物參考資料》1958.4:42。

161 《北京圖書館所藏歷代石刻拓本匯編》,第五冊,〈法儀兄弟三百人造像記〉,頁194。按:此當作〈法儀兄弟一百五十人造像記〉。

162 《支那美術史·彫塑篇》,頁244;《匋齋藏石記》,卷7,頁21,〈法義兄弟二百人造像〉。

163 《匋齋藏石記》,卷9,頁1-2,〈王貳郎等造佛菩薩像〉。

164 同上,卷11,頁7-8,〈法儀郭□猛等八十人造象記〉。

儀兄弟王惠顯廿人等，敬造盧舍那像一軀。」[165]

　　山東歷城黃石崖造像中，也多見稱「法義兄弟姐妹」：正光四年（523）七月造像：「法義兄弟姐妹等，敬造石窟像廿四軀，悉以成就，歷名題記。」另，孝昌三年（527）七月造像：「法義兄弟一百餘人各抽家財，于歷山之陰，敬造石窟，雕刊靈像。」孝昌二年（526）九月造像云：「帝主元氏法義卅五人敬造彌勒像一軀，普為四恩三有，法界眾生，願值彌勒。」張總先生認為此似與北魏皇族有關[166]，此說可再商榷。「帝主元氏法義卅五人」當作「大魏皇帝元氏臣民法義卅五人」解，參見孝昌三年造像記云：「大魏孝昌三年七月十日，法義兄弟一百餘人各抽家財，于歷山之陰，敬造石窟，雕刊靈像。上為帝主、法界群生、師僧父母、居家眷屬，咸預福慶，所願如是。」[167]可知法義造像迴向的首要對象是皇帝，「帝主元氏法義」正是前述「四恩三有」迴向的另一種表現方式。

　　何以山東地區佛教社邑及其成員別有「法義」之稱？何以其成員之間皆稱兄弟姐妹呢？藝術史學者推斷青州風格可能受南朝佛教和造像影響之說[168]，似乎不能直接用以解釋此一特殊性。就政治上來說，山東地區在469年才納入北魏的版圖，前此則屬於東晉、劉宋政權的轄區，但迄今所見最早山東地區的造像是在519年，距南朝直接影響已有50年之久；而且南朝的造像或文獻也未見「法義」一詞。因此，就此一名詞來看，似乎和南朝沒有關涉。筆者認為：山東「法義」之稱可能和某一經典在此區的流行有關，而若干佛教經典的流行有時也和僧人布教的地域有關，如北朝末年至隋代初年，在關中一帶特別流行《提謂波利

---

165 《支那美術史・彫塑篇》，頁335。

166 張總，〈山東歷城黃石崖摩崖龕窟調查〉，《文物》1996.4：44，45。

167 同上，頁44。

168 楊在忠、韓崗，〈山東諸城佛教石造像〉，《考古學報》1994.2：261。

經》[169]。而隋初至唐朝中葉，三階教流行於河南寶山、洛陽和長安一帶[170]。

北朝各地佛教社邑之中，僅有山東地區成員之間稱「兄弟姊妹」，社邑成員互爲兄弟姐妹在佛典中有其淵源，同爲事佛之人爲「道法兄弟」、「法兄弟」，至於女子則稱「法姊妹」；律典中稱比丘爲「同法兄弟」、比丘尼爲「同法姊妹」，乃至於信佛的僧俗都是同法的兄弟姊妹[171]。《佛所行讚》（T‧192）中稱「尊奉彼我同，則爲法兄弟」，《增壹阿含經》（T‧125）中阿闍世王稱事佛之人「皆是我道法兄弟」，《摩訶摩耶經》（T‧383）中，摩訶摩耶稱信佛的大眾爲「諸法兄弟及以姊妹」[172]。在6世紀中國僧人所撰述的經典《像法決疑經》（大‧2870）中，更可見到和此相關的內容，此經勸勉佛教徒應視一切眾生爲自己的眷屬——父母、妻子、兄弟、姐妹，「以是義故」而加以濟助的觀念：

> 未來世中諸惡起時，一切道俗應當修學大慈大悲，忍受他惱，
> 應作是念：一切眾生無始以來是我父母，一切眾生無始以來皆
> 是我之兄弟姊妹妻子眷屬，以是義故，於一切眾生慈悲愍念隨
> 力救濟[173]。

此外，山東地區的佛教和北朝末年《華嚴經》的流行也有相當的關

---

169 《續高僧傳》，卷1，〈譯經‧魏北臺石窟寺恒安沙門釋曇曜傳〉，頁428上：
「隋開皇關壞，往往民間猶習《提謂》……。」

170 拙文〈林葬——中古佛教露屍葬研究之一（三）〉，《大陸雜誌》96.3：20-31。

171 《根本說一切有部尼陀那目得迦》（T‧1452，收入《大正新修大藏經》，第24冊），卷2，頁421下。

172 《大正新修大藏經》，第4冊，卷5，〈分舍利品〉，頁53下；《大正新修大藏經》，第2冊，卷20，〈聲聞品〉，頁649中-下；《大正新修大藏經》，第12冊，卷上，頁1007下。

173 《大正新修大藏經》，第85冊，頁1338上。

連。在題名「法義」所造的佛像中，以彌勒像、盧舍那像居多。邱忠鳴認爲：山東佛教受到當地大族清河崔氏對《十地經論》的偏向信奉有關，並且影響此一地區盧舍那佛像的興起。史載崔氏家族篤信佛教，崔光曾爲《十地經論》作序，又每爲朝臣講《十地經》與《維摩經》，崔光的一位弟弟從地論大師慧光出家，法名「慧順」，恆講《十地》、《維摩》、《華嚴》。雖然崔氏家成員大都在洛陽或其他地區任官，但崔氏宗族的凝聚力影響及青州崔氏的家族和僧侶[174]，崔氏家族對於青州佛教的影響可以從以下兩方面獲得證明，一是邱文中提到了〈崔勠造像記〉和〈崔氏宗門寶塔之頌〉[175]，可知在京任官的崔氏宗人也參與家鄉宗人的造像活動。二則從淄博市臨淄區崔氏家族墓葬──包括崔猷（崔光的堂兄）、崔鴻及其二弟崔鶄、四弟崔鷗，和崔鷗之子崔德、崔博墓的發掘[176]，可確定崔氏家族死後多歸葬本鄉，凡此皆顯示其家族和山東的家鄉一直有密切的關連。

又，山東定光佛造像偏多也和《華嚴經》有關，《華嚴經》偈讚：「定光如來明普照，諸吉祥中最無上」，如永熙三年(534)法義兄弟一百人等造像，所造的尊像就是定光佛[177]。又，北齊河清年間，法儀百餘人等「敬造定光像一軀」[178]。可爲北朝末年此一地區《華嚴經》流行的一證。

除了「法義」之外，山東地區佛教結社也有稱做「義邑」者，其成

---

174 邱忠鳴，〈北朝晚期青齊區域的佛教美術研究〉（中央美術學院博士論文，2005），頁105-110。

175 同上，頁42-44，107。

176 淄博市博物館等，〈臨淄北朝崔氏墓地第二次清理簡報〉，《考古》1985.3：219-221；山東省文物考古研究所，〈臨淄北朝崔氏墓〉，《考古學報》1984.2：221-243。

177 《匋齋藏石記》，卷7，頁21，〈法義兄弟二百人造像〉，在下層正中佛像右側有「此是定光佛出」六字。

178 《支那美術史‧彫塑篇》，頁330。

員為「邑義」。如孝文帝太和年間張道果等七十八人造像碑稱：「青州
樂陵郡陽信縣張道果，謹率邑儀道俗內外七十八人等，敬造彌勒像一
軀。」[179] 山東惠民縣出土東魏孝靜帝天平四年(537)僧俗三百人共同造
像，其記稱：「邑義三百人敬造彌勒石□三區，眾雜經三百，……復願
七世師僧父母、亡過見存、眷屬大小、邑義知識、一切有形之類，願使
邑義三百人等值佛聞法，咸同斯福。」[180] 山東省諸城市出土東魏武定
四年(546)的造像題記云：「大魏武定四年歲次丙寅十月庚午朔八日丁
丑，清信士佛弟子夏侯豐珞、趙顯明邑儀兄弟廿餘人等敬造彌勒石像一
軀，……」[181] 在山東旡棣縣出土北齊天保九年(558)陽顯姜夫廿七人等
造像的題記稱：「大齊天保九年太歲在寅九月辛卯朔廿九日，大像主陽
顯姜夫、故人張族、長廣太守居家眷屬、諸邑義廿七人等敬造白玉像一
區。」[182]

　　張總認為「法義」和「邑義」同意[183]，這個看法是很正確的。前述
武定七年〈高嶺以東諸村邑儀道俗等造像記〉稱其成員「有願共相契約，
建立法儀，造像一區，平治道路，刊石立碑。」就是「法義」和「邑義」
並用，即可證明這一點。「法義」之稱幾乎只見於山東地區，山西和山
東毗鄰，從上則造像記中的兩詞並用，可顯示出地域間的相互影響。同
時也可見此二名詞係指同一事。此外，在河南也有極少數稱「法義」的
例子，洛陽龍門石窟的題記中也出現了一例，蓮花洞有〈元□等法儀廿

---

179 《支那美術史‧彫塑篇》，頁187-188，在太和十四年以前。

180 惠民縣文物事業管理處，〈山東惠民出土一批北朝佛教造像〉，《文物》1999.6：
　　72。

181 楊在忠、韓崗，〈山東諸城佛教石造像〉，《考古學報》1994.2：235。

182 惠民地區文物管理處，〈山東旡棣出土的北齊造像〉，《文物》1983.7：46，
　　圖九，造像底座銘文拓本。

183 張總，〈山東歷城黃石崖摩崖龕窟調查〉，《文物》1996.4：45。

餘人造像記〉[184]。另外，1984年在河南偃師縣南蔡庄鄉宋灣村，收集到北魏正光四年(523)翟興祖等人造像碑，亦云：「此下法義卅人等建造石像一區，菩薩侍立，崇寶塔一基，朱彩雜色，睹者生善，歸心正覺。」[185]

(二)關隴地區義邑的特色

學者指出陝西造像風格除了北魏因素之外，更明顯的是地域的特色[186]。關隴地區佛教社邑也有區域性的特色，顯現在以下四個方面：一是陝西的造像碑有並造佛、道教像者，即所謂的「佛道混合造像碑」，這種造像碑幾乎僅見於陝西[187]。二是關隴地區出現異於其他地區的義邑執事名銜。三、部分義邑兼具宗教之外的功能。四、由於有很多非漢民族居於此地，因此非漢民族組成義邑，或是加入漢人的義邑，參與造像。

1. 佛道造像碑

道教造像碑以陝西爲最多，根據李淞的統計，在陝西北朝道教造像中，有一半是並造佛、道像的[188]。

當我們檢視佛道混合造像碑題記時，似應考慮當時人們實際信仰的情形。對於佛教、道教、乃至於民間信仰有清楚的區分，可能是近代學者的認知；有些人可能同時信仰佛教和道教，或者參雜某些民間信仰，即使今日的台灣也不乏雜揉佛、道、民間信仰的信徒。中古時期已經出

---

184 李文生、孫新科，〈龍門石窟佛社造像初探〉，《世界宗教研究》1995.3：43。

185 李獻奇，〈北魏正光四年翟興祖等人造像碑〉，《中原文物》1985.2：22。

186 麟游縣博物館(執筆者張燕)，〈麟游縣博物館藏佛道教石像〉，收入西北大學考古專業、日本赴陝西佛教造像遺跡考察團、麟游縣博物館，《慈善寺與麟溪橋》(北京：科學出版社，2002)，頁199-120。

187 張國雄，〈晉西南地區發現一批小型佛道石造像〉，《文物》1994.8：81-95。此外，山西芮城、聞喜、永濟等縣也有少數佛道混合造像的發現。

188 根據李淞，〈關中一帶北朝造像的幾點基本問題〉一文中，「表一：陝西北朝道教造像碑石簡表」所做的統計，《新美術》1997.4：38。

現儒、釋、道三教兼融的情況，因此陝西地區出現佛、道混合造像碑，似乎也不用太過於驚訝。早先，小田義久的研究指出：從中古時期幾部疑偽經典(中國撰述的經典)的內容，以及一些墓葬出土的衣物券中除了陳述死者「十善持心，五戒堅志」之外，同時也提到「五道大神」道教的冥官，可知在正統佛教發展的同時，中古庶民信仰其實是佛、道混合的形態[189]。近年來中國學者也漸趨向於此說[190]。從陝西佛道造像碑上的詞語也可以反映這個現象，分述如下：

一、造像記上有「佛道合慈」之語，藏於臨潼博物館的北魏正光四年(523)師錄生合宗七十一人造佛道像碑記云：「如來大聖，至尊□延，分刑(形)普化，內外啓徹。佛道合慈，无爲是一。」清楚地並提佛、道，而其迴向文中提到道教的「歷劫先仙師」，而其祈願卻是佛教彌勒信仰「龍華三會，願在初首。」[191]這種兼崇二教的情況可能是相當普遍的[192]，唐武德二年(619)，高祖在下令每年正月、五月、九月及每月十齋日禁斷屠殺和行刑的〈禁屠詔〉中，也兼談釋教的慈悲和道教的去殺理念：「釋典微妙，淨業始於慈悲；道教沖虛，至德去其殘殺。」唐高祖因尊崇道教，而以十齋日取代佛教的六齋日，但是其後十齋日反倒爲佛教所

---

189 小田義久，〈中國中世庶民信仰〉，《龍谷大學論集》，第389、390合併號，頁267-278。

190 溫玉成認為：陝西佛道造像碑如〈魏文朗佛道造像碑〉、〈茹小策合邑一百人造像碑〉係調合不同宗教的造像，〈「西天諸神」怎樣來到中國？〉，《中原文物》2007.3：72；張勛燎、白彬也指出陝西普遍存在著共同建造像、道教造像的事實，充分反映了二教之間和平共處、彼此尊重，相互滲透影響。見張勛燎、白彬，《中國道教考古》(北京：線裝書局，2006)，第三冊，頁740。

191 張勛燎、白彬，《中國道教考古》，第三冊，頁706。

192 Christine Mollier, *Buddhism and Taoism Face to Face: Scripture, Ritual, and Iconographic Exchange in Medieval China* (Honolulu: University of Hawaii Press, 2008)，對於中古時期佛道互動提出許多新的看法，pp. 174-208有關於佛、道造像的討論。

吸收,而成為其齋日之一種[193]。

二、有的造像記更明言其兼奉二教,如藏在臨潼博物館的北魏神龜二年(519)義邑造老君像碑,提到「俗弟歸佛宗,托身投道門,……減割五家財,建養永神仙,奉師歸三寶,……合邑善□□,□道食福田。」[194] 可知撰文者之弟皈信佛教,但從其後的文詞「神仙」、「三寶」並見,又建老君像,可知此一義邑是兼崇佛、道。

三、造像記中即明白宣稱「造佛道像」,如藏於耀縣博物館的北魏始光元年(424)魏文朗造像碑:「始光元年,北地郡三原縣民佛弟子魏文朗家多不赴,皆有違勸,為男女造佛道像一區。」北周保定二年(562),耀縣有佛弟子李曇信兄弟「減割家珍,敬造釋迦、太上老君諸尊……」[195]。

四、有些佛、道像或者純粹的道教造像,其迴向祈願卻是佛教的淨土(包括西方彌陀淨土或是彌勒淨土)或者願成佛道[196]。此一現象可能是道教造像係受佛教影響所致[197]。如1936年在漆河出土的,北魏北地郡泥陽縣人夏侯僧邑子九十人造佛道像,迴向發願中「願歷劫師徒、七世父母、所生父母,願生西方妙樂國土,……見在眷屬,七紾供足。一切眾生,

---

193 參見拙文〈年三月十——中古後期的斷屠與齋戒〉,《大陸雜誌》104.1(2002):15-33;104.2(2002):16-30。

194 陝西省耀縣藥王山博物館、陝西省臨潼市博物館、北京遼金城垣博物館合編,《北朝佛道造像碑精選》(天津:天津古籍出版社,1996),頁63-64;《中國道教考古》,頁700-702。一般皆題為「王守令造像造佛道像碑」,王守令之名出自迴向發願文中的「邑子茲茂盛,師徒普延年。同疇兆劫壽,練質願更仙。皇帝統無窮,國興身長存。鎮王守令等,同享受百□。」由此可知,皇帝是和百官「鎮王守令」相對之語,「王守令」並非人名。

195 佐藤智水,《4—6世紀における華北石刻史料の調查‧研究》(研究成果報告書,龍谷大學,2005),頁60。

196 關於北朝道教造像與佛教內容混雜的情況,參見張勛燎、白彬,《中國道教考古》,第二冊,頁679-684。

197 張勛燎、白彬,《中國道教考古》,第三冊,頁730-733。

減(咸)同斯願，果成佛道。」[198]

至於此地區何以獨出現佛、道混合的造像碑[199]？是一個值得思考的問題。學者從實物遺存考證，認為北朝道教造像的起源與樓觀道派有關[200]；就地域性而言，樓觀派起於陝西終南山下樓觀，流傳於關隴地區[201]，與此一現象也頗為相應。雖然如此，佛、道混合造像碑僅限於此區的原因，仍可再做進一步的研究。

2. 華北義邑執事名銜

陝西佛道造像碑顯示此一地區佛教和道教有較多的關涉，也使得此一地區佛教義邑部分執事名銜染上道教色彩。為了說明這一點，必須先對北朝佛教義邑執事作一整體的敘述，王昶〈北朝造像諸碑總論〉列舉許多造像題名的名銜，但並未做精確的分類和敘述。本文將北朝造像碑上的名銜就其屬性分為五類：(一)義邑的執事。(二)宗教專職人員。(三)在造像和相關活動中出資較多的成員。(四)複合式的名銜。(五)義邑的成員。這五類中僅有第一種是義邑的執事，以下分別敘述。

造像碑上宗教專職人員包括「比丘」、「比丘尼」和「沙彌」(題名中未見沙彌尼)，此外，還有專為某一家族所尊奉為師的比丘或比丘尼，稱為「門師」；某一義邑的指導者「邑師」。有時一個義邑的「邑師」不止一人，在此情況下，還出現「大邑師」、「都邑師」之名，如

---

198 《4—6世紀における華北石刻史料の調査‧研究》，頁43。

199 關於陝西佛、道造像碑，已有不少的研究，如：Stanley K. Abe, *Ordinary images* (Chicago: University of Chicago Press, 2002), pp. 270-295. Stephen R. Bokenkamp, "The Yao Baoduo 姚伯多 Stele as Evidence for the 'Dao-Buddhism' of the Early Lingbao 靈寶 Scriptures," *Cahiers d'Extreme Asie*, 9(1998), pp. 55-67; Stanley K. Abe, "Heterological Visions: Northern Wei Daoist Sculpture from Shannxi 陝西 Province," *Cahiers d'Extreme Asie*, 9(1998), pp. 69-83.

200 《中國道教考古》，第三冊，頁730-745。

201 任繼愈主編，《中國道教史》(增訂本)(中國社會科學出版社，2001)，頁230-234。

北齊天保八年河南登封有劉碑等人造像，造像者題名中有「大邑師惠獻」、「大邑師僧和」、「大邑師僧□」[202]。另如天保三年(550)在河南輝縣僧嚴等造佛像碑上有「都邑師僧進」的題名[203]。北齊後主武平六年(575)，在洛陽龍門藥方洞有「都邑師道興」率邑人造釋迦並二菩薩像[204]，北朝無紀年造像碑上有「大都邑師」[205]。

在造像和相關活動中出資較多的成員包括以下三者：

一、是在造像活動中認領建造佛、菩薩像的「像主」；他們的名字常出現在其所負擔尊像的名稱之下，如「釋迦主」、「菩薩主」、「阿難主」、「迦葉主」、「維摩主」、「文殊主」、「七佛主」、「无量壽佛主」等。至於出資購買造像碑石的是「施石主」（或作「世石主」），和碑像主題有關的「天宮主」、「塔主」、「浮圖主」。

二、造像活動經常和寺院有所關聯，或是由寺院僧人發起建造，或是信徒建造佛像碑置於寺院供養，因此在造像碑上出現和寺院有關的名銜。南北朝寺院有官方認定的「三綱」（寺主、上座、都維那）是綱紀管理僧人的僧職；另外有民間自署的「俗人寺主」，則是指俗人出資、捐地建造寺院，而成為此寺的「寺主」，或稱「俗寺主」、「寺檀主」。有時俗人姓名上冠以「寺主」者，其實是「俗人寺主」的略稱[206]。捐贈土地建造寺院者為「施地主」，和寺院建築有關的有捐造柱礎、或佛殿香案、鐘鼓的「構柱主」、「大門柱主」、「香几主」、「鐘主」等[207]。

---

202 《八瓊室金石補正》，卷21，頁8，〈劉碑造象銘〉。

203 《北京圖書館藏中國歷代石刻拓本匯編》，第七冊，頁22。

204 《金石萃編》，卷35，頁12，〈道興造像記〉。

205 《北京圖書館藏中國歷代石刻拓本匯編》，第六冊，頁196。

206 拙文〈中古佛教政策與社邑的轉型〉，頁246-249。

207 《常山貞石志》，卷2，頁36，北齊天保五年〈成氏造石浮圖記〉，有「構柱主成瓮」、「施地主成苴」；《八瓊室金石補正》，卷41，頁7，16，唐〈開元寺三門樓題刻〉，有「大門柱主張君相」、「大門柱主彭襲威」題名。

　　三、負擔儀式和齋會費用者，如所造的碑像上的每個尊像都需舉行開光儀式，由僧人執筆點佛眼，供給主持開光儀式僧人嚫施的施主，稱「光明主」或「開光明主」[208]。由於造像碑上每一尊佛、菩薩、佛弟子，乃至於金剛、力士等像都要一一開光，施主有時分別負擔爲某一佛、菩薩開眼的嚫施，而在「開光明主」之上各冠以佛、菩薩之名，如北魏孝莊帝永安三年(530)，山西三交村薛鳳規等人所造的石碑像上，有「釋迦佛開明主張羊」、「第四拘樓秦佛開明主楊□□」、「第六迦葉佛開明主沈通」、「第七釋迦牟尼佛開明化主楊洪戍」、「第一唯越佛開明主三□壁音張男」等各佛開光的資料[209]。滑縣開皇二年隆敎寺四面造像碑上「開釋迦大像光明主夏妻胡妙姬」、「開維摩光明主吳法思」、「開阿彌陁大像光明主東郡太守馬法僧妻吳買」、「開迦葉光明主吳子期」、「開阿難光明主比丘尼延淨」、「開觀世音大像光明主生妻張豐姬」等[210]。造像之後通常會設齋慶讚，或者義邑定期舉行的齋會，如隋李阿昌造像碑的「大邑」的成員「半月設齋」，每月舉行兩次齋會。「齋主」出資供給齋食和負責僧尼的齋嚫，一個齋會中可能由數人或十數人共同負擔費用，出資多者冠以「大」和「都」字：「大齋主」、「都齋主」、「八關齋主」、「大八關齋主」。此外，還有「香火主」、「香火」、「燈明主」，應是負責出資供應香、燈者。此外，有勸化信徒加入義邑或出資造像的「化主」（「勸化主」）。化主經常不止一人，如四面造像碑，有時各面都有一位「化主」，因此有「大化主」、「都化主」總領。

　　至於義邑執事名銜，有作爲領導者的「邑主」、有時邑主在一人以

208 關於開光儀式和「開光明主」一詞，詳見拙文〈五至六世紀華北鄉村的佛教信仰〉，頁527-529。

209 《魯迅輯校石刻手稿》，第二函第一冊，〈薛鳳顏(規)等造象碑〉，頁188。

210 《滑縣金石志》（收入《石刻史料新編》第三輯第二十九冊），卷1，頁10-14，〈開皇二年隆敎寺四面造像碑〉。

上，則有「大邑主」、「都邑主」、「大都邑主」以統領之。邑主多由俗人擔任，但有時僧人也以「邑主」身分出現，顯示其在此義邑的組成中居於主導的地位，如東魏孝靜帝武定元年(543)河南河內(今河南沁陽)附近的村落中，由清信士合道俗九十人造一佛像碑，其題名中有「邑主、都唯那法猛侍佛時」[211]，即此義邑係以僧人為主導，其「邑主」係在一所寺院擔任三綱「都維那」之職的法猛。義邑執事另有借自佛寺寺職的「維那」、「典坐」二銜，維那是寺院僧職的三綱之一，總司寺院的事務，因此，維那也是義邑執事中最重要的一職，通常不止一人，因此也有「都維那」、「大都維那」之職。僧職中有「典坐」，係通典雜事[212]，在義邑中的作用也相仿。

義邑執事也有「中正」一職，係借自州郡選舉的職官，因此在造像題名所見的「中正」一銜須仔細分辨它究竟屬於州郡職官，或係義邑執事。凡是「中正」前附有郡、邑之名者如「邑中正」、「郡中正」、「都邑中正」都是朝廷官屬，多以當地大族擔任。這些名詞屢見於南北朝諸史，如吳郡顧琛為「本邑中正」、沈約為「中書郎、本邑中正」、河東柳崇「遷太子洗馬、本郡邑中正」[213]。在河南偃師北齊天統元年邑主韓永義等人造像碑上，就同時出現了作為義邑執事的「中正」和地方郡中正的題名，「中正霍羅侯」是義邑執事，「洛陽郡中正姜範」、「征東將軍洛州大中正、平恩縣開國男皇甫迥」則是有中正官職者[214]。又如山西北齊〈陽阿故縣村造像記〉題名中有：「水精王像主太學博士、郡中

---

211 《魯迅輯校石刻手稿》，第二函第二冊，〈道俗九十人等造像記〉，頁339；《北京圖書館藏中國歷代石刻拓本匯編》，第六冊，頁95。

212 《大宋僧史略》，卷中，〈雜任職員〉，頁245上：「……次典座者，謂典主床座。凡事舉座，一色以攝之，乃通典雜事也。」

213 《宋書》，卷81，〈顧琛傳〉，頁2076；《梁書》，卷13，〈沈約傳〉，頁233；《魏書》，卷45，〈柳崇傳〉，頁1029。

214 《金石萃編》，卷34，頁3-4，〈合邑諸人造佛堪銘〉。

正周清郎」、「大像主郡中正李安善」、「像主郡中正劉永達」、「邑子郡中正正世隆」，也都是官員[215]。至於義邑執事的「中正」有時不止一人，故有「都中正」一銜以領之。如北齊天統三年宋買造天宮像記的造像記暨題名中，宋買擔任「邑中正」之官，也是義邑組織執事「大都邑主」[216]。

在題名中還有一種複合式的名銜：如李氏合邑造像碑有「都邑、金像、義井主長樂太守李次」，顯示李次既是此一義邑的「都邑主」、又是出資造金像、建義井的「金像主」、「義井主」；另有「八關齋主、都唯那李元」係指李元既是此一義邑的執事「都唯那」，又是在齋會中出資的「八關齋主」[217]。又如東魏武定七年(549)武安縣(治所在今河北武安市西南)龍山寺主比丘道寶率領一百人建一所佛像碑，題名中有「比丘像、邑主道勝」、「比丘像、邑主僧教」[218]，意即這比丘道勝、僧教既是「邑主」，同時也是出資造像的「像主」。山東呂世櫚等造像題名有「左葙金剛主并光明吳法榮」、「右葙金剛主并光明薛雲逺、潘吹」[219]，則此三人不僅出資造金剛像，同時又負擔開光儀嚽施的「開光明主」。

至於義邑的成員大都稱為「邑子」，在山東地區多稱「法義」，至於在甘肅地區則稱為「邑生」。

3. 關隴地區的義邑執事名銜

關隴地區義邑執事名稱有以下三項地區性的特色，一、部分執事名

---

215 《山右石刻叢編》，卷2，頁12-14，〈陽阿故縣村造像記〉。
216 《金石萃編》，卷34，頁5-6，〈宋買造像碑〉。
217 《魯迅輯校石刻手稿》，第二函第二冊，頁313-324。《滑縣金石志》，〈興和四年李氏合邑造像碑〉。
218 傅斯年圖書館藏拓本第10995號；大村西崖，《支那美術史・彫塑篇》，頁286-287。
219 《八瓊室金石補正》，卷22，頁37，〈呂世櫚等造象題名〉。

衙雜揉道教的色彩。二、甘肅一帶義邑成員多稱「邑生」。三、少數僧尼帶有俗家姓氏。

在佛道混合造像碑中出現一些是道教信徒的名稱「道民」,以及道教宗教專職人員的名銜如「典籙」、「侍香」、「侍者」、「三洞法師」等[220],是可以理解的。不過,在純粹佛教義邑的執事名銜也有部分雜有道教色彩,這類執事名銜僅見於關隴地區,如「典錄」、「彈官」、「邑日」、「邑謂」(或作邑胃、邑胥),可稱是此一地區的特色。北魏孝武帝永熙二年(533)雍州宜君郡黃堡縣邑主□蒙文姬合邑子卅一人造像題名中就有「典錄」、「彈官」[221]。以北周武成二年(560)原典部邑子造七級浮圖的題名而言,這是一個純佛教的信仰組織,題名者共計二百三十餘人,但其執事除了二名「典坐」、二名「維那」之外,還有四名「邑長」、七名「治律」、六名「典錄」、四名「香火」[222],北周天和六年(571)比丘邑師曇貴和趙富洛合邑廿八人造觀世音像一區,其執事名稱除了「維那」、「邑主」、「典坐」、「化主」之外,另有「典錄」、「治律」、「邑日」、「香火」、「行維那」[223]。武成二年王妙暉等邑子五十人造釋迦石像,此一義邑的執事之中,就有「邑謂」三人[224]。

---

220 臨潼博物館藏北魏正始二年(505)馮神育同邑二百人等造道教像碑,這是一個純粹道教徒的信仰組織,其成員稱「邑子」,宗教專職人員有「三洞法師」任平定等三人、「門師張明玉」、「邑師馮洪標」、「道士」,道教弟子「錄生」、「道民」,至於義邑執事的名銜有「邑正」、「典錄」、「侍者」。見李淞,〈涇渭流域北魏至隋代道教雕刻詳述〉,收入《長安的藝與宗教文明》,頁370-372。道教符籙中有典錄、靈官。「錄生」是指十歲已上受三將軍符籙、十將軍符籙,三歸五戒,得加此號。「侍香」是道教行儀時的執事名稱,由參加儀式的道士擔當。另如魏文朗造像記主龕是釋迦和老君並坐像,題名中有「清真魏法花」。

221 《4—6世紀における華北石刻史料の調查・研究》,頁46-5-49。

222 《金石萃篇》,卷36,頁5-11,〈七級浮圖記〉。

223 《匋齋藏石記》,卷14,〈趙富洛等廿八人造觀世音象記〉,頁4-5。

224 《金石萃編》,卷39,頁1-4,〈王妙暉造像記〉。

　　義邑成員的名稱在北方多數地區稱爲「邑子」或「邑義」，在山東地區則多稱「法義」，在甘肅地區又別稱爲「邑生」。陝西地區多稱爲「邑子」，但也有少數爲「邑生」，如陝西麟游縣河西鄉常村古寺出土的一通北魏千佛造像碑，碑左造像者的題名中有五位「邑生」的題名[225]。彬縣博物館藏西魏羌族荔非氏造像碑，成員皆稱「邑生」[226]。但愈向甘肅地區則「邑生」一詞更爲普遍，甘肅正寧縣北周保定元年合邑生一百三十人等造人中釋迦石像，除了邑主、維那之外，還有邑政、邑謂、香火主，其成員皆稱「邑生」[227]。在甘肅的隋李阿昌造像碑皆稱「邑生」[228]，1984年甘正寧出土北周造像佛座，四面鑴有義邑造像題名，「保定元年正月十五日合邑生一百三十人等共同尊心，爲法界廣發洪願，造人中釋迦像一軀」[229]，成員的姓名也都冠上「邑生」之銜。

　　此外，陝西地區少數佛教僧人仍冠以俗家姓氏，也是值得注意的現象。從東晉道安法師之後，僧人捨俗出家，皆同「釋」姓，故佛教僧尼皆以釋爲姓，繫以法名，而不用俗家姓名。不過，陝西佛教造像碑有部分僧人仍冠俗姓，留有俗名，如北魏延昌四年(515)造像碑云：「大代延昌四年歲次己未四月一日，比丘郭魯勝造石像一區，爲亡弟子魯豐，……」[230]；孝武帝永熙二年(533)陝西銅川市一個羌人「義邑」所

225 〈麟游縣博物館藏佛道教石像〉，收入西北大學考古專業等編，《慈善寺與麟溪橋龕：佛教造像窟龕調查研究報告》(北京，科學出版社，2002)，頁179-180。

226 李淞，〈關中造像碑研讀記〉，收入《長安的藝術與宗教文明》(北京：中華書局，2002)，頁349-350。

227 魏文斌、鄭炳林，〈甘肅正寧北周立佛像研究〉，《歷史文物》2005.9：88。

228 《隴右金石錄》(《石刻史料新編》第一輯第二十一冊)，卷1，頁1，〈李阿昌造像碑〉。

229 周偉洲，〈甘肅正寧出土的北周造像題名考釋〉，收入氏著，《西北民族史研究》(鄭州市：中州古籍出版社，1994)，頁450。陳瑞林，〈甘肅正寧出土北周佛像〉，《考古與文物》1985.4：109；魏文斌、鄭炳林，〈甘肅正寧北周立像研究〉，頁85。

230 韓偉，〈耀縣藥王山佛教造像碑〉，《考古與文物》，1996.2：13。

建的造像碑中，就有「沙彌夫蒙僧貴」的題名[231]。又，西魏文帝大統五年(539)富平縣(今陝西富平)縣令曹續生并邑子冊四人所造的石碑像上，有「比丘李□晃」、「比丘焦法玉」、「沙弥上官法檦」和四個焦姓沙彌的題名[232]。佛教僧人不從釋姓、仍冠有俗家姓氏者，僅見於此一地區。道教的宗教專家道士等皆保留俗家姓名，由於陝西地區多佛道造像碑和道教造像碑，上述情況也有可能受到道教的影響。

北朝時期，有不少非漢民族居住在關中地區，他們也參與或組織義邑，加入造像。馬長壽《碑銘所見秦至隋初的關中部族》一書中指出：居住在關內的北方諸族隨所在村邑的漢族或羌族建立佛像。如在咸陽發現的王妙暉等五十人造像碑題名中，就有鮮卑和漢人並列其中。又如昨和拔祖等一百廿八人造像碑題名也顯示此是胡、漢人民共同捐資所建的[233]。胡、漢人民協力共造佛像這個事實，在隋開皇五年(585)八月十五日七帝寺所造的佛像銘文裡說得最爲清楚：「胡漢士女邑義一千五百人，三邑併心，四方並助。」[234]此外，1984在甘肅正寧出土的北周保定元年合邑生一百三十人等造人中釋迦石像題名共有149人，其中包括七個非漢民族：鮮卑、羌、匈奴、氏、西域胡、吐谷渾和高車族[235]。

相較於北方其他地區，關隴佛教義邑有比較明顯的地域性特色；同時，陝西道教徒也組織義邑以建造道教神像，如北魏神龜三年陝西耀縣有錡雙胡合邑廿人等造像，錡雙胡同時也是此一道教義邑的「邑師」[236]。

231 馬長壽，《碑銘所見前秦至隋初的關中部族》(北京：中華書局，1985)，頁91，附錄一〈關中北魏北周隋初未著錄的羌村十種造像碑銘〉，(四)〈邑主雟蒙□娥合邑子三十一人等造像記〉。

232 《金石萃編》，卷32，頁14，〈曹續生造像記〉。

233 《碑銘所見前秦至隋初的關中部族》，頁54-55。

234 《魯迅輯校石刻手稿》，第二函第五冊，〈七帝寺造象記〉，頁1045。

235 周偉洲，〈甘肅正寧出土的北周造像題名考釋〉，頁457。魏文斌、鄭炳林，〈甘肅正寧北周立佛像研究〉，頁84，89-92。

236 《4—6世紀における華北石刻史料の調查研究》，頁27-29；《魯迅輯校石刻手

荔非周歡道教造像碑是耀縣羌族荔非氏所組的義邑所造的像，西墻千佛像碑爲耀縣以西羌荔非氏家族爲主要成員的義邑所造的[237]。

五、結語

有關中古佛教社邑，前賢已做出很多的貢獻，本文僅是細讀造像記文本，釐清其時社邑的名稱、成員的稱呼，認爲北朝佛教信仰組織稱做「義」或「義邑」，而以「義邑」居多數；其成員則稱爲「邑義」。同時，佛教信仰組織在不同的地區也有一些差異，山東地區可能受到當地流行經典或僧人布教的影響，社邑多稱爲「法義」，其成員也叫做「法義」。陝西地區則有很多佛、道造像碑，部分義邑的執事名銜沾染道教色彩。甘肅一帶比較特別的是義邑成員稱「邑生」，有異於其他地區「邑子」的名稱。

入唐之後，佛教徒仍組社邑；不過，由於唐代佛教政策有一個大的轉向，在嚴格控制僧人和寺院的數量、僧人隸籍屬寺，以俗人官吏統治僧人的基調之下，使得佛教社邑的名稱、組織以及其所從事的活動，都有相當的調整[238]。對唐代佛教信仰組織有直接影響的兩個因素，一是高宗咸亨五年(674)詔，禁絕各種形式的私社──包括了佛教結社，由於詔書中明言禁止「別立當宗及邑義諸色等社」，即使在玄宗天寶元年(742)復准許百姓私社存在之後，也不復見以「義邑」爲名稱的組織，而改稱爲「邑」、「社」或「會」。除了國家的政策之外，佛教內部的

(續)────

稿》，第二函第一冊，頁96-99。。

237 陝西省文物普查隊，〈耀縣新發現的一批造像碑〉，《考古與文物》1994.2：57-58。

238 關於唐代佛教政策對佛教社邑的影響，參見拙文〈中古佛教政策與社邑的轉型〉。

變化如流行經典、修行方法,可能也是造成中、晚唐社邑偏重於修習經典的重要因素。中、晚唐時期頗有一些社邑是依其所修習的經典或教法而命名的,如《法華經》、《華嚴經》和《金剛經》的流行,出現了「法華邑」、「法華社」、「普賢邑社」;「華嚴社」、「金剛經社」等;淨土信仰的流行,出現了「九品往生社」與「西方社」、「上生會」。由於《佛頂尊勝陀羅尼經》的廣布流傳,唐代社會興起建立石經幢的風潮,因此也出現了和建立經幢有關的「尊勝寶幢之會」,以及和密教修習有關的「摠持社」。

五代迄於宋代的佛教政策基本上沿續唐代之舊,有各種「經會」和「千人邑」等佛教結社。自北朝以降,千餘年以來佛教徒結社的傳統綿延不斷,迄今仍有。

宋代基層社會的權力結構與運作
——以縣爲主的考察

黃寬重[*]

一、引言

　　宋代社會史，是以往宋史研究中較弱的領域。近年來，學界對宋代婦女、家族、宗教等相關問題，已有相當豐碩的研究成果[1]，基層社會也成爲學界討論的焦點。對宋代基層社會的研究，學界各有側重點。以日本學界爲例，「鄉村共同體」或「地域社會」的概念，是探討此議題的重要視角，然此類研究過於側重「社會」及「空間」，容易忽視國家

[*]　中興大學萬年講座教授兼副校長暨人社中心主任。
[1]　見吳雅婷，〈回顧1980年以來宋代的基層社會研究——中文論著的討論〉，《中國史學》12(2002)：65-93。刁培俊，〈當代中國學者關於宋朝職役制度研究的回顧與展望〉，《漢學研究通訊》2003.3：15-26。李華瑞，〈宋代婦女地位與宋代社會研究〉，收入鄧小南主編，《唐宋女性與社會》(上海：上海辭書出版社，2003)，頁905-916。王錦萍，〈20世紀60年代以來宋代民間信仰研究述評〉(待刊稿)；及郭恩秀，〈80年代宋代宗族史中文論著研究回顧〉，《新史學》16.1(2005)：125-158。

權力及政局變化對地方社會的影響[2]。筆者觀察宋代地方軍與地方武力，發現當「地方」的特性突出時，往往隱含了與中央對立之意。此外，目前的研究，仍偏重鄉村制度與區劃，以及個人與家族社會角色的探討，尚有許多基層社會議題的內容，需要進一步開展、充實和完備。

　　「基層社會」指涉的內涵，因人口、活動空間和資料記載的詳略而有所不同。對近代以來的中國或台灣，基層社會可以指涉村里，明清的基層社會則可以是鄉鎮。至於宋代基層社會的範圍，目前仍無定論，研究取向也不一致[3]。宋史研究者不少將鄉村、鄉里視為基層社會，[4]但在宋代除有《海鹽澉水志》之外，幾無鄉鎮志一類的地方資料，鄉里又是虛級化的行政區劃；受資料限制，只能看到極少數個案或特殊時期的樣貌，缺乏普遍及代表性。相對而言，縣則一直是中國歷代行政組織中，設官任職、執行政策、維護治安、司法裁判和財稅徵收的基本單位，縣衙成為官府行使公權力和象徵皇權統治力的所在，是各類人群聚集、交

---

2 關於共同體的研究，谷川道雄教授是先驅，而1980年代起，日本明清社會史研究者提出「地域社會」的視野則影響深遠，相關論著頗為豐富。可參見檀上寬，〈明清鄉紳論〉，收入劉俊文編，《日本學者研究中國史論著選譯》（北京：中華書局，1993）第6卷，頁453-481。岸本美緒著，何淑宜譯，〈明清地域社會論的反思〉，《近代中國史研究通訊》30：164-176；〈「秩序問題」與明清江南社會〉，《近代中國史研究通訊》32：50-58。常建華，〈日本80年代以來的明清地域社會研究述評〉，《中國社會經濟史研究》1998.2：72-83。

3 吳雅婷在她的文章中，對基層社會一詞是採取以個人為中心向外推行，較為寬泛的認定。吳雅婷，〈回顧1980年以來宋代的基層社會研究──中文論著的討論〉，頁65-93。

4 如刁培俊，〈宋代鄉村精英與社會控制〉，《社會科學輯刊》2002.4：91-96；〈宋代的富民與鄉村治理〉，《河北學刊》2005.2：149-153；〈分工與合作：兩宋鄉役職責的演變〉，《河北大學學報（哲學社會科學版）》2005.4：95-99；〈鄉村中國家制度的運作、互動與績效──試論兩宋戶等制的紊亂及其對鄉役制的影響〉，《中國社會經濟史研究》2006.3：10-20。王棣，〈宋代鄉里兩級制度質疑〉，《歷史研究》1999.4：99-112；〈從鄉司地位變化看宋代鄉村管理體制的轉變〉，《中國史研究》2000.1：82-93。

流及和官府交涉的場所，也是中央政治力與地方社會力接觸的介面，資
料較為豐富。因此，從縣這一層級，尤其是以縣衙為中心來觀察，更能
呈現基層社會的政治運作、人際關係、社會網絡，乃至經濟、文化活動。
因此，本研究選擇以縣為整合地方政治與社會結構的場域，希望由此基
點出發，來觀察宋代基層社會。

　　不過，中國疆域遼闊，各地區有很大的差異性，既有人多事雜、治
區較小的劇縣，也有轄區遼闊、人少地瘠的貧縣。地理環境、風俗民情
的歧異，導致諸多地區治理難易、文化優劣，各自不同。一縣所涉事務，
又包含刑名錢穀與社會秩序，面向繁多，情況各異，很難用相同模式，
一概看待或評價縣府所有事務。復因史料之限，欲全面考察所有縣級運
作全貌，更是幾乎不可能。因此，本文對宋代基層社會的討論，僅能就
史料中所呈現時代特質，以縣政為核心，從中央與地方互動的角度，透
過縣政權力結構與實際操作，從中觀察有宋一朝的官民關係，與南、北
宋地方社會的發展變化。

　　社會由人之聚合而生，單一個人因著各式情境，結合為不同群體，
參與並左右著社會運作。然而，因著情境、目的、立場不同，即便是相
同的個人，也可能在社會運作機制中，同時涉足不同群體，扮演著多重
角色，而群體彼此之間的關係，更是複雜而盤根交錯，絕非對立或從屬
能一以概之。本文主旨在討論宋代的基層社會，希望能避免將基層社會
視為一個無差異的整體，而以較宏觀的視角，從靜態的權力結構與動態
的人事運作兩個層面入手，藉由縣級行政管理方式的變化，與縣政權力
的實際運作，梳理宋代地方社會中官民關係的演變，剖析政治力與社會
力之間的角力，從中體現宋代基層社會的動態歷史發展軌跡與各方力量
間的結構關係。

　　本文針對參與基層社會運作的相關群體，採取分項討論的作法，不
免將胥吏、弓手、土兵、巡檢、士人、鄉居官員，乃至親民官等，切割

得過於分明、單一。然而，受限於篇幅與研究主題，為求討論焦點集中，勢必得割捨對個人與群體多元形貌的勾勒與討論，而著重於基層社會的權力結構與實際運作之上。本文既從結構的角度，探究宋代縣級單位重要性的提升，基層武力與胥吏的發展和變化；又從空間的角度，對地區性社會勢力興起與轉變，特別是士人階層興起後，對鄉土意識的型塑等問題，提出綜合性的觀察，期有益於了解中國近世基層社會繁衍發展的樣貌。至於鄉里組織、宗教、文化社群活動、禮俗生活等層面，則僅述及農政運作與地方勢力有關的部分，其餘暫不討論。

探討宋代基層社會，範圍理當涵蓋中國全境，但在南宋時代，整個淮河以北地區，已非屬趙宋政權統轄，而且史料明顯不足，不易進行比較與討論。因此，本文討論南宋時，限於淮河以南地區；江浙一帶，資料相對豐富，反映的現象也較為具體，是本研究的重點。此外，本文雖以縣為探討的範圍，但討論時偶亦涉及蘇州、明州等州級層次，但以州治所在的縣份為主，或其中之部分地區，而非全州。

二、以縣衙為中心的基層事務與人際關係

宋代的縣作為基本行政區，是在基層具有統治權的單位。「縣官」一詞在漢代，除指地方官府外，亦意指天子[5]。到了宋代，縣官雖只是地方行政長官職稱，但縣府涉及業務龐雜繁多，除了不具外交、軍事機能外，實際上就像一個小朝廷。縣轄下有鄉、里、管、都等虛級化地理區劃單位或財稅稽徵建置，彼此無隸屬關係，也多不具行政實權，所有行政統治權均由縣府負責。

---

5 佐竹靖彥，〈《作邑自箴》の研究──その基礎的再構成──〉，《人文學報(歷史學)》238(1993)：234。

（一）縣衙角色的轉變

宋代的縣衙，是縣政運作的樞紐。在縣衙面對基層民眾的官員，被稱為「親民官」，是縣政最重要的決策者，也是治理成效的關鍵人物。縣級的親民官包括縣令、縣尉、縣丞、主簿，他們都是朝廷任命，部分由進士出身者擔任。對於絕對多數的百姓而言，終其一生所面對最直接的國家機器，就是縣，而由縣令等親民官和所轄僚吏構成的縣衙，就是與百姓關係最密切的機關，也是宋代政治力與社會力交織的所在。

宋代縣府的主要機構與人員，從《嘉定赤城志》和《作邑自箴》對縣治的記述，可以了解縣衙大致劃分為下述幾個部分：縣令的住處（宅）、縣令的辦公處（廳）、檔案資料室（架閣庫）、胥吏辦公室（司房），及以米倉、錢庫、縣獄等衙役的工作場所。縣丞、縣尉、主簿，在縣衙附近各自有辦公室（廳）；同樣，大部分的弓手等則在縣衙各廳任職，概略地說，縣衙就像由宮城、皇城構成中央朝廷的縮影[6]。

在宋代，由於強鄰壓境，長期內亂外患，國防、外交費用支出增多，需通過縣府向百姓徵集賦稅；軍需物資運輸、訊息傳遞，以及水利、交通設施等，也需要透過縣衙徵調人力。這些政策的推動，都有賴於縣府的運作來貫徹，使得縣的角色較之前代更顯重要。縣之地位提升，更關鍵的因素來自社會經濟形態的轉變。宋代社會經濟形態迅速轉變，商業活動頻仍，土地、物資等交易活絡，各種法律糾紛、訴訟層出不窮。訴訟案件關係個人利益，在程序上，任何訴訟都先經過縣衙進行初審，由縣衙派遣縣級官員追查當事人與證人，測量糾紛土地、查驗契書真偽，以作為初審判決的依據[7]。由於土地轉易頻繁，官方對田宅交易、租佃、

6　佐竹靖彥，〈《作邑自箴》の研究──その基礎の再構成──〉，頁256-257。
7　李如鈞，〈官民之間：宋元江南地方社會中的學田爭端〉，收於黃寬重主編，《基調與變奏：七至二十世紀的中國》（社會思想）（臺北：國立政治大學歷史

界至、侵占等訴訟，都制訂相關條令，規範處理，並且需要不斷更新法令規章，以因應社會變化。

隨著社會經濟的活躍，民眾的日常生活漸趨世俗化和功利化，同時由於家族結構的改變，傳統道德的約束逐漸減弱，地方上發生鄰里爭田、族人互訴、父子爭產、兄弟析家等，枉顧親情、倫常，走向訴訟的法律案件數量急遽增加[8]。這些法律、倫理事務，乃至各地遭逢天災人禍，代朝廷宣慰恩意等眾多事務，都要透過直接面對百姓的縣衙來處理，使得縣政工作日益吃重。

(二)縣官與地方人士的互動

攸關治道的縣政業務，是由朝廷任命的親民官所負責，對初仕士人而言，是一項極具挑戰性的任務。宋廷透過科舉考試，拔擢大量士大夫成為進士，進入官僚體系。這些為數眾多的天子門生，有相當大的比例，出任州府幕職官，或面對基層民眾的親民官。由於縣政對政令推動的影響甚大，因此縣令的任命極受朝廷重視。縣令直接代表皇權，貼近民眾，其施政成效立竿見影，成為抱持經世濟民，有志治道，或欲品嚐權力滋味的士大夫的重要選擇。

宋廷為了加強中央集權，防範官員把持地方及澄清吏治，建立官吏迴避本貫的制度，凡擔任路、州、縣的親民官，需要迴避本貫、寄居地、迴避祖產和妻家田產所在地、迴避親屬等，並應定期輪調。避籍、避親制度形成於仁宗朝，到南宋已趨完備，執行也相當確實，只有在父母年老或為優待元老重臣等較特殊的情況下，官員才可以「與近地，守鄉邦」。新科進士非但必須到本貫以外的陌生地方任職，且為避免施政困

(續)────

　　學系等出版，2008），頁151-168。

8　王華豔、范立舟，〈南宋鄉村的非政府勢力初探〉，《浙江社會科學》2004.1：
　　198。

擾或引發爭議，通常只有少數僕從或家屬隨行。此外，為避免隨從、親人介入地方事務，與地方勢力勾結或衝突，也有種種預防性作法。在各種記錄為官經驗談的官箴書，如《州縣提綱》的〈防閑子弟〉、〈嚴內外之禁〉、〈防私覿之欺〉、〈戒親戚販鬻〉諸條，及《晝簾緒論‧廉己篇第一》等篇章，對此均一再強調。

新上任官員，赴任之後，為了宣達朝廷政令，通常利用重要街道或市鎮等地，頒布到任榜，公告到任消息以及個人聲明。榜文的具體形式與內容，基本上會類似下文的形式呈現：

> 知縣事榜：
>
> 　　勘會今月日到任，并無親戚並門客、秀才及醫術、僧道、人力之類隨行，竊慮有妄作上件名目之人，在外作過，須至曉示。
>
> 右出榜某處，如有妄作上件名目之人，起動人戶，並寺觀、行舖、公人等人，仰諸色人收提赴官，以憑盡理根勘施行，各會知委
>
> 　　　　　　　　　　　　　　　　　年　月　日[9]

到任榜要旨，在宣告新官上任的重要政策取向。朱熹在其〈知南康軍榜文〉中，鼓勵地方人士，向他呈報有利於地方政務推動的意見，他會仔細「審實相度，多方措置」；同時也特別留意關於表彰孝子節婦、修繕聖賢遺跡，鼓勵百姓擇子弟入學等關係地方風教的政策。新官上任的到任榜，充分揭示了州縣長官尋求與地方社會溝通、聯繫的誠意與願望[10]。

9　李元弼，《作邑自箴》（《四部叢刊續編》），卷7，〈知縣事牓〉，頁4下-5上。

10　朱熹撰，郭齊、尹波點校，《朱熹集》（成都：四川教育出版社，1996），卷99，〈知南康軍榜文〉，頁5051-5053。

　　透過約束曉諭榜文，來公告重要政令及法規，則是縣令展現中央權威和皇帝旨意的重要方式。像徵發賦役和獄訟事件，是地方事務中最煩雜，與民眾最切身的部分，地方官透過榜諭來公布相關規定，如強調兩稅繳納時限、對違法的警告，以預防賦役徵收時出現弊端等等。此外，為了推動農桑水利措施，定期頒布的勸農文、以勉諭士人為目的的勸學文，及以廣大民眾為教化對象的諭俗文等，雖屬於榜諭的性質，但其中有更多宣導朝廷德意，或官員關心百姓生產、生活及風俗的用心[11]。

　　一旦地方發生災荒，州縣官在推動賑濟救助的同時，也會發布相關宣導性或強制性的榜諭，來配合行政運作。像咸淳七年(1271)春，撫州發生饑荒，人民死亡者頗眾，富室為自保，紛紛閉糴；當時已是宋亡國前夕，國庫空虛，需餉孔急，戶部對災區的和糴仍催迫不已，致使情況非常急迫。面對此一情景，負責賑濟的知州黃震，先後頒布了三類榜諭：首先發布勸糴榜，鼓勵富室上戶出糴存米[12]，期待改善糧食供給不足的現象。由於榜告未獲善意回應，黃震接著發布發廩榜(或稱發糴榜)，宣布官府將採取強制措施，並發布禁麵榜，以防止因釀酒消耗緊缺的糧食。在發布勸諭時，黃震以官府權威為後盾，透過官員、僚屬、胥吏，與鄉居官員、富室等地方權勢之家溝通，運用諸多管道和人際關係，最終總算落實賑濟，解除地方社會的危機[13]。

　　黃震在撫州賑濟的過程，展現了地方長官在面對緊急情況時，應有

11　高柯立，〈宋代州縣官府的榜諭〉，《國學研究》17(2006.06)：77-108；高柯立，〈官民之間——宋代官府與民間的溝通〉(北京：北京大學歷史研究所博士論文，2006)；蔡文地，〈宋代勸農文之研究〉(臺北：臺灣大學歷史研究所碩士論文，2007)。

12　黃震，《黃氏日抄》(臺北：大化書局，1984，據日本立命館大學圖書館藏清乾隆三十三年刊本影印)，卷78，〈咸淳七年三月二十八日中途先發上戶勸糴公札〉，頁3上。

13　高柯立，〈宋代州縣官府的榜諭〉，頁77-108。

的處置與應變能力，但一般日常的刑名錢穀，涉及了治安、司法、賦稅職役等工作，如所有民刑案件、緝盜捕寇、完糧納稅、推排差役，在在都與基層社會秩序及民眾生活息息相關。這些事務不論多麼龐蕪瑣碎，都是親民官每天必須面對、處理的職責所在。況且，宋代法令規章不斷更新頒布，以一縣至多五名的朝廷命官，每日所要處理的日常事務多如牛毛，對初任官員的新科進士而言，責任十分沉重，也因此迫使他們必須與居鄉的士人、官員，保持密切的良性互動，以利政務運作。

縣令在上任前，與縣衙官吏、縣內居民，素未謀面，也沒有人事關係，要能有效治理縣政，一方面需要與朝廷、監司等上級官員、州郡長官僚屬等，建立關係人脈，另方面則需要與轄區的地方人士，特別是活躍於基層社會，被稱為鄉紳的地方權貴，保持良性互動。這些鄉紳多是地方權勢之家，又是教化興行的表率、政令暢通的關鍵，更是中央了解地方官員的治績與勤惰，訪聞消息、采風謠的主要信息來源。由於地方官赴任時，手中未握一兵一卒，欲承擔縣政，所靠的就是王朝的權威，和與當地士大夫所共同具有的價值標準[14]。因此，官員上任後，必須時時徵詢地方縉紳的意見，藉以掌握地方輿情，推動教化，穩定政治。相對地，地方縉紳也會藉著謁見官員的機會，反映地方輿情，乃至表達自身利益有關的意見。官民雙方基於互利，必須維持良好互動，也因此在各地耆老組成的詩社、官方所推動的鄉飲酒禮，乃至地方重大祀典等公共活動之中，都有縣級長官參與的身影。

但是相對地，在縣級官員拓展人脈的過程中，也會產生負面現象。一是縣官在官僚體系中，職等仍低，而地方上可能有比縣官官階高的居鄉官宦，當他們有所請託時，縣官很難不妥協。這些縉紳豪右、地方大老，如因謀求私利而干預縣政，則是縣政難治的原因之一。此外，地方

---

14 佐竹靖彥，〈《作邑自箴》の研究—その基礎的再構成—〉，頁244-245。

財政匱乏時，親民官對地方權勢之家的仰賴更爲殷切，彼此的關係也更爲複雜。黃榦任新淦知縣時說「江西諸縣，惟新淦最爲難治，二十年間爲知縣者，十政而九敗。爲人吏者，朝捕而夕配，推原其端，皆緣財賦窘乏，入少出多，通一年計之，常欠二萬餘緡。」財務窘乏，造成官吏無以爲繼，只有懇求上戶預借官物，如此一來，「縣道之柄從此倒持，豪強之家得以控扼，請求關節」[15]，形成官府不得不求助於豪民，受制於人的現象[16]。因此，如何維持適度的關係，又不影響施政成效，是地方長官必須面對，也必須以智慧化解的問題[17]。

縣政任務既重，治理成效也備受期待，而如何做好地方父母官，妥善應付各方壓力，成爲州縣長官的要務。爲了讓新任親民官在經驗上有所傳承，宋代出現作爲治理縣務經驗談的「官箴書」，是反映基層社會政治的重要材料。其中，成書於北宋後期，李元弼所撰《作邑自箴》一書，就是很具代表性的官箴著作。李元弼集結鄉老先生爲政之要一百三十餘說，以及由此衍生的規矩和勸誡一百餘事，寫成了十卷的《作邑自箴》。作者從實務經驗出發，詳細闡明縣令上任前應作的各種準備、到任後對如何了解轄地事務、拿捏人際關係，如何掌握轄區資訊、物流管理、租稅徵收、審判訴訟，乃至公安、司法業務等「爲政之要」，以及處事的各種規矩等，鉅細靡遺，是了解宋代基層社會政治的重要文獻[18]。

（三）胥吏在地方社會影響力之提升

由職役的民戶及胥吏承擔縣級事務，也是宋朝推動中央集權的一項

---

15 黃榦，《勉齋集》（《四庫全書》本），卷29，〈新淦申臨江軍其諸司乞申朝廷給下賣過職田錢就人戶取田〉，頁11下。

16 王華艷、范立舟，〈南宋鄉村的非政府勢力初探〉，頁134，193-198。

17 鄧小南，〈北宋蘇州的士人家族交遊圈——以朱長文之交遊爲核心的考察〉，《國學研究》3（1995）：451-485。

18 佐竹靖彥，〈《作邑自箴》の研究—その基礎の再構成—〉，頁234-269。

特色。就行政建置而言，先秦出現了鄉里；到隋唐時，鄉官制已逐漸遭到破壞。及至宋代，鄉里虛級化正式確立，與國計民生關係密切的刑名錢穀，都在縣衙辦理，縣衙成為統攬基層事務的樞紐。

在宋代，朝廷一方面為了因應社會的變化，不斷修訂、頒布各項法條、規章、命令等文件，作為各級政府執行政令的規範，要求官員們恪遵規程，照章辦事，以致官員在處理政務時，除自主權受到限制，面對大量檔案文書，也難以切實掌握。另一方面，由於宋廷為了擴大財源，不斷增加各項賦稅名目與稅則，加強稽徵，加上土地財產轉移的活動蓬勃，其中關於程序、公證及法律訴訟等，均涉及人民權益與官民關係。這些複雜多變的事務，都須透過縣衙轉呈、運作、執行，縣衙成為朝廷最直接面對民眾的行政機構，難怪宋人就認為「當今作吏之難，莫若近民之官，于民尤近者，作縣是也」[19]。

實際上，宋代縣衙面對民眾的第一線人員，除了少數具決策性的親民官之外，就是大量執行事務的胥吏。宋代從中央到地方各級政府，都有為數龐大的胥吏。根據估算，北宋元祐（1086-1093）年間，胥吏總數約在四十四萬左右；南宋時期，所轄十六路的胥吏總數當在二、三十萬人[20]。這些胥吏主要是從鄉村上戶和坊郭戶中招募或輪差而來；州縣役差募不一，鄉役多屬差役。他們多無俸祿，也沒有出職為官的機會，但人數眾多，各有專司，在各地的名稱也不相同。

宋初縣衙吏額的人數，在編制上不如唐代。據《唐六典》所列，唐代上縣吏額為四十人，中縣為三十人，下縣為二十二人。宋初萬戶以上的縣，吏額為二十五人，較《唐六典》所載數量少，但到南宋則有明顯增加的趨勢。以台州縣役人吏為例，依《嘉定赤城志》天台縣「縣役人」

---

19 徐松輯，《宋會要輯稿》（北京：中華書局，2006），「職官」48之49，嘉定十三年七月三日條。

20 王曾瑜，〈宋朝的吏戶〉，《新史學》4.1（1993.03）：80-81。

項所載,天台縣四鄉十二里,有胥吏三十九人,其中人吏十五人、貼司二十人、鄉書手四人;另有衙役五十八人,包括手力三十五人、斗子八人、庫掐子七人、秤子二人、欄頭一人、所由二人、雜職三人;以及隸屬於縣尉的弓手五十七人;全縣衙役,合計一百一十五人,加上胥吏一百五十四人(不包括鄉役人),統治著四萬一千三百七十一戶的主客戶[21]。如果加上監獄管理人員,如門子、獄子、杖直、押獄、節級,以及替囚犯治病的醫人[22],以及為應付新增業務而增加的私名吏額,則一般縣衙實際任職的吏員當在一、二百人之數[23]。這些胥吏各有專職,但主要工作是承擔國家二稅與各項雜稅的徵收、地方治安及法律文書等業務,在第一線面對民眾,是縣衙行政事務的實際操持者。一縣之內,得力於如此多的胥吏和衙役,參與由四、五位親民官所主持的縣衙運作,才能夠將縣政處理得井井有條。

除了縣衙的官員、胥吏外,在鄉村執役的鄉役人,也是縣政運作網絡的主要組成部分。鄉役人包括里正、戶長、耆長、壯丁、保正、保長、承帖人、催稅甲頭等[24]。他們多擔任鄉村賦役徵派,和防治盜賊、煙火等治安事務,向縣衙負責。鄉司則承擔了各類版籍、賦稅的簿帳編製、書算等財稅稽核工作,包括編製排伍、兩稅等版籍,編製、註銷稅租鈔、推割稅租、鄉役編排點差,和預買綢絹的編冊攤派、災情蠲免的檢視上報等,其職責與運作,不僅關係著宋代財稅體制運轉,也影響到基層社

---

21 陳耆卿,《嘉定赤城志》(北京:中華書局,1990,《宋元方志叢刊》)(以下宋元方志皆引此版本,不贅),卷17,頁1上-9下。

22 戴建國,〈宋代的獄政制度〉,《宋代法制初探》(哈爾濱:黑龍江人民出版社,2000),頁264-280。

23 林煌達,〈唐宋州縣吏員之探討〉,收於黃寬重主編,《基調與變奏:七至二十世紀的中國》(政治外交軍事),頁125-148。

24 王曾瑜,〈宋朝的吏戶〉,頁43-106。

會的經濟發展與政治安定，是趙宋皇權深入基層，不可或缺的角色[25]。

到南宋，胥吏更是基層政治運作的要角。縣衙的吏職不論是募或役，多長期任職於一個地區或機構，也用各種方式薦引自己的親戚、子弟入役，承繼其業務，有世襲化的趨向[26]。復以社會變遷，人口增加，江南農工商業發達，法令規章繁多，基層事務人員專業化與職業化的需求增強，逐漸使得定期輪差的制度被雇募方式所取代。如鄉書手，最遲至北宋末期，就因須經常來往縣衙，胥吏的屬性大增，至南宋已明顯成為專職的胥吏。這些胥吏處在法令規章繁多、業務專業化的南宋，憑藉其熟悉公文簿書、精通法令的專業知識，及對基層社會複雜生態的了解，可以處理繁瑣的地方事務，而成為宋廷掌控基層社會的關鍵人物[27]。總之，在環境變遷下，由於專業能力與經驗的累積，胥吏已然成為不究細務或缺乏行政經驗的官員所倚仗的重要助手[28]。

宋代官員的任用制度，也加重了胥吏在基層社會的角色。前文曾論及，宋廷為防範官員與地方關係過密，影響中央政務的貫徹，或造成地方的紛擾，因而有各種避本籍、親族，以及定期輪調的規定。這些制度的設計，雖未必能達到「官無徇私之嫌，士無不平之歎」的目的，不同時期亦有執行寬嚴之別，但對澄清宋代吏治，仍發揮了不少積極作用[29]。然而，這些避籍及輪調的規定，卻也同時對地方行政產生負面影響。如

25　王棣，〈宋代鄉司在賦稅徵收體制中的職權與運作〉，《中州學刊》1999.3：127-132。

26　王曾瑜，〈宋朝的吏戶〉，頁43-106。

27　張谷源，〈宋代鄉書手的研究〉（臺北：中國文化大學史學研究所碩士學位論文，1998），頁132-134。參見黃繁光，〈南宋中晚期役法實況──以《名公書判清明集》為考察中心〉，收入漆俠主編，《宋史研究論文集》（保定：河北大學出版社，2002），頁244-247。

28　朱瑞熙，《中國政治制度通史》第6卷（北京：人民出版社，1996），頁721-724。

29　張邦煒，〈宋代避親籍制度述評〉，收入氏著《宋代婚姻家族史論》（北京：人民出版社，2003），頁360-375。

輪調制度的實施，形成「郡縣之臣，率二歲而易，甚者數月，或僅暖席而去」[30]，「或未能盡識吏人之面，知職業之所主，已舍去矣」的現象[31]。避籍制度所造成的語言不通、溝通不易，則使官員對其任職地與擔任職務，多所隔閡，曾鞏就曾對此現象有很深刻的反映[32]。

面對陌生的社會環境，除了少數強敏幹練的官員尚能做到「吏不敢欺，民不被害」之外[33]，大多數的縣官在處理縣政事務時，往往都要委諸各有專長的胥吏，以致造成如葉適所說，「國家以法爲本，以例爲要，其官雖貴也，其人雖賢也，然而非法無決也，非例無行也。驟而問之，不若吏之素也；暫而居之，不若吏之久也；知其一不知其二，不若吏之悉也，故不得不舉而歸之吏。官舉而歸之吏，則朝廷之綱目，其在吏也何疑」[34]。這樣的情況，顯示胥吏較官員更爲熟悉法條規章及地方民情風俗，使得官員不得不倚仗胥吏，以求政務順利執行。

再者，宋廷爲貫徹統治，所賦予親民官的職責十分繁重，而工作內容卻又相當龐蕪瑣碎，但在現實情況下，縣令實在無法親自處理司法審訊，乃至像定時爲監獄牢門開鎖等繁瑣的工作[35]，只能委由胥吏代爲辦理，或聽從其建議處置。胡太初就指出：「在法，鞫勘必長官親臨。今也，令多憚煩，率令獄吏自行審問，但視成款僉署，便爲一定，甚至有獄

---

30 陳舜俞，《都官集》，收入四川大學古籍所編，《宋集珍本叢刊》（北京：線裝書局，2004），卷3，〈經制五〉，頁19下；張綱，《華陽集》（《宋集珍本叢刊》本），卷14，〈乞久任劄子〉，頁2上-下。

31 司馬光，《傳家集》（《四庫全書》本），卷25，〈論財利疏〉，頁6上。

32 曾鞏，《曾鞏集》（北京：中華書局，1984），卷14，〈送江任序〉，頁220-221。

33 劉行簡，〈劉行簡乞令縣丞兼治獄事〉，收入黃淮、楊士奇編，《歷代名臣奏議》（上海：上海古籍出版社，1989），卷217，〈慎刑〉，頁2851。

34 葉適，《葉適集‧水心別集》（北京：中華書局，1961），卷15，〈上殿劄子〉，頁834-835。

35 謝深甫，《慶元條法事類》（臺北：新文豐出版公司，1976），卷75，〈刑獄雜事〉，頁537。

囚不得一見知縣之面者,不知吏逼求賄賂,視多寡為曲直,非法拷打,何罪不招。」[36] 真德秀也指出:「訪聞諸縣,聞有輕置人囹圄,而付推鞫於吏手者,往往寫成草子,令其依樣供寫,及勒令立批,出外索錢。」[37] 以致舒璘有「然上下勢嚴,內外情隔,非委之吏,事必不集。集事在吏,非賄不行。矧令長迭更,未必皆賢,賢者尚不能盡察,萬一非賢,吏輩誅求,寧有紀極!」[38] 的評論。由這些意見可以看出,胥吏在南宋文臣的眼中,不僅在政治運作的影響力增強,形象趨於負面,甚且被視為吏治敗壞之源。

此一局面,實肇因於宋政權南渡後,基層事務專業化的屬性增強,胥吏對縣政運作的涉入加深有關。靖康之亂,不僅造成政局轉異,對基層政治運作的影響更大。其情況一如葉適所說:「渡江之後,文字散逸,舊法往例,盡用省記,輕重予奪,惟意所出(按:指吏)。其最驕橫者,三省、樞密院、吏部七司、戶、刑,若他曹、外路從而效視,又其常情耳。」[39] 如此一來,便給予了胥吏操控基層事務的空間,形成「吏強官弱」或「公人世界」的局面。上述如葉適、舒璘、真德秀與胡太初等人,對胥吏的負面評價,恰恰充分反映了在官少吏多、官員迴避、輪調制及基層業務繁重,加上政局鉅變的情況下,胥吏在宋代基層社會所具有的實質影響力,也隨之大幅提升。

宋代胥吏固然被批評操持縣政、傷害基層吏治,但在實際環境中,他們與官員的關係相當複雜,並非只有把持縣政的一面,也可能同時是遭官員刻剝資取的受害者。袁采就說:「惟作縣之人不自檢己,吃者、

---

36 胡太初,《晝簾緒論‧治獄篇》,收入官箴書集成編纂委員會編,《官箴書集成》(合肥:黃山書社,1997),頁11下-12上。

37 真德秀,《西山政訓》(臺北:新文豐出版公司,1985,《叢書集成》新編),〈清獄犴〉,頁7。

38 舒璘,《舒文靖集》(《四庫全書》本),卷下,〈論保長〉,頁13下。

39 葉適,《葉適集‧水心別集》,卷14,〈吏胥〉,頁808。

著者、日用者般挈往來，送饋給托，置造器用，儲蓄囊篋，及其它百色之須，取給於手分、鄉司，……其弊百端，不可悉舉。」[40] 說明胥吏身為一地的社會成員，與地方權勢之家有著盤根錯節、公私兼俱的關係，是官員剝削地方資源的主要管道，既可能是與官員利益均沾的共同體，但也更可能是不肯官員對地方層層剝削中的受害者。但胥吏長期涉入基層政治運作，卻又不具發言權，遂遭批判成為吏治敗壞的源頭。

然而，不論胥吏在基層社會的影響與評價如何，他們仍是基層社會運作的主要力量之一，這和他們在地方社會的中介性角色關係密切。佐竹靖彥的研究指出，宋代中國國家系統與地域社會之間有一道鴻溝，填補這個鴻溝或調和差異的人，就是胥吏。宋代官僚並不直接承擔軍務，也不是公共秩序的直接組織者或執行者，使得國家系統中產生了二元性[41]。在兩個異質系統之間，就需要像胥吏這種中介者，來承擔具體的基層行政事務，並充當著緩衝人的角色。這也是胥吏在基層社會中具有影響力的真正原因所在。

三、基層武力的發展及轉變

基層武力的發展與轉變，是自唐至宋國家與社會變遷中，一個值得注意的現象。宋朝建立以後，朝廷藉著武裝力量的改隸，強化了中央對地方的控制力，而且透過徵差一定資產以上的民戶，在各官府專職供役，加強對社會的控制。巡檢與土兵、縣尉與弓手，這兩組職權與角色相似的基層武力[42]，和由職役與衙吏構成的胥吏，成為趙宋王朝中央政

---

40 袁采，《袁氏世範》（北京：中華書局，1985，據知不足齋叢書排印），卷2，〈官有科付之弊〉，頁44。

41 佐竹靖彥，〈《作邑自箴》の研究—その基礎的再構成—〉，頁235。

42 曾我部靜雄，〈宋代の巡檢、縣尉と招安政策〉，《宋代政經史の研究》（東

府深入基層的重要力量，也是觀察唐宋的基層社會與政治運作變化的線索。在宋代，這兩種強化中央集權的武力和胥吏一樣，卻都隨著時代的推移，而有所演變，最後反而提供了社會力發展的空間，使中央與地方的關係出現新的變化。

(一)巡檢與土兵

巡檢在唐代原是官員的職務之一，是屬於官吏臨時派遣的任務，到了唐後期，由於地方不靖，巡檢逐漸成為專職。後由於專賣制度的實施，出現專司檢查、緝私等與財政稅收和行政管理職務有關的巡檢，主要設置於鹽池產地、交通要道等地方[43]。到五代，巡檢變成一種使職、差遣，而不是職官，位低職重，其設置不論在地域或結構的層次上，都大大突破唐時規模，職能也比唐代擴大[44]。巡檢職能的改變，體現了唐末五代中央與地方權力的角力——在藩鎮分割了中央部分人事任用權的同時，中央政府則透過差遣的辦法，又將一部分用人權力收歸中央[45]。

宋代，巡檢與其所屬的土兵是中央集權的重要表徵之一，其設置更為普遍與複雜。經過宋太祖、太宗二朝的征戰、招納後，藩鎮割據的局面消除，中央威權逐步加強，五代時期巡檢使擔負監督地方軍鎮勢力的職能逐漸消失，募兵禦邊與維護境內治安成為巡檢的新職責。宋初為防

(續)

　　京：吉川弘文館，1974)，頁145-248。

43　以往學界認為，巡檢是五代時期才出現差遣的職務，見黃清連，〈圓仁與唐代巡檢〉，《中央研究院歷史語言研究所集刊》68.4(1997)：899-924；但劉琴麗在〈五代巡檢研究〉及李錦繡在《唐代財政史稿》一書中均有所修正，詳見劉琴麗，〈五代巡檢研究〉，《史學月刊》2003.06：34-41；李錦繡，在《唐代財政史稿》下卷中(北京：北京大學出版社，2001)，第一分冊，頁589，422。另參黃寬重，〈創置與變型——五代巡檢初探〉，北京大學中國古代史研究中心編，《鄧廣銘教授百年誕辰紀念論文集》(北京：中華書局，2008)，頁877-889。

44　黃寬重，〈創置與變型——五代巡檢初探〉，頁881-884。

45　劉琴麗，〈五代巡檢研究〉，頁34-41。

禦遼、夏進犯，朝廷任命熟識邊防事務的將領充任巡檢，率兵守邊，這些人「位不高，則朝廷易制；久不易，則邊事盡知」[46]，既能發揮禦邊的作用，又有利於集權中央。同時，爲了加強維護境內的社會秩序，鎮壓反叛，宋廷也在遠離城邑的多盜之區，設巡檢、置寨兵，以強化治安缺口，穩固政權。

宋神宗以後，宋與遼、夏雖時有爭戰，但關係相對穩定，戍邊巡檢數量減少、轄區縮小，地位也有降低的趨勢。反之，由於境內經濟活動蓬勃，宋廷爲了增加財政稅收，實施茶、鹽專賣制度，卻導致境內外的茶、鹽走私活動頻繁，走私者甚至採取武裝護衛，不僅威脅地方治安，更影響政府的財政收入。如虔、汀兩地的走私者，活動區域遼闊，「往往數十百爲群，持甲兵、旗鼓，往來虔、汀、漳、潮、循、梅、惠、廣八州之地，所至劫人穀帛，掠人婦女，與巡捕吏卒鬥格，至殺傷吏卒，則起爲盜，依阻險要，捕不能得」[47]。這些走私活動，不僅減損朝廷的財政收入，更威脅地方治安。爲鎮壓私販武力，宋廷除了保留既有邊防型的巡檢外，於江、河、海沿岸的水路、州縣行政區劃交界、偏遠處所及市鎮場務所在，也設有巡檢。此外，各縣除縣尉外，亦增設巡檢，並提升其地位[48]。

在維護境內治安的任務上，巡檢的責任更爲繁重。仁宗時期的詔書中，即曾說到：「國家設巡檢、縣尉，所以佐郡邑，制奸盜也。」[49]顯

---

46 李燾，《續資治通鑑長編》（北京：中華書局，2004），卷45，真宗咸平二年十二月丙子條，頁974。

47 李燾，《續資治通鑑長編》，卷196，仁宗嘉祐七年二月辛巳條，頁4739。

48 苗書梅，〈宋代巡檢初探〉《中國史研究》1989.3：41-54；又見苗書梅，〈宋代基層社會管理體制的重要一環：巡檢問題再探〉，發表於「第三屆中國史學會：基調與變奏──7-20世紀的中國國際學術研討會」（臺北：國立政治大學歷史學系等，2007.09.03-5）。

49 徐松輯，《宋會要輯稿‧職官》57之36，慶曆三年五月條。

示巡檢與縣尉同為維護基層社會治安的重要武力。基本上，縣尉負責縣城及草市的治安，屬於民防性質；巡檢則負責維持鄉村治安，對付大股寇盜，駐所也遍設於地形險要之處，軍防性質較強。巡檢的任用資格雖多，但仍以武職官員為主，任期稍長，其中武學生及武舉出身者，是出任巡檢的主要人選[50]；而縣尉一般則由文官擔任，武官兼任的情形較少。

巡檢統屬的成員，性質上屬於軍人，包括禁軍、廂軍、鄉兵和土兵。巡檢早期以監督境內的地方軍，及在邊境防禦外患為主，所轄以禁軍為主力；隨著境內治安任務的加重，禁軍的適任性面臨考驗。禁軍多是外地人，在輪戍制度的實施下，對駐紮地區內的山川地理、人情風俗均不熟稔，對付地區性的變亂，不容易發揮弭亂之效，有時反而成為地方肇禍之源。因此，輪調式的禁軍能否有效維護地方秩序，頗引起爭議，蘇轍就曾說：「國家設捕盜之吏，有巡檢、有縣尉，然較其所獲，縣尉常密，巡檢常疏，非巡檢則愚，縣尉則智，蓋弓手鄉戶之人，與屯駐客軍異耳。」[51]顯示部分朝臣，對外來的軍隊能否維護本地治安，有所疑慮。

為了改善這樣的現象，元豐年間，宋廷曾令以土兵替代。到了元祐二年(1087)，有朝臣指出，土兵多親戚鄉里之人，容易互相遮庇，建議「以其半復差禁軍」。隨後，又朝臣認為，「禁軍所至，往往一心惟望替期，又不諳習彼處道理」，建議仍依元豐法，一律招土兵代替。可以說自元豐年間起，禁、廂軍已逐漸退出巡檢統轄體系，改由當地人充役的土兵擔任；而從徽宗之後一直至南宋，除極少數例外，宋廷均以招募本地人為土兵，負責維護地方治安[52]。如南宋初，虔州土豪陳敏因組織

---

50 方震華，〈文武糾結的困境──宋代的武舉與武學〉，《臺大歷史學報》33 (2004.06)：1-39。

51 蘇轍，《欒城集》(北京：中華書局，1987)，卷35，〈制置三司條例司論事狀〉，頁762。

52 苗書梅，〈宋代巡檢初探〉，頁41-54。

家丁討捕走私、保衛鄉土有功,被任命爲巡檢;後在福建地區成立的地
方軍──左翼軍,就是以其家丁及當地土兵爲基礎[53]。從上述巡檢職能
及所轄成員的變化,顯示北宋末年起,宋廷對巡檢的政策,已由以戍邊
禦敵及貫徹中央統治力(禁軍)爲重,轉爲以維護境內地方治安(土兵)爲重。

(二)縣尉與弓手

　　縣尉及其所領的弓手,是另一支宋廷維護基層治安的武裝力量。弓
手一詞,在宋太祖建隆三年(962)十二月〈置縣尉詔〉中首次出現,成
爲宋代具有民政意義的基層武力,也是宋太祖建國後,強化中央權威的
措施之一。趙匡胤在推行杯酒釋兵權等一連串收兵權的政策之後,接受
趙普的建議,復置縣尉,由朝廷直接任命,以領導弓手,擔負逐捕盜賊、
維護地方秩序之責。宋廷的目的,是爲了限制原來屬於私人武力的鎮將
權責,並將鎮將原來統轄的武裝力量──弓手,納入朝廷行政體系之
中。縣尉的復置與弓手隸屬的改變,和其他軍政措施同時推動、相互呼
應,環環相扣,都是宋廷集權中央的具體作法。

　　弓手是百姓職役負擔中,擁有武器裝備,代表朝廷執行公權力的
人。宋廷將弓手改隸縣尉之後,依各縣戶口的多少,編列固定員額來處
理地方治安業務,控制基層社會。在〈置縣尉詔〉中,宋廷說明每縣添
差弓手的人數,以各縣戶口數多寡爲據,從10人至50人不等,但實際情
況卻還需視地區及境內治安狀況而異。例如乾德六年(968)和大中祥符
七年(1014)所規定的弓手人數,即較建隆三年有明顯的增加。徽宗大

---

53 李心傳,《建炎以來繫年要錄》(京都:中文出版社,1983,據清光緒二十六
　　年廣雅書局刊本影印),卷158,頁7上-下。黃寬重,《南宋地方武力:地方軍
　　與民間地方武力的探討》(臺北:東大圖書公司,2002),頁60-61;佐竹靖彥,
　　〈宋代福建地區的土豪型物資流通和庶民型物資流通〉,漆俠主編,《宋史研
　　究論文集》(保定:河北大學出版社,2002),頁220-235。

觀、政和年間，為強化境內治安，各縣均再增弓手，大縣達百餘人，小縣亦有60人左右[54]。南宋時期，江淮防衛重鎮的江陰，設有二名縣尉及弓手二百人，人員編制遠遠超過初創時的數量[55]。擔任弓手之人，依當地百姓資產、戶口多寡，作為職役的標準。應役的弓手是屬五等戶之中的第三等，與一般的力役有別。神宗行免役法後，曾支付弓手雇錢，但縣府常無法支給，到後來弓手為了生計，便做出諸多違法事務[56]。

　　從徽宗起，地方武力在基層社會的影響力，逐漸增強。徽宗中期以後，宋朝內外多事，朝廷無力顧及地方事務；地方治安的維護，不僅由地方人士擔任，連維持這批武力的費用，也轉由地方官府負責籌措[57]，讓在地勢力在地方社會中的影響力逐漸擴大。其後，宋金由聯兵滅遼轉而爆發戰爭，宋廷倉促調兵備戰，境內防備力空虛。迨方臘叛亂，亂事擴大，正規軍戰力不足，無力救亂，宋廷面對內外交迫的局面，實無力維護江南地區基層社會的秩序。於是，各地弓手、土兵等基層武力，與自發性的民間自衛團體結合，負擔起維護鄉里安全的任務，取代正規軍的角色，代表地方的社會力量也因此有了進一步的發展空間[58]。靖康之亂以後，大江南北開始由民間形成各種勤王及抗禦女真的武裝力量；紹

54　黃寬重，〈唐宋基層武力與基層社會的轉變──以弓手為中心的考察〉，《歷史研究》2004.1：10。參見日野開三郎，〈五代鎮將考〉，收入劉俊文主編，《日本學者研究中國論著選譯》（北京：中華書局，1993）第5卷，頁72-104。陳振，〈宋史研究中官制引起的幾個問題〉，中州書畫社編，《宋史論集》（鄭州：中州書畫社，1983），頁185-187。

55　袁燮，《絜齋集》（《四庫全書》本），卷9，〈江陰尉司新建營記〉，頁16下。

56　王曾瑜，《宋朝的吏戶》，頁100-101。

57　彭龜年，《止堂集》（《四庫全書》本），卷11，〈上漕司論州縣應副軍糧支除書〉，頁1。包偉民，《宋代地方財政史研究》（上海：上海古籍出版社，2001），頁82。

58　黃寬重，〈地方武力與國家認同：以兩宋之際洛陽地區的地方勢力為例〉，收入四川大學歷史文化學院編，《蒙文通先生誕辰110周年紀年論文集》（北京：線裝書局，2005），頁335-346。。

興以後,宋廷在嶺南、湖南、淮南地區所組織建立的各種地方軍與地方武力,如廣東摧鋒軍、福建左翼軍、湖南飛虎軍、茶商軍、兩淮山水寨等。在其發展的過程中,都可以看到各地區基層武力與民間自衛武力參與的痕跡[59]。

　　弓手對維護宋政權多有貢獻。弓手在兩宋三百多年的歷史中,隨著宋境內治安及宋與遼、夏、金和戰形勢的轉變,在役期、員額編制、器械配備與職務負擔上有許多調整,也在維護地方治安與抗敵平亂上貢獻力量。如建炎三年(1129)二月,金兵進犯淮南東路的招信軍時,縣尉率弓手百人英勇抗金,讓高宗君臣得以從容渡江,在江南建立政權[60]。淳熙年間,辛棄疾亦在江西、湖南等地,組織訓練當地的鄉兵、弓手,對付茶商,發揮了因地制宜的戰力,最後敉平茶商賴文政之亂[61]。蘄州的弓手和茶商武力,則是在嘉定十四年(1221)二月金兵攻城時,共同擔負抗敵守城的任務[62]。

　　從長遠政治發展來看,當基層武力與行政事務,都由當地人士擔任,便會出現權力轉移的可能性。正如前文所提及,在宋代,縣一級的行政區中,經常性事務的運作,是由維護治安的弓手和土兵,以及掌理法令文書、執行行政業務的胥吏,和擔任職役的民戶,共同推動。這些人在基層社會的角色,是介於官民之間,身分是雙重的──一方面要奉行朝廷的命令,聽從地方長官的指揮,在鄉里執行公權力,以伸展中央統治權;另一方面,這些人均來自地方,他們本身就是當地社會的一分子,是地方上具有實質影響力的群體;有時他們為維護自身或地方利

59　參見黃寬重,《南宋地方武力:地方軍與民間地方武力的探討》。

60　葉夢得,《石林燕語》(北京:中華書局,1984),卷8,頁120。

61　黃寬重,《南宋地方武力:地方軍與民間地方武力的探討》,頁120-121。

62　趙與裹,《辛巳泣蘄錄》,收入《筆記小說大觀》(臺北:新興書局,1988),頁9下-42下。

益，會與當地的權勢之家相結，共同對官府施壓，影響地方施政，自然會被朝廷視為敗壞吏治，甚或是阻斷中央統治力深入基層社會的力量。

從中央政府統治權力的發展看來，唐末到兩宋，中央對基層社會的掌控，有相當明顯的變化。宋太祖在建國後，為落實強幹弱枝政策，加強中央的統治力，將巡檢、縣尉納入地方軍政體系中，作為朝廷控制地方的重要武力。宋朝的巡檢、縣尉，及其各自所轄的土兵、弓手，是宋代維護社會治安、鞏固政權的基礎，也是中央深入基層，削弱原有地方武力的重要建置。巡檢、縣尉是此一結構的主幹，土兵與弓手則是實際的執行者，此一措施，和任命通判、監當官等的作法，以及逐漸確立的官員任期、輪調制度一樣，均有強化中央統治權的作用，而這些作為與其他政策逐步落實，正足以證明趙宋是一個強化皇權的王朝。這種中央集權的現象，在地方政治能維持制度化運作，以及逢遇精幹親民官任職的時期，特別明顯——在此時，弓手、土兵等基層武力，既是地方州縣長官執行公權力的工具，也是中央統治力深入基層的象徵。

然而，宋廷擬藉由武力深入基層，伸展王朝統治的設計，卻隨著內外局勢的演變，在實際執行時，反使得基層武力在地方社會的影響，有日漸增強的趨勢。特別是在兩宋交替之際，政局混亂，各地的基層武力和自發性的民間自衛團體，主導著護衛鄉里安全的主要任務，發揮了穩定社會秩序，乃至穩固政局的作用，以致南宋朝廷在重建政權後，不得不彈性調整宋代強幹弱枝的立國政策，甚至必須借重基層武力的力量，建立地方軍，以利政權的生存與發展。可見由於政局發展與時空環境轉變，宋廷本欲利用基層武力，遂行統治力量於基層社會的設計，轉而讓代表地方的社會力量有進一步發展的空間。

四、財政結構的變化與地方勢力的興起

　　宋朝的立國形勢遠遜於漢唐，由於長期面臨契丹、女真、蒙古以及西夏的侵擾，對外既有國防戰力維繫與歲幣的支出，在內政上更有冗官、叛亂的問題交相逼迫，不僅國力疲弱，財政負擔更形沉重。為了補財源之不足，朝廷不斷強化稅賦徵集、增添稅收名目，以應內外急需，明顯呈現財政上強榦弱枝的現象。縣衙負有稅賦徵收與解送之責，但本身可調度的經費有限，而支用浩繁，如何強化基層建設，成為經營縣政的難題。

（一）財政中央化的趨勢

　　財政權是體現王朝權威的重要形式之一。趙宋在政權建立後，為了扭轉晚唐五代以來藩鎮把持財政的局面，改變唐代財賦留州、送使、上供的分配方式，規定「諸州財賦于度支經費外，番送京師，總于三司」。地方所收財賦，除酌量留用外，其餘均經由轉運使納入中央政府，而且留在地方的部分，如「財穀悉總于三司，非條例有數，不敢擅支」[63]，表明財賦雖由地方留用，但所有權仍屬於中央[64]，這是宋代中央集權的作法之一。不過，在北宋初期，朝廷執行此一政策比較寬鬆，有相當數目的財稅以繫省為名，留在州郡，以備調用或供地方經費之需，即使是應申報上供的財賦，也「務在寬大」而「非必盡取」[65]。對於新統一的江南，在稅收政策上尤為寬大，使江南地區的地方財政仍有餘裕[66]。

　　仁宗慶曆以來，宋與遼、夏爭戰相繼，所需軍備糧食數量隨之增加，

63　李光，《莊簡集》（《四庫全書》本），卷8，〈論制國用劄子〉，頁15。

64　包偉民，《宋代地方財政研究》，頁49。

65　梁庚堯，〈宋代財政的中央集權傾向〉，發表於「中華民國史專題論文集第五屆討論會」（臺北：國史館，2000），頁564-565。

66　金榮濟，〈財政集權化的推移與地方財政——從地方財政看唐宋變革〉，發表於「日本第53回東方學會」（東京，2003.11.07）。

中央政府財政開支日漸擴大，向州縣徵調財賦日益加重[67]。到了神宗熙寧年間，王安石推行新法，加強中央集權，控制社會[68]，進一步改變向來財物仍多留於地方的政策：一方面在地方上增加了不少徵斂的名目，另一方面則將這些名目所得的收入，都歸於朝廷。此後，由於軍隊和官員日益增加，朝廷財政支出不斷擴大，財賦集權的聲浪愈高。

　　徽宗即位以後，由於西部邊境累年用兵，耗費極大財力、物力，將元豐年間原庫貯積甚多的財帛支用殆盡，而宰相蔡京更以「豐亨豫大」為名，大肆建造宮苑、索取花石，誇示昇平景象，更使得府庫空虛。因此，在財政政策上，不僅承襲熙寧、元豐的作法，並且進一步採取弱外實內的措施，以擴大財源。宋廷一方面重修上供格，盡量將各地財賦收歸朝廷和御前，甚至曾五次下令，將諸路常平司所積錢幣，運到京師，成為中央政府的財源。另一方面，則不時創立特殊徵調項目，以增加朝廷的收入，如坑冶金銀，盡輸內藏[69]，並推動茶鹽引法，將專賣收入，盡集中央。宣和四年(1112)，又創立經制錢名目，將地方收入徵調至中央[70]。這些新制的推行與執行，在在加重了地方財政的窘困。

　　到南宋，財政中央化的情況越來越明顯。南宋長期處於強敵壓力下，和戰丕變，除了定額的歲幣、使臣往來耗費外，還有龐大的國防兵備需要朝廷支付。南宋前期，兵額無常，倪思曾指出在乾道二年(1167)全國約七、八十萬人，李心傳也說乾道內外大軍不下五、六十萬[71]。到了寧宗時，根據黃度的記載，即使在與金和平時期，為了備戰，南宋每

67　沈遼，《雲巢編》(《四庫全書》本)，卷9，〈張司勳墓誌銘〉，頁6下-8上。
68　包弼德著，劉寧譯，《斯文：唐宋思想的轉型》(南京：江蘇人民出版社，2001)，頁260-262。
69　脫脫等撰，《宋史》(北京：中華書局，1936)，卷19，〈徽宗本紀〉，頁369。
70　包偉民，《宋代地方財政研究》，頁92。
71　王德毅，〈略論宋代國計上的重大難題〉，收入王德毅著，《宋史研究論集》第2輯(臺北：鼎文書局，1972)，頁291-292。

年仍須維持五、六十萬的兵力，兵費占財政支出的十分之六，是南宋國計的重大負擔[72]。

　　為應付龐大開銷，宋廷只得進一步將地方財物集於中央，使財政集中化達於極致。紹熙元年(1190)，諫議大夫何澹等人上言，指出紹興、乾道以來相繼增置的稅目繁多，包括總制、月樁、折帛、降本、七分酒息、三五分稅錢、三五分淨利、寬剩、折帛錢、僧道免丁錢、州用一半牙契錢、買銀收回頭子錢、官戶不減半役錢、減下水腳錢等，都歸於朝廷。這些稅目繁多，且多用比較、賞罰的辦法，又取歷年中最多的數目為定額，要求州縣達成目標，此一作法自然加深州縣及民間的負擔[73]。

　　造成稅目、稅基不斷增多、擴大的原因很多，但國防軍備顯然是重要原因之一，「蓋方其軍興之初，則以乏興為虞，及其事定之後，則又以養兵、饋虜為憂，是以有置而無廢，有增而無減」[74]。以兩浙東路的處州所轄七縣為例，從紹興年間起，除兩稅之外，又有和買一項。和買科敷的對象是四等以上民戶，其標準有依土地起敷的實業物力錢，和針對商人營利起稅的浮財物力錢兩種，是上戶的巨大負擔。為了避稅，滋生詭寄逃稅等種種不法現象，造成稅收不足，為彌補缺額，地方政府只好採取提高稅率等困擾地方的手段，以為因應[75]。

　　大量財賦集中到中央，使地方的負擔愈來愈重。宋廷透過財政徵收的手段，獨占國資源的現象，從北宋到南宋持續增長，而且在集權體制

72　袁燮，《絜齋集》，卷13，〈龍圖閣學士通奉大夫尚書黃公行狀〉，頁20下。參見王德毅，〈略論宋代國計上的重大難題〉，頁287-313。

73　王德毅，〈南宋雜稅考〉，《宋史研究論集》第2輯，頁315-370。

74　徐松輯，《宋會要輯稿・食貨》56之65、66。參見包偉民，《宋代地方財政研究》，頁92-93。

75　葉武子，〈宋麗水縣奏免浮財物力劄付碑〉，收錄於國家圖書館善本金石組編，《宋代石刻文獻全編》(北京：國家圖書館出版社，2003)第2冊，頁814-815。

下，從中央到地方，都形成了上級對下級資源獨占階層性集權現象[76]。如此一來，使北宋原歸地方財政的稅款，到南宋多歸入中央所有，而由地方政府徵收的賦稅，如商稅、酒課等，則由中央與地方按比例分配。即使歸於地方的收入，也要負責廂、禁軍，和歸明、歸正人薪俸，及地方官員餽送之用[77]。在地方財政受到擠壓的情況下，居於行政最底層的縣府，不但出現地區性負擔差異的現象，更開始有地方財政惡化的情況[78]。

　　賦稅名目增加和稅額加重，使徵稅成為地方官的艱難任務。州縣長官上任之後，既要在短暫的任內籌措上級政府所需的財稅，又必須充實地方經建費用，為所需的開支尋找財源[79]。光宗時，彭龜年就指出：「今日之縣令之所以難為者，蓋以財穀之出入不相補耳，豈特不相補，直有銖兩之入而鈞石之出，甚相絕者。」[80]理宗時，袁甫在知徽州任上，曾指出所屬婺源縣「介乎萬山五嶺之間，邑最壯、民最獷，而財計最耗，以至有官吏出闕，無人敢任。縣佐攝官，苟求免過，指正稅以解別色，挪新錢以掩舊逋，措置既無他方，豫借是為良謀，才一二年，不知幾萬。豪家富室，憑氣勢而不輸官租；下戶貧民，畏追呼而重納產稅」。為朝廷徵收財稅是縣政要務，都難以達成，更遑論開闢新的財源，尋找多餘的經費去推動建設，因此地方上時常出現「學舍庫務，幾無孑遺，并里

76　包偉民，《宋代地方財政研究》，頁322。

77　高聰明，〈論南宋財政歲入及其與北宋歲入之差異〉，漆俠主編，《宋史研究論叢》第3輯(保定：河北大學出版社，1999)，頁214-225。

78　包偉民，《宋代地方財政研究》，頁266-267。如福建地區科派僧院的稅目，有助軍錢，有聖節、大禮二稅，有免丁、醋息、坑冶、米麵、船甲、翎毛、知通儀從等，又增加修造司需求、僧司借腳試案等諸邑泛敷的雜稅。見劉克莊，《後村先生大全集》(《四部叢刊初編》)，卷93，〈薦福院方氏祠堂記〉，頁9。

79　梁庚堯，〈宋代財政的中央集權傾向〉，頁561-581。

80　彭龜年，〈乞蠲積欠以安縣令疏〉，收於黃淮、楊士奇主編，《歷代名臣奏議》，卷259，頁3385。

市廛，莽爲瓦礫」的窘境[81]。

地方財政的窘困，爲地方勢力提供了發展空間。從北宋晚期起，朝廷不斷加強財政中央化的種種措施，一定程度影響了地方政務與建設的推動。不過，若檢視相關史籍，特別是南宋的文集、地方志等資料，卻會發現從北宋到南宋，江南地區各州縣諸多有形的硬體建設，如城牆、官衙、學校、書院、貢院、寺廟，乃至橋樑、渠堰水利等，不斷興修或重建，規模愈來愈大。同時，詩社、鄉飲酒禮、法會等社會文化宗教活動，及鄉曲義莊、社倉、義莊、賑災、施藥、施粥、育嬰等養老慈善公益活動，也不斷出現，而且愈來愈多。這些事實充分顯示，宋代江南地區的經濟實力與文化建設，並不因財政中央化而萎縮、衰退，反而呈現相當蓬勃，極具活力的景象。

因此，當我們看到宋代官員批評宋朝財稅制度不合理，強調財政中央化導致地方出現許多政治、社會難題時，可能只是反映事實的某些側面。亦即，士人官員批判朝廷財政結構及官員執行能力偏差，乃至權勢團體逃避稅役，影響財稅徵收，造成社會發展失衡，旨在企圖透過士大夫的輿論，對朝廷施壓，以減低百姓負擔，是表達對民生福祉的關懷之情。但是，實際上，在南宋由於商業活動蓬勃發展，經濟重心南移，專業產業勃興，帶動都市繁榮及海上貿易，民間總體經濟能量提升蓄積了豐厚的社會力，適時地彌補地方官府財力之不足。因而這些言論並不能反映宋代社會經濟的整體發展面貌，也不能據此認爲宋代，尤其是南宋，地方經濟凋敝，地方毫無建設。

（二）以士人爲中心的地方勢力興起

---

81 袁甫，《蒙齋集》（《叢書集成》新編），卷2，〈知徽州奏便民五事劄子〉，頁23-24。

　　宋代各地的公共建設與文化發展的動力，主要來自當地的士人與富豪，而富人是主要的贊助者。宋代都市化日益發展，金融組織的發達、地方產品的特產化與國內、海外貿易的連環銜接，促使商業活動活絡、貿易勃興，加上農業生產力與新品種、農技的發展，使得宋代商業的性質和規模超越前代，經濟穩定成長[82]。在江南地區，經過北宋初期較寬大的財政政策後，經濟迅速發展，產生了相當多富人。這些富人透過制度或非制度的途徑，逃避或減輕賦役負擔，將所積聚的大量財富，在鄉里置產，成為地主。他們多期望商而優則仕，來提升家聲門望，因而採取購書延聘教師等方式，積極鼓勵子弟讀書應舉，或成立義莊，厚植經濟實力，這些作法無非希望下一代在仕途上有所發展。無論此一願望是否達成，財富的累積使他們成為財雄一方的地方富豪。

　　這些富人家族，藉由人際網絡或參與社會活動等方式，在鄉里社會貢獻人力、物力。富人經營產業有成之後，除了栽培下一代，提高家族聲望外，也藉由婚姻、交遊等方式，與當地其他家族、社群建立起綿密的社會關係，以厚植社會影響力。透過參與社會活動，或為鄉里建設提供人力、物力的支援，或協助地方官推動政務，則是富人提高社會地位的方式[83]。他們一方面致力於慈善救濟的公益活動，緩和基層社會的矛盾與衝突[84]，一方面也參與各項公共設施的建設，有效化解了財政中央化後，地方官府無力從事建設及推動文化活動的窘境。如在明州州學、奉化、鄞縣、慈溪、定海縣學的興修、重建過程中，當地富室與士族都

82　斯波義信著，方健、何忠禮譯，《宋代江南經濟史研究》（南京：江蘇人民出版社，2001）；斯波義信著，莊景輝譯，《宋代商業史研究》（臺北：稻鄉出版社，1997）。郭正忠，《兩宋城鄉商品貨幣經濟考略》（北京：經濟管理出版社，1997）。

83　包偉民，《宋代地方財政研究》，頁278。

84　梁庚堯，《南宋的農村經濟》（臺北：聯經出版公司，1984）。梁庚堯，〈南宋的社倉〉，《宋代社會經濟史論集》下冊（臺北：允晨文化公司，1997），頁427-473。

扮演著參與或捐助的角色，其中奉化縣富民汪伋、汪份兄弟最具代表性。
汪氏兄弟都是陸學門人，在縣府經費窘困、無力修建縣學時，出資創建
大成殿，更新縣學、重建廣濟橋、建造船舶，便利奉化與鄞縣的交通[85]，
對宋代四明地區教育文化的發展有相當的貢獻。當地方財政窘困時，富
民藉著在地方建設的奉獻與付出，自然也展現了他們在基層社會的影響
力。

　　除了商業發達，造就一批可以在基層社會貢獻財力、發揮影響的富
人之外，為數眾多致力舉業，謀求躋身仕宦的士人，更是基層社會最具
影響力與代表性的群體。宋廷在文治政策下，透過開放式的考試制度，
大規模開科取士，讓有志仕途的士人進入官僚體系，並建立文官體制，
尊崇文臣，使獲取功名利祿成為社會主流價值。接受教育，是仕進的重
要途徑，而官辦的學校或私人興建的書塾、書院就成為傳遞知識、學習
舉業的場所，朝廷則以優惠學子稅役的方式，促進教育發展，加上雕版
印刷發達，使書籍出版、流傳更為容易。這些因素都吸引著創業有成、
謀求改變社會地位的小康之家，積極致力於創造有利的教育條件，讓子
弟從事舉業，成為朝廷命官，以期晉身為仕宦之家。

　　在此一社會主流價值的驅使下，讀書識字的人數急速增加，士人形
成基層社會的優勢群體。從北宋到南宋，士人的數量急劇增加，其速度
甚至可以用膨脹來形容[86]。以福州為例，乾道元年(1165)，福州解額當

85　袁燮，《絜齋集》，卷19，〈從仕郎汪君墓誌銘〉，頁6下-7下。參見黃寬重，
　　〈宋代四明士族人際網路與社會文化活動──以樓氏家族為中心的觀察〉，《中
　　央研究院歷史語言研究所集刊》70.3(1999.09)：657-658。

86　參見陳雯怡，《由官學到書院──從制度與理念的互動看宋代教育的演變》(臺
　　北：聯經出版公司，2004)，頁306。包弼德(Peter K. Bol)，〈地方傳統的重建──
　　以明代的金華府為例〉，收入李伯重、周生春主編，《江南的城市工業與地方
　　文化》(北京：清華大學出版社，2004)，頁247-286。梁庚堯，〈南宋的貧士與
　　貧官〉，《國立臺灣大學歷史學系學報》16(1991)：91-137；〈南宋的貢院〉，
　　《中國史學》1：35-61。李弘祺，《宋代教育散論》(臺北：東昇文化公司，1980)。

爲62參加解試的人爲一萬七千餘人，次年錄取進士52淳熙元年(1174)，參加解試者增爲二萬人，錄取進士者爲42錄取率均在百分之一以下。結合這份資料與其他相關的研究成果來看，大約超過百分九十九以上的士人，仍被排擠在仕宦大門之外[87]。由於定期的科舉考試，不斷吸引著新成員的加入，可見到南宋讀書業儒的士人，不斷增加，成爲龐大的群體，已是不爭的事實。

士人的發展途徑多樣。在士人群體中，只有少數中舉的人能爲官任職，絕大多數落第者爲謀生計，需要暫時或永久放棄舉業，其情形一如袁采所說：「其才質之美，能習進士業者，上可以取科第，致富貴，次可以開門教授，以受束修之奉。其不能習進士業者，上可以事筆劄代箋簡之役，次可以習點讀，爲童蒙之師。」[88]他們進入職場的途徑很多，有的在商業活動中擔任牙人，從事法律公證事物的書鋪，甚至從事醫生、工商活動等，也有被延聘在書塾、書院教授生徒，或任童蒙及教學工作的鄉先生等，多數仍以知識謀生。像蘇州人龔明之以授徒爲業，同時致力舉業，爲期三十餘年，到八十多歲才得以特恩授官[89]。四明袁氏中的袁章、袁方、袁槱，也是在大半輩子中一面教書，一面準備考試，袁章五十歲才中進士，袁槱則五十六歲才舉特奏名進士[90]。在社會經濟

---

87 參見佐竹靖彦，〈唐宋期間福建の家族と社會——閩王朝の形成から科舉體制の展開まで〉，中央研究院歷史語言研究所出版品編輯委員會主編，《中國近世家族與社會學術研討會論文集》(臺北：中央研究院歷史語言研究所，1998)，頁419-466。梁庚堯，〈宋代福州士人與舉業〉，《東吳學報》11(2004)：189-192。李弘祺，《宋代官學教育與科舉》(臺北：聯經出版公司，1994)。賈志揚，《宋代科舉》(臺北：東大圖書公司，1995)。

88 袁采，《袁氏世範》，卷2，〈子弟當習儒業〉，頁40。

89 鄧小南，〈龔明之與宋代蘇州的龔氏家族〉，《中國近世家族與社會學術研討會論文集》，頁81-83。

90 黃寬重，〈宋代四明袁氏家族研究〉，《宋史研究集》23輯(臺北：國立編譯館，1995)，頁485-490。

多元發展的環境中，知識成爲士人謀生或謀求出路的利器，顯見士人所從事的是進可攻、退可守的「儒業」，這樣的身分，使他們可以突破職業樊籬與官民的界限，出入縣衙，並以求學背景相同的同鄉、同學關係，透過交遊結社，或以教育背景一致的官民身分，在各種儀式或場域中，往來交遊，形成在基層社會具有影響力的優勢群體。

中舉入仕的官員，是基層社會的代言人。在眾多舉子競爭中，只有少數資質優異、努力不懈且幸運者，才能中舉入仕，成爲官員。在宋代重視文官的政治傳統中，進士出身除了可望晉升高位外，也獲得社會的尊崇；不過，由於官多職少，要謀求高位，也要面臨許多競爭與挑戰。大多數的官員，隨宦海浮沉，有的在地方擔任基層的親民官、州學教授等職，有的官員則選擇急流勇退，回到鄉里從事教學及啓迪後學的工作。像開啓四明學風的樓郁，中進士後不求仕進，選擇在家鄉培育鄉里子弟[91]。蘇州士人朱長文中進士後，以疾不仕，也在家鄉從事教學工作，並與同時退居蘇州的士人，如崇大年、盧革、徐積等，一齊推動地方文化活動[92]。兩宋之際，江西吉州士人王庭珪，及南宋中期金壇人劉宰，也都只短暫任地方官，即因與當道不合，在鄉里從事教化與社會救濟活動[93]。

即使是出任朝廷高官的士人，晚年也多選擇歸老桑梓，耕耘基層。在官場的激烈競爭中，只有極少數的人，或才能卓越，或因緣際會，才得以平步青雲，獲致高位。此外，這些官員，也會遇上待闕、丁憂、貶斥，甚至自願辭官或年老致仕，而要回歸鄉里。從元祐起，士人因政見

---

91 黃寬重，〈宋代四明士族人際網路與社會文化活動〉，頁630。

92 鄧小南，〈北宋蘇州的士人家族交遊圈：以朱長文之交遊為核心的考察〉，頁452。

93 王庭珪事蹟，見周必大所撰〈行狀〉及胡詮撰〈墓誌銘〉，《盧溪文集‧附錄》（《四庫全書》本），頁2上-12下。劉宰事蹟，見劉子健，〈劉宰和賑饑〉，收入氏著《兩宋史研究彙編》（臺北：聯經出版公司，1987），頁307-359。

不同，相互攻訐，掀起激烈黨爭，官員或斥或用，變易無常，士大夫難以久居高位，被貶或居鄉，成為常例。南宋以來，先是和戰形勢丕變，主政者更迭不已，等到秦檜主和專權，大肆排斥異己，異議者相繼被貶斥或罷職回鄉，像張浚、趙鼎被貶時，受到牽連而貶謫歸鄉的官員為數頗多[94]。孝宗即位後，獨斷朝政，宰職難得久任，旋即外放或罷歸。可以說從北宋晚期到南宋中葉這一段相當長的時期，政局變動頻率相當高，官員異動頻仍，除極少數人外，難以長期秉政。

再者，南宋以來，官多缺少的問題愈益嚴重，官員待闕人數愈來愈多，待闕年限也愈來愈長，高官或名宦賦閑在家的現象相當普遍[95]。史浩即說：「賢大夫從官者，居官之日少，退閑之日多。」[96]像史浩、汪大猷、樓鑰、朱熹、呂祖謙、袁燮等名臣，都曾長期鄉居。退出朝政，雖不免難伸壯志，但他們擁有高官、名士的威望，在家鄉仍是地方上領袖一方的耆老，可以主導或推動地方事務。在當時，鄉賢的身分與仕宦的經驗，是朝廷了解吏治、掌握輿情的重要管道，也是地方官徵詢政務的重要對象。這樣的身分，使他們在家鄉仍然能擁有一言九鼎的影響力。

鄉居的官員或在鄉謀生的士人，都是地方的菁英群體。他們有著共同成長的環境，以舉業為共同追求的目標。士人因鄉誼、同學等關係，交流互動頻繁，在他們受教育的過程中，除了獲取知識與文化，有利於舉業的競爭外，這一學習知識的氛圍，也使他們彼此對身為「士人」的

---

94 柳立言舉出，因趙鼎受牽連的南宋士人與官員達34人，見氏著〈從趙鼎「家訓筆錄」看南宋浙東的一個士大夫家族〉，第二屆國際華學研究會議秘書處主編，《第二屆國際華學研究會議論文集》（臺北：中國文化大學出版社，1992），頁544-545。張浚因酈瓊兵變被罷，受牽連的黨人也不少，見黃寬重，〈酈瓊兵變與南宋初期的政局〉，收入氏著《南宋軍政與文獻探索》（臺北：新文豐出版社，1990），頁78-79。

95 竺沙雅章，〈宋代官僚の寄居について〉，《東洋史研究》41.1(1982)：28-57。

96 袁桷，《延祐四明志》，卷14，頁48下。

身分有所認同,而對士人群體的認同,更成為社會的主流價值觀。

　　士人雖然在科舉上際遇不同,在仕途上榮枯有別,但對鄉里的共同關懷,使他們彼此聯繫,互相援引,而且習於以桑梓事務為共同話題。因此,在朝為官者一旦辭官,鄉里便成為他們生活的中心,以彼此認同的身分、共同的文化基礎,結成一個不論爵序的群體,以詩文結社,相互遊賞酬唱。更重要的是,他們是地方的表率,在推動文藝活動之外,還負有教化的責任[97],於是他們或以個人或藉群體的力量,從事慈善救濟、公共建設,推動公益活動或排紛解難,以鄉里長者的形象在地方立足。像史浩、汪大猷、樓鑰等人,先後在家鄉組織詩社、推動修建學校、鄉曲義莊、鄉飲酒禮等公共建設和社會公益文化活動,為四明作出重要貢獻[98]。這種經由鄉里士人的合作所發揮的群體力量,正是南宋基層社會的一大特色。

　　從書院、祠廟爭取賜額的過程,便可看到地方菁英在基層社會的影響力。書院獲得朝廷賜額,表示官方承認其地位,是地方的一項榮譽。因此,期待透過書院培育人才的地方人士,除了書院的興建與課程的規劃外,更與地方長官一齊向朝廷爭取賜額。宋代書院雖盛,但除北宋初年嵩陽、嶽麓、石鼓等書院獲朝廷賜額外,鮮見賜額之事,直到朱熹興建白鹿洞書院,獲得朝廷賜額、賜書之後,書院申請賜額逐漸成為地方要事。不過,在寧宗之前,宋廷賜額仍不多,如清湘書院就經過地方官民數十年的努力,到寶慶元年(1224)才能獲得賜額[99]。理宗一朝,書院

97　鄧小南,〈北宋蘇州的士人家族交遊圈:以朱長文之交遊為核心的考察〉,頁479-480。

98　梁庚堯,〈豪橫與長者:南宋官戶與士人居鄉的兩種形象〉,《新史學》4.4(1993):45-93。黃寬重,〈宋代四明士族人際關係網路與社會文化活動〉,頁627-669。

99　程珌,《洺水集》(《四庫全書》本),卷7,〈賜名清湘書院記〉,頁13下-14上。

趨於普遍，賜額數量也加多，其後更將賜額變成榮寵大臣的一種方式[100]。

祠廟制度，則是由朝廷透過嚴密的審查程式，檢核廟神的靈驗，給予賜額、賜號，列入祀典，除了有收攬人心的功用外，也是朝廷將中央的權威延伸到基層，控制地方社會的一項政策。唐、五代時期，民間祠廟尚得不到朝廷的正式認同。宋神宗以後，祠廟制度才有進一步發展。徽宗時期，宋廷困於女真的攻擊，境內也因花石綱引發江浙地區變亂，在官府無力平定亂事的情況下，地方大族起而組織自衛武力，借著神力凝聚人心，抗拒入侵者，穩定了地方秩序。這些豪強乃以神靈庇佑地方有功爲由，透過州縣向朝廷請求賜封，藉以保持或提高家族在地方上的影響力。於是，徽宗一朝，祠廟賜額的數量激增[101]。到南宋，地方官和地方人士則共同推動廟宇興建與祠廟賜額，其中豪民巨族不僅扮演重要角色，且具有高度的延續性，像福建莆田方氏家族，自神宗元豐六年(1083)以來，特別到南宋時期，在祥應廟的賜額和廟宇重修上，一直居於主導者的角色[102]。

除民間神祠外，地方豪族也爲自己祖先立廟，並向朝廷爭取廟額。嘉定二年(1209)，鄞縣人湯建中等地方人士，向宋廷請賜政和年間推動

100 如理宗淳祐年間，賜參知政事應繇為宗族子弟所建書院為翁州書院，即是一例。見馮福京，《大德昌國州圖經》，卷2，頁12下。參見陳雯怡，《由官學到書院——從制度與理念的互動看宋代教育的演變》，頁166-167。

101 須江隆，〈從祠廟制度的新局面來觀察地域社會：唐宋變革論を考える〉，發表於「日本第53回東方學會議」。

102 方略，〈有宋興化軍祥應廟記〉，收入《宋代石刻文獻全編》第4冊，頁646-649；另可參見須江隆，〈從祠廟制度的新局面來觀察地域社會：唐宋變革論を考える〉。有關地方大族在南宋推動建廟與申請賜額上的貢獻，請參見韓森教授(Prof. Valerie Hansen)的研究成果。美國韓森著，包偉民譯，〈變遷之神——南宋時期的民間信仰〉(杭州：浙江人民出版社，1999)。皮慶生在民間信仰與地方社會這一方面也有深入的探討，參見皮慶生，〈宋人的正祀、淫祀觀〉，《東岳論叢》26.4(2005)：25-35。氏撰，《宋代民眾祠神信仰研究》(上海：上海古籍出版社，2008)。

廢湖為田的知明州樓异的祠堂為豐惠廟，此事顯然與其孫樓鑰在四明社
會的領袖地位有關[103]。理宗紹定年間，程珌辭官回休寧後，在家族中倡
議買地立廟，祭祀程氏先祖程靈洗，並以保障鄉里有功向朝廷申請賜
額，獲得「忠壯」的廟額[104]。從地方大族為民間神祠或家族祖先立廟，
爭取賜額、賜號的過程，可以看到地方大族在籌措經費、組織信眾、興
建廟宇、舉辦廟會、申請賜額等活動中，扮演主導性的角色，而且活動
頻繁；反之，與地方社會關係較淡的官方祀典，由於地方人士參與度不
足，而呈現衰微之勢。這種現象說明，地方權勢之家藉著爭取本地祠神
信仰合法性的同時，也力圖深植自身家族在鄉里社會的影響力[105]。

　　不過，鄉居官員或士人在鄉里的作為與角色，並不純然是正面的。
一部分人雖在基層社會積極參與建設、教化的活動，但也有不少人憑藉
威望、權勢，勾結官員，唆使胥吏，侵奪官府或民眾財物，為禍鄉里的
現象。這種例子在宋代典籍中頗多，即便是孝宗一朝曾任次相的大臣洪
适，在告老返鄉後也曾侵占墓地，闢作園圃，以致遭人控訴；他甚至謀
圖將城旁的州學舊址作為園圃，後來遭到知州王十朋的拒絕[106]。淳熙二
年(1175)，觀文殿學士錢端禮也被檢舉：「居台州，挾持威勢，騷擾一
郡，營治私第，凡竹木皆自取於民。」[107]朱熹記錄他在南康軍任滿前，
處罰違法士人及胥吏包庇的案件時，有人告訴他犯者是「人家子弟，何
苦辱之？」[108]袁采也記載地方豪強違法亂紀的事例，說：「居鄉曲間，

---

103 王元恭修，《至正四明續志》，卷9，頁7下。

104 朱開宇，《科舉社會、地域秩序與家族發展——宋明間的徽州》（臺北：國立
　　臺灣大學出版委員會，2004），頁60-61。

105 皮慶生，《宋代民眾祠神信仰研究》，頁272-317。

106 何晉勳，〈宋代士大夫家族勢力的構成——以鄱陽湖地區為例〉（臺灣新竹：
　　清華大學歷史研究所碩士論文，1995），頁57-59。洪适，《盤洲文集》，卷7，
　　頁6。《宋史》，卷387，〈王十朋傳〉，頁11882。

107 徐松輯，《宋會要輯稿·職官》72之12，淳熙二年四月二十二日條。

108 朱熹，《朱文公政訓》（《叢書集成》新編），頁16。

或有顯貴之家，以州縣觀望而凌人者；又有高資之家，以賄賂公行而凌
人者。方其得勢之時，州縣不能誰何。」這些人在鄉里把持短長、妄有
論訟，或結集兇惡，強奪財物，侵占田產，州縣不敢治罪。他對這種情
況深惡痛絕，卻沒有辦法，認為不能窮治，只好期待報應[109]。到寧宗時
期，平江府崑山縣所轄的地區，仍見豪民怙資憑強，輕死犯法，或慢令
縣政，致使「役次難差」，形成治安死角，直到嘉定十年(1217)，宋廷
分創嘉定縣以後，在官府努力下，情況才獲得改善[110]。此外，從《名公
書判清明集》一書所載諸多法律訴訟案例中，也反映地方豪右武斷鄉
曲，成為基層吏治紛擾之所在[111]。這些地方大族甚至也干預地方政務。
像蘇州地區，聚居許多衣冠僑寓的士人官員，他們習於干請，被認為是
地方難治的根源。因此，鄉居高官「不入州縣」或「不造官府」，還特
別受到表揚[112]。

　　在傳統社會中，鄉居官員、士人或富豪，由於角色扮演的差異，形
象有別。有的是被鄉里或官府視為排難解紛的長者，有的則被當作武斷
鄉曲的豪橫，這種看似對立的類型與評價，其實都顯示他們在基層社會
擁有較豐厚的政治權力、人際網路、經濟資本和教育文化資源。他們既
協助官府，也代表地方，更要維護自身的利益。因此，既可在不同的場
域看到他們的身影，也可以從不同立場，對他們有不同的評價。他們既
然領導或參與地方事務，成為基層社會的意見領袖，是勢所必然的。

　　總之，宋代財政中央化，雖然反映國家集權的現象，但這種現象過

---

109 袁采，《袁氏世範》，卷中，頁14下-15上。

110 范成大，《吳郡志》，卷38，〈請創縣省劄〉，頁4下-5上。另參見方誠峰，〈統
　　會之地：縣學與宋元嘉定地方社會秩序〉，《新史學》16.3(2005)：1-22。

111 陳智超，〈南宋二十戶豪橫的分析〉，鄧廣銘、徐規主編，《宋史研究論文集》
　　(杭州：浙江人民出版社，1987)，頁248-266。

112 鄧小南，〈北宋蘇州的士人家族交遊圈：以朱長文之交遊為核心的考察〉，頁
　　479-480。

度發展，卻造成地方財力的不足，地方官難以推動地方建設的窘境。復以宋廷對地方官員迴避和輪調制度的實施，不僅擴大胥吏在基層政治運作的影響力，也讓代表地方勢力的社會菁英，得以藉由推動公益活動、公共建設乃至爭取寺廟學校賜額等機會，介入地方事務，發揮影響力。特別是南宋以後，以地方菁英為代表的社會力量，已然成為基層社會的主力。

五、士人與鄉土意識的型塑

中國疆土遼闊，長久以來受語言、風俗、生活文化及行政區劃等影響，鄉土意識極為濃厚。先秦以來，關東、關西、山東、山西的對比與對立，都與地域觀念有關。秦漢以後，士大夫對鄉土和同鄉關係的認同，相當強烈[113]。各王朝為了穩定政局，消除不利於統一的地域觀念，無不採取各種措施，力圖消弭，但效果有限。

趙宋王朝雖也採取消弭地域觀念的措施，但地區文化優劣、風俗語言的差異、地區士人集結所形成的政治影響力等因素，反而擴大地域的歧異。北宋中期的新舊黨爭，即蘊含南北觀念的差異。南宋初期，饒州人一時擁有政治優勢，即被譏為「得饒人處且饒人」[114]。到南宋中晚期，四明士人多在朝中居高位，形成優勢政治群體，又被指為「滿朝朱紫貴，盡是四明人」[115]，都與地域觀念有關。

113 參見劉增貴，〈漢魏士人同鄉關係考論〉（上、下），《大陸雜誌》84.1、84.2(1992)：14-24；81-96；〈魏晉南北朝時代的鄉里之情〉，收入熊秉真主編，《欲蓋彌彰：中國歷史文化中的「私與情」——公義篇》（臺北：漢學研究中心，2003），頁11-40。

114 陸游，《老學庵筆記》，收入上海古籍出版社編，《宋元筆記小說大觀》第4冊（上海：上海古籍出版社，1993），卷1，頁3456。

115 張端義，《貴耳集》（收入《宋元筆記小說大觀》第4冊），卷下，頁4322。

　　到南宋中晚期，士人群體更是塑造地域文化意識的要角。宋廷寬容文人的政策，孕育出如范仲淹的「先天下之憂而憂，後天下之樂而樂」的經世精神，和文彥博「天子與士大夫共天下」的壯志，激發士人群體意識的勃興。科舉名額的增加，也有利於士人群體的成長，但官職員額有限，卻阻礙了他們在中央或官場上的發展，多數官員則長期奉祠居鄉。他們轉而參與家鄉事務，或關懷地方學術文化的發展，從士人群體與鄉里社會的角度出發，與富人、官府合作，型塑地方社會整體文化特色，從而展現不同地區、形態有別的文化優勢。

　　這種彰顯地方特色及強化士人意識的現象，表現在鄉先生祠的營運、砥礪士人廉潔的鄉曲義田莊，以及表彰地方典範後裔所設的學廩、鄉飲酒禮、編纂地方志等社會文化活動上。

（一）從先賢祠到鄉先生祠

　　為鄉里先賢立祠崇祀，自古以來即為突顯鄉土意識的重要方式。漢、唐崇祀鄉賢的方式，是把鄉里先賢置於社神廟中，接受祭祀，或者將之視為社神，直接祭祀。到了宋代，崇祀鄉賢的方式，則是在社廟別立先賢祠，或移到州縣學中。如歐陽修死後，其故鄉沙溪及本州，「自郡庠、鄉校，皆有先生祠堂」[116]，這是史料所見較早的紀錄。樓鑰也指出，北宋時期，明州州學已有祭祀鄉里人物，包括他的先祖樓郁[117]。南宋時，明州州學也立祠紀念四類先賢人物，其中包括推行鄉飲酒禮有功的官員，如仇悆、張津、趙伯圭等人，及陳瓘、豐稷、高閌、林保、汪

---

116 楊萬里，《誠齋集》（《四庫全書》本），卷73，〈沙溪先生六一祠堂記〉，頁15下。又見楊建宏，〈論宋代土地神信仰與基層社會控制〉，《湖南科技大學學報》（社會科學版）9.3（2006）：82。

117 樓鑰，《攻媿集》（《四部叢刊初編》），卷82，〈鄉校奉安先主祠堂祝文代工部〉，頁8下。

大猷等地方先賢，以及興建州學有功的官員如李夷庚、岳甫、程覃等人。
這些入祀人物的安排，體現了地方士人自我認同的文化傳統。不過，在
理宗以前，包括明州或廬陵的鄉賢祠，所崇祀的對象都是有功於鄉里的
先賢或名宦，並未設置專門祭祀推動地方教育、培育鄉里人才的鄉先生
祠堂[118]。

理宗晚期，祭祀鄉賢的祠堂有了很大的轉變。淳祐五年(1245)，在
明州州學明倫堂之側，設置專爲祭祀明州陸學弟子的淳熙四先生祠，是
鄉先生專祠出現的重要表徵。寶慶二年，明州州學先賢祠中所列，具「義
理之學淑士風」的楊適、杜醇、王致、樓郁和王說五人，是慶曆年間開
啓四明教育學術發展的先導者。早在北宋末年，舒亶在撰述其師王說的
墓誌時，即稱這五人爲「五先生」，認爲他們都是「以行誼術業，表其
州鄉者也」[119]。五先生之一樓郁的後人樓鑰，在寧宗嘉定年間，爲高閌
的《息齋春秋集註》寫序時，也將四明這五位以文學行誼表率於鄉的先
賢尊稱爲「五先生」[120]。然而，在寶慶年間的先賢祠中，並沒有特別標
舉五先生的稱號，要到《延祐四明志》中，才提到「先賢祠堂，舊有五
先生祠：楊、杜、王、樓、王」[121]，說明四明「五先生」之稱雖然出現
甚早，且早列祠於州學的明倫堂，但當時與其他先賢並祠，並未專祀。

理宗淳祐五年(1245)，知明州顏頤仲爲表彰道學對四明的貢獻，在
州學明倫堂的左右分立兩個祠堂，左側祭祀張栻、呂祖謙、陸九淵等理

118 鄭丞良，〈南宋明州州學先賢祠與人物祭祀〉，收入浙江大學宋學研究中心編，
《宋學研究集刊》第一輯(杭州：浙江大學出版社，2008)，頁320-347。

119 舒亶，《舒嬾堂詩文存》(臺北：新文豐出版公司，1988，《四明叢書》本)，
卷3，〈宋故明長史王公墓誌銘〉，頁15下。

120 樓鑰，《攻媿集》，卷51，〈息齋春秋集註序〉，頁5下；〈朝請大夫致仕王
君墓誌銘〉一文，也有「吾鄉五先生俱以文行師表士子」的陳述，見《攻媿集》，
卷100，頁1上。

121 袁桷，《延祐四明志》，卷13，頁2下。

學大儒，右側則設立在四明弘揚陸學的四個重要傳人，即被稱爲淳熙四先生——舒璘、沈煥、楊簡、袁燮——的祠堂。從四明的例子，顯示在受理學家影響的地方官的推動下，至少到理宗晚期，地方上已出現專以祭祀理學家，及推動地方學術教育有功的先賢祠堂，彰顯了地方對理學家發揚道學的感佩。

入元之後，四明人對鄉先賢的祠祀，有進一步的改變。至元年間，慶元路儒學正式出現了先賢祠和鄉先生祠分立的現象。先賢祠所奉祠的是以「忠節著聞天下」、「鄉里先政、達官，有功於學」及「有功於儒宮」三類先賢；九先生祠則尊奉「慶曆、淳熙鄉達九先生之祀」[122]。王應麟在記文中指出，「前後九賢，教行於一時，澤被於百世」，並認爲「吾邦自慶曆諸老淑艾後進，乾淳大儒闡釋正學，孝弟修於家而仁義興，德齒尙於鄉而風俗厚，理義明於心而賢才盛，善信充於己而事業顯」[123]。此後，九先生成爲四明地區最高級官學祭祀的主要對象。

藉祭祀教育地方、發揚學術爲主的先賢，來推動理學的作法，正是晚宋理學家最積極的使命之一。除了要導正學術走向之外，更重要的目的在標舉地區性的文化特色，是宋代士人意識的集體表現的一種方式。地方士人以群體的力量，專立以教育爲職志的鄉先生祠的出現，更說明南宋部分文化發達的地區，已有由當地官民共同以關懷士人在國家社會的角色出發，型塑各具特色的社會文化活動，藉以彰顯鄉土意識，而這種意識的發動者是「士人」，發動地在「基層」。

（二）州學經營與義廩設置

除了鄉賢祠祀，鄉里士人更聚集眾人之力，藉著興建與經營州縣學

---

122 王應麟，〈九先生祠堂記〉，《延祐四明志》，卷13，頁13上。

123 王應麟，《四明文獻集》（《四明叢書》本），卷1，〈慶元府學重建大成殿記〉，頁10上-下。

校，型塑地方特色[124]。

蘇州士人對鄉里文化的塑造，表現在與官員共同推動的地方教育——州學的建立與發展上。吳學是范仲淹知蘇州期間（1034-1037），向朝廷請建的。范仲淹是慶曆變法的推動者，又創置了影響家族發展的義莊，成為蘇州地區最具代表性的鄉賢。這樣的背景，使吳學不僅成為慶曆興學的典範，更是兩宋蘇州地方最具代表性的教育機構，雖經歷天災戰火與歲月侵剝，仍然持續不墜。全盛時期，吳學生員直逼六百人，校舍有屋七百五十間；校產在慶元二年（1196），已有一萬一千五百六十三畝，收入租米達二千二百八十七石，錢近二千五百貫[125]，是一般州級學校十倍以上，此一豐厚的資產，是蘇州士人、州學教授及地方長官，共同經營的成果[126]。

吳學的經營歷久不衰，且成為蘇州文化活動的中心，與始創者范仲淹形象不斷提升有密切關係。在北宋末年朱長文所撰的〈蘇州學記〉中，范仲淹被視為對地方教育有功的先賢[127]。到了南宋紹興十四年（1144），記錄吳學重建的〈平江府修學記〉中，已將范仲淹標舉為一個輔助聖君、帶動天下崇學的領導者，足見蘇州地方人士有意識的將吳學的興建、全國性的興學運動及范仲淹三者緊密連結在一起[128]。

吳學義廩的設置，是州學功能的擴大，也展現了士人意識的提升。紹熙四年（1193），倪千里出任平江府學教授時，有感於學校除了養士之外，也是攸關風教的場所，因此在整理吳學財產時，提出部分經費設置

---

124 參見陳雯怡，《由官學到書院——從制度與理念的互動看宋代教育的演變》。

125 見〈吳學糧田籍記〉，收入《宋代石刻文獻全編》第2冊，頁285-292。

126 熊慧嵐，〈宋代教授在學校經營中之角色——以吳學為例〉（臺灣新竹：清華大學歷史研究所碩士論文，2008），頁47-78。

127 朱長文，《樂圃餘薰》（《四庫全書》本），卷6，〈蘇州學記〉，頁7下-8下

128 熊慧嵐，〈吳學范仲淹形象與所謂地方意識〉（未刊稿）。鄭億年，〈平江府修學記〉，《宋代石刻文獻全編》第2冊，頁252-253。

吳學義廩。倪氏仿傚范仲淹成立義莊的作法，成立一個以士人群體為對象的公益組織，其獎助的對象除州學生員外，也包含就讀於州學之外的五縣士人；獎助的項目除舉業外，也包括士人家庭中的親老喪葬。吳學義廩的設置用意，顯示宋代州學的經費，除學校運作及供養生員外，照顧當地士人的生活，以彰顯基層社會士人的群體意識，也是當地官民所共同關懷的事情。

更特別的是，在吳學義廩中，還有特定經費用於「祠祀范文正公，及教養其遺三人」[129]。其中，資助范氏後人的教養一事，除了和獎助州學以外的士人，同樣具有關懷鄉里的意義之外，更有標舉鄉里典範，型塑地方意識的意涵在內。范仲淹成立義莊的本意，本即具有賙贍家族子弟求學的費用、避免家族沒落的目的，此時反而需仰賴義廩資助，也說明范氏義莊到南宋，營運已遭逢困境。據樓鑰在〈范氏復義宅記〉中記，「（義宅）中更兵燬，族黨星散，故基榛蕪，編民豪據為居室、為場圃，僦直無幾，甚失遺意。（義莊）粟無所儲，寓於天平山墳寺，倍有往來給散之勞，久復圮廢，改置城中，反寄他舍」[130]。范氏族人范之柔也說：「南渡之後，雖田畝僅存，而莊宅焚燬，寄廩墳寺，遷寓民舍，蠹弊百出，盡失初意」[131]。都說明南宋建炎三年（1129），金兵進犯平江以後，義莊遭受破壞，其後又被豪民侵奪，以致義莊收入難以資助族人求學費用。范氏既被蘇州官民型塑為興學代表人物，蘇州士人自不能置范氏後人於不顧。因此，教授倪千里在吳學義廩創設之初，即從中提撥專款，專祀范仲淹，並教養其後裔子孫。這樣的作法，顯示官府與當地士人有意標舉范仲淹創設吳學嘉惠鄉里，以及建置義莊賙濟族人，而成為後世

---

129 戴溪，〈吳學義廩記〉，收入錢穀，《吳都文粹續集》（《四庫全書》本），卷3，頁24下。

130 樓鑰，《攻媿集》，卷60，〈范氏復義宅記〉，頁1-3。

131 〈續定規矩〉，《范文正公集·附錄·莊義規矩》，頁7下。

典範的地位，並期望地方後進能繼承此精神，因此集地方眾人之力，資助范氏後人延續儒業。其中，賦予范仲淹典範性地位的目的相當明顯，型塑地方意識的用意也相當清楚。

若將此事進一步與常熟縣府的作為一齊思考，更可以看出士人對營造鄉土意識的用心。蘇州常熟縣是孔子弟子子游的家鄉，《吳郡圖經續記》記子游居於常熟縣西北[132]。唐追封子游為吳侯，宋真宗大中祥符年間，改封丹陽公。慶曆州學興起時，地方學校通祀孔子，子游列為從祀，但在常熟縣未有專祠[133]。慶元三年（1197）七月，知縣孫應時在縣學講堂東作祠堂，專以奉祀子游[134]，這是常熟縣表彰先賢之始。

理宗以後，常熟縣的官員除了重修子游的祠堂外，更籌措經費，教養其後裔。寶慶元年（1225），祠堂遷於縣學之左側，但孔廟敗壞，於是知縣王爚責成邑士胡洽、胡淳負責工役，在縣學左側重建孔廟，並在其北專祠子游。為標舉先賢典範，承續子游的遺澤，王爚積極尋訪子游的後裔。當得知子游後人「降在編氓，弗修儒業」時，王爚為了讓先賢後裔能繼續接受教育，致力儒業，特別在縣學之西設「象賢齋」，聚集子游後人讀書，由縣府供給教養費用，為他們買書、延聘教師授業，由年長的族人負責祠堂。王爚擔心經費不足，日久之後難以為繼，有失照顧鄉賢後人的美意，特由縣府撥八千五百緡買五百二十畝的田地為本，每年收租米三百八十斛，作為永久支持子游族裔的教育經費[135]。

王爚的作法可能和吳學義廩資助范氏後人一樣，都與理學家積極倡導、推動、發揚儒學有關。然而，聚養地區上具有典範性人物的後裔，並提供教養經費，顯示地方士人極力維護、發皇地方文化特色的用心，

---

132 朱長文，《吳郡圖經續記》，卷下，頁12。

133 朱熹，〈常熟縣丹陽公祠堂記〉，收入范成大，《吳郡志》，卷4，頁13下-15上。

134 同上。

135 袁甫，〈常熟縣教育言子諸孫記〉，收入《宋代石刻文獻全編》第2冊，頁371-372。

他們以具指標性的人物作為營建地方意識的基礎，深具意義。朱學傑出學者魏了翁，以及陸學重要繼承人袁甫都曾為此事作記，也顯示朱陸兩派的傳人，在蘇州努力傳播理學的積極態度，及兩派共同為提升士人意識而努力的精神。

從上述四明、吳縣、常熟縣的活動，和稍晚在淳祐六年（1246），王遂所撰〈嘉定重修縣（學）碑銘〉的記載，清楚顯示理宗時代有眾多以興復儒學自任的理學家，在江南各地以實際行動為塑造新的文化典範而努力[136]。

（三）士人互助組織：過省會與鄉曲義莊

士人的集體意識，也表現在他們為了一圓科舉夢，自組經濟互助會社上。參與科舉考試是宋代士人受教育的共同目標，但教育是長期投資，所需經費龐大，對一般家庭來說，已難以承擔，更遑論貧困的家族。在宋代，儘管從政府到鄉里社會，都有一些資助貧窮士人的舉措，如義莊、義田、貢士莊、舉子莊等，資助士人讀書或參加科考的旅費[137]。不過，這些義莊畢竟難以全面協助貧窮士人，同時經費或由地方縉紳出資設立，不免有施捨之意，也並非人人樂於接受。因此，出現一般士人共同出資組成的經濟互助團體，以遂其參與科考的願望。這樣的互助團體在宋代必然不少，但留存的史料不多，難以全面探究。目前所能見到的，是光宗紹熙五年（1194）以前，首由謝諤在江西臨江軍創行，隨即為湖南衡州士人所倣效[138]，此後則行之於福建。

慶元五年（1199）中舉的福建傑出理學家真德秀，在其所撰〈萬桂社

---

136 方誠峰，〈統會之地——縣學與宋末元初嘉定地方社會的秩序〉，頁1-22。

137 梁庚堯，〈南宋城居官戶與士人的經濟來源〉，收入氏著，《宋代社會經濟史論集》，頁295-308。

138 同上，頁303。

規約序〉中，就描述這類士人互助會的組織。真德秀指出，福建地區有
兩個互助會社：過省會和萬桂社。建寧府的過省會對真德秀能中舉入
仕，扮演了關鍵角色。他回憶兩次參加鄉試的經驗：由於家境貧窮，第
一次應考時，辛苦籌措旅費，才能湊足萬錢，日夜徒步趕路，至考場已
疲倦萬分，以致無力應考而落第。後來，真德秀參加由當地士人自組，
擁有成員數千人的過省會，得該會的資助，加上親友餽贈，讓真德秀
「始舍徒而車，得以全其力於三日之試，遂中選焉」。由於參加過省會，
是真德秀科考成功的關鍵，因此他常捐錢贊助，以示不忘本。另一組織
為萬桂社，是由泉州人林彬之組織的，參加者約有三百人，其規模雖不
如莆田，但對貧士而言，仍有三益：「紓其行以養其力，一也；無怵迫
以養其心，二也；無丐貸以養其節，三也。」[139]

　　除了這幾個在福建地區流行的士人經濟互助會社之外，江東的饒
州最晚在嘉定三年(1210)也已出現「歲當大比，相與裒金，視同盟薦送
之多寡，均以給費」的義約[140]，表現了基層社會中，不少貧窮士人為了
達成爭取功名的願望，在艱困的環境中，採取共同集資、集體自力救濟
的方式，相互扶持、救助，也是士人意識發揚的表現。

　　在宋代的基層社會中，更具士人集體意識的作為，是由四明名宦史
浩、汪大猷、沈煥等人所推動的鄉曲義田莊。這個地區性的社會福利組
織，雖源於范氏義莊照顧族人的美意，但已超越個別家族，而以整個四
明地區的士人群體為對象，也不只是單純以一己之力，施捨財富給貧困
的民眾，而是邀集眾人之力，透過制度的建立與組織的運作，來協助地
區士人度過難關。在史浩的號召，和同鄉好友的支持下，由四明知識分
子、富民為主的民間互助組織「鄉曲義莊」，於紹熙元年(1190)正式運作。

---

139 真德秀，《真西山全集》（《四部叢刊初編》），卷27，〈萬桂社規約〉，頁7。
140 洪咨夔，《平齋文集》（《四部叢刊續編》），卷10，〈楚泮榮登義約序〉，頁
　　1上。

　　史浩是第一位將家族義莊推衍成鄉曲義莊的人物。乾道四年(1168)
他知紹興府時，為了救助貧困的知識分子，「始捐己帑，置良田，歲取
其贏，給助鄉里，賢士大夫之後，貧無以喪葬嫁遣者，附以學而以義名
之」，並且草擬了十幾條章程，規定了收存、發放的原則[141]。此一作法，
在紹興似乎獲致效果，以致他在知福州時，又設義莊，以給濟貧苦的孕
婦[142]。不過，這種由官方主導、超越家族的義莊，顯然與地方財政及後
任官員的意願有關，以致他離任後，並無持續的記錄。

　　史浩在淳熙五年(1178)罷相回到四明里居後，提出設置照顧鄉里士
人的義田。他說：「義田之設，專以勸廉恥。蓋賢大夫從官者，居官之
日少，退閒之日多，清節自持，不肯效貪污以取富，沽敗名以自卑。為
士者，生事素薄，食指愈眾，專意學業，不善營生，介潔自持，不肯為
屠沽之計、掌攫之態者，使各知有義田在身後，不至晚年憂家計之蕭條、
男女之失所，遂至折節汨喪修潔。故以此為勸，使其終為賢者。」[143]從
史浩揭示的理念，說明四明義田莊的消極性功能，是在幫助窮困的知識
分子及官僚，而其積極性功能，則是經由集體的力量，建立經濟互助體
系，以達到崇尚廉恥、培養廉能官僚的目的。從「家族」義莊延伸到「鄉
曲」義莊，顯示從個別家族興衰的考量延伸到對鄉里整個士人階層的關
懷，而且藉著義莊的成立，建立運作機制，來取代臨時性的賑濟，也是
地方家族間集體公益活動常態化、制度化的表現。

　　史浩推動照顧鄉里士人的理念，引發四明士人合作的動力。在同鄉
好友沈煥與汪大猷等人的支持下，積極展開勸募工作，鄉人「或捐己產，

---

141 沈作賓，《嘉泰會稽志》，卷13，頁18下-19上。
142 史浩，《鄮峰真隱漫錄》（《四庫全書》本），卷8，〈福州乞置官莊瞻養生之
　　家劄子〉，頁5下-8上；參見俞信芳，〈鄞籍中興宰相史浩二、三事〉，《寧波
　　師院學報》（社會科學版）13.3(1991)：54-57。
143 袁桷，《延祐四明志》，卷14，頁42上-下。

或輸財以買，各書於籍」[144]。非但汪大猷「率鄉之人爲義莊，首割二十
畝以爲倡，衆皆競勸，至三百畝」[145]，四明富室邊友誠之弟，也捐助修
頖宮、建義莊、濟饑民的費用[146]。此外，知明州林大中也撥郡中絕戶的
田產二頃，總共得五頃餘[147]。每年得穀近六百斛，米三分之二，乃建屋
十五楹於郡城西的望京門，正式稱「義田莊」。汪大猷規劃、訂定規章，
由地方上年長孚眾望而且能幹的人來主持，敦請居鄉休致的官員，負責
財務及義莊事務[148]。由於史浩、沈煥及汪大猷三人，在創置四明義田莊
的貢獻最大，鄉人爲了感念他們，乃繪三人的畫像於莊所[149]。

　　從四明義莊田的設置、規章的擬定，乃至制度的運作，可以看到汪
大猷、史浩、樓鑰、沈煥等著名士大夫，結合當地富人如邊氏，共同推
動地方上的公益活動，建立了以民間爲主、官方爲輔的運作模式，這是
士人家族從密切交往中，觸動鄉土關懷而創造出優於其他地區的文化特
質，此一規則最後得以順利實施並行之久遠，更是這些高門大族通力合
作所致[150]。當然，除了士人的鄉土意識和家族之間合作之外，更要有完
善的制度規章和適切的執行者，這種自覺建構起來的運作規範，正是四
明士人展現自信與鄉土意識，所締造出的社會文化特色。

---

144 袁桷，《延祐四明志》，卷14，頁43上。

145 樓鑰，《攻媿集》，卷88，〈敷文閣學士宣奉大夫致仕贈特進汪公行狀〉，頁
　　21上。

146 袁燮，《絜齋集》，卷20，頁25上。

147 袁桷，《延祐四明志》，卷14，頁43上-下；樓鑰，《攻媿集》，卷88，〈敷文
　　閣學士宣奉大夫致仕贈特進汪公行狀〉，頁21上。

148 羅濬，《寶慶四明志》，卷11，頁21下；袁桷，《延祐四明志》，卷14，頁43
　　下。

149 羅濬，《寶慶四明志》，卷11，頁22上。

150 梁庚堯，〈家族合作、社會聲望與地方公益：宋元四明鄉曲義田的起源與演變〉，
　　頁213-237。

六、結語

　　唐宋時期是中國歷史上的重要轉型時期。從政治局勢與社會發展間的互動情況，可以觀察到趙宋君臣鑑於五代政權遞嬗教訓，竭盡所能運用各種方式，來穩定政局，一方面將鄉里虛級化，使縣成為行政基層單位，由中央直接委派官員出任親民官，負責催稅勸率、民訟刑禁等政務，使中央的政令得以貫徹；另一方面，為了加強中央統治力，在縣一級設置巡檢、土兵、縣尉、弓手等基層武力，使縣成為宋廷深入基層社會的基點。

　　宋朝的財稅制度配合集權體制，明顯呈現中央化的趨勢。徽宗時期，由於朝廷推動各項耗費巨大的事務，需財孔急，急切地向地方徵收財稅，不僅使財政中央化的情況十分明顯，也造成過度役使民力的現象，引發方臘等規模大小不一的民亂。在變亂中，地方豪族藉助神力，凝聚人心，穩定基層社會秩序，借機向朝廷爭取寺廟賜額、賜號。另一方面，由當地人為土兵、弓手，擔任基層武力的體制確定，人數也增多。這些現象，說明宋初設計強化中央權威的各種制度與作為，隨環境的變化而逐步增強，到徽宗一朝，在表面是宋代中央化最強的時候，卻也是基層社會轉變之時。

　　由於武力及財政過度中央化，導致地方財政困窘。於是，長期醞釀、蓄積、培養出以士人為代表的地方菁英，與財富雄厚的富豪、熟悉業務的胥吏，乃至本土屬性強的基層武力等所形成的地方勢力，在此時出錢又出力，協助官府敉平亂事、推動地方建設及推行教化的工作，在國家權力向基層延伸的時候，出面協調與配合，使基層政治得以順利運作。這些地方勢力既適時的提供了財力與人力資源，填補了州縣政府的不足，在基層社會中，自然也成為具有舉足輕重作用的群體。

　　南宋時代，地方勢力在基層社會的影響力，更為明顯。宋廷南遷以

後，憑藉東南半壁江山，長期與強敵相抗，加上地方亂事增多，社會治
安及法律經濟等問題層出不窮，政府負擔加重。由於財政支出不斷膨
脹，宋廷只得利用各種名目，加強徵收，造成地方政府徵稅的壓力與財
政的窘困。這些現象都使得地方官員對地方的依賴加深。地方治安既是
由當地人所組成的弓手、土兵來維護，地方事務也要借重擔任職役的吏
員來執行，而且業務日趨專精，胥吏取代職役，成爲在基層社會介於官
民之間，實際操持縣政業務的群體。

此外，地方建設和地方教化更需要仰賴以鄉居官員、士人和富人所
形成的權勢之家，共同協助，於是地方上出現以個人或透過家族間組成
不同形式的群體，在書院、貢院等地方公共建設和鄉曲義莊、社會救濟
等公益活動，配合官府貢獻心力，乃至主導具地方色彩的詩社及鄉飲酒
禮等文化活動，並共同爭取書院、寺廟的賜額及舉辦宗教活動。地方權
勢之家與朝廷命官的州縣長官，共同合作，相互交流，一齊推動地方政
務，共同構成基層社會政治運作與人際網路的基礎。

因此可以說，宋朝建立之後，是中央透過政治的變革，向基層伸展
了統治力。但是自徽宗朝以後，政局的驟變與社會環境的變遷，反而在
社會秩序的維護上，爲地方菁英與豪右所組成的基層力量，創造了發展
空間。南宋時期，更由於長期面臨和戰的困局，在軍政、財政和政治各
方面均需要仰賴地方，於是一方面修正強幹弱枝政策，對地方釋放部分
權力；另一方面，縣級的基層官員，也必須藉助地方力量，以利轄區政
務與建設的執行，因此地方豪強與菁英/地方官員/基層武力與胥吏三股
勢力，基本上構成了基層社會的三個支柱，彼此合作，互相依存，同時
也在地方社會的運作中，形成某種程度的競爭與緊張關係。此一現象爲
後來的朝代所繼承，成爲中國基層政治社會的主要圖像。因此，從基層
政治運作及社會關係發展的角度看來，中國社會在唐宋之交與兩宋之際
都有轉變，到而這樣的轉變到南宋更進一步發展，成爲明清以來中國基

層社會的雛型。

地方社會是中國社會發展的基礎。宋代以前的中國歷史，同樣存在著代表國家政治力的中央王朝與代表地方社會力的地方勢力，兩者彼此間的關係，隨著政治社會的變化而有不同的發展與互動。地方勢力在歷史發展的長河中，一直以不同的面貌存在著，只不過在不同的歷史時期，它與中央的互動和影響有別，呈現的方式與代表有所不同而已。如唐代藩鎮割據時，鎮將把持地方，鎮將就被視為與中央相抗衡的地方勢力；宋代由朝廷設置弓手、土兵，隸屬於縣尉、巡檢，縣這一級就被當成中央推動集權的行政機構。其實，基層社會仍有許多延續性的事務，只是宋廷透過制度的設計和實際政治的運作，伸展政治力於基層行政區域的同時，與因社會經濟發展而出現以知識為謀生的士人群體，以及憑藉財力豪勇的地方豪強，所交織形成的社會力，在縣這一行政地區，碰撞交流，形成新的互動關係。到了南宋，因著士人群體成為基層社會的主軸，而出現政治力與社會力共治的型態。

在這一新的關係中，士人的身分與角色是很關鍵的。擁有知識的士人跨越了職業的界限，成為宋朝社會的主流，受到政治的寬容、社會的尊崇。宋廷重文並以科舉取士，任之為官僚，讀書中舉成為個人與家庭發展的重要目標，知識也成為新經濟發展中謀生的利器。在科舉文化的政治體制下，孕育了大批兼具天下觀念與關懷鄉土雙重性格的士大夫。到南宋，士人成為在基層社會極有影響力，而且彼此認同感很強的龐大群體；中舉為官的士人到外地出任親民官，則成為伸張朝廷政治權力的代表。不過，限於制度結構與現實環境，地方官員需要仰賴地方權勢之家的協助，才能有效伸張統治權，於是在宋代所謂「中央集權」制度中，產生了社會力量得以發揮的空間。

因此，未仕士人或鄉居官員的角色，便顯得重要。這些士人憑藉經濟力或社會聲望，協助推行地方教化與推動地方建設，更嘗試超越個人

與家族的範疇，集體合作，共同規劃、執行如社倉、義役、鄉曲義莊等長期性的社會互助組織，塑造具有社區意識的文化模式，成為南宋時代基層社會的一大特色。士人既是基層社會的意見領袖，和擁有實力的豪強與實務經驗的胥吏，共同構成基層社會的勢力，在不同時期、對不同事務，以不同立場，扮演不同角色，在實際運作中，形成政治力與社會力或疏或密、或順或逆的互動關係。於是，當我們從不同的角度與問題觀察，可以看到由北宋到南宋，以縣為主的基層社會，出現政治力與社會力之間多樣性的動態發展，但仍舊呈現彼此相互依存、共同合作的景象，此正為士人群體在其中發揮影響力的結果。這一態勢，不僅是觀察宋代中央與地方關係互動的重要視角，也可以由此一線索，進一步探索中國近世以降基層社會發展的狀況。

從基層社會的角度，我們固然看到鄉居官員、士人、富豪、胥吏共同組成地方勢力的主幹，士人也扮演著主導的角色，但在基層社會實際政治社會運作及影響中，朝廷差遣的親民官——知州、縣令等人，仍是基層政治社會的樞紐。士人出身的身分，使這些官員既擁有社會聲望，又能代表朝廷在地方行使統治權，集行政、司法、警察權於一身，是基層社會權力的泉源。在社會秩序、司法治安到文化教育等各層面，親民官都是政令的發號者和政策的主導者。從宋代祠廟賜號、賜額的申請審核程式中，知縣和朝廷是地方信仰合法性的唯一來源。在地方學校和書院的興建過程中，當地士人和富豪倡議和推動上貢獻雖大，但由於賜額代表朝廷的支持，對提升書院的地位至關重要。在爭取賜額時，官府更居於主導的角色。即使最具民間色彩的鄉曲義莊和社倉，縣府都扮演著督導和善後的作用。因此，我們看到南宋以降，當社會上出現以士人縉紳為代表的地方勢力，在鄉里各種事務中發揮作用的同時，不要忽視地方行政長官——知縣的重要性——即使由於他們個人有賢愚、貪廉之別，對地方吏治造成極大的差異，而有截然不同的評價。

後記

本文旨在藉由縣級行政管理方式的變化，與縣政權力的實際運作，條理出宋代地方社會中官民關係的演變，和政治力、社會力在其中的角力，勾勒出地方有力人士的諸多形貌、力量根源、社會文化特色，以及鄉土意識的型塑方式，進而從中體現動態的歷史發展軌跡與各方力量間的結構關係。

在此思考脈絡下，針對參與基層社會運作的相關群體分項討論，不免將胥吏、弓手、土兵、巡檢、士人、鄉居官員，乃至親民官等，切割得過於分明、單一。其實，人在社會中的角色多元，各群體間的關係更是複雜，參與地方政治運作的人物所屬群體雖異，但角色往往多有重疊，彼此間絕不僅限於對立或從屬關係而已。由於本文側重政治結構運作，以致僅在文中簡要述及各群體間的多元關係，與個人在社會中所具有的諸多相貌，未能更深入討論，故特此說明，並感謝劉靜貞教授的提醒。

俎豆宮牆
——鄉賢祠與明清的基層社會

林麗月[*]

一、引言

　　傳統中國的「廟學制」，自魏晉粗具雛形，南北朝時期，中央官學至地方官學的規劃逐漸呈現「廟學相依」之格局。到了貞觀四年（630），唐太宗進而下詔各州縣皆立孔廟，更使廟學制從闕里孔廟「依廟立學」的先例進入地方普遍「依學立廟」之榮景[1]。此後「廟學」經過宋元的發展，成爲「儒學」的代名詞，直至清末西學傳入之前始終不輟。「廟」指孔廟（包括從祀先賢先儒的東西廡），是官學的祭祀園地；「學」指講堂（元明以後通稱明倫堂），屬於學校的教學區域。廟學制就是由祭祀區的

* 臺灣師範大學歷史學系。
　本文初稿承黃進興院士指正，並蒙濱島敦俊教授、巫仁恕教授惠賜修訂意見，
　謹此致謝。

1 黃進興，〈權力與信仰：孔廟祭祀制度的形成〉，原刊《大陸雜誌》86.5（1993），收入氏著，《優入聖域：權力、信仰與正當性》（臺北：允晨文化，1994），頁163-216。

「廟」和教學區的「學」兩個部分構成的學校制度。因此，可以說，廟
學的歷史等於一部中國中古以後的教育史與儒家思想發展的歷史 [2]。

歷代朝廷實施廟學制的目的，在透過學校教育與祭孔祀典，使學子
希聖希賢，進而達到安定政治社會的功能 [3]。根據高明士教授的研究，
廟學的建築結構、祭祀禮制、授課內容到唐代已基本定型 [4]。胡務的研
究則指出，唐代完整的廟學仍然爲數有限，有廟無學的現象仍相當常
見，大量州縣直到宋元才開始出現孔廟及依附其旁的儒學，而大部分的
儒學則是孔廟修建在先，學宮修建在後。到了元代已少見孔廟與學宮分
離的情況，「由學尊廟，因廟表學」，廟學制度漸趨完善。元武宗時，
加封孔子爲「大成至聖文宣王」，並出現了一部與廟學有關的奏疏專集
《廟學典禮》，顯示廟學在蒙元統治的時期，不僅未因外族統治而中斷，
而且有更穩定完備的發展 [5]。

明清時代，地方廟學的祭祀空間不斷擴展，除了春秋二季舉行祭孔
之外，另有名宦祠、鄉賢祠、忠節祠等祠祭。名宦祠中奉祀的是歷代有
功於本地的官員，而鄉賢祠中奉祀的是歷代有功於本地教化、可爲鄉人
楷模的士人。不過，北宋以來，許多地方已有「先賢祠」、「鄉先賢祠」、
「某先生祠」或「君子祠」等名稱不一的祠廟，只是當時這些祠廟不一
定設在地方官學裡面 [6]。宋代地方官學即有從廟學的祀孔禮制發展而來

2　胡務，〈宋元明三代廟學的建築結構和祭祀〉，《中國文化研究所學報》43卷
　　（香港，2003），頁157-181。及氏著，《元代廟學——無法割捨的儒學教育鏈》
　　（成都：巴蜀書社，2005）。

3　高明士，《唐代東亞教育圈的形成——東亞世界形成史的一側面》（臺北：國
　　立編譯館，1984）。《東亞教育圈形成史論》（上海：上海古籍出版社，2003）。
　　《中國中古的教育與學禮》（臺北：臺大出版中心，2005）。

4　同上。

5　胡務，〈宋元明三代廟學的建築結構和祭祀〉，頁157-181。胡務，《元代廟學——
　　無法割捨的儒學教育鏈》。

6　Ellen G. Neskar, *The Cult of Worthies: A Study of Shrines Honoring Local Confucian*

的祠祀傳統，當時官學祠祀的對象大抵有三種：一是與鄉里有關的人
物，如鄉賢或舊侯；二是與學校有關的人物，如曾在當地講學或於興修
學校有功者；三是理學家，主要為南宋以後出現。前兩種比較是地方性
的，與地方的歷史和精神象徵有關，第三種比較是普遍性的，和南宋立
祠表彰理學的發展有關[7]。但宋元之世，建於學宮內的地方性祠廟尚未
普遍化，相關制度仍未確立，經過洪武到弘治年間的推動，鄉賢祠至明
代始成全國性廟學祀典的一部分[8]。

　　過去有關鄉賢祠或先賢祠的研究，主要集中於宋代的討論。Ellen G.
Neskar研究宋代先賢祠的發展，注意到兩宋政治局勢的發展對地方先賢
祠廟與理學運動的影響，指出：范仲淹（989-1052）的改革與王安石
（1021-1086）的變法所提倡的儒家理想雖有助於地方先賢祠的設立，但因
過於關注中央的政治革新，對地方儒學的鄉賢崇拜基本上並不重視。新
舊黨爭以後，在政治上受到新黨壓迫的舊黨士人，比較容易在紀念地方
先賢祠中取得位置。換言之，新舊黨爭與政治迫害對地方先賢祠廟的建
立有相當顯著的影響。此外，Neskar並指出，南宋先賢祠的建立與發展，
是地方上的自發活動，與地方菁英的關注從中央逐漸轉向地方有密切關
係，士大夫積極推動先賢祠的設立，是南宋知識菁英地方意識的展現[9]。

（續）─────

　　Worthies in the Sung Dynasty(960-1279)(Ann Arbor, MI: UMI Research Press,
　　1993). 劉祥光，〈明代徽州名宦祠研究〉，收於高明士編，《東亞傳統教育與
　　學禮學規》（臺北：臺灣大學出版中心，東亞文研究叢書36，2005），頁103。
　　劉祥光，〈明代徽州官學鄉賢祠研究〉，國立臺灣大學東亞文明研究中心，「中
　　國近世教育與地方發展」國際研討會會議論文，2005.08.1-2。

7　陳雯怡，《由官學到書院──從制度與理念的互動看宋代教育的演變》（臺北：
　　聯經出版事業公司，2004），頁141。

8　趙克生，〈明代地方廟學中的鄉賢祠與名宦祠〉，《中國社會科學院研究生院
　　學報》2005.1：118。

9　Ellen G. Neskar, *The Cult of Worthies: A Study of Shrines Honoring Local Confucian
　　Worthies in the Sung Dynasty (960-1279)*.

林俊廷研究南宋初期的鄉賢祠指出,南宋初期約有一半的鄉賢祠是以祭祀理學家前輩爲主體的祠祀,尤以周敦頤、程顥、程頤合祀的情況最多。理學家除了崇祀本身學派的前輩學者外,也在各地陸續建立「地方名賢」的鄉賢祠,俾一般百姓有所取法,以擴大理學思想的影響範圍與層面[10]。這些研究都著重從朱熹等理學家的角度考察,顯示鄉賢祠祀的建立與宋代理學運動的發展有不可分割的關係。鄭丞良則從廟學釋奠禮與祭祀場域考論宋代鄉賢祠的發展[11],並由「九先生祠」的設立探討宋元之際四明地區士風的轉變與認同[12]。透過宋代士人思想與地方文化層面的研究,頗有助於對宋元以降士人鄉里關懷的「傳統」獲致更多的理解。

　　明清兩代的相關討論則較少。日本學者奧崎裕司曾研究蘇州府的鄉賢祠,透過府、縣入祠者的統計,分析明代鄉紳的地域性及其影響力[13];趙克生〈明代地方廟學中的鄉賢祠與名宦祠〉一文論述了明代鄉賢祠的相關制度與教化功能[14];劉祥光注意明代徽州的鄉賢祠入祠規制,並透

---

10 林俊廷,〈理學與南宋初期的鄉賢祠〉(新竹:清華大學歷史研究所碩士論文,2004.7)。

11 鄭丞良,〈「鄉先生祠於社」:試論宋代鄉賢祭祀的場域與論述〉,東華大學歷史學系,「宋代石刻史料的研析及其應用方法學術研討會」(花蓮:2006.12)會議論文。

12 鄭丞良,〈「作新士習之機」:試論宋元之際四明士人風氣與九先生祠的設立〉,黃寬重主編,《基調與變奏:七至二十世紀的中國(1)》(臺北:國立政治大學歷史學系,2008),頁205-232。〈南宋明州先賢祠與人物祭祀〉亦論及先賢祠祀、鄉飲酒禮的推行與明州地方文化傳統之關係,收入浙江大學宋學研究中心編,《宋學研究集刊》第一輯(杭州:浙江大學出版社,2008),頁320-347。以上內容亦見鄭丞良,〈南宋明州先賢祠研究〉(臺北:中國文化大學史學研究所博士論文,2008.12)。有關宋代士人以崇祀先賢彰顯地方特色與強化士人意識等活動,本書黃寬重,〈宋代基層社會的權力結構與運作——以縣爲主的考察〉文中亦有論列,參見該文第四小節「士人與鄉土意識的形塑」。

13 奧崎裕司,〈蘇州府鄉賢祠の人々——鄉紳の地域性について〉,《明代史研究》第10號特集號(東京:明代史研究會,1982.03),頁49-60。

14 趙克生,〈明代地方廟學中的鄉賢祠與名宦祠〉,頁118-123。

過公舉鄉賢呈文探討爭取入祠的技巧[15]。韓國學者韓承賢探討19世紀前期蘇州的鄉賢崇拜，分析祠堂、人物圖像與權力的關係[16]；其有關明清名宦祠與鄉賢祠的近作，則從18至19世紀鄉賢人數的長期變化趨勢，考察中央與地方菁英關係的轉變，並對此一轉變與19世紀太平天國亂後地方勢力的興起提出解釋[17]。

　　鄉賢祭祀一方面有崇獎聖門、彰顯人倫的意義，一方面更有激勵鄉人追踵鄉里賢達的目的。弘治間曾任南京國子祭酒的章懋（1436-1521），在他為故鄉蘭溪縣學撰寫的〈鄉賢祠志〉中，即曾引文天祥少遊忠節祠的故事，強調祠祀有潛移默化的作用，說：

> 昔廬陵有四忠一節之祠，文丞相履善少嘗遊之而欣慕曰：「死不俎豆其間，非夫也！」厥後文公果以精忠大節著于天下，視前人益有光焉，非祠之所感而然乎[18]！

　　誠如明人徐一夔所說「一鄉之賢，里閈相接，封畛相連，而其人之德行、風節、文學、事功，遺風餘烈，洽於所見所聞所傳聞者，至親且切，有不待旁求遠訪而後知也。」[19]地方廟學中祭祀此種「不待遠訪」

15　劉祥光，〈明代徽州官學鄉賢祠研究〉。

16　"Re-inventing Local Tradition: Politics, Cultural, and Identity in Early 19th Century Suzhou," (PH.D. thesis, Cambridge, MA: Harvard University, January 2005), Ch. 3, pp. 155-514.

17　韓承賢，〈明清時代의名宦、鄉賢入祠樣相의變化와그意味〉，《中國學報》第54期（首爾：韓國中國學會，2006.12），頁347-378。承蒙中央研究院近代史研究所巫仁恕先生告知並惠贈本文，謹此誌謝。

18　〔明〕章懋，《楓山章先生文集》（臺北：國家圖書館藏明嘉靖九年常州刊本），卷7，〈鄉賢祠志後序〉，頁43a-43b。

19　〔明〕徐一夔，《始豐稿》（收於《景印文淵閣四庫全書》1229冊），卷7，〈鄉賢祠記〉，頁21a-21b。

「至親且切」的鄉里人物,其豐富的在地性與親近性,在匯聚地方情感與文化認同上確有中央祀典所不及者,更是鄉里學行典範的象徵和體現。本文的目的不在詳論鄉賢祠祀之禮制儀文,而擬透過明清地方志、文集、筆記中的相關史料與時人議論,考察明清鄉賢祠有關的制度、冒濫與變遷,並由地方祀典與鄉里官紳之間的攀援與拒斥,探論明清州縣廟學與基層社會互動之樣貌。

二、典型在望:地方廟學與鄉賢祠祀的制度化

宋元時期,地方雖有「先賢」、「鄉先生」的祠祀出現,但這些祠廟的建置,並無全國一致之常規。惟可以確定的是,不同於表揚忠孝節義的全國性祠祀,當時所祀「先賢」或「鄉先生」[20],主要是儒家學者,且必須是與當地有關的人物。只是所謂「與當地有關」並不完全限定出生於該地的「鄉人」,還包括曾經在當地任官或曾居留當地的先賢。南宋孝宗淳熙八年(1181)徽州婺源知縣周師清在縣學中立「三先生祠」,崇祀周敦頤(1017-1073)、程顥(1032-1085)、程頤(1033-1107),請朱熹(1130-1200)爲其撰祠記,朱熹以三位儒者與婺源縣並無任何因緣,且當時三人尙未列入國家祀典,頗爲困擾,以致遲未動筆。他說:

> 熹惟三先生之道則高矣美矣,然此婺源者,非其鄉也,非其寓

---

20 宋代府州縣學有不少以「○先生祠」為名的祠祀,如句容縣學有「三先生祠」(祭祀周敦頤、程顥、程頤)、台州州學有「四先生祠」(祭祀周敦頤、程顥、程頤、朱熹)、福州州學有「五先生祠」(祭祀陳襄、鄭穆、劉彝、周希孟、陳烈同)、崑山縣學有「六先生祠」(周敦頤、程顥、程頤、朱熹、張載、張栻)、四明州學有「九先生祠」(祭祀楊適、杜醇、王說、樓郁、王致、楊簡、袁燮、沈煥、舒璘)等。詳見鄭丞良,〈南宋明州先賢祠研究〉,頁63-68,表一「現存宋元方志中的官學先賢祠」。

也，非其所嘗遊宦之邦也；且國之祀典，未有秩焉而祀之，於
禮何依？而於義何所當乎[21]？

可見當時奉祀先賢祠的條件包括：或為當地人，或曾寓居當地，或
曾在當地任官，或名列國家祀典。其前三項都與「鄉」——亦即「當地」
有關。元代官學中的「先賢」或「鄉賢」，有的是對廟學有功的先正達
官，如惠安縣學鄉賢祠祭祀前後主持廟學修建的幾位官吏：知縣樂禮
公、縣尹吳漢臣和陸君華。彭澤縣廟學中的「三賢祠」祭祀陶淵明、狄
仁傑和蘇東坡。句容縣學鄉賢祠供奉居喪盡孝、守墓三十六年的張常
洧，和忠君效命、死于黃巢之亂的劉鄩[22]。據《至順鎮江志》載：鎮江
金壇縣先賢祠「本東西直舍各三間，東曰『崇報』，以祠縣令之有德于
學者；……西曰『尊賢』，以祀先儒之有教于民者。」[23]顯然元代金壇
縣的「先賢祠」包括祭祀縣令的「崇報堂」與祭祀先儒的「尊賢堂」，
前者實即「名宦」，後者則為「鄉賢」。可見宋元時期奉祀「先賢」或
「鄉賢」，雖已注重人物的地緣性，但祭祀對象相當寬泛。地方先賢祠
在選擇祭祀對象時，受祭者的里籍並非首要條件，聲望或學術背景才是
決定性因素[24]。因此，宋元的「鄉賢」與「名宦」、「寓賢」的界線相
當模糊。

有明一代，州縣鄉賢祠之設立，各地先後不一。明人李堂稱：「凡

21　〔宋〕朱熹撰，郭齊、尹波點校，《朱熹集》（成都：四川教育出版社，1996），
　　卷79，〈袁州州學三先生祠記〉，頁4095。
22　胡務，《元代廟學——無法割捨的儒學教育鏈》，頁7-9。
23　《至順鎮江志》（收於《收於宋元地方叢書》（五），臺北：中國地志研究會，
　　1978），卷11，頁26a。
24　魏峰，〈從先賢祠到鄉賢祠——從先賢祭祀看宋明地方認同〉，《浙江社會科
　　學》2008年9期，頁92-96。

郡國名宦鄉賢之祀，昉于有宋，盛于國朝。」[25] 清儒毛奇齡(1623-1716)
曾盛讚明代學校名宦鄉賢祠之建置說：

> 古者祀邦賢于社，韓退之曰「鄉先生殁而可祭于社」是也。其
> 後社禮廢而州縣祀社不及鄉里，且亦無復有祔祀者。惟明制建
> 學自成均以下遍及州縣，較前代之建置無常格者，最為周悉。
> 于是哲配遞降，由廊廡以外，特設名宦、鄉賢二祠于宮門左右[26]。

由此觀之，明代在學宮立鄉賢、名宦二祠，不僅反映明代建學遍及
州縣的「制有常格」，也是孔廟祭禮「哲配遞降」在地方上的具體落實。
惟開國之初，百廢待舉，地方儒學不論重修或新建，都需經過一段時期
的推動才真正「遍及州縣」。從《明實錄》的記述來看，各地鄉賢祠的
建置，主要集中於成化至嘉靖年間。成化以前各地廟學中地方名賢之崇
祀，基本仍沿襲宋元舊規，也就是前述「先賢祠」或「鄉先生祠」的性
質，有些地方甚至與「忠節祠」混淆不分。如弘治十六年(1503)江西監
察御史王哲奏請將御史鍾同(景泰二年進士)入祀江西吉安府廬陵忠節
祠，這個「忠節祠」創建年代不詳，南宋以來，祠中奉祀歐陽修、楊邦
乂、胡銓、周必大、楊萬里、文天祥等吉安名賢，到了明代，又增祀祭
酒李時勉(1374-1450)、侍講劉球(1392-1433)、知府劉子輔等三人[27]。王
哲以鍾同亦出吉安廬陵，景帝時因疏請復立英宗被殺，英宗復辟後雖追
贈大理寺左寺丞，憲宗賜諡恭愍，「惟祀典尚缺，乞勅有司同祀於忠節

---

25 〔明〕李堂，《堇山集》(收於《四庫存目叢書》別集44冊，臺南：莊嚴文化
    出版，1997)，卷10，〈寧波府學重修名宦祠碑〉，頁3b。

26 〔清〕毛奇齡，《西河集》(收於《景印文淵閣四庫全書》1320-1321冊)，卷66，
    〈五賢崇祀鄉賢祠記〉，頁16b-17a。

27 《明孝宗實錄》，卷198，頁2，弘治16年4月壬寅條。

祠，以慰忠魂。」孝宗從禮部議，詔命鍾同「堅守名義，忠義可嘉」，准予祔祭忠節祠，並命「各處鄉賢祠有狥情濫收者，咸具實以聞」[28]。可見此時廬陵的「忠節祠」實等同於各地之「鄉賢祠」。在天順五年(1461)刊行的《大明一統志》中，各地祠廟崇祀宋元名賢者，多仍稱「先賢祠」、「忠節祠」、「某先生祠」，以「鄉賢祠」為名者則僅於南直隸應天府與江西吉安府見之。比較特別的是，當時吉安府的鄉賢祠，不僅「各縣皆有之」，而且「皆在其縣學之內」[29]。檢視晚明刊刻的地方志，各地鄉賢祠建祠年代多不得其詳，因此我們無法從府州縣志相關記載的統計中得到全貌性的了解。不過，有建祠年代可考的鄉賢祠，其創建則明顯集中於嘉靖一朝，以南直隸為例，附錄一中所列11個有建祠年代記載的縣學中，即有6個建於嘉靖朝，其餘分散於成化(1)、弘治(2)、正德(1)、萬曆(1)；江西地區15個儒學（含11個縣學和4個府學）的鄉賢祠中，除去2個年代不詳者，13個鄉賢祠中有7個建祠於嘉靖年間，其餘分別建於成化(1)、弘治(1)、正德(3)、隆慶(1)[30]。這多少也反映了明代鄉賢祠建置的普遍落實，應是嘉靖以後的事。

　　大體而言，隨著學校的新設或重建，到嘉靖年間，在州縣學宮內分立「鄉賢」與「名宦」二祠，已成地方廟學規制的一部分，名稱與祀典亦趨全國一致。因此地方官紳認為州縣有儒學而無鄉賢祠，乃是不合禮制的「闕典」。如南直隸廣德州至成化十三年(1477)知州周瑛(1430-1518，成化五年進士)重修儒學，始建鄉賢祠，在此之前，廣德州學中一直沒有鄉賢之祀，周瑛曾感慨地說：「天下郡縣皆建鄉賢祠以祀先哲，

28　《明孝宗實錄》，卷198，頁2-3，弘治16年4月壬寅條。

29　〔明〕李賢等奉敕撰，《大明一統志》（臺北：文海出版社據中央圖書館藏善本影印，1965），卷56，〈吉安府・祠廟〉，頁16b。

30　以上明刊本方志所見南直隸與江西鄉賢祠建祠年代概況及其統計，詳見本文附錄一、附錄二。

蓋所以樹之風聲，教之德義，使後學小子有所感慕興起，其助化理也大矣。顧茲廣德為學，獨無所謂鄉賢祠者，非闕典歟！」[31]鎮江府金壇縣學於正德十年(1515)始建名宦、鄉賢二祠於儒學左右[32]。松江府華亭縣於嘉靖二年(1523)聶豹(1487-1563)知縣任上始建鄉賢祠[33]。河南彰德府林縣則到嘉靖二十一年(1542)才建鄉賢祠，當時推動立祠的學官程應祥與該縣生員致有「鄉賢祠偏天下，而此邦獨闕，非禮也」[34]之歎。

此外，鄉賢祠祀的「制有常格」，包括請祀的程序、入祀的標準、資格的審核等相關規定，其落實亦非一蹴可幾。唯其中有關入祀的推舉、申請與審核流程，在正德、嘉靖年間應已確立。推舉鄉賢入祠的過程，首先是由府州縣學生員公舉，經當地鄉約、黨保具名，再由縣學的學官和生員聯名送上「公舉呈文」，詳述其人行實，報請縣官核實，接著知縣、知府等地方官勘結，送請提學御史覆勘。經過兩度循環覆勘無誤，最後由提學御史批准後，地方即可擇日奉入鄉賢祠[35]。至於入祀者

---

31 〔明〕周瑛，《翠渠摘稿》(收於《景印文淵閣四庫全書》1254冊)，卷5，頁25b，〈祭廣德州鄉賢文〉。

32 〔明〕楊廉，《楊文恪公文集》(收於《續修四庫全書》集部別集類1332-1333冊，上海：上海古籍出版社，2002)，卷32，〈金壇縣創建名宦鄉賢二祠記〉，頁12a-13a。

33 〔明〕徐階，《少湖先生文集》(收於《四庫全書存目叢書》集部別集類80冊，臺南：莊嚴文化出版，1997)，卷3，〈華亭縣新建名宦鄉賢祠記〉，頁19b-21a。

34 〔明〕郭朴，《郭文簡公文集》(收於《四庫未收書輯刊》5輯19冊，北京：北京出版社，2000，據清康熙13年思齊軒刻增修本影印)，卷1，〈林縣鄉賢祠記〉，頁23a。

35 從明人萬衣(1518-1598)《萬子迂談》收錄的〈崇祀鄉賢祠公移〉等16件請祀鄉賢的往來文書來看，推舉鄉賢的「公舉呈文」，應是由生員首先提出，而非由鄉保。萬衣係江西德化縣人，嘉靖20年進士，官至河南布政使。萬曆42年(1614)入祀九江府學與德化、德安兩縣縣學鄉賢祠。這16件公文依序是：崇祀鄉賢公移、九江府德化縣兩學生員公舉呈文、德化縣鄉約黨保人等公舉呈文、九江府德化縣兩學呈文、九江府德化縣兩學回縣呈文、本縣申府文、府縣兩學覆查回縣文、本縣覆查申府文、本府轉詳本道文、兩學師生回縣呈文、本縣回府申文、本府轉詳本道文、本道批詳文、本府回道文、本道批府詳文、本府行縣置主帖

的資格，則除了必須是本籍士人之外，似乎沒有明確的標準。鄭坤奏疏
中說：「仕于其地而有政蹟惠澤及于民者，謂之名宦；生于其地而有德
業學行傳于世者，謂之鄉賢。」其中有關「鄉賢」的資格，比較具體的
是界定在「生於其地」者，明顯已將「名宦」（仕於其地）、「寓賢」（居
於其地）排除，這也是嘉靖以後廟學制中「鄉賢祠」與「名宦祠」區隔
之所在。但所謂「德業學行」，與前述石湖所祀鄉賢「道德功言，皆足
以師表百世而無間然者」[36] 一樣，仍然是一個模糊的標準。弘治間，曾
任直隸提學御史的顧潛（1471-1534），在一份代鄉耆撰寫的推舉鄉賢狀中
則說：「凡境內人物，或以德行聞，或以功業著，或未位通顯而操履
不苟，或終身隱淪而文行可稱，皆得立主於庠校之傍，與享於春秋之
仲。」[37] 狀中所舉德行、功業、操履、文行，與徐一夔認爲「一鄉之賢」
應有「德行、風節、文學、事功」[38] 一樣，大抵就是何良俊（1506-1573）
所說鄉賢須有立德、立功、立言的「三不朽之業」[39]。以下是明末婁堅
（1567-1631）爲淮安府學教授殷子義[40] 入祀鄉賢所撰呈詞：

（續）

　　文。詳見《萬子迂談》（收於《四庫存目叢書》集部109冊，臺南：莊嚴文化事
　　業，據復旦大學圖書館藏乾隆22年刻本影印），卷8，頁33a-50b。陳寶良在《明
　　代儒學生員與地方社會》（北京：中國社會科學出版社，2005），頁371稱：鄉
　　賢「首先是由鄉約、保正公舉，再經州縣學生員商榷，……」恐非事實。

36　〔明〕張岳，《小山類稿》（收於《景印文淵閣四庫全書》1272冊），卷19，〈鄉
　　賢名宦〉，頁14a。

37　〔明〕顧潛，《靜觀堂集》（雍正10年刊本）（收於《四庫全書存目叢書》集部
　　別集類84冊），卷8，〈狀‧舉三畏朱公入鄉賢祠狀代鄉耆作〉，頁18a。

38　〔明〕徐一夔，《始豐稿》，卷7，〈鄉賢祠記〉，頁21a。

39　〔明〕何良俊，《四友齋叢說》（收於《元明史料筆記叢刊》，北京：中華書
　　局，1997，一版三刷），卷16，〈史十二〉，頁142。

40　殷子義，明嘉定人，貢生，任淮安府學教授。傳略見〔明〕張萱，《西園聞見
　　錄》（收於《續修四庫全書》子部1168冊，上海：上海古籍出版社，1995），卷
　　6，頁10a。

> 竊照本縣已故淮安府學訓導殷公諱子義，天資醇篤，行誼端
> 方。其學無所不窺而特先其大，於人無所不誨而躬率以嚴。折
> 衷朱陸之異同，直探孔孟之奧窔。平生尤篤於孝友，逮老不私
> 於貨財；曲承後母之歡顏，盡讓稺弟以遺產。自少即能戒色，
> 絕無孌童孌女之私；終身未嘗失言，惟以質疑解惑為樂。一經
> 大治，多為名世之人；老作廣文，徒抱專門之學。睠此下邑，
> 篤生醇儒，惟有崇祀於宮牆，庶幾增輝於俎豆[41]。

　　呈詞行文頗多排偶，近似明代科舉考試的八股制義[42]。從內容來看，呈詞中雖盛讚子義學行俱優，但所謂「其學無所不窺」，也只說是「折衷朱陸之異同，直探孔孟之奧窔」，形容頗為空洞含糊。倒是德行的部分，如所謂「曲承後母之歡顏，盡讓稺弟以遺產。自少即能戒色，絕無孌童孌女之私。」尚可說是「言之有物」，比較具體。但整體而言，殷氏不論科名、學行、功業，只能說是謹守本分的鄉間小儒，還算不上是出類拔萃的地方名賢。或許正因如此，殷氏的入祀並非一舉而就，這篇呈詞提到他在萬曆八年與十二年曾兩度被推薦入祀，但都沒有成功，呈文中並說他「子孫儒素，既無貴盛之攀援；人士咨嗟，長慮輝光之泯沒。」[43]前句箇中消息，最是耐人尋味。沒有強而有力的子孫與地方權貴的奧援，恐怕更是入祀不易的真正關鍵。

　　值得注意的是，地方文獻在州縣公舉鄉賢過程中的重要性。前述請祀鄉賢呈詞中提到殷子義已兩度批勘，「近者明臺纂修邑志，已於人物

41　〔明〕婁堅，《學古緒言》（《景印文淵閣四庫全書》1295冊），卷20，〈請入
　　殷方齋先生鄉賢呈詞〉，頁11a-11b。婁堅，明嘉定人，萬曆四十四年(1616)
　　進士。

42　明人馬朴所編駢文文選《四六雕蟲》即收有多篇鄉賢祠呈文，見馬朴，《四六
　　雕蟲》（萬曆36年刊本，臺北：國家圖書館藏），卷24，〈呈〉。

43　〔明〕婁堅，《學古緒言》，卷20，〈請入殷方齋先生鄉賢呈詞〉，頁11b。

志中撰次小傳，伏乞粘連申詳」[44]，可見在地方人物志中有傳，對鄉賢入祀資格的審核必有加分作用。據楊廉〈金壇縣創建名宦鄉賢二祠記〉稱：

> 鄉賢之祀，其韓愈氏所謂鄉先生歿而祭於其社歟！……正德乙亥（十年，1515）知縣劉君天和創建二祠於儒學二門之右，……名宦則自唐劉君彥回以下凡若干人，鄉賢則自唐周君積、戴君叔倫以下凡若干人，皆考諸郡邑之誌與邑大夫士之公言。……既不敢有所專，尤不敢有所苟也[45]。

文中指出，鄉賢、名宦人選之決定，必須參考「郡邑之誌」與「邑大夫士之公言」，也就是說，除了當地人的鄉評，還要考索地方志所載人物行實，以為推舉之依據。吳縣石湖首建鄉賢祠時，也是「考諸郡志，詢之故老」，結果以「士之出於石湖者得二十三人，或以科第發身，或以材諝薦舉，或以高潔見重，而其道德功言，皆足以師表百世而無間然者也」[46]入祀鄉賢祠。嘉靖間曾任江西提學的張岳（1492-1552）論鄉賢名宦稱：「鄉先輩行事，舊志所載亦弗詳，而得於故老聞見，猶灼然可考。是以既敘其傳矣，又擇其卓卓可入祀典者以實鄉賢。」[47]也特別強調入祀鄉賢、名宦祠的人物，除了查訪耆老見聞，應自舊志、碑刻及其他地方載籍等文獻廣參博考得之。嘉靖十三年（1534）八月，監察御史鄭坤因太廟災建言，疏中指出鄉賢名宦「有司立有祠宇，春秋祭祀矣。然或狗

---

44 〔明〕婁堅，《學古緒言》，卷20，〈請入殷方齋先生鄉賢呈詞〉，頁11b。
45 〔明〕楊廉，《楊文恪公文集》，卷32，〈金壇縣創建名宦鄉賢二祠記〉，頁12a-12b。
46 〔明〕錢穀編，《吳都文粹續集》（收於《景印文淵閣四庫全書》1385-1386冊），卷16，莫旦，〈石湖鄉賢祠記〉，頁35a。
47 〔明〕張岳，《小山類稿》，卷19，〈鄉賢名宦〉，頁14a。

情去取,而賢否或至于倒置;參酌弗公,而淑慝或混於無別。」[48] 建議
鄉賢名宦之推選,應依下述原則嚴加覈勘:

> 天下掌印官會同儒學師生,各查本處應祀名宦鄉賢,俱遵照《大
> 明一統志》所載,逐一從公會議明白,備將職位、姓名及履歷
> 行實,各相講明。務使事有考據,眾無私議,然後方許入祠[49]。

按天順年間李賢等編纂的《大明一統志》,依兩京、十三布政使司
及其所屬一百四十九府為序,分別列有建置沿革、郡名、形勝、風俗、
山川、土產、公署、學校、書院、宮室、關梁、寺觀、祠廟、陵墓、古
蹟、名宦、流寓、人物、列女、仙釋等目,其中涉及地方人物者,其實
只有最後的五目,即「名宦」、「流寓」、「人物」、「列女」、「仙
釋」,並無「鄉賢」一目,「鄉賢祠」的記載僅能於「祠廟」目中見之[50]。
鄭坤疏中所陳州縣應依《大明一統志》記載議定入祀人選,其實是指應
從各府所載當地學者或官員資料中考索,意在強調入祀鄉賢名宦之人物
與事蹟,必須「事有考據」,與前述「考諸郡邑之誌」的原則實無二致。
因此,明代前期入祀鄉賢祠之人選,基本上以「前朝」人物為主,少數
「本朝」入祀者通常是明初人物。

綜言之,隨著地方廟學祀典的制度化,明代「鄉賢」的奉祀具體限
定在「生於其地」的「鄉人」。「鄉賢」與「仕於其地」的「名宦」、
「居於其地」的「寓賢」區隔日趨明顯,因此,入祀鄉賢祠的人物,其

48　〔明〕林堯俞等纂修,俞汝楫等編撰,《禮部志稿》(收於《景印文淵閣四庫
　　全書》597-598冊),卷85下,〈崇祀備考・附考・嚴名宦鄉賢祀〉,頁28b。

49　同上,頁28b-29a。

50　〔明〕李賢等奉敕撰,《大明一統志》(臺北:文海出版社據中央圖書館藏善
　　本影印,1965)。

「在地性」(locality)最為突出。萬曆年間,通州舉人顧磐撰〈鄉賢考〉,指出萬曆九年(1581)知州蔣孔暘重建當地鄉賢祠時,「倉卒定議,寧疎無誤」,但他對元代通州先賢事蹟,史不立傳,以致鄉賢之祀「遺馨逸美,卒莫如之何」頗不以為然,感慨地說:「豈元時館閣無近鄉知識在乎!祀典之缺或在茲焉。」[51] 他認為「近鄉知識」關繫當地鄉賢祀典之是否完備,此說不僅印證了明代推舉鄉賢「考諸郡邑之誌」的本意,也凸顯了明代鄉賢祠祀與基層社會關係日趨密切的關鍵所在。

三、榮顯父祖:入祀鄉賢的營求與冒濫

明代中期以後,鄉賢推選不當、私家營求之弊層出不窮,冒濫日滋,受到地方士人的高度關注,因此晚明有關鄉賢祠的記載多集中於這方面的議論,其中尤以江南一帶為最。在這些有關鄉賢冒濫之弊的記述中,最引人注意的是入祀鄉賢從一個「俎豆宮牆」的尊榮,逐漸變成某些士人避之唯恐不及的名銜。有些士大夫以入祠為辱,如王徽(天順四年進士)曾遺誡其子曰:「吾恥入鄉賢,慎毋溷我。」[52] 文徵明(1470-1559)亦常戒其子孫說:「吾死後若有人舉我進鄉賢祠,必當嚴拒絕之。這是要與孔夫子相見的,我沒這副厚面也。」[53] 華亭士人顧清(?-約1527)也曾手書遺戒其子說:「死後慎勿請卹典以重我過。」[54] 徽州方弘靜(1516-1611)在他的家訓中也寫道:「世俗以鄉賢為榮,夫所謂賢者,貴在有實耳;

51 〔明〕林雲程等修,萬曆《通州志》(收於《天一閣藏明代方志選刊》4,臺北:新文豐出版公司,據明萬曆刻本景印,1985),卷3,〈經制志〉,48b。

52 〔明〕顧起元,《客座贅語》(收於《元明史料筆記叢刊》,北京:中華書局,1997,一版二刷),卷3,〈鄉賢〉,頁81。

53 〔明〕何良俊,《四友齋叢說》,卷16,〈史十二〉,頁143。

54 〔明〕何三畏,《雲間志略》(臺北:明文書局,1991),卷10,〈顧文僖公東江公傳〉,頁11a。

仁則榮，非榮其名也。吾無其實，不欲冒其名；苟冒焉，斯辱矣。汝曹
異日慎毋違志以辱我也。」[55] 而傳述最廣的例子，則是嘉靖年間江右王
門學者羅洪先(1504-1564)把吉水縣鄉賢祠中的父親牌位帶回家的故
事，唐順之(1507-1560)讚揚此舉係出自仁人孝子「事死如生之心」：

> 羅念菴以吉水鄉祠駁雜，所祀非類，恥其父與之同列，一日入
> 城拜宮牆，奉其主以歸。此仁人孝子事親如天之心，亦事死如
> 生之心也。鄉黨自好者，未死時必不肯與鄉里無賴者為伍，死
> 而魂氣有知，何獨不然乎[56]！

葉春及(1532-1595)曾撰〈鄉賢祠論〉提及此事說：「吉州之祠，羅文恭
欲抱其父以歸，雅淫并奏，賢不肯混淆，豪傑之士所以羞與噲伍也。」[57]
萬曆年間，沈德符(1578-1642)也曾論及，慨言理學重地的吉水鄉賢祠
竟淪落到使人「恥與非類並列」，並指出鄉賢之舉浮濫，木主委積，
竟至淪為材薪。他說：

> 學宮祀鄉賢，最為重典。……蓋地窄而主多，定不免積薪故事。
> 因憶羅念菴洪先見其乃翁遵善循循主在祠中，恥與非類並列，
> 遂泣拜奉主以歸。夫吉水理學淵藪尚如此，況他方乎！嘉靖初

55　〔明〕方弘靜，《千一錄》（收錄於《續修四庫全書》子部雜家類1126冊，據
　　萬曆刻本影印），卷23，〈家訓一〉，頁7b。
56　〔明〕唐順之，《重刊荊川先生文集》（民國18年上海商務印書館《四部叢刊》
　　影印明萬曆刊本），卷7，〈與人論祀鄉賢〉，頁7a。又見〔明〕徐復祚撰，《花
　　當閣叢談》（收於《續修四庫全書》子部雜家類1175冊），卷2，〈唐荊川答學
　　中鄉賢事書〉，頁553b。
57　〔明〕葉春及，《石洞集》（收於《景印文淵閣四庫全書》1286冊），卷10，〈鄉
　　賢祠論〉，頁19b-20a。

年，清議猶重已如此，況今日乎[58]！

清初，常熟人王應奎（1683-1759?）認為「鄉賢祠之濫也，於今為甚，自昔已然。」[59] 提到邑人邵相（字元吉，號守齋先生）遺命勿入鄉賢祠，也與羅念庵故事並舉[60]。

關於鄉賢祠祀冒濫日甚的原因，有學者認為，一因明代沒有明確規定何種人可以入祀鄉賢祠，二因從推舉程序來看，決定關鍵在學政系統，由生員、教官推舉，最後由提學御史批准，地方往往誇耀先賢而推選不當，府州縣盡力以「名人」入祠，是否「此地」則不去深考，以致名不副實[61]。不過，明代府州縣推舉鄉賢，雖偶有「搶名人」的事例，但「拉攏」古聖先賢以榮耀本鄉的情況畢竟少見，比較接近的是成化年間，保定博野、河南伊川、徽州休寧三地縣學並祀二程的例子，《新安文獻志》收錄了成化十九年（1483）八月四日禮科抄出的邸報，詳載其原委稱：

> 禮部……今（休寧）知縣歐陽旦奏稱：二程先生係本府應祀梁將軍忠壯公程靈洗子孫，後遷博野，再遷河南伊川，子孫復業休寧，俱有可考。縣學舊有企德堂東祀名宦宋丞相呂大防等，西祀鄉賢唐御史中丞程澐等，今量加修完中堂，專祀二程，乞照博野縣例致祭一節。看得：二程先生乃程澐族之孫，不當僭先世之祖，合就檄行該縣另選空地建二程祠，屬名宦鄉賢仍於舊

58　〔明〕沈德符，《萬曆野獲編》（收於《元明史料筆記叢刊》，北京：中華書局，1997，一版二刷），卷13，〈禮部一・鄉賢〉，頁354-355。

59　〔明〕王應奎，《柳南隨筆・續筆》（收於《清代史料筆記叢刊》，北京：中華書局，1997，一版二刷），卷6，頁116。

60　同上。

61　趙克生，〈明代地方廟學中的鄉賢祠與名宦祠〉，頁121。

處。如無空地，宜即見今處所建名宦鄉賢祠，與二程相並，每
歲仲春仲秋措辦祭物，隨宜致祭[62]。

這個涉及鄉賢與二程祠祭的爭議，起於徽州府休寧縣知縣歐陽旦
（江西安福人，成化十七年進士）以前此博野縣學設祠奉祀宋儒程顥、程
頤[63]，擬請援例於休寧縣學中堂專祀二程。按二程五世以上先祖居博
野，後遷伊川，子孫定居休寧，元儒胡炳文撰〈徽州鄉賢祠記〉，認為
河南之程出自中山博野，中山博野之程出自靈洗文簡公程琳，休寧不祀
二程，有如「譜宋之後而不書孔子，系魯公族而不書孟子」，於禮不合[64]。
不過，成化以前，徽州鄉賢祠奉祀朱熹，並未祀二程[65]，成化十九年，
休寧知縣歐陽旦奏請在該縣學宮內專祀二程，由於與入祀鄉賢祠的程澐
有「僭先世之祖」的問題，諭令仍另立祠崇祀，二程仍未因此納入鄉賢
祠祀之中。

實際上，晚明鄉賢冒濫主要還是子孫為其父祖營求所致。何良俊指
出：

今吾松士大夫子弟亦有為其父祖營求入鄉賢祠者，無非欲尊顯
其父祖之意，此皆賢子孫也。但不入不為辱，苟既入而一有異
議，或遭斥去，則辱及其父祖甚矣。是可不詳審之哉[66]。

照何良俊的看法，子孫為先人爭取入祀鄉賢祠，出自「尊顯父祖」

---

62 〔明〕程敏政，《新安文獻志》（收於《景印文淵閣四庫全書》1375-1376冊），
    卷14，頁16b-17a。
63 該祠名「二程祠」，在博野縣東南25里，元建。明正統中重修。見李賢等奉敕
    撰，《大明一統志》，卷2，〈保定府・祠廟〉，頁11b。
64 〔明〕程敏政，《新安文獻志》，卷14，胡炳文，〈徽州鄉賢祠記〉，頁17b。
65 〔明〕李賢等奉敕撰，《大明一統志》，卷16，〈徽州府・祠廟〉，頁19b。
66 〔明〕何良俊，《四友齋叢說》，卷16，〈史十二〉，頁143。

之意，正如吉水儒者鄒元標(1551-1624)為其父入祀鄉賢撰文曰「士無顯晦，作善則祥。我父隱儒，身沒名章。」[67]父祖能夠崇祀學宮，身歿名揚，不僅家族備感榮耀，也是子孫盡孝的表現，何氏以為無可厚非。但他也強調「不入不為辱」，若是進了鄉賢祠以後，因有爭議而遭奪祀，反而「辱及父祖」。方弘靜更明白以「不孝」之名告誡子孫切勿為他干求卹典，強調「繼志之謂孝，違親之志而貽以不安，不孝之大者也。」[68]清人劉獻廷(1648-1695)則認為鄉賢名宦祠是「公典」，「不惟有司不當私其人，雖子孫亦不當私其祖父。」[69]他特別推崇弘治間閣臣劉健(1433-1526，河南洛陽人)拒絕河南地方官推舉其父入祀鄉賢一事，強調「祖父無明德，而強列俎豆，是辱之，非榮之也。」[70]龔煒(1704-?)批評崑山鄉賢為鄉紳所把持，也說：「祖禰無可祀之功行，而子孫以官爵行賂市之，是直予之以不安，於尊崇何有哉？」[71]這些議論提到鄉賢祠中賢不肖並列，甚至以「非類」、「無賴」形容濫祀學宮者，父祖無德無學，子孫使其強列俎豆，反而有辱先人，因此，他們都強調為父祖營求崇祀鄉賢，既是「榮」與「辱」的選擇，也是「孝」與「不孝」的分野。

　　明代中期以後，有關廟學祠祀冒濫的非議，往往名宦、鄉賢二祠並

67　〔明〕鄒元標，《願學集》（收於《景印文淵閣四庫全書》1294冊），卷7，〈承德郎雙崖府君鄉賢祠文〉，頁9b。

68　〔明〕方弘靜，《千一錄》，卷23，〈家訓一〉，頁7b。

69　〔清〕劉獻廷，《廣陽雜記》（收於《清代史料筆記叢刊》，北京：中華書局，1997，一版三刷），卷1，頁28。

70　《廣陽雜記》載：「昔劉閣老健為相時，河南有司欲以其尊公及某公並入鄉賢，告之劉。劉謝曰：『吾鄉賢祠有二程夫子在，吾父何敢並焉。至如某公，固自當入。』嗚呼！劉公之見遠矣。夫祖父無明德，而強列俎豆，是辱之，非榮之也。」見劉獻廷，《廣陽雜記》，卷1，頁28。

71　〔清〕龔煒，《巢林筆談》（收於《清代史料筆記叢刊》，北京：中華書局，1997，一版三刷），卷6，〈子孫行賂祀鄉賢〉，頁162。

舉，清初宋犖(1634-1713)評論明清名宦與鄉賢之祀「沿至末流，冒濫日
滋，其弊天下皆然，而江南尤甚，江南之鄉賢祠則較名宦尤甚。」[72] 他
分析鄉賢冒濫甚於名宦的原因說：

> 蓋名宦非稍稍遺愛在人，士民莫肯阿好，雖其子孫欲得之於祖
> 父，無可如何；鄉賢則皆其子孫之陳乞與津要之請託，始而薦
> 紳之謹愿者得祀矣，繼而薦紳之有遺行者亦或祀矣；始而科甲
> 之貤封得祀矣，既而入貲得官者之貤封亦祀矣。甚至市籍估
> 人，其子列仕宦則亦巍然祀矣。求之立德立功立言，一無託足；
> 考之鄉評公評史評，略無據依[73]。

　　由此可見，晚明入祀鄉賢之營求，應遠較名宦易於成事。文中所說
鄉賢入祀皆由「子孫之陳乞」與「津要之請託」，確是鄉賢之祀流弊叢
生的關鍵。而所謂汲汲營求父祖入祠之「子孫」，又往往非爲「津要」
不可，顧起元(1565-1628)提到江寧的鄉賢祠，指出「子孫之無力」是導
致賢者未列俎豆的因素之一，他感嘆地指出：

> 吾鄉此典，正、嘉以前最爲嚴核，後稍寬矣。以余所知，往哲
> 如姚太守隆之潔慎，王給事徽之清直，李憲副重之丰稜，盧苑
> 馬璧之貞恬，沈侍御越之耿介，阮憲僉壄之廉靜，在當時並許
> 錚錚，在今日尤堪楷式。而俎豆尚虛，蘋藻未薦，豈子孫之
> 無力，抑採訪之未周[74]？

72　〔清〕宋犖，《西陂類稿》(收於《景印文淵閣四庫全書》1323冊)，卷29，〈與
　　邵子昆學使論鄉賢名宦從祀書〉，頁14a。

73　同上，頁14a-14b。

74　〔明〕顧起元，《客座贅語》，卷3，〈鄉賢〉，頁81。

　　至於所謂「採訪」，又與在鄉能否「廣為人知」有關。顧氏再度提及嘉靖年間苑馬少卿盧璧（嘉靖十七年進士）時，讚其為官清介，便直指「以子姓不甚顯，人遂鮮知之者」，因而始終無緣入祀鄉賢[75]。何三畏也說蔣性中（宣德二年進士）死後因「子孫未有顯者」，無力為其請祀鄉賢，後因耿定向（1524-1597）督學江南，檄書府縣推薦而得祀[76]。龔煒論唐東江宜祀鄉賢，讚其淹貫經史，居鄉持正，惜其「後人之不振」，以致議鄉賢者未曾措意[77]。可見為父祖營求入祀，子孫顯赫「有力」與否，才是能否成功的關鍵。當然，主事者之一的地方官有的會堅拒請託，如葉權（1522-1578）提到嘉靖年間杭州知府婁志德（北直項城人，正德間進士）拒絕為「顯宦」洪鍾請祀鄉賢事副署，據《賢博編》載：

> 故杭州太守婁志德公，後陞浙江右布政使，居官始終清正。洪襄惠公鍾子孫，邀三學諸生為襄惠營入鄉賢。公謂：「襄惠顯宦，有聲則可，何得遽列鄉賢？」卒不署[78]。

　　但像婁志德這樣能拒絕地方有力人士營求的似乎不多。嘉靖間，唐順之說鄉賢之祀「大率出於有力子孫遮掩門戶，及無恥生員、餔啜之徒計相共成之，絕無足為重輕。」[79]應是江南比較普遍的情況。

　　流弊所及，一方面造成鄉賢祠崇祀人數愈來愈多，何良俊說：華亭縣鄉賢，自兩漢至宋元一千二百餘年間，不過十餘人，明朝兩百年中，即超過四十人，「世或謂今人不及古人，抑又何耶？然其中不能無臧否

75　〔明〕顧起元，《客座贅語》，卷7，〈盧苑馬〉，頁235。

76　〔明〕何三畏，《雲間志略》，卷7，〈蔣少參檢菴公傳〉，頁32a-32b。

77　〔清〕龔煒，《巢林筆談》，卷6，〈唐東江宜祀鄉賢〉，頁163。

78　〔明〕葉權，《賢博編》（收於《元明史料筆記叢刊》，北京：中華書局，1997，一版二刷），頁20。

79　〔明〕唐順之，《重刊荊川先生文集》，卷7，〈與人論祀鄉賢〉，頁7a。

優劣，後必有能辨之者。」[80] 其實已婉轉道出晚明鄉賢之選輕率浮濫的事實。天啓間，太常寺卿董應舉(1557?-1639)也說當時的鄉賢之舉「古若晨星，今且踵屬」，慨言「此地何地而唯子孫之意欲是聽乎！」[81] 另一方面則是，入祀鄉賢者日趨駁雜，賢不肖混淆，好名者以賂求公典、尊顯父祖為務；清流者則恥與並列，甚至遺命告誡後人不得為其請祀鄉賢，因而「孝子慈孫不忍以虛名奉其祖父」[82]。

到了清初，士人對入祀鄉賢者的評價似乎更低，徐復祚批評道：「今之鄉賢，濫極矣。一紗帽死，輒一主入學宮，誠如荊川先生所云不足為重輕也。」[83] 劉獻廷也說：「近日士夫無一不入鄉賢，木主委積，至列之案下。」並直指這只是「鄉宦祠」而非「鄉賢祠」[84]。康熙年間，秀水諸生李良年更指鄉賢祠祀淪為「封君贈君祠」和「鄉貴祠」，他說：

> 今之所謂鄉賢祠者，封君贈君祠，非鄉賢祠也。賢之名亞於聖，不可以虛膺也，若以其身貴或其子貴，漫焉以鄉賢附和之，則是鄉貴祠非鄉賢祠也。夫所謂鄉賢者，必其人生平行誼可為一鄉矜式，然後沒而祠之，庶有當焉；不然，則馬醫夏畦之鬼，皆得上邀俎豆之馨香矣，豈不妄哉[85]！

80　〔明〕何良俊，《四友齋叢說》，卷16，〈史十二〉，頁143。
81　〔明〕董應舉，《崇相集》(明崇禎刻本，收於《四庫禁燬書叢刊》集部102-103，北京：北京出版社，2000)，〈傳・鄉賢傳引語〉，頁1a。
82　〔清〕宋犖，《西陂類稿》，卷29，〈與邵子昆學使論鄉賢名宦從祀書〉，頁14b。
83　〔明〕徐復祚，《花當閣叢談》，卷2，〈唐荊川答學中鄉賢事書〉，頁12a。
84　〔清〕劉獻廷，《廣陽雜記》，卷1，頁28。
85　〔清〕劉錦藻，《清朝續文獻通考》(臺北：臺灣商務印書館，1987，據清光緒浙江刊本縮印)，卷168，〈羣廟考三・諸臣祠二〉，頁9191b。

不論是被譏爲「鄉宦祠」、「鄉貴祠」或「封君贈君祠」[86]，都反映了地方勢要在基層社會的的影響力不僅表現在具體的經濟或政治利益上，也大量滲透到聖門象徵的地方祀典中。

在上述這些批評當中，入祀者爲世所輕的另一關鍵是鄉賢人數的不斷增加。以明代吳縣的鄉賢祠爲例，崇禎年間，吳縣儒學鄉賢祠中崇祀主位共33人，其中唐1人（陸元朗），兩宋2人（朱長文、范成大），元代2人（俞琰、周南），明代則有28人，而唐宋元合計僅5人，明代鄉賢人數與前代明顯懸殊。而這28名明代鄉賢的入祀年代，除文洪、王鏊、都穆、楊昇四人無考外，計入祀於嘉靖年間者6人（杜瓊、楊蕎、尤安禮、陳繼、陳鎰、陳祚），萬曆年間6人（陸師道、袁洪愈、袁袞、袁尊尼、申時行、周胤昌），崇禎短短十幾年間竟有12人（周順昌、徐如珂、袁年、楊大瀛、李志學、陳霽、顧其國、朱陛宣、繆國維、申用懋、申用明、毛文煒），顯示「本朝」的鄉賢愈到明末增加愈快的現象[87]。

明代鄉賢入祀的核可，主要由地方推舉覈勘決定。雍正以後，朝廷對入祀鄉賢與地方勢要的關係愈來愈注意，鄉賢的入祀改由督撫學政具題推薦，最後由中央的禮部核定，換言之，入祀者的認可歸中央掌控，這一措施使盛清時期入祀鄉賢者大幅減少，尤以乾隆年間最爲顯著。到乾隆的最後三十年，州縣鄉賢人數都維持在每年平均0.9人以下。嘉慶

---

86 「封君」、「贈君」係指因子孫顯貴而受封、受贈者。按《明史‧職官志》稱：「凡封贈，公、侯、伯之追封，皆遞進一等。三品以上政績顯異及死諫、死節、陣亡者，皆得贈官。其見任則初授散階，京官滿一考及外官滿一考而以最聞者，皆給本身誥敕。七品以上皆得推恩其先。五品以上授誥命，六品以下授敕命。曾祖、祖、父皆如其子孫官；公、侯、伯視一品；外內命婦視夫若子之品。生日封，死日贈。」（《明史》，卷72，〈職官志一〉，頁7b-8a）此處意指入祀「鄉賢祠」者盡爲官宦顯要之先人。

87 以上吳縣鄉賢祠崇祀主位之鄉賢姓名及其入祀年代，詳見《崇禎吳縣志》（《天一閣藏明代方志選刊續編》15-19冊，上海：上海書店），卷13，〈學宮〉，頁42a-44a。

以後，鄉賢人數又逐漸擴大，增至每年平均6.7人，道光時增至每年平均11.5人，同治時更增加到20人[88]。

綜言之，明清時期鄉賢概念「在地性」的凸顯，一方面加強了儒家教化向基層社會下滲的效果，另一方面卻也因爲在地鄉紳爲父祖營求入祀，俎豆學宮者越來越多，徒有鄉里的地緣性，而乏聖門的學術道德性，以致與宋儒推動崇祀鄉先賢之初意大相悖離。

四、禮失於野：基層教化與地方祀典的變奏

> 人生一世，不過快樂了便罷。柳陌花巷快樂一輩子也是死，執固板樣拘束一輩子也是死。若說做聖賢道學的事，將來鄉賢祠屋角裏，未必能有個牌位。若說做忠孝傳後的事，將來《綱鑑》紙縫裏，未必有個姓名。就是有個牌位，有個姓名，畢竟何益于我[89]？

這是清代世情小說《歧路燈》中的夏逢若對書中主人翁譚紹聞說的一段話，雖然戲謔地把即時行樂與希聖希賢做成兩種不同人生的對比，卻也生動反映了在18世紀士民心目中「作聖賢道學的事」與文廟「鄉賢祠」的密切聯繫；而就社會實況來說，賢者死後在鄉賢祠裡「未必能有個牌位」也是事實。

明代鄉賢、名宦二祠的規制，正德、嘉靖前後有顯著不同。正、嘉以前，二祠多承宋元舊制，採「同堂合祀」的方式，也就是把一祠劃分爲左右兩室，左祀名宦，右祀鄉賢；正、嘉以後，「同堂合祀」逐漸爲

---

88 見韓承賢，〈明清時代의名宦、鄉賢入祠樣相의變化와그意味〉，頁368-378。

89 〔清〕李綠園，《歧路燈》（臺北：新文豐出版公司，1989），第21回，〈夏逢若酒後騰邪說 茅拔茹席間炫詰童〉，頁232。

「二祠分祀」所取代[90]。如浙江武康縣學中的鄉賢、名宦本來合爲一所致祭，祠極狹隘簡陋，到嘉靖十年(1531)才分祠祭祀[91]。按照明清廟學祭祀區的規劃，鄉賢祠與名宦祠的標準建置是位在戟門(大成門)兩側，鄉賢祠在左(西)，名宦祠居右(東)，與東廡、西廡兩兩分立於大成殿左右(如圖1。圖中圓圈標示爲筆者所加，以下同)。不過，實際的祠廟建置往往並非如此整齊畫一，這不僅可從現存明清地方志的文字記載中見其端倪，在許多縣志的儒學圖中尤清楚可見。如：有的鄉賢祠在東、名宦祠在西(如圖2)；有的與舊制的先賢祠、忠節祠、德政祠並立於學宮，鄉賢祠距戟門相當遙遠(如圖3)；有的不在孔廟區域的中軸線上，而建在啟聖祠的前側[92]。此外，有些州縣鄉賢與名宦始終合祀，並不一定各有一祠，如江西瑞昌縣學於嘉靖三十五年(1556)始建「鄉賢名宦祠」，仍是同堂合祀的格局，嘉靖四十三年，知縣駱秉韶加以擴建，但並不是建成分立東西的兩個「鄉賢祠」與「名宦祠」，而是把原來只有二間的祠堂擴建成七間架構，名宦、鄉賢各三間，中間置匾曰「風教堂」，祠名仍作「鄉賢名宦祠」[93]。嘉靖以後，像這樣鄉賢名宦合爲一祠的情況仍然不少，在清季的縣學中也經常可見(如圖4、圖5)。此因廟學建置在先，鄉賢建祠於後，通常視學宮內外空地大小構建或遷移，有些鄉賢祠與常制不符，正是各地廟學因地制宜的結果。

90　趙克生，〈明代地方廟學中的鄉賢祠與名宦祠〉，頁119。

91　《嘉靖武康縣志》(收於《天一閣明代方志選刊》20冊，上海：上海古籍書店據明嘉靖29年刻本影印，1981)，卷4，〈學校志〉，頁13b。

92　如嘉靖常熟縣學中的鄉賢、名宦祠，並列於先師廟東側，北有啟聖祠，南有子遊祠。見《嘉靖常熟縣志》(明嘉靖18年刊本)，卷前〈黌宮圖〉。

93　《隆慶瑞昌縣志》(收於《天一閣明代方志選刊》40冊，上海：上海古籍書店據明隆慶四年刻本影印)，卷5，〈秩祀‧鄉賢名宦祠〉，頁14a。

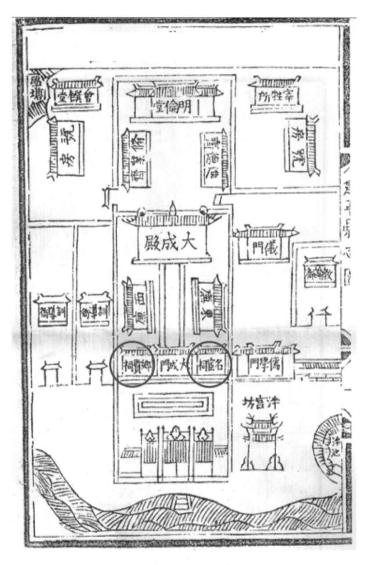

圖1　嘉靖建平縣儒學圖

資料來源：《嘉靖建平縣志》，收入《天一閣藏明代地方志選刊》第26冊（上海：
　　　　　上海古籍書店，據明嘉靖年間刊本影印，1982）。

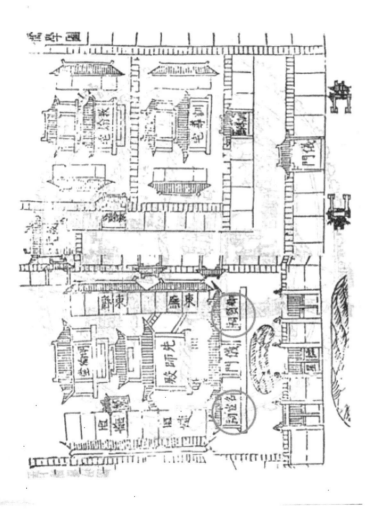

圖2 萬曆青浦縣儒學圖

資料來源：《萬曆青浦縣志》，收入《稀見中國地方志彙刊》第1冊（北京：中國書店，據明萬曆年間刊本影印，1992）。

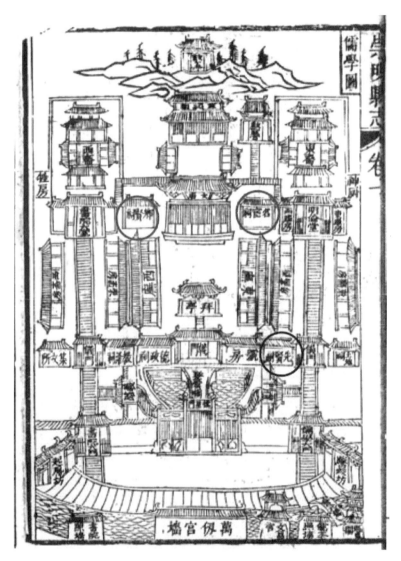

圖3　康熙崇明縣儒學圖

資料來源：《康熙崇明縣志》，收入《稀見中國地方志彙刊》第1冊(北京：中國
　　　　書店，據清康熙年間刊本影印，1992)。

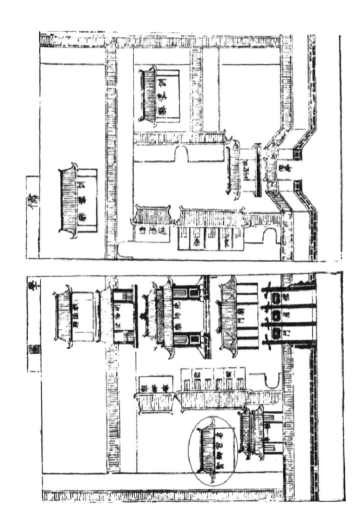

圖4　嘉靖瑞金縣儒學圖

資料來源：《嘉靖瑞金縣志》，收入《天一閣藏明代地方志選刊》第40冊（上海：上海古籍書店，據明嘉靖年間刊本影印，1982）。

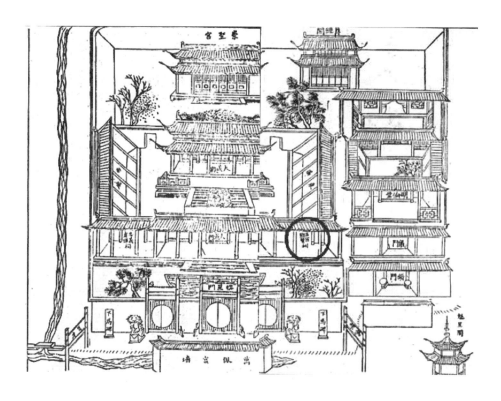

圖5　光緒奉賢縣儒學圖

資料來源：《光緒奉賢縣志》，收入《中國方志叢書・華中地方》第15冊
（臺北：成文出版社，據清光緒四年刊本影印，1970）。

　　作為儒家教化象徵的廟學祭祀的一環，鄉賢祠的建置、遷建與擴
建，為不少地方官留下崇獎教化的政聲，明清方志藝文志中為數眾多的
〈鄉賢祠記〉對當時主持其事的知縣總是不忘歌功頌德，建祠修祠儼然
地方官政績實錄的一部分。明清鄉賢祠的祭祀，祭期一般在春、秋二仲
月（即二月、八月）上丁日先師釋奠禮之後，主祭官率該學師儒與僚屬致
祭。祭品比照孔廟東西廡的少牢之禮，用豬一、羊一，及酒果若干。《嘉
靖永豐縣志》詳載其祭品為「各用羊一、豬一、果蔬各十，酒如其神之

數。」[94] 祭品的經費，有的隨孔廟春秋二祭臨時措辦，有的出自里甲、均徭等公費額派[95]。

當然，與鄉賢祠關係密切的，不僅止於主持春秋兩次祭典的守土之官而已。如前所述，士紳死後請祀鄉賢，經過州縣儒學師生公舉、府縣官勘結、提學官核定通過後，接下來的大事便是「入祠」。鄉賢入祠典禮，通常由知縣主持，鄉賢的子孫與地方師儒、鄉紳陪同致祭。據萬曆四十二年九月九江府爲萬衣入祀鄉賢祠發給德化縣的「置主帖文」載：

> 已故鄉宦萬衣請祀鄉賢……仰府行縣置主，送入府縣學賢祠崇祀，……將本宦置立木主三座，選擇吉日，仍動支該縣公費銀兩買辦豬羊祭品等項。照依先賢崇祀舊規，迎入府、縣二學及德安該縣儒學各鄉賢祠崇祀[96]。

帖文交代了縣府安排入祠的經費及應辦事項，其中木主一項之所以置立三座，是因萬衣同時入祀九江府學、德化縣學、德安縣學三個鄉賢祠。在請祀的過程中，參與公舉的除了德化知縣譚作相、九江府同知陳師孔，還包括兩學生員董斯民、丁應瑞、廖穀、朱世德，以及德化縣鄉保王道大、周文耀等在地人士[97]。萬衣入祠時，這些生員與鄉保都會參加祭奠。此外，參與入祠儀典的通常還有與鄉賢誼屬故交的當地賢達，何良俊曾提到：「萬曆癸酉(元年)，馮南江入鄉賢祠，余隨郡中諸士夫

94　《嘉靖永豐縣志》(收於《天一閣明代方志選刊》39冊，上海：上海古籍書店據明嘉靖23年刻本影印)，卷3，〈祀典〉，頁10a。

95　趙克生，〈明代地方廟學中的鄉賢祠與名宦祠〉，頁119。

96　萬衣，《萬子迂談》，卷8，〈本府行縣置主帖文〉，頁50a-50b。

97　以上人名詳見萬衣，《萬子迂談》，卷8，〈崇祀鄉賢公移〉、〈九江府德化縣兩學生員公舉呈文〉、〈德化縣鄉約黨保人等公舉呈文〉、〈九江府德化縣兩學呈文〉、〈九江府德化縣兩學回縣呈文〉。

往奠。」[98] 李日華(1565-1635)在日記中則兩次寫到他「送鄉賢入祠」，一次是「同郡中諸老送沈繼山中丞入鄉賢祠」[99]，一次是「送陳梅岡封公、孫區吳大參入鄉賢祠」，並爲他們寫了入祠的奠文[100]。透過鄉賢入祠的儀式，地方菁英與基層士庶的交遊網絡，由此亦可窺見一斑。

按照明初祀典，孔廟中的先聖爲塑像，先儒、先賢則或作塑像，或作繪像，鄉賢祠則以繪像爲多。據南宋《清波雜志》載：「近世州郡，類以名賢昔嘗臨涖，繪像以章遺愛。數十百年後，何緣得其容貌之真，但畫衣冠、題爵位、姓名耳。……蓋蜀中郡守，無不畫像者。」[101] 可見宋代以來，州郡立祠崇祀名宦先賢，即盛行畫像以志遺愛，明初承宋元舊制，鄉賢祠也多畫像崇祀，當然這些畫像一樣不能「得其容貌之真」，只是畫上衣冠、標上姓名與官位而已。現存明代方志的鄉賢畫像有二：一爲《弘治吳江志》卷前刻有15位鄉賢的畫像(見圖6)，一爲《嘉靖固始縣志》卷首所存畫著該縣14位鄉賢的「鄉賢像」[102]。嘉靖九年(1530)釐正祀典，改孔子塑像爲木主，題曰「至聖先師孔子神位」，大成殿改稱先師廟[103]。此後，鄉賢祠亦不再繪像或塑像，改以木製牌位崇

98 〔明〕何良俊，《四友齋叢說》，卷16，〈史十二〉，頁143。按，馮南江名恩，字子仁，號南江，松江華亭人，嘉靖五年進士。嘉靖間授御史，隆慶初進大理寺丞，歿祀華亭縣鄉賢。詳見何三畏，《雲間志略》，卷12，〈馮廷尉南江公傳〉。

99 〔明〕李日華撰，屠友祥校注，《味水軒日記》(收於《宋明清小品文集輯注》2，上海：上海遠東出版社，1996)，頁270，萬曆四十年十月十八日條。按，沈繼山即沈思孝(1542-1611)，浙江嘉興人。隆慶二年(1568)進士。萬曆間，累官至右都御史。

100 〔明〕李日華撰，屠友祥校注《味水軒日記》，頁335，萬曆四十一年八月二十一日條。

101 〔宋〕周輝撰，劉永翔校注，《清波雜志校注》(北京：中華書局，1994)，頁365。

102 《嘉靖固始縣志》(收於《天一閣明代方志選刊》15冊，上海：上海古籍書店據明嘉靖刻本影印，1981)，卷1，〈圖像志‧鄉賢像〉，頁10b-11a。

103 〔明〕李東陽等撰，申時行等重修，《大明會典》(臺北：新文豐出版公司，1976)，卷91，〈禮部‧祠祭清吏司‧羣祀一‧先師孔子釋菜啟聖祠附〉，頁1442a。

祀。從畫像到木主，這個國家禮制上的更定為地方上小小的鄉賢祠帶來了微妙的變化。

圖6　弘治吳江縣鄉賢祠繪像

資料來源：《弘治吳江志》，收入《中國史學叢書》第44冊（臺北：臺灣
　　　　　學生書局，據明弘治元年刊本影印，1983）。

明代嘉靖、萬曆以後，入祀鄉賢的稀有性與神聖性雖然日趨淡薄，但熱中為父祖在鄉賢祠中爭取「有個牌位」的始終不乏其人。萬曆十三年(1585)，禮部尚書沈鯉(1531-1615)上「正學校崇節儉以隆聖治疏」，歷陳十四事，其中對鄉賢、名宦、鄉飲酒禮等地方典禮的漸失初意、冒濫不實，都有剴切的針砭，他指出：鄉賢崇祀「有官以賄敗及居鄉不檢者，往往緣子孫顯貴，朦朧混入」，名宦之祀則「有等碌碌無聞，……

其子孫見爲顯官，即與曲意阿承，使得濫與俎豆之列」，鄉飲酒禮也是
「多將考察去任、衙門退役及爲事犯罪之人，爲其子孫顯貴或在冠裳之
列，徇情濫請。」[104] 這些濫舉之弊，都與被舉者「子孫顯貴」有關，
足見鄉宦的操弄已經嚴重導致地方儒學祀典的變質。

值得注意的是，這些「顯貴子孫」爲了崇重父祖，在地方文廟禮制
上無所忌憚的僭越行爲。天啓初，太常寺卿董應舉提到學宮門牆失修，
文廟內先儒、鄉賢、名宦等等牌位，常爲惡少無賴侵入竊爲炊爨之用。
官府必須花錢補做牌位，但往往隨補隨失，令有司不勝其擾。應舉更批
評其中鄉賢祠的神牌普遍僭禮違制，指出：

> 原造神牌俱不如式，今以文廟禮樂志格之，多係僭越，而鄉賢
> 子孫莫不欲隆重其祖，高至數尺，字多塗金，比之夫子神牌，
> 恐不能勝。此非所以安鄉賢之靈也。子曰：祭之以禮，子孫即
> 欲致隆其祖，當自家廟爲之，奈何于先聖先賢羅列之地，獨爲
> 高大之神牌以相壓爲勝乎[105]！

按照禮制規定，鄉賢、名宦的神牌皆高一尺二寸，牌上所書，字皆
爲墨[106]。鄉賢的子孫爲崇重其父祖，紛紛將祠中的神牌增高、塗金，以
致鄉賢祠中所列神牌高達數尺，與文廟中的孔子牌位幾乎無分軒輊，文
中特別提到：「子孫即欲致隆其祖，當自家廟爲之」，其實等於說明了
學宮祀典已淪爲地方顯貴「公共家廟」的事實[107]。鄉賢入祠的木主，照

---

104 〔明〕林堯俞等纂修，俞汝楫等編撰，《禮部志稿》，卷45，〈奏疏一・覆十
　　四事疏〉，頁25b-26a，27a-27b。
105 〔明〕董應舉，《崇相集》，集部102，〈議一・鄉賢名宦神牌議〉，頁92a-93b。
106 同上。
107 趙克生稱：由於冒濫日甚，明代鄉賢祠變成「民間的公共家廟」，不問其何人，
　　死則奉主以入，充滿祠內。見趙克生，〈明代地方廟學中的鄉賢祠與名宦祠〉，

例係由縣學以公費備辦，明末鄉賢子孫竟可隨意製作塗金、加高的「違式牌位」，適可反映這一套禮制施行於基層社會所顯現的鬆散懈弛，所謂「鄉賢以表鄉」的崇祀，因入祀者日增、流品日雜而愈來愈世俗化。綜言之，從廟學的祀典來看，鄉賢祠的冒濫猥雜不僅是「舉者不必賢」的問題，也是這一套宋元以來不斷向下延伸的廟學禮制「禮失於野」的過程。

五、榮辱之間：鄉賢、祀典與國家權力的消長

有明一代，君主對地方祀典徇情冒濫的問題，雖說並非不聞不問，但批判這些社會弊病者主要還是士大夫，尤其集中於江南地區的士人，朝廷方面除了禮部官員的關注，國家力量的介入似乎不多。萬曆二年(1574)，曾令各撫按官查勘各處鄉賢名宦祠有不應入祠者即行革黜[108]，但從明末士人一再指陳濫舉濫祀的情況來看，這個入祀者可能被革黜的措施有否確實執行，恐怕不無疑問。萬曆十年(1582)正月，從禮科給事中聶良杞請，又詔諭各撫按提學官嚴覈名宦鄉賢，報部稽考以禁冒濫[109]。十三年，因沈鯉題請嚴覈以振風化，詔諭各處提學官核實，如有妄舉受人請求者，師生人等即以行止有虧論，並要求提學官每年年終「將所屬府州縣舉到鄉賢已准入祀者，造冊二本，申送部科，以憑咨訪查考。如有濫舉市恩，不協公論，即指名參革。」[110] 中央對革除鄉賢濫舉之弊看似有所措置，但萬曆以前，唯一見於記載的疑似撤祀鄉賢的案例僅

(續)───────────
　　　頁123。
108 〔明〕林堯俞等纂修，俞汝楫等編撰，《禮部志稿》，卷30，〈祠祭司職掌六・有司祀典上〉，頁16b。
109 《明神宗實錄》，卷120，頁6，萬曆10年正月癸未條。
110 〔明〕董應舉，《崇相集》，〈議一・鄉賢名宦神牌議〉，頁92b-93b。

有華亭縣的錢文通[111]。據何良俊《四友齋叢說》稱:「錢文通舊祀鄉賢
祠中,郡人以公嘗以大紅雲布作吉服入朝,內豎見而悅之,言於上前,
故織染局遂有歲造大紅布之例,貽華亭永害。嘉靖中斥去之。」但說他
隆慶初參加馮南江入祠祭典時,還看到「錢文通牌位尚儼然在列」,因
而推測會不會是撤祀之後,「有姑息者復仍舊設之耶?」[112] 檢視明代
官方文獻,亦查無相關記載,錢氏撤祀一事,實不可考。萬曆以後,批
評鄉賢祠淪為鄉貴鄉宦祠的地方議論仍然不絕,也始終未見有入祀者經
查勘不實而遭撤祀的事例。這多少也反映了晚明國家權力對基層社會的
操控日趨疲弱的局面。

　　相較於晚明鄉賢祠祀與基層社會之緊密糾葛,清初君主對鄉賢冒濫
之弊顯然有較大的關注與嚴峻的作為,其中尤值得注意的有二:一是對
各省志書人物事蹟的增輯與查覈,二是君主對請祀鄉賢的核可更主動也
更嚴格。

　　如前文所述,明代鄉賢、名宦人選之決定,除了當地人的鄉評,還
要考索地方志所載人物行實,以為推舉之依據。清沿明制,而君主重視
志書之修纂更遠過之。雍正六年(1728)十一月,因《一統志》總裁蔣廷
錫等奏稱各省志書中「名宦」人物缺略,請諭各省督撫詳細查核增輯,
於一年內彙送志館。雍正帝從之,他說:「志書與史傳相表裏,其登載
一代名宦人物,較之山川風土,尤為緊要。必詳細確查,慎重採錄,至
公至當,使偉績懿行逾久彌光,乃稱不朽盛事。」[113] 於是諭令督撫修
輯各省志書之「本朝人物」,包括名宦、鄉賢、孝子、節婦等一應事實,
務須「考據詳明,摭採精當」,既無缺略,亦無冒濫。為免草率,准予

---

111 錢文通名溥,字原溥,松江華亭人。正統四年(1439)進士,成化間官至南京吏
　　部尚書,卒諡文通。詳見何三畏,《雲間志略》,卷8,〈錢文通遺菴公傳〉。
112 〔明〕何良俊,《四友齋叢說》,卷16,〈史十二〉,頁142。
113 《清世宗實錄》,卷75,頁23b-24a,雍正6年11月甲戌條。

寬延修志期限，如一年未能竟功，可延至二、三年內纂成。更明定獎懲，
精詳公當者，督撫等官敘獎，草率濫略者從重處分[114]。翌年閏七月，更
諭令各省督撫嚴禁胥吏借端需索以致志書失實，略謂：

> 前因纂修一統志書，內載本朝名宦、鄉賢、孝子、節婦一應事
> 實，行令詳悉查報，以備纂修。……今聞外省郡縣中，竟有胥
> 吏作姦，借端生事，向本家查取事實，高下其手，希圖財賄者。
> 似此則有力者濫竊褒揚，而無力者不能表見，何以副國家彰善
> 旌賢之典[115]？

　　諭中提到的「有力者」，竟能勾結胥吏影響地方志人物傳記的記述，
其目的便在入祀旌表[116]。明清州縣方志這些「地方文獻」的徵實與纂輯，
不僅僅是保存「近鄉知識」的「郡邑之誌」而已，還關係到地方勢要對
國家祀典公信力的挑戰，不可不慎，雍正帝的措置，無疑顯現了清廷對
鄉賢名宦等祠祀機制積極的掌控。
　　在鄉賢的准祀與撤祀方面，清代前期，先後有左都御史王安國
（1641-1709）、吏部尚書楊錫紱（1700-1768）之父[117]、內閣學士兼禮部侍郎
沈德潛（1673-1769）、廣東買辦盧觀恆（1746-1812）、明閣臣焦芳（1434-
1517）、河南貢生楊玉鐸等人從鄉賢祠撤祀。盧觀恆是廣東新會人，以
經營洋商致富。死後，因其子盧文錦賄求督撫，於嘉慶二十年（1815）五
月入祀新會鄉賢祠。番禺縣舉人劉華東怒其濫祀，刊印《草茅坐論》，

---

114 《清世宗實錄》，卷75，頁24a-24b，雍正6年11月甲戌條。
115 同上，卷84，頁12a-12b，雍正7年閏7月癸未條。
116 關於方志編纂與鄉紳利益的關係，濱島敦俊曾以順治《湖州府志前編》為例作
　　了深入的討論，見濱島敦俊，〈方志和鄉紳〉，《暨南史學》6（2003）：239-254。
117 詳見《清高宗實錄》，卷481，頁9b，乾隆20年正月下甲辰條。按，實錄原作
　　「尚書王安國、左都御史楊錫紱」有誤，茲據《清史稿列傳》改。

指控兩廣總督受賄舞弊，違例濫收，引起當地士人熱烈響應，並聯名上書抗議。仁宗遣大學士章煦南來查辦，結果以盧觀恆「未曾讀書，兼有毆兄一事」，且經章煦等訊明確有行賄舞弊，諭命撤出鄉賢祠[118]。焦芳、楊玉鐸則爲道光朝撤祀的案例。焦芳是因河南巡撫程祖洛奏請而撤祀，疏中說他「明史列入閹黨，不知何時入祀泌陽縣鄉賢祠，應請撤去。」於道光七年(1827)十月撤出鄉賢祠[119]。楊玉鐸爲河南太康縣貢生，道光二十年(1840)十二月，河南巡撫牛鑑以其「並無經術文章，足爲士林矜式，復娶再醮之婦」，疏請撤出鄉賢祠[120]。

關於清帝對鄉賢撤祀的態度，最值得注意的應是清高宗的想法與作爲。沈德潛是乾隆年間榮辱起伏極富戲劇性變化的人物，其撤祀係由牽連徐述夔(1701?-1763?)文字獄而起。德潛爲江南長洲人，乾隆四年(1739)進士，由庶吉士累遷侍講、詹事，乾隆十一年三月授內閣學士，八月請假歸葬，乾隆賜御製詩曰：「我愛德潛德，淳風挹古初。……江鄉春意嬾，能不憶金除。」[121] 其深受高宗寵重，可見一斑。乾隆三十四年(1769)九月庚子，德潛病故，加恩晉贈太子太師，入祀鄉賢祠[122]。乾隆四十三年(1778)因德潛曾爲徐述夔寫傳，詔令革去所有官銜諡典，其在長洲縣學內之鄉賢牌位，亦一併撤出[123]。

此外，乾隆二十年(1755)王安國與楊錫紱之父撤出鄉賢祠的理由及相關措施特別值得注意。據《清高宗實錄》載：

118 《清仁宗實錄》，卷314，頁12b，嘉慶20年12月下甲戌條。

119 《清宣宗實錄》，卷127，頁3a-3b，道光7年10月上癸酉條。

120 同上，卷342，頁15a-15b，道光20年12月上乙丑條。

121 〔清〕國史館原編，《清史列傳》(臺北：明文書局，1985)，大臣傳正編十六，卷19，〈沈德潛傳〉，頁36a。

122 《清高宗實錄》，卷843，頁7a-7b，乾隆34年9月下庚子條。

123 同上，卷1071，頁24a-25b，乾隆43年11月下癸丑條。

夫大臣身居九列，部臣督撫，誼屬同官，彼此瞻徇，勢所不免。
即使採訪悉為公當，而悠悠之口，難保其必無遺議，又況名實
未必盡孚者乎！……朕亦非謂大臣祖父，必不可入祀也。果使
政事人品，足為矜式，自必久而益彰，何妨待之十數年後，而
必及其子之備位大僚，亟亟題請，以至公之舉而冒至私之名
乎！其入祀年歲已久者，姑免追究。所有王安國、楊錫紱之父，
禮部行文各該省，即為撤出[124]。

　　王安國、楊錫紱之父的撤祀，並非由於查勘結果名實不符，而是為
了防杜現任大臣題請入祠導致的徇情不公，乾隆主張現任大臣父祖果有
佳聲，應該等到十幾年以後再申請崇祀，因此詔令「嗣後子孫現任九卿
者，其祖父概不得題請入祠，其身後鄉評允當者聽。」[125] 有趣的是，
乾隆認為一如禮部對鄉賢崇祀「在可准可不准之間」，他自己對賢否
去留也「得而權衡之」[126]。
　　乾隆皇帝對入祀鄉賢人選的適當與否，的確常有自為「權衡」的批
示，例如他在乾隆十四年(1749)對禮部題請原工部侍郎許希孔(雲南昆明
人)崇祀鄉賢一事的意見，主要是題本中有「文堪華國，品足型方」之
語，又以希孔比擬湯斌(1627-1687)、陸隴其(1630-1692)，被乾隆指為「擬
人非倫」「措辭失當」，因此諭令發還原本，另行具題，乾隆並明言他
的意思「非謂許希孔之必不當入祠也」[127]。至於許希孔其人，雖然只是
「碌碌自守謹厚小心之人，在朝未有所建立，但曾為卿貳，或者居家孝

124 《清高宗實錄》，卷481，頁29b，乾隆20年正月下甲辰條。
125 同上，卷481，頁31b，乾隆20年正月下甲辰條。
126 同上，卷482，頁3b，乾隆20年2月上丙午條。
127 同上，卷351，頁9b-10a，乾隆14年10月下戊戌條。

友。」[128] 唯以滇省仕宦寥寥，其位躋卿貳者尤少，乾隆以為「即許希孔備數其間，亦何不可。且祠祀中不如伊者，更不知凡幾矣。」[129] 因此批示仍准入鄉賢祠。

綜上所述，可見盛清時期對鄉賢等地方祠祀冒濫問題的整頓，遠較晚明有更積極強勢的作為。這一方面反映了相關制度的轉變與清初對鄉賢入祠控制的重視；另一方面也顯示地方士紳、生員、耆老、鄉保透過鄉賢祠共同織成的明代基層社會網絡，在盛清之世日趨削弱的趨勢。

六、結語

明清時代，地方廟學的祭祀空間不斷擴展，除了春秋二季舉行祭孔之外，另有名宦祠、鄉賢祠、忠節祠等常規化的祠祭。鄉賢祠是奉祀歷代有功於本地教化可為鄉人楷模的士人，在地方廟學中祭祀此種「不待遠訪」的鄉里人物，其豐富的在地性，對匯聚地方認同與擴大儒家教化確有特殊的意義。明代士人經常引述文天祥少時見忠節祠而有死後「不俎豆其間，非夫也」之嘆的故事，很多讀書人相信祠祀確有激勵民眾見賢思齊的作用，即使偏遠如遼陽，嘉靖年間創建鄉賢祠時，當地士紳一樣深信這種地方祠祀對基層士民必有神靈感召之功，徐景嵩撰〈遼陽鄉賢祠記〉即特別強調「拜其位則想見其人，聞其風則思齊其美」，他說：

> 諸賢在天之靈固不以祠之有無為幸不幸，然今世之士大夫之宦遊吾鄉及吾鄉之士大夫之尚友古人者，非祠則無以致其嚮往也。繼自今苟有登諸賢之堂者，惕然曰：某也可師，某也可友。

---

128 《大清會典事例》，吏部，卷114，處分例37，本章違誤，乾隆13年，頁463b。
129 《清高宗實錄》，卷351，頁9b-10a，乾隆14年10月下戊戌條。

拜其位則想見其人，聞其風則思齊其美，雖或不謂之諸賢之
徒，吾不信也[130]。

　　而對入祀者來說，死後進入廟學中的鄉賢祠，與從祀孔子的先儒、
先賢同享少牢，也算「分食一塊冷肉於孔廟」[131]，讀書人得此「俎豆宮
牆」的尊榮，亦可說不虛此生了。

　　隨著地方廟學祀典的制度化，明代「鄉賢」的崇祀具體限定在「生
於其地」的「鄉人」，因而與「仕於其地」的「名宦」、「居於其地」
的「寓賢」區隔日趨明顯。因此，入祀鄉賢祠的人物，其「在地性」的
基層文化象徵遠較其他祠祀更為突出。明代開始嚴格區分鄉賢、名宦的
入祀資格，使得官員死後成為地方鄉賢祠的一員成為可能，士大夫子孫
也以成就父祖的願望為榮耀家族之盛事。鄉賢推選不當、顯貴營求之弊
也因此層出不窮，此風尤以江南為甚。流弊所及，入祀鄉賢竟從一個「俎
豆宮牆」的榮耀，逐漸變成名士清流避之唯恐不及的名銜。

　　值得注意的是，嘉靖、萬曆以降，江南一帶的鄉賢祠祀，入祠人數
愈來愈多，「前朝」先賢愈來愈少，淪為有如「本朝」顯貴子孫的公共
家廟。換言之，明清時期鄉賢「在地性」的凸顯，固然加強了儒家文化
向基層社會深植的效果，卻也因為當地津要為父祖請託的冒濫，與南宋
學者提倡崇祀先賢的本質漸行漸遠。而儒家「顯親揚名」的孝道，則透
過地方菁英的請祀入祀，不斷地以一種實際上是「榮顯生者」的形式在
基層社會中被實踐。

---

130 〔明〕畢恭纂，任洛等重修，《嘉靖遼東志》（收入《續修四庫全書》史部地
　　理類646冊，據嘉靖16年遼東都司刊本影印），卷2，〈建置志〉，徐景嵩，〈遼
　　陽鄉賢祠記〉，頁30b-31a。
131 取自清末民初劉大鵬(1857-1942，山西太原人，光緒20年舉人)語：「人至沒世
　　而莫能分食一塊冷肉於孔廟，則為虛生。」見劉大鵬，《晉祠志》（太原：山
　　西人民出版社，1993），頁201。

　　整體而言，明代君主對鄉賢等地方祠祀問題的關注，遠不如雍正、乾隆諸帝積極和強勢。清初國家權力對鄉賢祠祀的介入，具體表現在加強管控各省方志人物事蹟的增輯與查覈，以及由中央掌握鄉賢資格的核可甚至撤祀。但從「鄉賢」所強調的鄉里性來說，由於明代鄉賢入祠的認可主要由地方上的推舉覈勘決定，其請祀鄉賢的公舉比較具有透過當地「士民公議」的意味；清代鄉賢請祀改由督撫學政具題推薦、禮部決定核可，基層社會的生員鄉保並無發揮「鄉評」之餘地。透過「鄉人」與鄉賢入祠互動的這一視窗，明清鄉賢的「冒濫」一方面反映了晚明鄉紳勢力的活躍與清初地方社會控制的加強，另一方面則印證了晚明由鄉宦、生員、鄉保、耆老織成的基層社會網絡，在盛清之世日趨削弱的事實。

　　從學宮的祭禮來看，明清鄉賢祠的冒濫猥雜不僅是「舉者不必賢」的問題，也是這一套宋元以來不斷向下擴展的廟學禮制「禮失於野」的過程。誠如學者所指出：孔廟作為國家祀典，確是傳統社會裡「文化」與「政治」這兩股力量彼此互動的絕佳例證[132]，明清州縣廟學中的鄉賢祠，同樣也投射出這兩股力量在基層社會的交互作用。除此之外，更具體而微地顯現的是，在廟學祀典的神聖光影背後，因鄉賢祠中那些看似不起眼的小小牌位所牽動的權勢、信仰與倫理。

---

132 黃進興，《優入聖域：權力、信仰與正當性》，〈序：孔廟因緣〉，頁4。

附錄一　明代南直隸儒學鄉賢祠建立年代概況

儒學（府/州/縣學）	鄉賢祠建立年代	建祠者	備註	資料來源
太倉州學	嘉靖26年（1547）	訓導徐壂	嘉靖4年知州劉世龍附名宦於文昌道院，附鄉賢於靈應道院 嘉靖26年新建	《正德姑蘇志》，卷24，〈學校〉，頁26a。《嘉靖太倉州志》，卷4，〈公署志〉，頁2a。
崑山縣學			成化時已有祠 嘉靖15年遷建	《嘉靖崑山縣志》卷2，〈學校〉，頁12b；卷14，〈集文〉，頁25b。
蘇州府學	成化23年（1487）			《正德姑蘇志》，卷24，〈學校〉，頁9b。
長洲縣學				《隆慶長洲縣志》，卷4，〈學宮〉，頁2b。
吳縣縣學	嘉靖4年（1525）		嘉靖17年始有主	《崇禎吳縣志》，卷13，〈學宮〉，頁45a。
六合縣學	正德8年（1513）	知縣萬廷埕		《嘉靖六合縣志》，卷3，〈宮室志‧祠祀〉，頁12b。
江浦縣學	弘治中	知縣胡□		《萬曆江浦縣志》，卷9，〈秩祀志〉，頁3a。
高淳縣學	嘉靖2年（1523）	知縣劉啟東		《嘉靖高淳志》，卷3，〈壇祠〉，頁2a；卷4，〈藝文〉，頁6a-6b。
句容縣學			天順3年移建 成化6年立木主	《弘治句容縣志》，卷5，頁26b-27a。
江陰縣學	弘治7年（1494）	知縣黃傅		《嘉靖江陰縣志》，卷7，〈學校記第五〉，頁2b。
丹徒縣學				《萬曆丹徒縣志》，卷2，〈祠廟〉，頁4b。
沛縣縣學				《嘉靖沛縣》，卷2，〈建置志〉，頁22b。
儀真縣學	嘉靖4年（1525）	御史張珩		《隆慶儀真縣志》，卷8，〈學校攷〉，頁4b。

儒學(府/州/縣學)	鄉賢祠建立年代	建祠者	備註	資料來源
如皋縣學				《嘉靖如皋縣志》，卷7，〈學校記第五〉，頁2b。
寶應縣學			嘉靖年間知縣徐祺重建	《嘉靖寶應縣志略》，卷2，〈祠祀志第四〉，頁4a。
通州州學			正德7年知州重建	《萬曆通州志》，卷3，〈經制志·學校〉，頁11b。
海門縣學	嘉靖間	知縣吳宗元		《嘉靖海門縣志》卷3，〈建置第五·學宮〉，頁4a。
宿遷縣學	萬曆5年(1577)	知縣喻文偉		《萬曆宿遷縣志》卷2，〈建置志〉，頁6b、11a；卷7，〈詞翰志〉，頁69b。
寧國縣學		知縣范鎬		《嘉靖寧國縣志》，卷3，〈學校類·廟學〉，頁22b
涇縣學		李鸞		《嘉靖涇縣志》，卷4，頁7a；卷6，頁5b-6a。
潁州州學				《嘉靖潁州志》，卷10，〈禮樂志〉，頁5b。
潁上縣學				《嘉靖潁州志》，卷10，〈禮樂志〉，頁5b。
太和縣學				《嘉靖潁州志》，卷10，〈禮樂志〉，頁6b。
銅陵縣學	嘉靖4年(1525)	巡撫都御史陳鳳梧		《嘉靖銅陵縣志》，卷3，〈禋祀篇·廟祀〉，頁2a。
沛縣縣學				《嘉靖沛縣》，卷2，〈建置志〉，頁22b。
建平縣學				《嘉靖建平縣志》，卷4，〈祠祀志·祠廟〉，頁2a。

統計表

建祠年代	洪武	天順	成化	弘治	正德	嘉靖	萬曆	不詳	合計
鄉賢祠數	0	0	1(1)	2	1	6	1	15	26(1)

*（）中數字表示府學數

附錄二　明代江西儒學鄉賢祠建立年代概況

儒學(府/州/縣學)	鄉賢祠建立年代	建祠者	備註	資料來源
建昌府學	弘治18年(1505)	知府舒崑山、同知林廷獻		《正德建昌府志》，卷7，〈學校〉，頁2a。
臨江府學	嘉靖40年(1561)	知府謝鵬舉		《隆慶臨江府志》，卷4，〈建置‧學校〉，頁6a。
新淦縣學	隆慶4年(1570)	知縣李樂		《隆慶臨江府志》，卷4，〈建置‧學校〉，頁9a。
新喻縣學	嘉靖10年(1531)	知縣陳逅		《隆慶臨江府志》，卷4，〈建置‧學校〉，頁9b-10a。
九江府學	嘉靖13年(1534)	知府馬紀	舊為靖忠書院，嘉靖13年知府馬紀改為二祠	《嘉靖九江府志》，卷8，〈職官‧祀典〉，頁4b。
彭澤縣學	嘉靖2年(1523)	知縣李孟熹		《嘉靖九江府志》，卷8，〈職官‧祀典〉，頁15a。
湖口縣學	嘉靖6年(1527)	提學副使周廣、同知范初帥、知縣傅雲		《嘉靖九江府志》，卷10，〈學校‧儒學〉，頁31b。
袁州府學	正德7年(1512)	知府姚汀□		《正德袁州府志》，卷5，〈祠廟〉，頁3b。
贛縣縣學	成化4年1468)	知府曹凱易景德寺改建		《嘉靖贛州府志》，卷6，〈學校〉，頁15a。
會昌縣學	嘉靖2年(1523)	監生賴元捐資改建		《嘉靖贛州府志》，卷6，〈學校〉，頁18a。
寧都縣學	正德13年(1518)	知縣王天興建		《嘉靖贛州府志》，卷6，〈學校〉，頁19a。
都昌縣學	正德7年(1512)	知縣胡恩重修		《正德南康府志》，卷7，〈壇遺‧祠廟〉，頁4a。
永豐縣學				《嘉靖永豐縣志》，卷2，〈公署‧儒學〉，頁18b。
瑞昌縣學	嘉靖35年(1556)	本府推官范永宇申請建立		《隆慶瑞昌縣志》，卷5，〈秩祀‧鄉賢名宦祠〉，頁14a。
瑞金縣學				《嘉靖瑞金縣志》，卷6，〈祀典類‧廟祀〉，頁3a。

統計表

建祠年代	洪武	天順	成化	弘治	正德	嘉靖	萬曆	不詳	合計
鄉賢祠數	0	0	1	1(1)	3(1)	7(2)	1	2	15(4)

*( )中數字表示府學鄉賢祠

鄉地保甲與州縣科派
——清代的基層社會治理

劉錚雲[*]

一、引言

　　鄉約與保甲制度是長久以來一直受到歷史學者關注的議題。早在1930年代即有討論保甲制度的專書出版[1]。旅美學者蕭公權（1897-1981）於1960年出版的英文專書《中國鄉村》可謂研究19世紀保甲與鄉約的經典[2]。日本學者佐伯富也於1960年代撰文討論清代的里書、鄉約與地保[3]。三十多年後，山本進再論地保，範圍以乾隆以後的江南地區為限[4]。

[*]　中央研究院歷史語言研究所。

[1]　聞鈞天，《中國保甲制度》（上海：商務印書館，1933）。

[2]　Kung-chuan Hsiao, *Rural China: Imperial Control in the Nineteenth Century* (Seattle: University of Washington Press, 1960).

[3]　佐伯富，〈清代の里書—地方行政の一齣—〉，《東洋學報》46.3（1963）；〈清代の鄉約、地保について—地方行政の一齣—〉，《東方學》28（1964）；二文均收入《中國史研究第二》（京都：京都大學東洋史研究會，1971），頁349-361，362-378。

[4]　山本進，〈清代江南の地保〉，《社會經濟史學》61.5（1996）：33-53。

伍躍則從徭役制的角度探討明清的里甲與保甲，尤其是里長與保正部分著墨較多[5]。大陸學者對保甲與鄉約問題一向關注。近年來不少學者如常建華、楊國安、段自成、孫海泉等都有論著討論保甲、鄉約與鄉村治理的關係[6]。經過學者這麼多年的研究，一般認為我們對清代鄉約與保甲制度的發展有一個基本的輪廓。清人入主中原後，一方面沿襲明代的里甲制度，在各地設立里長、甲長，負責催督錢糧與承充差役；另一方面也在地方建立保甲制度，先是採行總甲—甲長二級制，康熙四十七年（1708）以後確立了保長—甲長—牌頭三級制的架構，到了乾隆三十七年（1772），保甲取代里甲的人丁編審工作後，這個制度已遍行全國，且亦承襲先前里甲承充州縣科派的差役，與鄉約一同成為「在官人役」。同一時間，許多地方在保長之上另設一上級——「地方」，而有「地保」稱呼的出現[7]。

不過，透過本所收藏的內閣大庫檔案及相關文獻，我們看到的是不同的景象。保甲制在地方上的執行並不是那麼的秩序井然，階段分明，而是新舊雜陳，總甲、保正同赴州縣衙門作證。「地方」也不是保長的

---

5 伍躍，《明清時代の徭役制度と地方行政》（大阪：大阪經濟法科大學出版部，2000）。本書承于志嘉女士提示，特此致意。

6 常建華，〈國家與社會：明清時期福建泉州的鄉約地域化——以《福建宗教碑銘彙編・泉州府分冊》為中心〉，《天津師範大學學報》2007.1：40-46；常建華，〈鄉約、保甲、族正與清代鄉村治理——以凌燽《西江視臬紀事》為中心〉，《華中師範大學學報》45.1（2006）：71-76；段自成，〈論清代北方鄉約和保甲的關係〉，《蘭州學刊》2006.3：47-49；段自成，〈清代北方官辦鄉約組織形式述論〉，《中國社會歷史評論》第七卷（2006）（天津：天津古籍出版社，2006），頁291-305；楊國安，《明清兩湖地區基層組織與鄉村社會研究》（武昌：武漢大學出版社，2004）；孫海泉，〈清代中葉直隸地區鄉村管理體制——兼論清代國家與基層社會的關係〉，《中國社會科學》2003.3：189-204。

7 當然，這只是清代保甲組織的基本輪廓，目前學界對清代保甲制的了解遠較此為複雜，相關討論，請見本集巫仁恕先生〈官與民之間：清代基層社會組織與國家控制〉一文。

上一級。地方上固然有以「地保」相稱的情形,但也可見到「保地」連用的時候。本文嘗試論證有清一代中央對於地方如何落實里甲與保甲規條並未強制規範與要求,而州縣等地方官對於如何科派里保甲長與鄉約以掠取資源的興趣,應該遠大於催督糧務與緝盜安良的關懷。本文首先討論保甲與里甲的組織名目,其次是州縣對鄉約與保甲的科派,試圖將兩者連繫起來討論,期望透過這樣對清代鄉約與里保甲機制的再認識,可以進一步思考清代基層社會治理的兩個問題:一是國家對基層社會的掌控,一是朝廷與地方對於如何處理鄉地保甲長的人選問題不同調。

首先讓我們看一件典史的貪瀆案,作個引子。

雍正十三年二月二十四日(1735年3月18日),呂覆簡接任浙江省台州府太平縣典史一職。同年四月間,呂即藉口禁止傾用成色不足的潮銀向各銀鋪索銀一、二錢不等;又藉口修葺衙門,向各車戶以銀四錢買桐油二十斤,短給每車戶銀四錢;又以查禁灌水米為名,向各牙人索得米一石二斗,值銀九錢六分。他也從四月起每月向查點失卯與新換的保長索銀一錢二分,直到十月被檢舉為止。八月間,他以潮銀四錢一分強買三丈七尺的布,短給銀一錢三分。十月間,又藉口修理衙門工匠缺米與木材,分別向七位米牙票取米,每人三斗,以及發銀十七封,每封四錢,分交村長,買樹二十株。十月也正是新豆收成時節,他於是封銀三十封,每封四錢,分發鄉保各買豆二石。依照當時的市價,二石豆子要銀二兩。換言之,他短給眾村長銀一兩六錢。其中下蔣村的甲長趙良方正巧出門做生意去了,他的生員兄弟趙周「見銀子數少,那裡買得二石豆」,加上「兄弟又不在家」,十一月十一日只好到縣衙門,「具呈免買」。這才驚動了知縣,將呂典史繩之以法。不過,十二月間,呂覆簡還因為包庇灌水米,收酒一罈,值銀三錢[8]。

---

8 「中央研究院歷史語言研究所藏明清史料」,074151。以下本文呂覆簡涉案的

　　呂覆簡，三十四歲，直隸順天府宛平縣人，未滿吏捐未入流。或許就是因爲花錢捐官，才會上任不滿二個月就動腦筋弄錢。不過，這幾件案子牽涉的金額都不大，或以要屬下貼銀買物的方式強索得利，或以索取規銀的方式獲利；不當得利總計不過銀二十七兩一錢八分。就一個瀆職案而言，呂覆簡的案情微不足道。依照他個人的描述，典史「職司捕務，原有稽查盜逃匪類，私宰賭博等事」[9]。雖然在沒有縣丞編制的小縣，典史會在知縣公出時代行職務，但他畢竟不入流，只是一個沒有品秩的基層官員。然而，就是因爲典史身處基層，與地方鄉保、鋪戶、牙戶、市井小民及地方生員的互動頻繁，呂覆簡的貪瀆案提供我們一個難得的觀察清代地方基層社會的窗口。

二、保甲與里甲名目

　　呂案與本文議題直接相關的部分主要是事涉村保長的三款。雍正十三年五月間，呂覆簡藉口修理衙署需要木料，發銀十七封，每封四錢，交差役「分交村長，每封買木二十株」。由於其中「白溪村係屬篏戶，不產木料，該村保長李亨英繳回原價，復繳篏四十丈，每丈值銀二分，該價八錢，未發。」十月間，呂覆簡又用同樣的手法，向各村長勒索。初二、十四兩日，呂發銀三十封，分發產豆的三十村，每封也是四錢，買豆二石。這三十個藍硃標封是經書識轉交差役發到各村的保長手上。由於當時的豆價是銀一兩一石，各村保長都以價少不肯承買，情願貼些銀錢或豆子繳還原價。其中有三個村的保長貼銀二錢或三錢，另有五個村的保長則分別貼豆二斗到四斗。其餘二十二個村子的保長因爲一直拖

（續）

　　　討論都是以這份資料為依據，不另注出。

9 同上。

延未繳，在十一月十二、十三日縣衙門受理告發明示禁令後，繳回原價。
值得注意的是，在太平縣知縣問訊的過程中，三位衙門差役都是以「村
長」稱呼那些保長。例如，王逢說：「那些村長情願繳還原價。有浦南
村願貼銀三錢，西南王村貼銀二錢，⋯⋯。」另兩位差役也說：「那些
村長怎樣繳銀貼豆，要問王逢們。」而知縣傳喚的是浦南村保長張洪合、
西南王村保長王洪瑞等三十個村的保長。

　　呂覆簡對於各村保長的需索並不止這兩樁。上文提到，從四月到十
月，他每月都向未到衙門點卯與新換充的保長索硃價銀一錢二分。雖然
有保長供稱，他們「每月到衙門點卯是沒有規例硃價的。」不過，根據
其他保長的供詞，點卯的陋規早已存在，幾年前才被取消，呂覆簡只是
片面恢復罷了。與上述三位衙門差役一樣，知縣對那些保長也是以村長
相稱：

> 那每村村長你怎麼要他點卯，勒索他硃價一錢兩分，太邑共計
> 一百九村[10]，你共得過銀一十三兩零呢？據實供來。

呂覆簡供：

> 犯官職司捕務，原有稽查盜逃匪類、私宰、賭博等事。每月初
> 一，各村保長都要點卯，內中有違點該責的，也有新換充的保
> 長，共有三十九人，各出銀一錢二分。

　　由這三個案子可以看出，在太平縣知縣與差役的認知中，各村的保

10　太平縣此時只有一百零八村，因為白溪村保長李亨英的供稱，雍正十三年春，
　　原有一百零九村併了一村，故只餘一百零八村。

長就是一村之長，太平縣一百零八村的保長就是一百零八村的村長。換言之，太平縣的保長不僅要擔負維護地方治安的任務，同時也要扮演執行鄉村地方公務的角色。其實，不僅保長，鄉約也往往一身肩負這兩種角色。本文以下的篇幅嘗試從保甲、里甲組織名目入手，來看清代保甲制度在各地的實際運作情形。

保長，有些地方也叫保正，是清代保甲制度下的一環，是百甲之長，也就是千家之首；主要的任務是稽查匪類，維持地方秩序[11]。蕭公權在其《中國鄉村》一書中即指出，保甲與鄉約、社倉構成清代地方控制(local control)的三大機制[12]。根據蕭氏的研究，清人在入關之初即沿襲明人的做法，在地方推行保甲制度。他引《清朝文獻通考》的一段文字指出：順治元年，攝政王和碩睿親王多爾袞(1612-1650)接受兵部侍郎金之俊(?-1670)的建議，諭各州縣「編置戶口牌甲」以安置來歸新朝者；這「編置戶口牌甲」也就是後來行之各地的保甲之法，方式是：

> 州縣城鄉十戶立一牌頭，十牌立一甲頭，十甲立一保長。戶給印牌，書其姓名、丁口，出則注其所往，入則稽其所來；寺觀亦給印牌，以稽僧道之出入；其客店令各立一簿，書寓客姓名、行李、牲口及往來何處，以便稽察[13]。

新入主中原的清人顯然是要藉這種稽查戶口的方式控制新近征服

---

11 在有些地方，保長與保正有別，分別由不同的人充任。例如，黃六鴻把百家之長叫保正，而以保長稱呼一鄉之長。黃六鴻，《福惠全書》（臺北：九思出版社，1978），卷21，頁1。

12 蕭氏認為保甲控制治安，鄉約控制意識形態，社倉控制災荒。Kung-chuan Hsiao, *Rural China: Imperial Control in the Nineteenth Century*.

13 清高宗敕撰，《清朝文獻通考》（上海：商務印書館，1936），卷19，〈戶口考一〉，頁5024。

的國土。不過，根據史語所藏內閣大庫檔案所見，攝政王諭兵部令旨上所載的保甲之法稍有不同：

> 各省直地方府衛州縣所屬村鎮庄屯，每十家立一甲長，百家立一甲總，稽察寇盜奸細，併無籍奸棍不法等事及東來官軍僕從私自還家者，如有前項事情，許鄰佑報知甲長，甲長報知甲總，甲總呈報該管府衛州縣官員，府衛州縣官員審實，轉呈兵部；若十家之中有一家窩藏奸細，隱匿逃奴不報，九家及甲長、甲總俱治以重罪，其窩藏隱匿之家，定加等論治[14]。

在這份順治元年八月初八日發出的令旨上，除了明白指出稽察戶口的對象以及府衛州縣官員轉呈的單位外，最引人注意的是保甲組織方式與上述《清朝文獻通考》所引不同。在這件令旨中，保甲組織是採「甲總—甲長」二級制，而非前引「保長－甲頭－牌頭」三級制。蕭公權其實也警覺到這樣的差異。他注意到《清朝文獻通考》卷21的一段文字：

> 順治元年置各州縣甲長、總甲之役。各府州縣衛所屬鄉村十家置一甲長，百家置一總甲。凡遇盜賊、逃人、姦宄竊發事件，鄰佑即報知甲長，甲長報知總甲，總甲報知府州縣衛核實，申解兵部；若一家隱匿，其鄰佑九家、甲長、總甲不行首告，俱治以罪[15]。

這段文字很明顯的是脫胎自攝政王八月八日的令旨，比較重要的差

---

14 「中央研究院歷史語言研究所藏明清史料」，038195，收入張偉仁編，《明清檔案》A001：090。
15 清高宗敕撰，《清朝文獻通考》，卷21，〈職役考一〉，頁5043。

異是令旨上的「甲總」一詞被改成了「總甲」。蕭氏把這個「總甲－甲
長」二級制則稱作「總甲」制，而先前的「保長－甲頭－牌頭」」三級
制稱作「保－甲－牌」制。他認為我們很難解釋何以同時會用兩套制度
去達成一個目標，有可能是當時朝政初定，政府計畫欠妥與各部門溝通
不良所導致[16]。然而，若先不論「甲總」與「總甲」二詞差異如何產的
問題，僅就上引《清朝文獻通考》卷21的文字是源自攝政王令旨一事而
論，順治元年八月攝政王下令各地奉行的應是「總甲」制[17]，而非「保
－甲－牌」制；後者可能是後來的發展，乾隆年間《清朝文獻通考》的
編纂者不察而把兩者混為一談。因此，清代順治元年開始實行的保甲法
僅有一種組織方式，而非蕭氏認定的兩種。事實上，《清實錄》上的資
料可以支持這個看法。《世祖章皇帝實錄》即載明，順治元年八月「癸
亥。攝政和碩睿親王諭官民人等曰：政貴有恒。辭尚體要，……又各府
州縣衛所屬鄉村，十家置一甲長，百家置一總甲。」[18]康熙四十七年，
由於各地「奉行不力」，朝廷再度整飭保甲，要求「一州一縣城關各若
干戶，四鄉村落各若干戶，戶給印信紙牌一張，書寫姓名、丁男口數于
上。出則註明所往，入則稽其所來，面生可疑之人，非盤詰的確，不
許容留。十戶立一牌頭，十牌立一甲頭，十甲立一保長。若村莊人少
戶不及數，即就其少數編之。無事遞相稽查，有事互相救應。」[19]雍正
四年七月，又以奉行既久，往往有名無實，諭令吏部議覆保甲之法，「十

---

16 Kung-chuan Hsiao, *Rural China: Imperial Control in the Nineteenth Century*, p. 44.
17 日本學者松本善海認為，雖然就「弭盜安民」的目的而言，視總甲制為明代「保
　 甲」的「復活」，並無不可，但清代的「總甲」主要是處理清初逃人的追捕問
　 題。松本善海，〈清代における總甲制の創立〉，《東方學報》（東
　 京）13.1(1942)：109-142。
18 《清世祖章皇帝實錄》（北京：中華書局，1986），卷7，順治元年八月，頁76。
19 清高宗敕撰，《清朝文獻通考》，卷22，〈職役考二〉，頁5051。

戶立一牌頭，十牌立一甲長，十甲立一保正。」[20] 透過這些資料，我們可以推定，清初推行保甲法，行的是「總甲」制，到康熙末年，才行「保－甲－牌」制。乾隆二十二年(1757)十月，雖然展開全面「更定保甲之法」，但保甲基本上仍維持「保－甲－牌」三級制的組織形態[21]。

不過，必須提醒一點，這並不表示，「保－甲－牌」制從此通行全國，而「總甲」制就此消聲匿跡。其實，翻檢《清實錄》與《大清會典》等文獻，我們看到在乾隆年間「總甲」名目仍在一些地方被使用。例如，乾隆八年(1743)，山西陝西邊外蒙古地方，因爲種地民人甚多，奉准設立牌頭、總甲，以稽查有無匪類。當時的辦法是：於種地民人內，選擇誠實可靠者，每堡設牌頭四名，總甲一名，與內地的保甲之法有顯著的不同，「牌頭」取代了「甲長」，而成爲「總甲」制與「保－甲－牌」制的融合與簡化[22]。這顯然是因爲邊地情勢而有的變通做法。又如乾隆十二年正月(1747年2月)間，兩江總督協辦河務尹繼善(?-1771)奏稱：「太湖六桅船，由來已久。……各船均在本縣編號印烙給票。兼設漁船總甲、小甲，共相稽察，最稱安分。」這明顯是因應漁戶治安需要而安排的漁戶保甲[23]。而透過內閣大庫檔案，我們看到尹繼善針對船戶稽查問題，於三月十七日再度上奏指出，太湖中船隻一向都有「編號、印烙」，「漁船則設立漁總、小甲、甲長」，爲了防範更嚴，他「將捕魚船隻船戶住居陸路者，歸入保甲，船旁大書某縣某甲某人之船；以船爲家者，按縣

20　《清世宗憲皇帝實錄》(北京：中華書局，1986)，卷46，雍正四年七月，頁702。

21　清高宗敕撰，《清朝文獻通考》，卷19，〈戶口考一〉，頁5029。關於清代保甲制的建立過程，華立有扼要的敘述，參見華立，〈清代保甲制度簡論〉，中國人民大學清史研究所編，《清史研究集》第六輯(北京：光明日報出版社，1988)，頁87-121。

22　《大清會典事例》(北京：中華書局影印，1991)，卷158，〈戶部七‧流寓異地〉，頁1000。

23　《清高宗純皇帝實錄》(北京：中華書局，1986)，卷283，乾隆十二年正月下，頁694。

分幫，船旁大書某縣某幫某人之船，仍照前設立漁總、小甲、甲長，互相察報。」[24] 尹繼善的這份題本讓我們清楚看到稽查漁戶的總甲被稱作漁總。更重要的是，先前的「總甲—甲長」二級制已經為「漁總、小甲、甲長」的三級制所取代。（很遺憾，尹繼善沒有明說，一個漁戶總甲，也就是一個漁總是否也是管理十個小甲，一個小甲也是掌理十個甲長，一個甲長也是十戶之長。）

其實，總甲、小甲等名目也不是只限於邊地或漁、船戶的保甲組織中。在乾隆朝的刑案口供中，我們看到四川重慶府榮昌縣有總甲、小甲因案一同報官的記錄[25]；直隸廣平府邯鄲縣有小甲與牌頭因命案同被傳喚[26]；江南廬州府廬江縣有代書表示，「沒有總甲同來，不肯寫呈子」[27]；四川寧遠府會理州的居民有事會先報知總甲，再由總甲知會鄉約、保正查證後報官[28]；廣東韶州府仁化縣的鄉保、總甲同赴縣呈報煙冊[29]；廣東雷州府徐聞縣的總甲因負責收管的遣犯脫逃，依流犯在配脫逃看守之保甲逾限不獲一名例，杖八十[30]。其他地方，如直隸的順天府[31]、深州[32]、正定府[33]、宣化府[34]，奉天的錦州府[35]，陝西的榆林府[36]，河南的南陽府[37]、

---

24 「中央研究院歷史語言研究所藏明清史料」，053450。
25 同上，046612。
26 同上，055726。
27 同上，050122。
28 同上，015412。
29 同上，062801。
30 同上，013421。
31 同上，049413、015581。
32 同上，049310。
33 同上，013147。
34 同上，071231。
35 同上，070947。
36 同上，077545。
37 同上，043638。

歸德府[38]、汝寧府[39]，江蘇的太倉州[40]、松江府[41]、江寧府[42]、常州府[43]、鎮江府[44]、蘇州府[45]，安徽的廬州府[46]、寧國府[47]、和州[48]，浙江的紹興府[49]、湖州府[50]、杭州府[51]，江西的廣信府[52]，廣東的潮州府[53]、高州府[54]，福建的漳州府[55]、臺灣府[56]，四川的敘州府[57]、潼川府[58]、瀘州[59]，也都有總甲因刑案報官的案例。甚至到了嘉慶、道光年間，直隸新安縣、大興縣，河南陝州、許州，安徽合肥縣與廣東徐聞等地仍然使用「總甲」名目[60]。

不過，相對而言，我們在口供資料中可以找到比較多保正或保長、

38　「中央研究院歷史語言研究所藏明清史料」，072354。
39　同上，018353。
40　同上，050937、019254、070838。
41　同上，030343、045242。
42　同上，017542、046790、065918、055886、070938、017386、053691、030146。
43　同上，019338、075283、030164、018177、012754、019402。
44　同上，073035。
45　同上，032765。
46　同上，041883、013192、045245、066653、052431、047514、044018、074499、062619、073860、050122。
47　同上，062620。
48　同上，043519。
49　同上，013332、089917、014102、074509、055632、048122、013985、031706、046130。
50　同上，070943。
51　同上，026890、066604、015603、014948。
52　同上，049184。
53　同上，014911。
54　同上，043217。
55　同上，012069。
56　同上，015590。
57　同上，071372、072643、012948。
58　同上，071357。
59　同上，028233。
60　同上，190871、102521、100588、184468、151703、190871、013421。

甲長、牌頭涉案的例子。例如，湖北荊州府的監利縣[61]、公安縣[62]，湖
南永州府永明縣[63]、零陵縣[64]、長沙府寧鄉縣[65]、湘陰縣[66]、郴州宜章縣[67]，
四川潼川府樂至縣[68]，河南歸德府商邱縣[69] 等地都有保長、甲長、牌頭
或因失察竊案一同被笞，或因命盜案一同報明官司；直隸順天府寶坻縣
有鄉保進城稟報，甲長、牌頭同赴縣城作證[70]，或者是鄉保、牌頭隨同
查傳辦案的例子[71]。至於單獨由保長、保正、保甲報官的例子就更多了，
這裡也就不一一例舉。這個現象不難理解，畢竟康熙四十七年以後「保
長－甲長－牌頭」是主政者頒行的保甲名目。

然而，同樣的，我也必須指出，「保長－甲長－牌頭」等名目也不
是只見於康雍以後的保甲。順治五年二月(1648年2/3月)間，上林苑監蕃
育署署丞申解僧人在庵「姦隱」逃婦的案子。具題此案的刑部尚書除了
對當事人求刑外，並指出「其地方、牌頭、保長人等併該管官既經拏獲
到官，相應免議」[72]。這是說牌頭、保長、地方既然已將嫌犯緝捕到案，
也就毋需議處。這裡的「保長」、「牌頭」顯然另有來歷，不是依據康
熙皇帝之令而行的制度。上林苑是北京城近郊的皇家園林，明永樂五年
(1407)建置[73]，牧養牲口，餵食雞鴨鵝，栽種果蔬，供應內府與太常寺、

61　「中央研究院歷史語言研究所藏明清史料」，045789。
62　同上，028237。
63　同上，028242。
64　同上，023579。
65　同上，014018。
66　同上，044542。
67　同上，075268。
68　同上，044812。
69　同上，048123。
70　「順天府檔案」，28-3-161-060。
71　「中央研究院歷史語言研究所藏明清史料」，28-3-161-068。
72　同上，006127。
73　《明史》(新校本)，卷74，志50，〈職官三‧上林苑監〉，頁1814。

光祿寺之用。清人入關接收後繼續使用，其下仍轄四署，順治十五年（1658）裁併林衡、嘉蔬二署，康熙三十七年（1698）五月裁撤蕃育、良牧二署，清代的上林苑於是走入歷史[74]。涉案的婦人是蕃育署旗人家內的奴婢。順治初年，大局初定，一切以安定為先，制度未及更張；上林苑既是接收前朝的園林，設施既未作更動，對苑內人役的管理應當也是蕭規曹隨，因此順治五年免受議處的地方、保長、牌頭等應該也是沿襲明代的保甲名目。

其實，我們前面討論的總甲、小甲、甲長等名目也都不是清人的首創，畢竟保甲制度的源頭可以遠溯宋代。有學者指出，至遲北宋末年，江南地區的一些城市已設有總甲，維持治安[75]。到了明代，總甲制仍是其治安體系中的一環，總甲與小甲先是在坊鋪、都鋪中設置，而後也在保甲中建立，甚至在後來的衛所、民兵、徭役與商稅組織中都見設置[76]。也有學者指出，兩湖地區在行保甲之前曾推行過總甲制。他引湖北的《應山縣志》為證：「本縣各圖舊額設有保長、總甲、小甲、火夫。近年又設團長總之，以禦盜賊，其法亦善。」[77] 以上這些例子雖然零星，不完整，但明白顯示總甲、小甲、保長等名目宋明以來已在不同的場合被人使用過。

清代的保甲名稱如此多樣，除了歷史因素外，可能也受到地方習慣的影響。我們在檔案中看到在浙江杭州府錢塘縣，總甲又叫地總。乾隆三年（1738），錢塘縣知縣周岱因為一件趺錢賭博推人致死的案子，問城北一圖總甲俞升[78]：

74　《清聖祖仁皇帝實錄》（北京：中華書局，1986），卷188，康熙三十七年五月壬寅，頁1002。

75　王裕明，〈明代總甲設置考述〉，《中國史研究》2006.1：146。

76　同上，頁145-160。

77　楊國安，《明清兩湖地區基層組織與鄉村社會研究》，頁54。

78　「中央研究院歷史語言研究所藏明清史料」，015603。

　　陸月初二日吳遠明與馬子凡賭錢，你當地總，為何不查拏稟報
　　呢？

俞升回供：

　　小的充當地總，若圖內有人賭博，敢不查拏稟報，……。

　　上述問答是浙江巡撫盧焯轉錄知縣周岱的詳文，而在其所上的題本
內，盧焯也是總甲、地總二詞交替使用。不過，如果總甲也叫地總是地
方習慣用法，這個例子顯示，作為地方行政長官的巡撫與知縣也認同這
種用法。這其實也反映清政府未強制執行所頒行的命令，要求各單位一
律採用當時頒行的名目。
　　浙江錢塘縣的「地總」用法並非特例。在檔案中，我們看到，也是
在乾隆年間，江蘇常州府金匱縣即有一地總趙永賢被控與戶書等狼狽為
奸，自乾隆四十一年(1776)起屢次訛詐米行、緞戶、漁戶、民人等，至
四十七年止，共犯下七案[79]。而與其鄰近的蘇州府吳縣，我們不僅看到
地總拏獲殺人犯稟官的例子[80]，也同樣見到有總甲報官的案例[81]。雖然
我們沒有找到像錢塘縣總甲、地總互用的文字記載，但在短時間內「總
甲」、「地總」二詞在同樣的場合前後出現，顯示這兩個名稱應有一定
的關係。不過，在我們目前掌握的有限資料中，「地總」一詞多見於江
浙兩省，其他四川、山東、安徽等省僅有零星一、二例。這是否表示「地
總」一詞的運用有其地域性，由於資料不夠完整，有待進一步探究。
　　「地總」一詞始於何時？目前並不清楚。不過，有資料顯示，可能

79　「中央研究院歷史語言研究所藏明清史料」，044783。
80　同上，015588。
81　同上，032765。

與明清以來實施的里甲制有關。里甲是明代為了編定戶籍以納糧應役而建的基層組織；以一百一十戶為一里，編定賦役黃冊，以戶繫田，推丁糧多者十人為里長，其餘百戶為十甲，甲有甲首。雖然明中葉以後，由於戶籍編定趕不上土地所有權的變動，里甲制弊端叢生，但清人入關後仍然沿用里甲制作為賦役徵收的依據。為了矯正里甲賦役不均的缺失，清政府相繼採行了均田均役法與順莊法。乾隆年間，趙錫孝的〈徭役議〉有一段有關均田均役法的討論極具啟發性[82]：

> 均田役之法行，則按年值役之外，俱可自謀身家，以生以養；均田役之法不行，則田不可為恒業，而小民之業田者苦矣。何以明其然也，曰江南田畝，其徭費經里，已編入正項錢糧，原不應復有徭役。今日之役，飛差而已。所謂飛差者，各縣不同。即一縣之差，亦無定形，其費亦無定數。凡甲之充役者，如在蘇州謂之現年地方；在常州謂之總甲。其當役之年，凡圖中盜賊、鬭毆人命、匪類逃人、私鹽漏稅、撩淺作壩、修築煙墩、營房橋梁、馬路、城郭、官舍、水陸木柵，開造煙戶，與夫浮尸無著、命盜案死無棺木者，一一地總是問。一事失措，刑辱隨之，破產辦公，所在多有。至於大工大役，如近年開河出夫之類，雖合圖公辦役費，而為地總者，必任其難。

　　趙錫孝認為均田均役法較順莊法為優，行均田役法後，小老百姓在值役以外的時間可以謀生養家。不過，更重要的是，他指出，在丁錢攤入田賦以後，不應再有徭役；而當時人應的役是各縣衙門自行訂定的所

82　趙錫孝，〈徭役議〉，收入賀長齡，《皇朝經世文編》（長沙：岳麓書社，2004），卷33，〈戶政八·賦役五〉，頁3；趙錫孝是江蘇人。

謂「飛差」，包括查緝盜匪、走私，興築各式各樣的公共工程，甚至處置無名屍體。每年輪值應差的人，在蘇州稱作現年地方，即當年應差役的「地方」[83]；在常州，則喚作總甲；而這些人又都叫做地總。為何叫「地總」？趙錫孝沒有明說，可能也就取其字面上一地總管之意，就像有些地方把保長又叫做保總一樣[84]。

　　趙錫孝是江蘇常熟人，雍正甲辰（二）年（1724）進士。雖然他是在地人，但他並沒有將當地的情形完整的說出來。例如在蘇州府的吳縣，上文提到，我們在檔案中可以找到總甲、地總報官的例子。其實我們可以看到更多「地方」執勤的例子[85]，也可以見到地保報官的例子[86]。地方上的實情其實遠較趙錫孝描繪的情況為複雜。僅吳縣一地，就有總甲、地總、地方、地保等名目，而這些人所擔負的工作多與地方治安有關，屬於保甲的範圍。顯然，就組織而言，里甲與保里已無分別。而常州府的例子可以讓我們看得更清楚。有學者引《錫金識小錄》指出，在常州的無錫、金匱兩縣，自一條鞭法實行後，一切雜役都改折入正供，總甲與里長、里書三者是僅餘的「田上輪役」，而總甲「管一圖事務；里書管推收過割；里長管圖內錢糧。」[87]由於賠累不堪，里長一役在康熙初年被廢，並勒碑永禁。但這「管一圖事務」的總甲在無錫、金匱也負責散發圖內各家的保甲門牌[88]。在檔案中，我們也的確看到無錫、金匱兩縣的總甲舉報圖內刑事案件的例子[89]。顯然，總甲在錫金二地不僅負責

83　此乃相對於輪空的「排年地方」而言。

84　「中央研究院歷史語言研究所藏明清史料」，012581、019147、057686。

85　同上，065930、032761、073021、027164。

86　同上，052147。

87　山本進，〈清代江南の地保〉，頁34；引文見黃印，《錫金識小錄》，卷1，〈備參上・民役〉，頁1-2。

88　黃印，《錫金識小錄》，卷1，〈備參上・十家牌〉，頁13。

89　「中央研究院歷史語言研究所藏明清史料」，019338、075283、030164、019402、012754。

里甲事務，也擔負保甲任務。換言之，在錫金二縣，里甲與保甲組織已合而爲一，都由總甲來承擔。因此，若就總甲而言，我們實難區分何者爲里甲組織，何者爲保甲組織。

這個現象當不限於《錫金識小錄》所描述的康雍乾時期。前面提到，「總甲」一詞在明代曾被用在很多組織與場合中，包括保甲與里甲組織。到了清代，這樣的用法顯然並未改變，總甲不僅見於順治、康熙年間的里保甲組織中，而且也未隨著康熙末年保甲組織的重新整飭而消失；到了嘉慶、道光年間，仍可見到總甲執勤或因爲失職被罰的例子。換言之，總甲等名目並未因乾隆三十七年取消戶口編審制而消失。而根據趙錫孝，總甲又叫地總，如此一來，地總也是里甲、保甲兩個組織中都可見到。同樣的直到道光年間，江蘇邳州地方仍有地總被控減發賑災口糧，尅扣錢文，侵用老民恤典銀兩等事件發生[90]。

然而，除非有像《錫金識小錄》這樣資訊完整明確的文字記載，我們已很難分辨一地的總甲究竟是承繼了里甲組織的總甲名目，抑或繼承了保甲組織的名稱，畢竟這兩個現象在清代都很普遍。同樣的情形也會發生在趙錫孝提到的「地方」上，因爲地方有可能是里甲，也有可能是保甲組織的一員。（我們稍後再討論。）

無論如何，這些困難正是清代各地里保甲組織名目不一的反映。何以各地里甲與保甲兩個目的不同的組織竟然會採用相同的名目？歷史因素與各地的習慣固然是可能的因素，但考量清代的政治體制，各地方官的不在意、不作爲才是主要因素。無怪乎蕭公權會質疑如果政府連一個相當一致的組織都無法建立，又如何能期望它能在執行上有一定的成果[91]。何以這些官員不在意這種組織名目的混淆？上述趙錫孝的觀察其

90　「中央研究院歷史語言研究所藏明清史料」，145815。
91　Kung-chuan Hsiao, *Rural China: Imperial Control in the Nineteenth Century*, p. 33.

實提醒我們，就應承官府的差役而言，或許里甲與保甲組織本就無甚差別，因為他們所應的差早已包羅萬象，里甲與保甲規條分別設定的催督糧務與緝盜安良只是他們眾多差役的一環。地方官只要能得到他們所需索的服務，至於提供服務的叫甚麼並不重要。

三、私派差徭

趙錫孝對於里甲承擔飛差的觀察並非特例。早在順治五年(1648)，天津巡撫李猶龍(?-1653)就為「津門飛差繁苦民不聊生等事」題請「減數應付」[92]。顯然，里甲徭役攤派對地方民眾已構成很大的負擔，此時上距清代里甲組織的頒行不到兩年。順治十二年(1655)五月間，山西安邑縣知縣王秉樞因為「奉旨養馬，違旨私派里甲」被革職[93]。順治十七年(1660)，又有禁州縣私派里甲之弊的諭旨：「凡有司各官私派里甲，承奉上司一切，如日用薪米、修造衙署、供應家具、禮物及募夫馬民壯，每年婪飽之弊，通飭撫案，俱行嚴禁。」[94]明白指出私派里甲的規模，就是「承奉上司一切」，從知縣大人的日常生活，到衙門的修繕與公事夫役馬匹的提供都包含在內。到了康熙年間，州縣私派里甲的現象並未減緩。康熙八年(1669)、三十九年(1700)兩度重申禁令，嚴禁州縣按里派取土產饋贈官員，以及因公濟私以一派十的陋規雜派。這些禁令也透露當時湖廣等處的「公然科派」還有所謂「軟抬」與「硬駝」之分；前者指「闔邑通里共攤同出者」，後者則指「各里各甲輪流獨當者」[95]。雍正元年(1723)，新皇登基，立即注意到州縣官以公濟私的私派問題，

92　「中央研究院歷史語言研究所藏明清史料」，282134。
93　同上，008679。
94　清高宗敕撰，《清朝文獻通考》，卷21，〈職役考一〉，頁5047。
95　同上。

再度諭令「禁止州縣官藉欽差公費名色私派里民」[96]。次年，再申禁令，「禁止直省大小衙門各項科派累民之弊」，甚至直接點名「禁革江西里長、催頭」[97]。

雖然乾隆以後幾乎不見「州縣私派里甲」的討論，更不曾見到「州縣私派保甲」的文字，但私派的弊端並未消除。乾隆七年(1742)，江蘇巡撫陳大受(1702-1751)就將各州縣「私派」之「雜派差徭」歸諸於明末相沿的弊端。他指出[98]：

> 至本朝定鼎以來，一應工役俱動正項開銷，小民完納正供之外，并無絲毫雜派差徭，無役可均。其所稱均役者，乃州縣之私派耳。蓋里役之設，仿自明季陋弊相沿，始則藉催糧之名供役在官，繼則不肖官吏倚為腹心，令其承應一切雜務，按圖按甲遞年輪當，且有值日里排，每日即在縣前伺候。

這些在縣衙門前伺候的里排其實也就是承襲了明代里長的職役。有學者指出，明代里長的職責除了「催徵錢糧」外，尚需「勾攝公事」，包括「管理本里人丁事產，清勾軍匠，根究逃亡，拘捕罪犯，到各級衙門『承符呼喚』，支應『上供物料』等」[99]。這些公事與前面所見順康雍三朝的私派項目並無二致。其實早在順治十一年(1654)，兗州管理泇河通判張浦即指出，「所謂種地則納糧當差，分所應然者，乃三百年不易之定例也。」[100] 顯然，「任土作賦，因地起差」早已根深柢固，改

---

96 清高宗敕撰，《清朝文獻通考》，卷23，〈職役考三〉，頁5053。
97 同上，頁5054。
98 陳大受，〈請行版圖順莊之法疏〉，《皇清奏議》，卷38，頁4-5。
99 唐文基，《明代賦役制度史》(北京：中國社會科學出版社，1991)，頁40-41。
100 「中央研究院歷史語言研究所藏明清史料」，185052-012。

朝換代也無法改掉官員為政役民的觀念，也無法革除各種科派累民的弊端。誠如道光二年(1822)直隸布政使屠之申所謂：「(查)私派流弊非止一時，亦非止一事，積重之勢已成，縱使嚴禁，亦不過徒託空言，終於無益。」[101] 換言之，州縣私派禁不勝禁。其實早在雍正二年(1724)就有人指出箇中原因，「各省大小衙門遇有公事需用物件，無不出自民間。在潔己愛民者，給發官價採買，仍不累及小民，而貪鄙之員，則恣行科派。」[102] 不過，這也只說出事情的表相，其中癥結實與清代中央與地方財政收支的劃分，也就是各地稅賦起運中央與存留地方的比例有關。這個問題相當複雜，實已超出本文討論的範圍。簡單地說，清代中央政府經常截留地方存留，以挹注其財務缺口，使得原本資源不足的地方政府辦公經費更加短缺。對於地方經常性的行政支出，官府既然無法編列足夠的辦公經費，一切開銷只好取之民間。在這種所謂「不完全財政」的制度下，科派累民之事其實無法避免[103]。

然而，科派累民之事並非全由里甲承擔。掌京畿道監察御史楊嗣璟(?-1759)乾隆元年五月(1736年6/7月)的奏摺透露，至少守州縣城門的門軍也有由地保按戶收錢，雇人充任的。他說[104]：

> 直省州縣駐防兵少，不敷撥守城門；或派里甲，或派地保，按戶出銀，雇充門軍。請除現在弁兵看守之處，其科派里民者，一概革除。即於府州縣額設民壯內，每門派撥二名，令其輪流

---

101 劉錦藻，《清朝續文獻通考》(上海：商務印書館，1936)，卷27，〈職役考一〉，頁7790；亦見屠之申，〈敬籌直隸減差均徭疏〉，收入賀長齡，《皇朝經世文編》，卷33，〈戶政八・賦役五〉，頁6。

102 清高宗敕撰，《清朝文獻通考》，卷23，〈職役考三〉，頁5054。

103 何平，《清代賦稅政策研究：1644-1840》(北京：中國社會科學出版社，1998)，頁108-140。

104 《清高宗純皇帝實錄》，卷19，頁802-803。

　　更替，看守稽查。

　　由於楊嗣璟的建言，這年七月兵部即議覆革除科派里甲地保雇人看守城門的差役，而改由額設民壯內派撥二名輪流看守[105]。但科派累民之事也並非僅此一樁。在不少地方，催督錢糧、承應差役等一些原見於里甲的科派也紛紛出現在保正、保長身上。前面提過的陳大受在乾隆八年（1743）指出，「向來舉行保甲之處，不專責以查匪，凡人命鬥毆、賭博姦拐、催比錢糧諸事，一概責成甲長經管。」[106] 其實不僅人命鬥毆等大案，一些日常糾紛等細事也會見到保長介入調解。乾隆十一年十一月二十四日（1747年1月4日），廣西柳州府融縣李廓峒保長楊聖召就介入調解兩個相鄰住戶韋應星與廖經選的砍樹糾紛[107]。原來那天韋應星將兩家中間的一棵樹砍掉了，廖經選同他議論。楊聖召勸廖經選把樹給了韋應星，而由他賠一棵樹給廖經選。廖經選表示，「既是你來勸處，我也不要賠了，大齊（按：應是大家之意）總要樹根為界的。」顯然，廖經選是衝著保長的面子不再追究。

　　至於承應差役部分，曾任廣東巡撫的彭鵬指出，保甲若「行之不善，則民累滋甚」。他一共舉出了七累，而第七累即為差役之累：「甚而無名雜派差役，問諸莊長，莊長問諸甲長，甲長問諸人戶，藉為收頭。」[108] 孫海泉在檢視直隸寶坻縣的檔案後，條列出保甲差務，主要包括，「採

---

105 清高宗敕撰，《清朝文獻通考》，卷24，〈職役考四〉，頁5060。福建巡撫表示，該省各處城門除永春州與閩清、永福等六縣因防兵少由民壯輪換外，概係各營兵丁把守稽查。見「中央研究院歷史語言研究所藏明清史料」，027914。

106 轉引自華立，〈清代保甲制度簡論〉，頁107。

107 「中央研究院歷史語言研究所藏明清史料」，044540。

108 彭鵬，〈保甲示〉，收入徐棟，《保甲書》（道光二十八年李燁刻本），卷2，〈廣存〉，頁12-13。收入《續修四庫全書》第859冊（上海：上海古籍出版社，2002）。

買柴束號草，籌集官府所需騾馬車輛，修築河岸堤壩，搭建窩鋪和派人
值更等。」[109] 華立也提到，保甲長也必須執行地方上的賑災業務，包
括(1)呈報災情，(2)攢造賑冊，作為發放賑票依據，(3)現場指認饑民
等[110]。乾隆十二年十月十日(1747年11月12日)，山東鉅野縣隆倉保地總稟
報，該保焦順屯牌頭因為同莊居民誤以為他錯給賑票而被毆傷致死[111]。
本案顯示，一旦地方被災，保長牌頭首需清查災民戶口，編造受賑名冊，
並據以發放賑票，散給賑糧。焦順屯牌頭因為查明該莊居民王王氏家有
三十多畝地，除了被災區處，還有不成災的地，可以度日，所以不准她
入賑冊，而將賑票給了另一位王王氏。前者的兒子認為後者只是寄居人
口不應領賑，這賑冊上的王王氏的印票自然應是他母親的了，於是要牌
頭將票討還給他母親，但牌頭以寄居人戶也可受賑為由，沒有答應，而
起衝突。這個案子應該不是一個特例。道光五年(1825)，江蘇巡撫陶澍
曾注意到，有保長因為怕受毆辱，不敢跟查居民受災實情，而聽任當地
土棍開報受災戶的情形[112]。當然，這些由州縣衙門下鄉辦賑委員與隨行
書役的飯食也都是由保長承應[113]。

其實前面孫海泉所舉寶坻、獲鹿兩縣保甲辦差的例子，有很多都發
生在嘉慶、道光年間。他注意到，寶坻縣鄉保在辦理差務時「須出錢墊
辦」[114]。內閣大庫檔案的資料中也可看到保長因不堪代墊賠累，憤而
上控的例子。嘉慶八年十一月(1803年12月/1804年1月)間，湖南永順縣保

109 孫海泉，〈清代中葉直隸地區鄉村管理體制——兼論清代國家與基層社會的關
　　係〉，《中國社會科學》2003.3：198-199。
110 華立，〈清代保甲制度簡論〉，頁109-110。
111 「中央研究院歷史語言研究所藏明清史料」，043227。
112 陶澍，〈陳辦災各弊疏〉，收入賀長齡，《皇朝經世文編》，卷42，〈戶政十
　　七·荒政二〉，頁9。
113 同上，頁8。
114 孫海泉，〈清代中葉直隸地區鄉村管理體制——兼論清代國家與基層社會的關
　　係〉，頁199。

甲劉漢元、覃忠堂等向刑部呈控永順縣「買谷(穀)浮收折價,并派夫不給夫價等情」[115]。永順縣是永順府的附郭。這個案子有點複雜,不過,正好說明地方行保甲的多樣形態。根據刑部右侍郎賡音(?-1815)的調查,劉漢元、覃忠堂分別是內塔臥保甲與外塔臥保甲。該縣共分十八保,每保有保正一人,兩保又有總保或總甲一人[116]。大保有保甲七、八名,小保四、五名。此處的所謂保甲,應該就是甲長,因為該縣也是「每十戶為一牌,十牌為一甲」。「所有買谷及派夫等事均係保甲領價承辦」。買谷指的是買補倉穀,永順縣的倉儲有兩種,一為常平倉,一為社倉,保甲買補的是常平倉穀[117]。自嘉慶二年以來,內塔臥保與外塔臥保每年領買穀二千四五百石。由於保內老戶與窮苦之戶多有拖欠,且有依恃族內生監、書役包庇,劉、覃二人曾透過總保陳舜杞出名向城內開錢米館之詹姓老闆借錢買穀交倉,將嘉慶五、六(1800、1801)兩年保內各戶零星尾欠先行墊完,共墊欠穀二百十九石七斗三升。至於派夫,則指的是用夫差務,凡有工程差務及運送兵米等事時,各保輪派鄉夫應差。雖然乾隆五十三年(1788)湖南省就廢止在城內值月、值日鄉夫的規定,改由保甲輪值,但由於保甲「不能時刻在城」,所以各保仍派鄉夫數名在城守候;有差時給價,無差時不發錢米,而此時保甲「即應賠墊」;如果遇到差務緊急時,縣役墊錢僱用,事後向保甲收取,而此時往往真假莫辨,以致常有賠累。因此,保甲承領買穀或派夫的結果不是借錢墊完,就是賠錢累累。劉、覃二人遂於嘉慶七年(1802)向巡撫衙門「具呈請定章程」。而由於花戶不肯如數歸還墊款,同年陳舜杞將領出的兩保穀價銀一千二百五十兩中挪用五百兩歸還詹姓老闆欠帳,也有張姓人等向巡撫衙門控告陳舜杞「領價不發」。陳、劉、覃三人因為確有挪用官銀,

---

115 「中央研究院歷史語言研究所藏明清史料」,159087。

116 這一點係根據賡音題本行文所作的判斷,尚待查證。

117 關於永順縣的倉儲情形,參見《同治永順府志》,卷之四,〈倉儲〉,頁37-39。

雖經永順府屢次傳審，避不出面。可能為了反制，他們在次年上京控訴。陳、劉、覃三人的遭遇固然顯現保甲應差的委曲，另一方面也顯示保甲也可能為虎作倀的一面，因為劉、覃不僅挪用官銀，而且也想乘機包攬圖利，我們稍後會略作討論。

　　然而，必須指出的是，里長承差的角色並未因此而全然被保長所取代。雖然有不少學者認為，乾隆以後清代的里甲組織已逐漸被保甲組織所取代[118]，但是甚至在道光年間，在《實錄》上仍可見到里長在縣城聽差的例子。例如，道光十五年(1835)，山西平陽鎮總兵台費音奉派前往商湯王陵行禮祭拜。蒲州府榮河縣知縣武履中「奉文後在署內設席，遍請書差，告以努力張羅，大家沾光。隨傳喚值年里長，逐日在縣聽候辦差。城內設公館七處，湯陵附近設公館七處；科派乾菜鋪墊銀一千五百兩；修理裱糊器皿鐙籠彩紬紅氊夫馬一切雜派，又五千餘兩；其餘無名之費，不可勝數。」[119] 榮河縣最終攤銀二萬餘兩。又如，山東文登縣也分別在道光三十年(1850)與咸豐元年(1851)，因需差派馬匹三度勒派每里里長各出制錢二千五百文、五千五百文與十三千文[120]。此外，山西省孝義縣計有十五里，每里十甲，各設里長、甲頭，承辦地方公事。由於縣內一直沒有駝騾行店，乾隆二十三年(1758)、道光六年(1826)採買軍需駱駝，以及嘉慶四年(1799)、十八年(1813)購買軍需騾馬都由各里長領價分買[121]。道光六年十月間，山西省奉旨採買軍需駱駝6,000隻，孝義縣受命分辦64隻，照例由各里分別採辦。若依往例，每隻給銀22兩，採辦駱駝64隻，該縣該給銀1,408兩，但知縣段國奎僅給銀735兩，

---

118 孫海泉，〈論清代從保甲到里甲的演變〉，《中國史研究》，1994.2：59-68。

119 《清宣宗成皇帝實錄》(北京：中華書局，1986)，卷279，道光十六年二月下，頁308。

120 《清文宗顯皇帝實錄》，卷38，咸豐元年七月下，頁530。

121 「國立故宮博物院藏軍機處檔摺件」，061336。

而書役門丁又需索使費570兩，逼得各甲頭必須典賣田地，才能湊辦完差[122]。

不過，無論實際情況如何發展，在朝廷的認知上，地方保甲的角色一直只定位在弭盜安民上。乾隆二十二年戶部彙議各督撫所奏意見後，核准保甲章程二十五事[123]，其中明定保甲責任有三：一、專責查報「凡甲內有盜竊、邪教、賭博、窩逃、姦拐、私鑄、私銷、私鹽、踹麴、販賣硝黃，並私立名色，斂錢聚會等事，及面生可疑，形迹詭祕之徒。」二、隨時報明「戶口遷移登記」，並「於門牌內改填換給。」三、如果「鄰省鄰縣差役執持印票，到境拘拏盜賊及逃犯，保甲長密同捕獲，免其失察之罪；若差役誣執平民，許保甲長赴本管官剖白候奪。」[124] 戶部並明白指出，「地方官不得派辦別差，以專責成。」[125] 至於各督撫要求的「一切戶婚、田土、催糧、拘犯等」差役，戶部都不要保甲承應，而是「另設地方一名承值。」只有與治安相關的「支更、看柵等役」戶部始准行[126]。

四、地方與保長

然而，這作爲職役的「地方」並非在乾隆二十二年以後才見現身。前文提到，蘇州府的吳縣就有許多「地方」報官的例子，他們的時間都

---

122 「國立故宮博物院藏軍機處檔摺件」，059680。

123 此數字採自李彥章，〈思恩府新編保甲事宜序〉，收入徐棟，《保甲書》，卷2，〈成規下〉，頁20。

124 《大清會典事例》（北京：中華書局，1991），卷158，〈戶部七‧保甲〉，頁994。

125 《大清會典事例》，卷158，〈戶部七‧保甲〉，頁994。

126 清高宗敕撰，《清朝文獻通考》，卷24，〈職役考四〉，頁5062。其他「減設牌頭，免點甲長」以及「添設約正、約副，設立保甲房書吏」的要求也都被駁回。

在乾隆二十二年以前，最早的一例見於乾隆元年[127]。但究竟始於何時，目前未見相關文獻明確記載。不過，可以肯定的是，這樣的用法不是清人的創發，而可能是承襲明人的用法。有學者指出，在明代的安徽婺源縣治蚺城，「地方」一詞常與「約保」、「約甲」、「里排」等詞一起使用[128]。其實，在檔案中還可找到更早的例子。順治三年（1646），山西臨縣、太原縣分別有地方劉大全、邢登舉因為居民未剃頭或剃頭「不如式」，未行舉發，各杖八十。因為「容隱不舉」，與他們倆一起受罰的還有兩地的鄉約、甲長、鄰居，也都是各杖八十[129]。也是順治三年，河南新鄉縣有一生員未曾剃頭，仍包網巾，被捕次日即在府梟首。除了相關地方官或革職，或罰俸外，「鄉保賈壯、段玉、鄰佑張福、張奇不行檢舉，分別各杖。」這裡「鄉保」之下既然有二個人名，則「鄉保」很明顯分別指的是鄉約與保長。同是未檢舉剃頭，一案鄉約與地方受杖，一案鄉約與保長受罰。若僅就這兩個例子而言，在沒有保長的縣份，他的工作是由地方取代。地方與保長應該擔負相同的工作與責任。而雍正十三年（1735），河南遂平縣的例子似乎也更加強這樣的想法。這年七月十六日，遂平縣知縣稟報，「據上渠倉地方陳五素報稱，本月十三日據本管牌頭王進忠投稱，伊牌內韓二小于本月十一日夜裡，乘涼睡臥在街，不知被何人將頭額砍傷，身據報往驗。」[130] 這段引文很清楚顯示，牌頭是地方所管，就像甲長是保長所管一樣，地方因而可能取代了甲長或保長的角色。

然而，實情並非如此單純。目前所掌握的刑案資料，很多時候都是地方、保長同赴縣衙門稟報，供詞如何等等。這至少說明保甲與地方各

127 「中央研究院歷史語言研究所藏明清史料」，065930。
128 廖華生，〈清代蚺城的約保〉，《安徽史學》2005.5：92。
129 「中央研究院歷史語言研究所藏明清史料」，016855。
130 同上，066091。

司其職，各有任務，不是對方的替代者。但這些資料對於地方與保長的描述不多，即或偶有一二例敘述稍詳，仍然無法判斷兩者在地方行政管理上扮演角色的差別。例如，乾隆二年二月四日(1737年3月4日)，直隸曲周縣陳彥固村人張二因為細故把妻子打死。他的胞兄張見升是該村的地方，就在第二天早上，「去通知了保長，一同進城來呈報。」[131] 在這件案子中，地方似乎是保長的下屬，因為地方先知會保長，才同赴衙門。又如，乾隆三十三年四月，江蘇安東縣陳家集保正李正邦將拏獲之竊賊送往該集地方陳得家中，是夜即赴城報官[132]。保正為何要將竊犯送往地方家？難道真是像乾隆二十二年改定規條所規定的，地方專責拘犯，而保長負責竊盜？保長與地方之間真有如此細膩的分工嗎？在找到更多例證以前，我們恐怕不能遽下斷語。

同時，檔案中也不時見到「地保」一詞。固然很多時候這指的就是地方保甲一類的人，但它其實也常是地方與保甲的合稱[133]。偶爾在檔案中也可見到以「保地」合稱保長與地方的情形[134]。所以就從用詞的習慣上也不能分出高下，區分二者的差別。更何況地方與保長合稱的地保一詞，在有些地方，如江西[135]、河南[136]、廣東[137]等地都變成取代上述二者的代名詞，地保既是地方，也是保長；但也可以說，地保既不是地方，也不是保長，只是地保。地方與保長在這些地方人心目中，應該是沒有分別的。

不過，上述乾隆二十二年另設地方管事的規定，應該是希望將地方

---

131 「中央研究院歷史語言研究所藏明清史料」，030337。
132 同上，024046。
133 同上，015056。
134 同上，073882、049125、028834。
135 同上，056583、015839、015766。
136 同上，015773、015890、015152、039852。
137 同上，003263、010040、053686、072640。

與保甲的功能區分開來。但地方上是否照實施行,不無疑問。政策一般不敵對策。嘉道之際,王鳳生(1776-1834)曾以嘉興府知府(嘉慶二十五年至道光元年)的身分署理平湖縣知縣。他在平湖縣編查保甲,依照他發布的規條是,十家為一牌,十牌為一甲,十甲立一里長,而不是保長。不過,在正式發給的執照上,他把長字都改為耆字。他的說法是,「里甲長名目已古,本係尊稱,第近人每謂地保為保長,遂以此名為卑賤。今本署縣酌改長字為耆字,每一鄉之中用印,啓請公正紳士一人為鄉耆,總司其事。其里耆、甲耆則書名紅單帖,並用印執照,交鄉耆轉給,以昭慎重。」[138] 依照王鳳生的規劃,「里長、甲長專查本甲、本里容留姦匪,其一切催徵錢糧、命盜、詞訟等事,仍歸地保辦理,與甲里長概不責成。如果查辦認真,地方官仍優加禮貌,不令與地保下役為伍,除四季赴縣倒冊之外,亦不許傳喚當差。永遠註明立案,以免日後騷擾。」[139] 他甚至表示,「此次保甲辦竣,本署縣當即詳明各憲,永遠禁止書役按戶科派,擾累民間,勒石立案,爾紳耆居民人等須知此事有利無害,決不貽爾後患,切勿畏難觀望,致負本署縣戢暴安民之至意。」[140] 他也每十戶人家發一告示,隨同規條交地保發貼,上書:「牌甲里長專查各戶學習邪教及藏匿行蹤詭秘、面目可疑之人。如敢容隱,該牌甲鄰佑與本家同坐,至一切命盜、錢糧、詞訟、差使,概無干涉。」[141] 嘉慶十八年,林清率八卦教徒攻入紫禁城,震動京師。平湖縣編查保甲,專查邪教徒,顯然是針對八卦教等白蓮教徒而來。為了鼓勵地方公正人士出任保甲長,王鳳生不惜一方面限定保甲任務,不再派累差役,另一

---

138 王鳳生,〈浙江平湖縣查編保甲事宜〉,《越中從政錄》,頁10;該文亦見王鳳生,〈保甲事宜〉,收入徐棟,《保甲書》卷2,〈成規上〉,頁23;惟文字有少許出入。

139 王鳳生,〈浙江平湖縣查編保甲事宜〉,頁9-10。

140 同上,頁10。

141 同上,頁11。

方面又另立名目，以與地保區分。姑不論他的辦法是否有效，但明白反映兩件事：一是保甲應差的情形嘉慶朝仍然存在；二是乾隆二十二年另立地方，以分保長之責的諭旨並未落實，否則保長不會被稱作地保這樣一個不清不楚的名稱。

王鳳生另給平湖縣保甲長名號，希望他們能專責緝拏教匪。顯然，他從乾隆二十二年的規條中得到了靈感，即保甲長必須給予專職始能有成。廣西思恩府知府李彥章(?-1836)似乎也有同感。道光初年[142]，李彥章在為當地新編保甲所擬的「保甲十家牌簡易法」中也表示保長應「專司保甲之事，……其地方錢糧、命盜、詞訟、差徭等事概不僉遣。」[143]然而，江蘇川沙廳同知何士祁卻另有看法。他根據在當地辦保甲的經驗，說明行保甲的功效：「保甲不但可弭盜也，稽田賦則錢糧不能欠，田土之案無虛假矣；稽人口則男女不能淆，婚姻之案無支飾矣，推之命案之鄰佑，有確憑不致擇肥拖累，服制之案有支派，不致憑空捏造；而於辦災一事，稽查戶口，尤有把持。此余行之有實效者。」[144]顯然，對何士祁而言，保甲長不需委以專責，不僅可以責之以命盜、戶婚、田土、賑災等事，乃至催辦錢糧，一樣有績效，無需另尋地方來分擔工作。

由上述三例可見，地方首長對於如何行保甲有其個人觀點，每人做法未必相同；有人為了情勢需要而要求保長專辦某事，但也有人不做任何區分，甚至催辦錢糧也是保長之責。

其實，在有些州縣，地方與保長甚至被交付分派到配流犯的工作。《大清會典事例》：「(乾隆)十年，……又議准，地方無能有司，遇有流犯到配，不思設法安頓，又恐免脫，致罹參罰，遂發給地保，按照里

---

142 大約是六年到八年間。

143 李彥章，〈稟行保甲十家牌簡易法〉，收入徐棟，《保甲書》，卷2，〈成規上〉，頁29。

144 何士祁，〈保甲實在可行〉，收入徐棟，《保甲書》，卷3，〈廣存〉，頁25-26。

甲都圖分派，挨戶輪養。」[145] 因此，清代州縣保長與地方之責並沒有一定的範圍，往往因時因地因人而異。

五、鄉約應差

在內閣大庫檔案中，地方與保長一起出現的案例固然不少，但地方個別與鄉約、保長、甲長、牌頭，甚或一同出現的情形，更是隨處可見。例如，乾隆四年十月二十四日（1739年11月24日），陝西省長安縣馬牙王治國因為賣馬糾紛被人毆傷，三十日傷重不治身死。十一月一日，長安縣城京兆三坊鄉約、保正、甲長、地方同赴縣衙門稟報。第二年亦再同赴刑部堂上受審[146]。其實，前面提到，早在順治三年，山西、河南等地的鄉約即因不行舉報未剃頭者，與保長、地方一體受罰。雖然清廷在順治九年（1652）才於各省頒行六諭臥碑文，十六年（1659）議准設立鄉約，於每月朔望日聚集公所，宣講聖諭，但可以確定早在順治初，鄉約就與保甲、地方一起承擔公務。

事實上，清人普遍認為鄉約與保甲互為表裡，相輔相成[147]。福建巡撫佟國器在論「清為盜之源」時提到，「勸善莫如鄉約，弭盜莫如保甲；第實行則事理民安，虛行則事煩民擾。」[148] 而廣平府志書的編輯者說得更為明白：「鄉約、保甲非二事也；無事，則保甲為鄉約宣諭勸

---

145 《大清會典事例》，卷744，〈刑部二二・徒流邊徙地方四〉，頁221。

146 「中央研究院歷史語言研究所藏明清史料」，066257。

147 明末呂坤（1536-1618）與劉宗周（1578-1645）都曾主張鄉約與保甲應合而為一，清人或許是受到他們看法的影響。參見朱鴻林，〈二十世紀的明清鄉約研究〉，《歷史人類學學刊》2.1（2004）：175-196；曹國慶，〈明代鄉約推行的特點〉，《中國文化研究》春之卷（1997），頁17-23。

148 佟國器，〈弭盜九條疏〉，收入賀長齡，《皇朝經世文編》，卷75，〈兵政六・保甲下〉，頁6。

民；有事，則鄉約爲保甲禦災防盜。心志、耳目聯屬有素，本相爲表裏者。」[149] 立鄉約申明誡諭，開導愚民，掌心志，而保甲緝盜安民，充耳目；兩相合作，可以事半功倍。或許就基於這樣的考量，鄉約也就與保甲、地方一樣，被納進應承地方差役的一環。在四川的巴縣檔案中就有不少鄉約派收城坊大街鋪戶夫差銀錢的稟狀[150]。嘉慶元年(1796)三月間，知縣大人在儲奇坊鄉約的稟狀上批道：「渝城夫差向係行站鋪戶支應，鄉約收資承辦。」[151]

不過，將鄉約承役角色說得最完整的要數于成龍(1617-1684)的〈重選鄉約示〉。康熙八年(1669)，于成龍被擢升爲湖廣黃州府(今湖北黃州市)同知。根據他治黃州府四年的經驗，當地鄉約不僅朔望日要宣講六訓，勸人爲善去惡，而且還要與保甲一樣，查姦戢暴，出入守望。凡差役要勾攝人犯，鄉約還得管待酒飯，稍不如意，詬詈立至。倘若未抓到人犯，即帶鄉約回話。因此，于成龍認爲，「是差役之嚇詐鄉約，倍甚於原被二犯」，甚至詞訟小事，也必須前去衙門佐證，投到聽審，可以說「與犯人無異」。朔望點卯之日，肆行凌虐；而鄉約往往爲了應付點卯，奔走於途，離縣城近者，固然可以朝來暮去，一日來回，而在縣城百里以外的，則需兩日到縣，一日點卯，再化兩日歸家，所以半月內，在家不到十日。再加上「協拏人犯，清理區保，手忙足亂，無一寧晷」，甚至還需典賣婢女來應付。于成龍問，「民間那有許多婢女，以供因公賠累乎。」于成龍因而感歎，「凡爲鄉約者，所宜痛哭流涕也，言之可爲太息。當日給冠帶待禮貌之優典何在？宣講解六訓，查姦戢暴之良法

---

149 《欽定古今圖書集成・方輿彙編・職方典》，卷130，目錄〈廣平府部・彙考十・廣平府兵制考〉。

150 四川大學歷史系、四川省檔案館主編，《清代乾嘉道巴縣檔案選編》下冊(成都：四川大學出版社，1996)，頁237-252。

151 同上，頁239-240。

何在?一旦責成作保甲,彼鄉約曾未家居,何由而勸人爲善去惡?何由而論人出入守望?」他也進一步指出,鄉約除了應付差役外,還得面對巡檢與書辦的需索。所以出任鄉約是極苦之事,眾人紛紛逃避,「於是有半月之鄉約,一月之鄉約,有朋應幫貼之鄉約,真如問徒擬軍,求脫離而不可得。」爲了能奉行保甲,除了選立鄉約,宣講聖訓外,于成龍還舉出了十不許[152]:

> 一不許票仰協拘人犯。二不許差役到家飯食。三不許原被告指爲證佐。四不許朔望點卯。五不許請立印簿。六不許差督編查煙甲。七不許買辦軍需。八不許人命盜案牽連姓名。九不許投遞報呈。十不許紳衿把持。

于成龍提出這十不許,固然是表明他「痛革前弊」的決心,其實也具體反映出鄉約已淪爲官役的慘狀。顯然,爲了導鄉約的工作於正軌,他最後總結,「凡人命盜案勾攝人犯,惟保甲、保長、地方是問;惟爾鄉約,無事則勸化愚民;有事則密稟自封,用圖記牢釘,星夜飛遞。一年更換。」于成龍企圖將鄉約的工作與保甲長與地方區分開來。

于成龍的改革或可在黃州府收一時之效,但鄉約與保甲長、地方一起納入地方官役的角色已是不可逆轉之勢。到了乾隆七年,江西巡撫陳弘謀依然表示,「至於地方承緝逃盜,拘拿案犯,承應官府,原係鄉地保甲之事,概不責之族長。」[153]此處的「鄉地保甲」指的就是鄉約、

---

152 于成龍,〈重選鄉約示〉,《于山奏牘》,卷2,頁54-56;亦見于成龍,〈慎選鄉約論〉,收入賀長齡,《皇朝經世文編》,卷74,〈兵政五‧保甲上〉,頁10;文字稍有更動。

153 陳弘謀,〈再飭選舉族正族約檄〉,《培遠堂偶存稿》,卷14,〈文檄〉,頁31。

地方、保長、甲長。同樣是行保甲，陳弘謀的做法明顯不同，他是想藉設立族約，賦予族長族正糾舉族內子弟的權利，以補「異姓之鄉約保甲」之不足。不過，他們有一相同之處。他們倆和大多數地方官一樣，一旦新上任或境內有棘手難題，幾乎都要強調「申嚴保甲」、「力行保甲」。行保甲在有清一代似乎已變成理政的乾坤袋；有人就說，「是故一行保甲，而政具舉矣。」[154] 其實，這也反映清代行保甲的情況，由於鄉約與保甲並未達到朝廷預立的目標，所以有心的地方官才需要一再強調，甚至標榜個人行保甲的決心。

道光十年間，御史程煥采(1787-?)上奏表明，「各州縣設立鄉約，原爲約束鄉里，稽察牌保。如有盜竊及不法匪徒，即應送官究治，豈得擅行處斷。」[155] 程煥采之所以上奏，主要是因爲吉安府知府「出示嚴禁匪徒賊盜，責成鄉約留心察訪」，鄉約們就藉此禁，「武斷鄉曲，欺嚇愚民，聚衆斂錢，私立公所，……用刑審訊。」顯然，在有些官員心中，鄉約宣講聖諭的角色已然淡化，不再是官方意識形態的宣導者，而是約束鄉里、稽察保甲的執行者。到了同治朝，皇帝更直接點出，「各直省州縣向有保長、鄉約等名目，原爲稽查保甲，承辦差徭而設。」[156] 這是同治對御史佛爾國春「請禁地棍需索，假公濟私」一摺所作的直接反應。在皇帝心目中，「承辦差徭」已經是鄉約、保長等人的工作任務，不再有私派的問題了。

經由以上的討論，不難發現，《清朝文獻通考》的編者其實對於清代差役的運作體認深刻，才會有以下如此精要的描述[157]：

---

154 李光型，〈保甲說〉，收入賀長齡，《皇朝經世文編》，卷74，〈兵政五·保甲上〉，頁1。

155 《清宣宗成皇帝實錄》，卷165，道光十年二月，頁560。

156 《清穆宗毅皇帝實錄》，卷113，同治三年八月下，頁523。

157 清高宗敕撰，《清朝文獻通考》，卷21，〈職役考一〉，頁5045。

其以鄉人治其鄉之事者，鄉約、地方等役類由本鄉、本里之民保送僉充，而地方一役最重；凡一州縣分地若干，一地方管村莊若干；其管內稅糧完欠，田宅爭辨，詞訟曲直，盜賊生發，命案審理，一切皆與有責；遇有差役所需器物，責令催辦；所用人夫，責令攝管；稍有違誤，扑責立加，終歲奔走，少有暇時；鄉約、里長、甲長、保長各省責成，輕重不同，凡在民之役，大畧若此。

　　鄉里保甲長與地方不僅對稅糧完欠、田宅爭辨、詞訟曲直、盜賊生發、命案審理等事都有責任，而且遇有差役所需器物與所用人夫都由他們責令催辦及攝管。不過，各省責任輕重不同。換言之，鄉約、里長、甲長、保長與地方都擔負地方基層管理的任務，只是因為各省地方官認知不同，做法不一，工作也就自然輕重有別。

　　然而，必須指出，在地方上，除了鄉保里甲長與地方必須負擔州縣官的科派外，各牙行與鋪家也必須應承差務。例如，在江蘇，江浦縣知縣劉豢龍將衙門採買之豆料強派牙行短價供應[158]。當時有人認為，這與朝廷持續嚴禁私派里甲有關。《清朝文獻通考》的編者指出，我們前文也曾提及，從順治十七年(1660)起，朝廷就有禁州縣私派里甲的諭旨；康熙八年(1669)、三十九年(1700)兩度重申禁令，嚴禁州縣按里派取土產饋贈官員，以及因公濟私以一派十的陋規雜派。而在康熙八年的禁令中，並提及「州縣加派里民近經禁革，乃以日用供應取辦牙行鋪家，並強索賤市，應勒石永禁，皆從之。」[159] 但是，就像私派里甲的陋習既不曾禁絕，牙行鋪家應承差役的現象也不曾停歇；不僅乾隆、嘉慶，甚

---

158 「國立故宮博物院藏宮中檔奏摺」，403026765；收入《宮中檔乾隆朝奏摺》第32輯。

159 清高宗敕撰，《清朝文獻通考》，卷21，〈職役考一〉，頁5047。

至道光年間一直都有牙行應差的例子,這部分我曾有短文討論,此處不贅[160]。顯然,牙行鋪家應差不是因應州縣加派被禁而發生的現象;二者應合而觀之,其實都是一種或可稱為「役民而治」的思維下的產物,相輔相成。在這種觀念主導下,對地方官員而言,只要可以取之於民,又何需自我設限呢?如果注意到這層關係,就不難理解何以呂覆簡除了對保長索銀兩外,還藉口禁止傾用潮銀向各銀鋪索銀一、二錢不等;又藉口修葺衙門,向各車戶以銀四錢買桐油二十斤,短給每車戶銀四錢;又以查禁灌水米為名,向各牙人索得米一石二斗,值銀九錢六分;又藉口修理衙門工匠缺米,向七位米牙票取米,每人三斗。既然知縣可以強派牙行短價供應豆料,典史有樣學樣,要求短價供應米、油又何妨。

六、鄉保受難與得利

雖然鄉約、里長、甲長、保長與地方應承差役各地輕重有別,但不論差役輕重,僅就每月朔望二日的點卯,對他們就是很大的負擔。誠如上文于成龍所指出,鄉約為了應付點卯,奔走於途;家離縣城近者,可以一日來回,而離縣城遠的,必須二日到縣,一日點卯,二日回家;僅為了例行的點卯,一月之中,在家不到十日。更何況,有些官員可能會像本文起初提到的太平縣典史一樣,向應卯的保長收取一錢幾分的銀錢。如此一來,鄉保點卯不僅有體力上的負擔,而且還有金錢上的損失。然而,與其他差役的負擔比起來,點卯的損失就微不足道了。像上文提到的山西榮河縣知縣要求每里按地丁一兩,攤銀六七八錢不等,該縣地丁三萬餘兩,必須攤銀二萬餘兩,這些都需里長張羅,他們的負擔可以

---

160 劉錚雲,〈官給私帖與牙行應差──關於清代牙行的幾點觀察〉,《故宮學術季刊》21.2(2003):107-123。不過,我撰寫此文時尚未注意到鄉保甲長應差的問題。

想見。而一旦某位知縣被參，如果還得像榮河縣的里長一樣，配合演出，「倒填月日，補具交銀代辦懇呈」[161]，幫忙長官脫罪，更是情何以堪。《清實錄》中也提到，由於四川直隸獨石廳理事同知雙貴，「赴鄉相驗勒索多贓」，以致當地鄉約被迫自盡[162]。又如上文也提到，四川巴縣行站鋪戶的夫差一向由鄉約收錢承辦。嘉慶元年四月五日（1796年5月11日），朝天黨鄉約黃紹全等稟稱，在總數2,048個鋪戶中，他們收過鋪戶錢1,049戶，有鋪戶999戶未收，共收錢93,257文。除去夫價錢、飯食費用與前帳利錢外，不夠錢413文。如果再加上前帳不足之數，前後兩次墊錢18,513文。由於河水泛濫，城內城外大半鋪戶未開，「夫錢實難辦收，以致前項借墊無還。」黃紹全等人上稟訴苦，知縣大人顯然無動於衷，懷疑他們推諉卸責，批道：「照舊收支，毋許飾推，致干究處。」[163]

　　為了逃避這無法承擔的需索與難堪，一般人都會選擇離開。但可能很難如願，就像于成龍所說的，「求脫離而不可得」。依照清人的設計，里甲保甲長與地方的人選應是由鄉人「士民公舉誠實識字及有身家之人報官點充」。乾隆二十二年更定保甲之法時，訴諸文字，並另定甲長三年更代，保長一年更代的辦法。至於鄉約，則由鄉人「公舉六十以上，業經告給衣頂，行履無過，德業素著之生員統攝；若無生員，即以素有德望六七十歲以上之平民統攝。」[164] 然而，實情是，在不少地方，無論鄉約或里保甲長與地方，都變成輪充之職。例如，乾隆元年（1736），陝西省高陵縣白家村人白希良兒本該輪充甲長，但因為他已隨繼父搬到二十里外的咸寧縣居住，無法承辦，於是請其堂兄代為充當，答應給他

---

161 《清宣宗成皇帝實錄》，卷283，道光十六年五月，頁366。

162 《清文宗顯皇帝實錄》，卷347，咸豐十一年三月下，頁1123。

163 《清代乾嘉道巴縣檔案選編》下冊，頁240。

164 《大清會典事例》，卷397，〈禮部一〇八‧風教一‧講約一〉，頁422。

「幫銀九錢」[165]。又如，雲南易門縣鄉約「向係依次輪充」。嘉慶十一年(1806)春間，適屆更換鄉約之期，該縣知縣揭芝蘭向「每名索錢數千文，方准更替。」[166] 而也有些地方的鄉約、保甲長，如四川巴縣，不是一年或三年一換，縣官往往以「承充未久，不准更替」駁回簽呈，常有數年或十數年一換，甚且還有父子相承的情形。例如，巴縣慈里的何洪卿與吳美章，自乾隆十七年(1752)起分別承充保長與鄉約，「同辦一十七載」[167]。巴縣較場鄉約曹永豐雖因年老獲准辭退，但鄉約一職仍由其子曹正祥承接，且縣正堂仍要傳諭前者「不時稽查伊子曹正祥，俾無誤爲要。」[168]

既然承充鄉約、保甲長、地方成爲輪充公務，無可避免，有人會設法在事前鑽充衙門差役，企圖以一人難充二差爲由，免去輪充鄉約與保甲長、地方之災。例如，巴縣直里八甲鄉約何殿卿議簽李國仕承充鄉約，趙世遵承值保長在案，但李、趙二人卻先一步鑽充衙門刑書與快役，免去承充二職之苦[169]。然而，檔案中最極端的例子是，有人寧可不要性命，也不願承充鄉約。乾隆五十三年三月一日(1788年4月6日)，河南林縣東姚集人張有不願充當鄉約，遂託人向承辦刑書王美表明願給三千文爲酬，請他代爲告退。王美嫌少沒有答應，表示如果出錢七八千文，則可告病求退。最後雖然雙方議定錢六千五百文成交，但張有因爲籌不出錢來，「一時情急，乘間投井，跌傷頭頂並擦傷胸膛殞命。」[170]

然而，弔詭的是，也有人不願見到親人鄉約、地保之役被取代。嘉

---

165 「中央研究院歷史語言研究所藏明清史料」，052672；其他輪充鄉保甲長地方的例子，參見049420、075146、046193、071432、013289、049368。
166 「中央研究院歷史語言研究所藏明清史料」，190977。
167 《清代乾嘉道巴縣檔案選編》下冊，頁296。
168 同上，頁304。
169 同上，頁195。
170 「中央研究院歷史語言研究所藏明清史料」，101848。

慶十二年十一月十三日(1807年12月11日)傍晚時分，河南永城縣人劉復得在黃有亮家中飲酒。有亮表示，劉父充當新橋集地保多年，然近年年老糊塗，難充地保，村眾們多要另報稟充。劉復得不服氣，與有亮理論，起了衝突[171]。無論黃有亮的理由是否充分，但有人不願見到親人地保職役被奪。地保等役雖然負擔很重，但對某些人而言，顯然仍有利可圖，是以讓人捨不得失去。乾隆十年五月二十二日(1745年6月19日)傍晚時分，湖北商城縣普興集地方牌頭鄭甫臣在外做活回家，經過高昇遠家門口，昇遠留他喫煙，鄭甫臣戲稱，「春間(三月)給你門牌，還沒給錢買酒喫，那箇要喫你的煙。」昇遠信以為真，兩人於是吵了起來[172]。門牌主要是用來「書寫家長姓名、生業」，以便各家「互相認識稽查。」鄭甫臣雖然強調他只是開玩笑，但高昇遠竟信以為真，這不啻說明保甲、地方向各煙戶索討工本費的情形並不罕見。

　　不過，相較之下，這門牌錢大概是鄉約、保甲長、地方所能貪圖的最少規費。其實，鄉約與保甲長、地保常能藉打點官司獲得頗高的利潤。嘉慶十三年，山西祁縣人張萬鑑京控鄉約杜瑛藉口打點官司，索銀五百餘兩，就是一例[173]。張萬鑑係祁縣東村人，在京城乾菓鋪做「勞金夥計」。十二年二月四日(1807年3月12日)回家，其母向他說，張萬芳母親郝氏在與媳婦柳氏口角後，氣忿跳在他家井內身死。縣官來驗屍，並不追究郝氏跳井的情由，只向井主追問。後來有鄉約杜瑛替他打點官司，並置買棺木、料理出殯等事項，共使錢五百餘兩，還開了使用錢兩清單一紙，要他償還。張萬鑑無奈，只得先將住房等物押銀二百兩，交給杜瑛還錢，並表明不足數容他做買賣賺錢後本利併還。杜瑛不允，還把張萬鑑打傷；張嬸母周氏赴縣告狀，縣官僅去驗明傷痕；張母見狀，

---

171 「中央研究院歷史語言研究所藏明清史料」，015152。

172 同上，073144。

173 同上，187579。

驚嚇得飯食不進，幾天後，氣絕身亡。十月間，張傷癒，到縣呈催，然縣官並不究辦，而且杜瑛仍不時差人向張索討銀兩，張只好躲起來。十三年正月底，張起身赴京上控。受限於資料，我們無法得知本案的後續發展。

　　不過，刑部對案情的兩點分析頗有助於我們了解本案背後所蘊含之意義。刑部指出，第一、柳氏與郝氏口角導致後者投井身死一節，「如果屬實，柳氏違犯教令致姑自盡，按律應擬絞抵，何以該縣並不究辦？」第二、鄉約杜瑛聲稱，打點官司用銀五百餘兩；除郝氏殯葬用銀一百餘兩外，其餘三百餘兩均係衙門使用。「若非該縣染指，何以杜瑛為索討前賬起釁，將張萬鑑毆扎致傷，控縣驗明之後，遲至數月迺不究問？恐有通同迴護延擱情弊。」刑部的疑問是，既然一是死罪，一是官吏受賄，何以縣官都不究辦？要回答這個問題，鄉約杜瑛應是關鍵。前文提到，鄉約、保甲長、地方往往需要負責詞訟之事，于成龍為此還為他們抱屈，指出為了詞訟小事，還要去衙門佐證、聽審，可以說「與犯人無異」。然而，根據河南布政使佛德乾隆二十九年十二月十三日（1765年1月4日）的奏摺，鄉約地保之涉入詞訟並不僅限於出庭作證，還包括有權查處地方訴訟案件。佛德指出，地方州縣官往往認為地方詞訟「事屬微細，可以批行鄉地就近查處。」但他認為，鄉約、地保很少是「公正之人」，一旦批詞到手，往往會「勾串同類，多方嚇詐」，所謂「藉事生波」。因此，他奏請「嚴禁州縣濫批地保處覆民事之陋習」。他的理由是，「定例民間詞訟只許印官審斷，不許濫批佐貳雜職；是為職官者尚不許其濫行批發，似此以供役使之鄉地，尤不宜於批處可知矣。」[174] 然而，吏部並不完全同意佛德的看法。吏部的意見是，固然依定例州縣官遇重大

174 「國立故宮博物院藏宮中檔奏摺」，乾隆二十九年十二月十三日，河南布政使佛德摺，019341。

事件，不可濫批鄉約、地保查覆（違者，降三級調用），「惟詞訟細事，例准批查。」只有不據覆覈斷，即批委鄉約、地保處結者，才需照「將事務交不應交之人例，罰俸一年」。換言之，民間詞訟在交由鄉保批查後，尚需由知縣「據覆覈斷」，而後鄉保方可處結。否則州縣官將依例罰俸一年[175]。既然官場生態如此，杜瑛很可能一開始就接到縣官的批詞，處理郝氏投井之案，才能如此有恃無恐。他也可能還向張萬芳索取銀兩，才會放柳氏一條生路；當然，知縣必然也從他那裡得到相當好處，否則，後者怎麼可能不究辦。杜瑛的例子提醒我們，鄉約、保甲長與地方在應承州縣官差務的過程中固然負擔極重，但他們也不是全無得利之處。

其實，鄉保可以得利之處並非只此一端。類似鄉保高下其手歛錢、漁利、強借、需索等指控在清人編輯的各類《經世文編》中，多處可見。最常見鄉保舞弊的場合應屬辦賑之時。張伯行指出，鄉保在查飢造冊之時，即可以給錢始得入冊相要脅，而開歛錢之端[176]。而鄉保如果串通衙門差役，舞弊得利的機會恐怕更多。陶澍指出，委員下鄉辦賑，或「不知道路，或不諳土語，多藉隨行書役，而書役每多與鄉保勾結，互滋矇混。」[177] 汪輝祖（1731-1807）也說，他僻居鄉間，「每見地總領差勾攝應審犯證，勢如狼虎。雖在衿士，不敢與抗。遇懦弱良民，需索尤甚；拂其意，則厲聲呵詬；或自毀官票，以拒捕稟究。人皆見而畏之，無敢公然與之相觸。」[178] 汪輝祖描述的雖然是衙門胥吏的惡形惡狀，但陪

---

175 《清高宗純皇帝實錄》，卷728，乾隆三十年二月上，頁23。《大清會典事例》例舉何為詞訟細事：「如田畝之界址、溝洫及親屬之遠近、親疏。」見《大清會典事例》，卷123，〈吏部一○七‧處分例四六‧官員斷獄不當〉，頁601。

176 張伯行，〈救荒事宜十條〉，收入賀長齡，《皇朝經世文編》，卷41，〈戶政十六‧荒政一〉，頁8。

177 陶澍，〈陳辦災各弊疏〉，收入賀長齡，《皇朝經世文編》，卷42，〈戶政十七‧荒政二〉，頁8。

178 汪輝祖，〈佐治藥言〉，收入賀長齡，《皇朝經世文編》，卷25，〈吏政十一‧幕友〉，頁3。

伴在旁的鄉保、地方的狐假虎威，爲虎作倀的情狀當可想見。

　　同樣是充任鄉約、保甲長與地方，有人避之唯恐不及，有人卻甘之如飴。前文提過，朝廷曾期望各地保甲牌長是由地方「公舉誠實、識字及有身家之人報官點充」[179]，而由年過六十，「德業素著之生員」[180] 或「里中通曉文義老成醇謹之人」充當鄉約[181]。但僅有品德與家業恐怕不行，可能還必須有些能耐才能適任。直隸寶坻縣人李光庭就指出，「稍有基業之人」一肯出任鄉保，即使勉強爲之，也做不久，因爲「非小有才幹之人不能爲」。不過，他強調這種人「終不免於徇私」。最後，他的結論是這類人「大約忠實者少，狡黠者多」[182]。這些鄉保地方對上必須服侍州縣官員與差役，對下又必須應付土棍紳衿；沒有一點小聰明，恐怕無法生存。而在前面的討論中，我們的確看到有一些人無法適應或勝任這樣的工作。這些人應該可歸類爲李光庭所謂的少數「忠實者」。然而，那些能夠留下來的「狡黠者」在官員眼中多爲「市井無賴之徒」[183]。

七、基層治理

　　最後，讓我們回到本文開頭浙江太平縣典史呂覆簡的例子。呂覆簡勒索各村保長的三個案子顯示，浙江太平縣的知縣將各村的保長視爲一村之長，太平縣一百零八村的保長其實就是一百零八村的村長。這個例子提醒我們注意鄉地保甲與清代基層地方治理的問題。鄉地保甲長既然

---

179 清高宗敕撰，《清朝文獻通考》，卷19，〈戶口考一‧戶口丁中賦役〉，乾隆二十二年，頁5029。

180 《大清會典事例》，卷397，頁422。

181 《清宣宗成皇帝實錄》，卷191，道光十一年六月下，頁1025。

182 李光庭，《鄉言解頤》（北京：中華書局，1982），卷3，〈人部‧鄉保〉，頁53。

183 清高宗敕撰，《清朝文獻通考》，卷24，〈職役四〉，頁5061。

承擔一切公務，地方首長把他們看作一村或一鄉之長，自是順理成章之事。當然當時保甲的編排方式其實提供了有利的條件。

根據嘉慶十五年重修的《太平縣志》，太平縣下轄四鄉，南北二隅與26都，64圖，108村，乾隆二十八年改定爲105莊[184]。鄉、都、圖、村是清代常見的州縣以下的層級區劃；雖然已有許多學者指出，這樣的區劃往往因時、因地而有變化[185]，但無論如何變化，位處最底層的村或莊始終是一個地緣單元，一個自然居住單位。清代保甲的編排就是以家戶爲單位，按村計戶，有別於里甲的以田畝爲單位。雖然依朝廷的規定，計戶是採十進位，但地方實際執行時，往往會以村落的整體性爲考量，採取彈性做法，不會硬分。前文提到的王鳳生在浙江平湖縣編查保甲所採用的方法就是一例。他採用的辦法是，十家爲一牌，十牌爲一甲，十甲立一里長，而不是保長。但是「如內有居民四散，不足十家者，遵用七併八分之法，以十七家爲一牌，若剩八家以上，即另立一牌。」[186] 如此，「牌首方易於經理，或七八家爲一牌，或十五六家爲一牌。」[187] 所以，即便是「七併八分之法」本身，仍有彈性可講。甲與里的編排也是一體比照，「不必拘定十甲一里，以免繁瑣；其甲長各就路之遠近，或數十家爲一甲，或百二三十家爲一甲，……悉從其稽查之便，亦毋庸概以百家爲一甲也。」[188] 稽查效率顯然是採此彈性做法的首要考量。

蕭公權也注意到保甲與鄉村村落的關係。他引四川巴縣知縣劉衡的做法爲例，指出雖然保甲不是以村落爲組織單位，但在實際的編排上往

---

184 慶霖等修，戚學標等纂，《嘉慶太平縣志》（臺北：成文出版社，1984），卷之三，頁7。

185 兩湖地區的變化就是一例，請見楊國安，《明清兩湖地區基層組織與鄉村社會研究》，頁40-68，尤其是頁66，表2-6。

186 王鳳生，〈浙江平湖縣查編保甲事宜〉，頁5。

187 同上，頁16-17。

188 同上，頁7-11。

往會以村莊爲界[189]。劉衡的做法與王鳳生一樣，基本上尊重村落的邊界：「該場該村有僅止數戶，不滿十戶者，即就本場本村編爲一牌；或僅止數牌，不滿十牌者，即就本場本村編爲一甲。」[190] 對於每保下轄的甲數，劉衡也是採取彈性的做法，「每十甲爲一保，設保正一人，或三四十甲、五六十甲共爲一保，共設一保正亦可。」[191] 在這種彈性編排保甲的方式下，如果一個村落自成一保，則保長而兼理村事的情形即極爲可能。

王鳳生與劉衡都沒有告訴我們，在他們倆主政的平湖與巴縣，兩地的里長與保長是否兼理村事或鄉事。但有資料顯示，太平縣的保長兼理村事並非特例。熟悉地方政務的黃六鴻也指出，地方上習慣以鄉長兼保長。他說，「舊例即以鄉長而兼保事。」[192] 他還說，「其鄉約、地方向皆任充庄頭。」[193] 庄頭就是一庄（莊）之長，與一村之長相當。因此，不僅保長是兼職，鄉約與地方可能也兼作村長或莊頭。馮桂芬也指出保長是一鄉之長。他描述當時通行的保甲之法是，「十家一甲長，百家一保正，一鄉一保長。」[194] 曾任知縣的徐文弼雖然提議設立守望之卡房，以取代保甲，但在他的辦法中，「總統各卡，謂之鄉長，亦稱鄉約。」他還加了按語，「即古保甲法百家之保長」[195]。蕭公權也引光緒五年（1879）的《通州志》指出，在直隸通州共有608個村落，立有567個保正。

---

189 Kung-chuan Hsiao, *Rural China: Imperial Control in the Nineteenth Century*, p. 29.

190 劉衡，《庸吏庸言》（清咸豐三年〔1853〕雲海樓刊本），下卷，頁32。

191 同上。

192 黃六鴻，《福惠全書》，卷21，頁4。

193 同上，卷14，頁4。

194 馮桂芬，〈復鄉職議〉，收入盛康輯，《皇朝經世文續編》，卷28，〈吏政十一‧吏胥〉，頁32。

195 徐文弼，〈設卡房議〉，收入賀長齡，《皇朝經世文編》，卷74，〈兵政五‧保甲上〉，頁11。

村落通常與保是一體共存[196]。對不少地方官而言，鄉、村長與鄉地保長顯然是一體的。

　　檔案中的確有不少鄉長、村長或莊頭赴縣衙門做證的例子。例如，直隸永平府遷安縣鄉長石隱玉供，「小的是鋸齒溝鄉民，已死的邸任福合(和)這李國才都是小的牌下住民，平日他們是最相好的並沒仇隙。」[197] 石隱玉以「牌下住民」稱其轄下鄉民，很可能他同時也是保長或甲長。檔案中也有不少只見鄉、村長或莊(庄)頭個別作證，不見保長、鄉約或地方一同到案的例子。這是否因為他們同時也是鄉地保長才單獨前往。由於資訊太少，無法確定。不過，也有不少案例顯示，鄉地保長與鄉、村長或莊(庄)頭各有專人充任。然而，無論如何，我們可以確定的是，保長兼理一村或一鄉之事的情形並不罕見。

　　鄉地保甲兼理村事，承擔差役、公事，既然不是太平縣保長的特例，他們在地方行政上所扮演的角色與影響，我們無疑必須重新評估。眾所周知清代州縣以下並無正式的行政組織，佐貳微員與衙門胥吏是地方長官宣達政令與了解下情的主要憑藉；而在地方上又有許多利益團體，如家族、會館、公所的掣肘；學者因而多認為清代的國家力量無法深入鄉村社會[198]。不過，呂覆簡的案子讓我們清楚看到，在太平縣，透過每月兩次的點卯，一個未入流的典史其實可以清楚掌握全縣108位保長的動向，進而透過他們達成目的，如果其間未曾受到地方士紳的干預。同時，透過點卯，典史對縣境的重要商家的情況也都可以瞭如指

196 Kung-chuan Hsiao, *Rural China: Imperial Control in the Nineteenth Century*, p. 29.

197 「中央研究院歷史語言研究所藏明清史料」，032209。

198 Philip A. Kuhn, *Origins of the Modern State*(Stanford: Stanford University Press, 2002), pp. 21-24; Robert J. Antony and Jane Kate Leonard, "Dragons, Tigers and Dogs: Introduction," in Robert J. Antony and Jane Kate Leonard eds., *Dragons, Tigers and Dogs: Qing Crisis Management and the Boundaries of State Power in Late Imperial China*(Ithaca, N.Y.: Cornell University Press, 2002), pp. 3-10.

掌。如果典史可以做到，作為其長官的知州與知縣當更無問題。地方首長明顯可以透過某些機制掌握鄉地保甲長，進而掌控地方社會動態。呂案提醒我們應該進一步思考長久以來認為政府對地方的控制僅及州縣的說法。雖然已有學者指出，廣東的佐貳人員數目在18世紀急劇增加，成為國家與地方社會的重要溝通管道，強化了對民間社會的深入，增加政治的整合與社會經濟的穩定[199]。但從我們對呂覆簡的案子的討論可以明瞭，鄉地保甲長隱然成為州縣政府在地方上的代理人，無論在數量上或與基層社會接觸面上，他們都較州縣衙門的佐貳為多且廣，因此，他們在鄉村治理上理應更占有舉足輕重的地位，值得我們更進一步的探究。

另一個值得探討的問題是，對於如何處理鄉地保甲長的人選，中央與地方是不同調的。鄉地保甲長既然在地方上扮演重要角色，如何尋得適當人選一直是一些地方官關心的問題。上文提到，黃六鴻曾提起「以鄉長而兼保事」的舊例，其目的即在指出如此做法的不當。他指出主要的問題是，「其責任不當，而才非所用」。他認為一鄉之長當由保長出任，「專司盜逃奸宄」，而另以鄉長「所以管攝錢穀諸事」；前者由「年力精健，才猷邁重者充之」，而後者則由「年高有德，而素行服人者充之」。他的理由是「所用不同，而責任亦異，未可兼理也」[200]。黃六鴻主要強調保甲得人的重要，否則，保甲不僅擾民無安，而且名存實亡。大多數的地方人士，無論官與紳，都和黃六鴻一樣，主張「得人」的重要。不願任官的吳江人沈彤就明言：「今之州縣官，奉大吏之令，

---

199 Robert J. Antony, "Subcounty Officials, the State, and Local Communities in Guangdong Province, 1644-1860," in Robert J. Antony and Jane Kate Leonard edited, *Dragons, Tigers and Dogs: Qing Crisis Management and the Boundaries of State Power in Late Imperial China*, pp. 27-59.

200 黃六鴻，《福惠全書》，卷21，頁4。

舉行保甲，而卒無其效，非保甲之法之不善，爲保長甲長之人之未善也。」
他建議：「牌頭則庶民之朴直者爲之，保長甲長則必擇士之賢者能者而
爲之。」至於「統乎保者爲鄉，鄉則就搢紳聘焉」[201]。而前面提到的王
鳳生、李彥章、何士祁等人的辦法，其實主要也是想解決鄉約與保甲不
得人的問題。王鳳生也提出以紳士鄉耆出任保長來解決人員素質低落的
問題。江西道監察御史胡澤潢(1715-?)更把州縣衙門的佐雜與士人拉進
他的保甲體系。他的辦法是，「法在十戶爲甲，設甲長；十甲爲比，設
比長，長以未達之士，無士，以耆老爲之；五比爲聯，設聯長，長以
在籍之官，無官，以未達之士爲之；五聯設專管官，以州縣之佐雜爲
之。」[202]

　　胡澤潢的這套辦法雖然是回應乾隆皇帝二十二年十月州縣編查保
甲的上諭而提出，但乾隆皇帝並未具體表示意見，僅批示，「大學士、
九卿議奏」。後來大學士、九卿如何議奏，不得而知。但可以確定的是，
乾隆皇帝對於他們的議奏，僅批示「知道了」，沒有其他意見[203]。不過，
早些年乾隆對於類似的意見卻有激烈的回應。乾隆十年二月間，湖廣總
督鄂彌達(?-1761)上奏表示，打算「仿古閭師亭長之制，令各牧令於貢
生生監中，擇品行端潔者，聘爲鄉正；大邑八人，中邑六人，小邑五人，
令其專司舉察保甲。嗣後保長之選，責之鄉正；甲長之選，責之鄉長，
仍令州縣將鄉正的名報部，五年勤慎無過，請給州同縣丞職銜。保長有
勤慎奉公者，州縣給匾(區)，最優者，詳明督撫破格示獎。」[204] 乾隆

201 沈彤，〈保甲論〉，收入賀長齡編，《皇朝經世文編》，卷74，〈兵政五·保
　　甲上〉，頁2。
202 「中央研究院歷史語言研究所藏明清史料」，016855；引文亦見胡澤潢，〈敬
　　陳保甲二要疏〉，收入賀長齡，《皇朝經世文編》，卷74，〈兵政五·保甲上〉，
　　頁13。
203 「國立故宮博物院藏軍機處檔摺件」，409000225附二。
204 《清高宗純皇帝實錄》，卷235，乾隆十年二月下，頁34-35。

隨即指出，即使照其所議實行，「亦不過有名無實之政耳」，並反問：
「汝不云乎，有司尚有奉行不力者，而欲鄉正之奉行獨力乎。」[205] 有
司既然奉行不力，又怎能期望鄉正的奉行獨力。其實雍正九年三月二十
二日，時任廣東巡撫的鄂彌達就表達過類似的意見。雍正皇帝認為他的
意見「不通之處不勝批諭」[206]。雍正與乾隆顯然不願將有功名之士紳納
入基層社會的治理體系中。乾隆皇帝的反問其實反映了中央對保甲失
敗癥結的看法。對大清皇帝而言，鄉保里甲效果不彰不是制度或政策上
的問題，而是執行上的問題，乃是由於地方官「日久生玩」，「奉行不
力」才導致的結果。

　　何以中央與地方的看法如此分歧？其實，在清代，中央與地方不只
在鄉保用人問題上有差異，在如何實行保甲上也有落差。我們前面有關
鄉保甲長的討論即顯示，清代在鄉約與保甲的實行上已隱隱然有中央與
地方對立的趨勢；州縣地方官對如何落實保甲其實各有看法，也各有做
法，而這些看法及做法與中央明顯有段距離。但有趣的是，我們未見中
央強制要求各地要有一致的做法。這究竟是有意放任？抑或力有不逮？
抑或另有考量？這些問題牽涉到當時中央與地方，以及國家與社會的關
係，值得進一步探究。

八、結語

　　里甲與保甲是清代治理地方基層社會的兩大機制；前者主要目的在
催督糧務，後者則為緝盜安良。本文從它們的組織名目入手，指出小甲、
總甲、地總、地方等名目不僅見於各地的里甲，而且也見於保甲組織中，

---

205 《清高宗純皇帝實錄》，卷235，乾隆十年二月下，頁34-35。
206 「國立故宮博物院藏宮中檔奏摺」，402010061。

這種現象的發生應該是地方官不在意兩者組織功能差異的結果。地方官為何不在意？本文認為，這涉及他們對里甲與保甲，甚至鄉約的定位問題。本文利用《實錄》、《清朝文獻通考》與文集、檔案等資料論證，在州縣官員心目中，里長、保長的主要任務就是應承他們所科派的差務，而非局限在朝廷所設定的催糧與緝盜而已。雖然有人誇口，「正糧一完，即可高枕」，因為「康熙五十七年復除里長，一切雜役皆出在官胥吏，無復派累百姓。」[207] 但事實並不盡然如此。因此，對州縣地方官而言，二者在組織名目上有無區分已無關緊要。

本文接著論證，乾隆以後不僅里長未除，甚至原本應該是德高望重的鄉約也不能免於差役等各項雜務。這些雜務種類繁多，從知縣衙門的日用薪米到供應家具、禮物，到衙門修造建材，到地方建設的民夫、馬匹，到守城門的民壯等，幾乎公私所出無所不包。本文也指出，雖然鄉保應差原為朝廷嚴行禁止的私派行為，但同治皇帝在上諭中已將承辦差徭與稽察保甲視為州縣地方設置保長鄉約的原始目的。雖然我們沒有探討此一由非轉是的過程，但這其中的變化已足以說明歷史積非成是的力量。

因此，透過本文的討論，我們認識到清代的里保甲長、地方與鄉約不僅是地方上的催糧、治安維護與政令宣導的執行者，更是地方州縣衙門公私日用的供應者；不僅州縣衙門的日常維持仰賴他們，而且地方設施的基本維持也依靠他們。沒有他們與牙行鋪家勞力與財力供輸，不僅衙門失修，河道淤塞，看守城門乏人，甚且整個地方政府無法運作。而州縣地方官對於鄉地保甲承差角色的重視可能更甚於他們在治安維護與政令宣導上的功能。透過對各地對鄉約與保甲做法的討論，本文也發現地方州縣官其實對如何行保甲各有看法，各地不同。同時，清人

---

207 慶霖等修，戚學標等纂，《嘉慶太平縣志》，卷之四，頁23。

對於如何落實所訂的里甲與保甲規條並未強制規範與要求。因而，就像
《清朝文獻通考》編者所說的，「鄉約、里長、甲長、保長各省責成，
輕重不同。」這也就是說，鄉保里甲長與地方的工作可以因人因時因地
而不同。在有些州縣，地保甚至還須按照里甲都圖分派到配流犯。

　　上述觀察對我們先前對清代基層社會治理問題的理解有何意義？
又對我們早先有關清代國家與社會以及中央與地方關係的認識有無影
響？這些可能是我們必須進一步思考的問題。呂覆簡的案子其實這提醒
我們應該進一步思考長久以來認為政府對地方的控制僅及州縣的說
法。而朝廷何以不願正視長久以來保甲長不能得人的問題，不允許地方
將有功名之生監納入保甲體系，也是一個值得深究的問題。

　　最後必須指出，本文並未處理地方差異性的問題，以上所論難免有
以偏概全之慮。換言之，本文所提出的各種現象是否有區域性的差異？
州縣私派的問題是否只見於某些邊緣地區？而不見於核心地區？是否
只見於某些貧窮的縣份？而不見於富裕的縣份？這些也都是必須進一
步探究的問題的複雜性，俾對清代基層社會問題有更深入的了解。

官與民之間
——清代的基層社會與國家控制

巫仁恕[*]

一、引言:清代基層社會史研究的轉向

　　明清時期的政府,最基層是地方的州縣衙門。而州縣以下的鄉村,才是最基層的社會。過去有關基層社會的研究,向來是清代社會史研究的重心。一則因為清代被認為是「專制」朝代的頂峰時期,於是國家權力如何滲透到地方基層社會,成了歷史研究所關注的話題。再者,清代所發生的變亂頻繁又複雜,是評估清代社會穩定與政府效率的重要指標,遂促使學者探討基層社會如何凝聚力量對抗官府。

　　大致而言,清代基層社會的研究在過去集中在以下的幾個面向:其一是關於社會控制的面向,也就是探討清政府如何透過設立保甲、鄉約

* 中央研究院近代史研究所。
　本文惠承常建華與濱島敦俊二位先生詳閱與指正,獲益良深,謹此致謝。

制度，將國家的力量滲入基層社會，甚至將意識型態灌輸到基層社會，藉此來達到社會控制與教化的目的，以維持社會的穩定[1]。所以許多的研究都是以此為出發點，但是論及其效果則有不同的看法。有的強調這類制度對清代社會的穩定發揮了很大的作用，也有學者認為這類制度因為地方官並未貫徹執行，所以在基層並未真正發生效果，形同虛設。

　　另一類是關於地方鄉紳的研究。這類研究從過去至今一直是清代社會史研究的重要領域，過去重視鄉紳的主要原因，是將鄉紳視為傳統中國最重要的社會力量，於是鄉紳成為可與政府官員相折衝的唯一力量。而鄉紳的勢力與政府公權力兩者之間的關係，就如同「零和遊戲」(zero-sum game)一樣，當國家公權力愈強的時候，鄉紳的勢力就遭壓抑；相反地，當國家公權力衰微時，鄉紳在地方上就享有更大的伸展空間[2]。然而，鄉紳是否可以代表基層社會呢？恐怕仍是個問號。

　　無論如何，過去有關清代基層社會的研究，其實都是在國家／社會二元對立的觀點下，所形成的歷史解釋。這樣國家／社會二元對立的分析框架，似乎可以說已經形成一種範式(paradigm)。當我們在探討中國傳統的社會史時，似乎很難擺脫這種範式所帶來的影響。當今中外學界皆已意識到二元論史觀的缺點，而逐漸擺脫二元觀並發展出研究基層社會的新視角。如日本明清史學界自1980年代有「地域社會論」的形成，強調應該研究國家與社會如何在地方上，有機地整合而形成一個全體秩序[3]。大陸學界的「華南研究學派」也開始結合歷史學與人類學的方法，

---

1 最具代表性的就是蕭公權的經典著作《中國鄉村》，參見Kung-Chuan Hsiao, *Rural China: Imperial Control in the Nineteenth Century*(Seattle: University of Washington Press, 1967).

2 有關這方面的檢討，參見Joseph W. Esherick and Mary Backus Rankin eds., *Chinese Local Elites and Patterns of Dominance*(Berkeley: University of California Press, 1990), pp. 5-7; 340-343.

3 日本學界從1930年代起，已經開始關心地域社會、共同體或基層社會的問題；

企圖擺脫過去控制論視人民為被動者的角度，重新觀察地方歸納在國家制度裡面的過程，亦即探討國家擴張所用與地方社會接納的互動模式，而不再以二元對立觀出發[4]。歐美學界亦有學者致力於突破二元論與控制論，如黃宗智就出了「第三領域」的說法，他指出在清代國家機器的滲透，得靠基層社會的地方中介人，作為國家與社會之間互動的第三領域；而對絕大多數民眾來說，他們跟國家機器接觸，主要是發生在第三領域[5]。

再者，過去研究基層社會受限於史料，只能透過方志、筆記與中央政府的檔案來分析。近年來拜地方檔案陸續開放，以及民間地方文獻陸續被發掘所賜，讓我們更能貼近基層社會的世界，更深入地探討基層社會，同時也讓我們思索以別於過去二元對立的視角，重新來詮釋清代基層社會的面面觀。現存最重要的清代州縣檔案有三，即《順天府檔案》、

(續)─────

戰後興起所謂「階級鬥爭」論的研究在探討農民鬥爭的基礎之共同體時，也仍然非常重視地域社會或基層社會的面向。而1980年代的「地域社會論」這個問題意識的形成，可追溯至森正夫於1981年所發表的基調報告(〈中國前近代史研究における地域社會の視點〉，《名古屋大學文學部研究論集‧史學》，28〔1982/3〕：201-223)。森正夫之所以提出這樣的問題意識，乃意圖「克服」日本學界有關中國史研究的兩項「負面」遺產，其一是階級鬥爭的觀點，另一即是「國家、社會二元論」。根據二元論的說法，傳統中國的國家與社會，分別形成獨特的世界，一直沒有互相交涉。最極端者認為地方社會是以「家族主義」緊密地統合，如同各個「小國家」割據各地，而國家就像天高皇帝遠，只關心徵收租稅，偶爾對地方社會進行暴力性的干預。所以森正夫要強調的議題是：國家與社會如何在地方上，有機地整合而形成一個全體秩序。參見山田賢，〈中國明清時代史研究における「地域社會論」の現狀と課題〉，《歷史評論》，580(1988)：40-53；太城佑子中譯，〈中國明清時代「地域社會論」研究的現狀與課題〉，《暨南史學》2(1999/6)：39-57。

4　科大衛，〈告別華南研究〉，收在《學步與超越：華南研究會論文集》(香港：香港文化創造出版社，2004)，頁9-30；劉志偉，〈地域社會與文化的結構過程──珠江三角洲研究的歷史學與人類學對話〉，《歷史研究》2003.1：54-64。

5　黃宗智，《中國研究的範式問題討論》(北京：社會科學文獻出版社，2003)，頁271-272。

《巴縣檔案》與《淡新檔案》，這些檔案可以說是以一州縣爲範圍，非常基層的檔案，涉及了鄉村百姓的日常生活諸面向，是研究清中葉基層社會的極佳史料[6]。

本文擬在前人研究的基礎上作一整合，希望能擺脫過去國家／社會的二元對立觀。在此將政府設立的基層組織稱爲「基層控制組織」，而由民間自發形成的地緣或血緣組織，筆者稱爲「基層社會組織」。本文首先仍得交代清楚基層控制組織，如里甲、保甲與鄉約的由來。接著，再一步步地探討基層社會組織與前者之互動過程。

二、基層控制組織的建立與演變

清朝統治中國後，亟思管理基層社會的方法，於是著手建立包括了里甲、保甲與鄉約等作爲鄉村基層控制組織，以下略述這些制度建立的過程、功能與流變。

(一)里甲制從延續到變質

清初沿用明代的里長制度，明代的里甲制是於一里一百一十戶之中，推丁糧多者十戶爲里長；其餘百戶分爲十甲，每年各有里長一名，率領一甲十戶輪流應役[7]。里長、甲首屬於在官人役，又稱里甲正役。

---

6 現今留存的《順天府檔案》並非府內地方所有檔案，大部分殘存的檔案是北京東邊寶坻縣從嘉慶朝以後到宣統末年為止的檔案文書。《巴縣檔案》係清代四川重慶府屬巴縣衙門的檔案，上自乾隆22年(1757)，下迄宣統3年(1911)。《淡新檔案》是清乾隆41年(1776)至光緒21年(1895)淡水廳、臺北府及新竹縣的行政與司法檔案，也是現存的清代臺灣省、府、州、縣廳署檔案中最具規模、最完整者。

7 梁方仲，〈明代里甲法與均徭法的關係〉，收入氏著，《梁方仲經濟史論文集》(北京：中華書局，1989)，頁584-587。

順治五年(1648)下令恢復明朝的里甲：

> 凡里百有十戶，推丁多者十人為長，餘百戶為十甲，甲十人。
> 歲除里長一，管攝一里事。城中曰坊，近城曰廂，鄉里曰里。
> 里長十人，輪流應徵，催辦錢糧，勾攝公事，十年一周，以丁
> 數多寡為次，令催納各戶錢糧，不以差徭累之。編審之法，核
> 實天下丁口，具載版籍。年六十以上開除，十六以上添註，丁
> 增而賦隨之[8]。

　　清代里甲制和明代一樣是以一百一十戶為一里，推其丁糧多者十人
為里長，其餘百戶分為一甲，每甲設有甲首，共十人。每歲各里設里長
一人，甲首一人，稱為「見年」；其餘輪流充當者，稱為「排年」，十
年一更，主要的任務是負責催督錢糧與勾攝公事，這也是里長又稱為「里
排」的來歷。每里還設有里書一人，掌冊籍書算[9]。清代的里甲制和明
代不同之處，在於明代的里甲制除了賦稅徵收之外，還具有維持治安及
宣導教化等不同功能，而清代的里甲始終只負責地方賦役的徵收。
　　中國古代賦役制度的原則是「有田則賦，有丁則有役」，明代的「役」
分為里甲正役與雜役二大類，本是在一里內依戶等高低為原則來徵派，
而戶等的高低係依據人丁數再配合田產的多寡所訂的。清代沿襲明代的
里甲制，里甲正役與雜差雜役仍是按里攤派，田賦錢糧的徵收也都是通
過里甲系統，並以里甲戶籍中的人戶作為徵收科派的基本單位。
　　因為明清之際的動亂，清初官府搜集到明代的州縣戶籍與田土冊，
也就是黃冊與魚鱗圖冊，不是殘缺不全，就是戶口損耗，名不副實。使

8　《新校本清史稿》，卷121，〈志九十六・食貨二・賦役〉，頁3543。
9　關於里書，參見佐伯富，〈清代の里書──地方行政の一齣──〉，《中國史研究》
　　（一）（京都：東洋史研究會，1969），頁349-361。

得各里之間的田產廣狹不等,人戶多寡又不齊,必然出現賦役不均的弊端,尤其是徭役嚴重不均。於是在康熙初年推行「均田均役法」,也就是將一里一甲所屬田畝數額大體均平,解決里甲大小不等以致里甲正役與雜役在按里甲均攤時所出現的不公平現象。此法在明代東南地區部分州縣曾經實施過,清廷先在江南地區實施圖甲的重編,以圖統甲,每圖分為十甲,每甲則是按一定田畝數量來編,不再是以戶口數編里的方式,把田畝均分於各圖甲,也就是以人從田。然後再要求有田的人戶都要一體當差,不許地主豪戶隱役而累及小民。如此一來,將會打破原有里甲組織的按戶數畫分的原則,另一方面則是加強了按田均派差役銀的趨勢[10]。

再者,明代里甲制的兩大流弊,其一是里長甲首除了里甲正役之外,還要負擔供辦衙門需索的雜派,於是成了苦累的差役;其次,里書亦成了可以上下其手、作弊撈錢的美差。雖然在明末曾實行均徭法、均平法與一條鞭法等一系列的改革,目的之一即企圖改變里排法,革除里長、甲首雜派之役,但是到清初又恢復了[11]。自從實施均田均役的改革,重編了圖甲組織之後,原來里甲的差役徵派也開始著手廢止。大概在康熙二十年(1681)左右,清政府在很多地區進行裁革里長和禁除里排法的活動。雍正以後,里甲仍然擔負著催徵錢糧的任務,但與過去那種供辦大小衙門各種需索費用的差役相比,任務和性質都大不同了[12]。

---

10 清代均田均役法在地方實施的實例,參見川勝守,《中國封建國家の支配構造:明清賦役制度史の研究》(東京:東京大學出版會,1980),頁566-576,583-602。

11 明代後期的財政改革,已將徭役中的雜差加以定額化與納銀化,像是里甲供辦衙門需索之差役已採納「均徭銀」來解決,屬於四差銀(指均平、均徭、驛傳與民壯等四差銀)之一。但是到了清初,因為清廷戰爭開銷甚鉅,這些本屬於地方政府財政支用的稅款,反而得上繳中央政府,地方衙門只好又重啟明代里甲雜派之制。

12 劉志偉,《在國家與社會之間──明清廣東里甲賦役制度研究》(廣州:中山

　　直到雍正五年(1727)，浙江巡撫李衛(1688-1738)推行「順莊法」才
動搖了里長與里書的制度[13]。順莊法是按照自然的村莊聚落單位來順編
圖或里，將轄內居住的戶口及其田產藉保甲來調查編造簿冊(順莊冊)，
亦即按保甲編排。每人擁有的田土即使是位在他地，也都要一律歸到本
人名下，每年由保甲發放滾單給花戶「滾催」[14]，要其在所住的村莊內
完糧。而本地有田產的外地人戶(寄莊戶)，則別立「寄莊冊」，每年直
接由其佃農的田租中抽稅[15]。由是使原是里甲組織與其主要職能——催
督賦稅，至此被保甲組織取代。

　　順莊法和均田均役法的不同處是：均田均役法是以里甲中的田畝為

(續)———————————————

　　大學，1997)，頁216-218。

13　順莊法之研究，可以參考以下諸文：栗林宣夫，《里甲制の研究》(東京：文
　　理書院，1971)，頁337-346；川勝守，《中國封建國家の支配構造：明清賦役
　　制度史の研究》，頁603-620；伊原弘介，〈清朝鄉村支配の構造——「順莊法」
　　に基づいて——〉，收在橫山英、寺地遵編，《中國社會史諸相》(東京：勁草
　　書房，1988)，頁149-184；岩井茂樹，〈清代の版圖順莊法とその周邊〉，《東
　　方學報》72期(2000/3)：381-449；山本英史，《清代中國の地域支配》(東京：
　　慶應義塾大學，2007)，第十章，〈鄉村組織再編の一過程——蘇州吳江・震澤
　　の場合を例にして——〉，頁343-346。

14　滾催之法係指用「滾單」來徵稅糧之法，早在康熙39年(1700)即已實施，但是
　　在里甲體系中實施，後來則與保甲組織配合(《清朝文獻通考》，卷2，〈田賦
　　二〉，頁4867)。先是保甲調查應納稅的花戶，按每五戶或每十戶為一單位，
　　依欠稅額多寡排序，由這幾戶中欠稅額最多的花戶作稅務代辦人——催頭。甲
　　長每年再將滾單交給催頭，滾單上列明每戶每一期限內應繳納地丁銀數額，以
　　及尚欠的稅額，由催頭負責催收。當催頭繳清自己稅銀後，催頭的苦差就轉到
　　其餘欠稅的花戶中之一戶。參見瞿同祖著，范忠信等譯，《清代地方政府》(北
　　京：法律出版社，2003)，頁229-230。而滾催真正發生效用是在實施順莊編里
　　的改革，以及保甲取代里甲、里書之後。參見何平，〈論清代賦稅徵收工具及
　　其變遷〉，《清史研究》，1998.1：34-37。

15　另有「莊書」一職設立，係負責民間田土買賣後過戶田賦稅額之管理記錄者，
　　惟從地方志中似乎並無此職之記載。相關問題，參見伊原弘介〈清朝鄉村支
　　配の構造——「順莊法」に基づいて——〉，《靜岡大學教養部研究報告》
　　24.2(1988)：95-156；伊原弘介〈清朝鄉村支配の構造——「順莊法」に基づ
　　いて(二)——〉，《靜岡大學教養部研究報告》26.1(1990)：95-156。

主軸，要求均平各里甲所屬田畝的數額，不論這些田畝的戶主居於何地。順莊法則是以田畝的戶主爲主軸，不論田畝位於何里何甲，都要清理田畝的戶主，將之編入。這也改變了對農村居民的組織方式，從原來的里甲組織轉變爲以自然村爲基本單位的組織，打破原來里甲制度的格局，使之處於名存實亡的地步[16]。

此外，里書之弊也是此次改革的對象，因爲里甲掌管一里所納稅糧之冊籍，又是「率皆祖宗相承」，每年藉向州縣官贈送銀兩的陋規來鞏固其地位。他們往往串通胥吏或衙役，需索花戶、私派超過正賦，或包攬錢糧、飛灑跪寄以侵食錢糧[17]。明代後期實施一條鞭法的改革，本已是朝向官收官解、民間自封投櫃的方向，以減少里書之弊，但至清初隨著里甲制的恢復，里書之弊又再度浮上檯面。而順莊法提及由縣書接管各處里書的冊籍，或要求里書交出冊籍給官府，由縣書輪流保管，再利用保甲按村莊催徵來代替里甲、里書催徵。起自雍正時的順莊法，到乾隆前期便推廣到全國各地。乾隆十年(1745)皇帝下令爲杜絕里書、胥役從中作弊之舉，讓民戶可以徑往大堂核對官冊，然後在設櫃處自封投櫃，不必再受到里書等欺蒙和包攬之害[18]。

因爲里甲組織原來的主要職能是催徵賦役，這又會涉及到戶口的調查。明代徭役的徵派自從一條鞭法的改革後，已將「雜役」依人丁多寡來徵收丁銀，或依田產多寡徵地銀，而不用親身服徭役。到清初因襲明制，當要徵收徭役中的丁銀時，就必須先弄清楚每戶人丁數。所以里甲制的另一個重要任務是編審人丁，所謂：「編審之法，核實天下丁口，

---

16 劉彥波，〈論清代前期賦役制度的變革與里甲制度的衰弱〉，《長江大學學報》28.5(2005.10)：42。

17 參見佐伯富，〈清代の里書——地方行政の一齣——〉，頁349-361。

18 〔清〕覺羅勒德洪等奉敕撰修，《高宗純皇帝實錄》(臺北：華聯出版社，1964)，卷239，乾隆十年四月癸亥條，頁76b。

具載版籍。年六十以上開除，十六以上添註，丁增而賦隨之」；「初沿明舊制，計丁授役，三年一編審，嗣改爲五年」[19]，也就編成賦役黃冊，再按人丁數以徵收丁銀。不過，由於里甲組織的弊端太多，以致各戶田畝不清，於是里甲編審人丁又成了地方官僚與胥吏舞弊的途徑。較晚成立的保甲組織則是從清查戶口出發，一家立一牌，除寫明丁男口數與生理之外，還添注有田若干，每年完糧若干，將散落在各都的田地都歸於該戶名下，通過保甲制逐戶清查，漸漸地連田畝數目也弄清了。

清廷隨著保甲制已達到調查戶口與田糧的功能，而納丁銀的人丁數量，在康熙五十年(1711)宣布「滋生人丁，永不加賦」之後被固定下來，成爲定額納稅的單位而非真實人口數。又在康熙末至雍正初年，清廷在全國實行大規模將丁銀攤入田畝，與田畝合一，也就是地丁合一的政策。至乾隆三十七年(1772)，當丁銀問題已完成攤入地畝後，里甲編審人丁之舉已成虛文，於是清廷下令將里甲編審之例永遠停止。至此里甲組織原有的重大功能——負責催徵與編審的工作，可以說是已被保甲組織所取代[20]。

清官府在此時期極力改革里甲制度，不再重蹈明代的覆轍。同時又發展另一套制度，也就是下面所要述及的保甲制度，將逃亡戶口編入保甲。於是先從均田均役與重編圖甲開始，再是裁革里長役，中經順莊法驅逐里書，再到停止編審人丁爲止，一步步地取消里甲組織的職能，再由保甲組織來取代。然而在保甲取代里甲制度的過渡階段，兩者是同時並存的。

---

19 《新校本清史稿》，卷121，〈志九十六·食貨二·賦役〉，頁3543-44。
20 參見袁良義，《清一條鞭法》(北京：北京大學，1995)，頁26-39；孫海泉，〈論清代從里甲到保甲的演變〉，《中國史研究》1994.2：59-68。

(二)保甲取代里甲制度

　　保甲制度在宋代已出現過，王安石在北宋熙寧四年(1071)，在開封附近首先實施保甲法，再於熙寧六年(1073)開始在全國實施。當時保甲被設計用來取代原有的戶長、耆長及壯丁的職責，負責收稅與地方治安。不過在當時全國實施得並不徹底。到了明代因爲已設有里甲制，所以官方未實行保甲制。但有些地方官爲了治安的需要，仍然用保甲法來組織鄉里，以保衛鄉里，王守仁就是其中之一。所以明代只有地區性的保甲制，到了清代再度通行全國實施。清代的保甲制與明代在功能上不同之處，在於明代保甲的任務主要爲了地方自衛，而清代的保甲則著重在維持治安，之外還有更多元的任務。

　　清初順治元年(1644)曾下令實施總甲法：「各府州縣所屬鄉村、十家置一甲長。百家置一總甲，凡遇盜賊逃人、姦宄竊發事故，鄰佑即報知甲長，甲長報知總甲，總甲報知府州縣，府州縣核實，申解兵部。若一家隱匿，其鄰佑九家、甲長、總甲，不行首告，俱治以重罪不貸。」[21]但在清初的環境下，這種制度只有在少數省份實施，還尚未在全國推行。當時清廷面臨南明的殘餘武力，東南沿海又有鄭成功軍隊的威脅，接著又發生三藩之亂，各地又有層出不窮的山寇作亂，清朝政府的統治與支配力尚無法達到全中國，然而已有不少地方官陸續上奏指陳實施保甲的必要性[22]。

21　〔清〕覺羅勒德洪等奉敕撰修，《世祖章皇帝實錄》(臺北：華聯出版社，1964)，卷7，順治元年八月癸亥條，頁76b-77a。

22　清初的地方官實施保甲成效最具代表性的，當推于成龍(1617-1684)。他於康熙13年(1674)任武昌知府時，平定黃州府的「東山之亂」，並在該地保甲，成效頗著，故有學者認為清朝保甲制實施的原型之一，就是根據于成龍的保甲弭盜條約而來的。參見谷口規矩雄，〈于成龍の保甲法について〉，《東洋史研究》34.3(1975)：370-388。

至康熙四十七年(1708)皇帝下令申行保甲之法,其令詔曰:

> 弭盜良法,無如保甲,宜倣古法而用以變通。一州一縣城關各
> 若干戶,四鄉村落各若干戶,戶給印信紙牌一張,書寫姓名丁
> 男口數於上,出則註明所往,入則稽其所來,面生可疑之人,
> 非盤詰的確,不許容留。十戶立一牌頭,十牌立一甲頭,十甲
> 立一保長。若村莊人少戶不及數,即就其少數編之。無事遞相
> 稽查,有事互相救應。保長、牌頭不得借端魚肉眾戶。客店立
> 簿稽查,寺廟亦給紙牌,月底令保長出具無事甘結,報官備查,
> 違者罪之[23]。

這一法令確立了「保—甲—牌」三級編制的架構,同時也說明實施
保甲時依村莊為基礎,不必拘束戶數的彈性原則。其次,設立保甲門牌,
書寫姓名丁男口數,用以稽查人戶(見圖1)。除了畸零戶可以變通處理
外,就連客店、寺廟內的人口也要一體造冊編查[24]。之後還歷經雍正與
乾隆朝的力行,保甲制在地方上推行才逐漸遍行全國。雍正年間又將此
制推行成效列入地方官的考成,乾隆二十二年(1757)諭令各省力行保甲。

真正遍行全國應該是要到乾隆朝後期,舉凡邊疆區及少數民族地

23　〔清〕高宗敕撰,《清朝文獻通考》(臺北:臺灣商務印書館,1987),卷22,
〈職役二〉,頁5051。

24　關於門牌的式樣及其應該記錄的內容,雖然康熙47年(1708)的詔令並有提及是
「書寫姓名丁男口數於上」,但是實際上當時地方官之間曾為門牌應該記錄的
內容有過爭議。如福州知府徐元(生卒年不詳)就和福建省布政使和按察使之間,
有過激烈地論爭。徐元主張從「敦厚風俗」的角度,反對保甲門牌明記女性的姓
名與年齡,而布政按察使則為了便於人口普查,而主張無論男女都應記載清
楚。最後的妥協的結果是只記「婦女小口共若干名」。參見伍躍,《明清時代
の徭役制度と地方行政》(大阪:大阪經濟法科大學出版部,2000),頁17。

資料來源：〔清〕王鳳生，〈浙江平湖縣查編保甲事宜〉，收在《越中從政錄》（道光四年序刊本），頁18a。

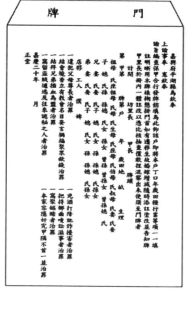

門　牌

某保第幾里第幾甲何等戶某人，（家長姓名，年過七）十者蓍長子姓名。年若干歲，某職業　妻某氏某甲某人之某年若干。

祖某某職業，某年故。　父某，年若干，某職業。　母某氏某人之某。

弟某，年若干，某職業。　姊某，嫁某甲某人。　妹某，年若干，許嫁某甲某人。　姑某，嫁某甲某人。

子某，年若干，某職業。　女某，年若干，許嫁某甲某人之某。　媳某，年若干，某甲某人之某。　姪某，年若干，某甲某人。

師某某，年若干，某人。　知數某，年若干，某甲人。　僱工某，年若干，某甲人。　孫男某、女某，年若干。

寓客某，某年至此作某業。　店某所，開張某所，與某人合夥。　塚墓坐落某所。　奴婢人某，某年於某處買。

田若干畝，自種若干，佃種若干。　房若干間，自住若干，典賣若干。　柴木山若干頃畝。　園地竹若干頃畝，果若干頃畝。

牲口若干頭匹。　錢糧幾兩幾錢。　漕米幾石幾斗。

總男　上若干丁，下若干丁。　女　上若干口，下若干口。

資料來源：〔清〕包世臣，《齊民四術》（北京：中華書局，2001），頁131。

圖1　保甲門牌格式

區，都有保甲制實施的記錄，說明了保甲實施的普及程度[25]。再從乾隆五年(1740)下令造保甲煙戶冊，至乾隆三十七年(1772)完成後取代原來里甲負責的人丁編審冊，這不但說明了保甲制取代里甲制的功能，而且真正遍行全國[26]。就像乾隆四十年(1775)的上諭所云：

> 皇祖恩旨，以生齒日繁，人民永不加賦，其利甚溥，閭閻安享昇平，樂利阜寧。歲計倍有增益，詎可不確覈以登，記盛世殷繁之實乎！現今直省通查保甲，所在戶口人數，俱稽考成編，無難按籍而計。嗣後各督撫飭所屬，具實在民數，上之督撫；督撫彙摺，上之於朝。朕以時披覽，既可悉億兆阜成之概，而直省編查保甲之盡心與否，即於此可察焉[27]。

由此可知保甲調查戶口的成績很令乾隆皇帝滿意，亦即調查的成果相當接近當時的真實人口。又從直隸(河北)獲鹿縣所存留的清代縣衙門檔案中，就可以看到道光朝時的保甲煙戶冊，比起康熙時的人丁編審冊，在記載人口戶數要更嚴密，可以說是更接近實際的情況[28]。

在某些地方還可以看到地方州縣官為新任的保長所辦的儀式，如清人黃六鴻《福惠全書》云：「選任至期，官升大堂，先備燒金銀、花紅綢、酒木榼、鼓樂，命約地等伴領新保長由東角門進至滴水簷下排立，

25　Kung-Chuan Hsiao, *Rural China: Imperial Control in the Nineteenth Century*, pp. 47-49. 有關少數民族編入保甲的例子，在兩湖地區的事例可以參見楊國安，《明清兩湖地區基層組織與鄉村社會研究》(武漢：武漢大學出版社，2004)，頁81-83。

26　韋慶遠、葉顯恩主編，《清代全史》(瀋陽：遼寧人民出版社，1991)，第五章，〈基層社會組織與鄉紳〉，頁425。

27　〔清〕崑岡等奉敕撰，《大清會典事例》(北京：中華書局，1991)，卷157，〈戶部・戶口・編審〉，頁6a。

28　孫海泉，〈清代中葉直隸地區鄉村管理體制──兼論清代國家與基層社會的關係〉，《中國社會科學》2003.3：193，202-203。

鼓吹舉樂，陰陽生為之簪花披紅；縣官起立，新保長行庭參後，四叩，縣官出案傍答揖。」[29] 不過，還不確定這種優禮保甲長的儀式是否普及，或可能只是地區性實施而已。

乾隆朝以後，保甲逐漸取代里甲，又被賦予過去里甲所擔負的催徵錢糧的任務。再者，攤丁入地的賦役改革後，里甲徭役的負擔漸漸消失，但各地方的雜差雜役仍不斷透過保甲取派於民間，於是保甲長演變成得承充一切地方公務，形成一種「官役化」的過程。乾隆二十二年(1757)與二十三年(1758)之間，有不少地方督府大臣上奏指陳：一旦身充保甲長，就成了「在官人役」，其所轄村莊一切公務，地方官悉惟該役是問；對此督府大臣頗不以為然地指出是「名實不符」。由此可見，保甲組織業經乾隆初期的發展，已經成為負擔地方基層行政職務的主要組織。於是各地督府大臣建議整頓保甲組織，尤其是要改變保甲組織過度承擔地方一切公務的狀況。這些奏摺經吏戶兩部討論後，形成結論：「其一切戶婚、田土、催糧、拘犯等事，另設地方一名承值。」[30] 也就是另設「地方」一名負責催徵錢糧。再從清代華北的地方志記載中，可以看到「地方」其實也是立基在保甲組織，只是另設一上級，以管下轄數個保甲，於是在地方文獻中，逐漸被稱之為「地保」[31]。不過，地方和保甲之間是否在職能上真的如此區分嚴明，從清代的檔案文獻看來仍是個疑問[32]。

29　〔清〕黃六鴻，《福惠全書》（臺北：九思出版有限公司，1978），卷21，〈保甲部・選保甲長〉，頁5b。

30　清高宗敕撰，《清朝文獻通考》，卷24，〈職役四〉，頁5061。

31　關於地方的由來，參見Kung-Chuan Hsiao, *Rural China: Imperial Control in the Nineteenth Century*, pp. 62-65. 孫海泉，〈清代賦役制度變革後的地方基層組織〉，《河北學刊》24.6(2004/11)：172，173-174。

32　早在清初順治年間的檔案中，就已見到「地方」之名。在沒有保甲的地區，其職責即由地方所取代。又「地方」一詞雖在檔案中普遍出現，但很難區分所指保甲與地方在職能上有何區分。所以乾隆年間是否普遍新設「地方」一職，頗值得懷疑。參見本書劉錚雲，〈鄉地保甲與州縣科派——清代的基層社會治理〉一文。

　　保甲組織在村落最底層的是牌頭與甲長,過去涉及他們活動的相關記錄並不多,現在從清代順天府的檔案中可以看到,他們的責任一是協同保長或保正維持治安,份內的工作包括了村內的支更與巡夜,還有查報村莊戶口之責,牌頭還得協助保長查報地方的命盜諸案。他們最苦的差事則是協助保長辦理各項雜差,先是按戶催攢(或按地畝)所攤之差錢,再交保長雇人辦差或將差銀上繳縣衙門。如果辦事不力,保長可呈控於縣衙。這些工作都是吃力不討好的事情,很少人會自願充當,大部分都是由各戶輪流充當。所以牌頭或甲長,不能算是村中的自生領袖[33]。

　　有學者指出保甲制代替里甲制是一種歷史性的變化。因為過去在明代的里長是按戶等高低選充,里書之職又由某些人竊據,不由州縣官任命。於是某些地方的豪紳地主可以操縱里甲組織,與地方官吏勾結,形成一種地方勢力。而清初官僚豪紳地主已趨於消滅,而保甲長由州縣官任命和撤換,清廷可以直接控制鄉保這一基層組織,進一步鞏固從中央到地方的統一局面[34]。然而,這樣的論斷出發點是比較明代與清代之不同,以突出清代保甲制的優點。但在接下來的討論中,我們仍會看到里甲制與里書(書手)並未完全消失,而保甲制也有許多流弊。

(三)鄉約與鄉保制度

　　清朝除了保甲法之外,又有鄉約之制。鄉約之制濫觴於北宋神宗熙寧九年(1076),陝西藍田呂大臨、呂大防兄弟之呂氏鄉約,是一種以教化為目的的地域性自治團體。宋代政府雖不反對,但也未大力鼓勵這種

33　學者黃宗智認為:「在十九世紀上半期,由鄉保提名的牌頭和甲長,多半是他們村莊中原來真正的領導人物。」見氏著,《華北的小農經濟與社會變遷》(北京:中華書局,1986),頁242。此觀點值得懷疑,其實從地方檔案看來牌頭、甲長並不全是村中的富戶。參見從翰香主編,《近代冀魯豫鄉村》(北京:中國社會科學出版社,1995),頁83-84。

34　袁良義,《清一條鞭法》,頁39。

鄉約組織的推廣。至明代，太祖依照呂氏鄉約的內容，頒布著名的「六諭」，但以後的皇帝對鄉約就不太重視，反而是士大夫對鄉約特別讚賞，並在各別的地區加以擴充。

到了清代，順治皇帝頒布明太祖之「六諭」，又命令民間成立鄉約組織，選生員中六十歲以上，有眾望者為鄉約正。康熙九年(1670)，清聖祖發表「十六條聖諭」，作為鄉約之準則。雍正二年(1724)，世宗頒布長達一萬字的「聖諭廣訓」；並且在雍正七年(1729)，下令擴大鄉約人員的編制。所以鄉約雖創始於宋代，但直到清代才普遍推廣於鄉村組織中[35]。

清朝設立鄉約的本意是力圖讓其「專司教化」，可以說是思想統治的一種工具，此外，還有調解民間糾紛的特別功能。從形式來分類的話，鄉約可分為官辦、官督民辦與民辦三種，在清前中期以前兩者為主。鄉約正的身分和素質對鄉約教化的影響很大，所以清政府很重視鄉約正的選任，並利用鄉飲酒禮的優禮來提高其地位，確保鄉約正在當地的威信。

清初講鄉約較明末似乎規模更廣，執行得更徹底，不少地方官都親自出馬推行鄉約，從地方文獻中也可以看到明清兩代鄉約制度在實踐方面的差異。如徽州休寧縣在清初成立有一百八十餘所鄉約，僅十八都就成立20個。在明末講鄉約是一月舉行一次，而清初則是朔、望兩日都要宣講。明末講人可以是官員、儒學生員，或是鄉紳、鄉民，有時是按戶選派，有時由多族輪流；到清初，官員指定的生員才有資格宣講，一些地方甚至把宣講鄉約作為考核州縣學官的項目之一[36]。

鄉約本來與保甲應是兩種不同的制度，前者重教化、後者重治安，前者並不承辦公務、後者則需承辦公務。但是隨著保甲的弊端出現，即

---

35 張哲郎，〈鄉遂遺規——村社的結構〉，收錄杜正勝主編，《中國文化新論·社會篇·吾土與吾民》(臺北：聯經出版公司，1982)，頁205-206。

36 陳柯雲，〈略論明清徽州的鄉約〉，《中國史研究》(北京)1990.4：44，49。

有地方官主張由鄉約來監督保甲以防弊，在清代華北就可以看到不少鄉約領導保甲的例子，所以在北方不少地方的鄉約與保甲組織的首事合稱為「鄉保」或「鄉地」。於是鄉約制與保甲制兩者關係逐漸密切，而且鄉約與保甲的職能原有的區別逐漸淡化，也可以說官辦鄉約制到18世紀後逐漸走向行政組織化，鄉約正的角色也朝向「官役化」[37]。順天府寶坻縣知縣明確地說，鄉約「係在官人役」[38]；又例如河間府河間縣的鄉約與保甲負責相同的職務：「遇有催徵錢糧、勾攝公事，及解運餉鞘、人犯各項差使，即令查傳承辦。」[39]乾隆巴縣鄉約的執照上，也明確寫明鄉約的職責是「踴躍辦公」[40]。

　　鄉約制度走向官役化的結果是鄉約正的地位大降，而且還要和保甲長一起承辦公務，結果使鄉約正成了另一種苦差役，甚至被視為「賤役」，有身分的人自然不願充當[41]。於是州縣官選任鄉約的標準也逐漸發生一些變化，過去強調的生員資格已不再堅持了，而是由家道殷實者

37　段自成，〈清代鄉約的官役化與鄉約教化的效果〉，《平頂山師專學報》2003.6：15-17；〈論清代北方鄉約和保甲的關係〉，《蘭州學刊》2006.3：47-49；〈清代北方官辦鄉約組織形式論述〉，《中國社會歷史評論》7(2006)：291-306。

38　《順天府檔案》，91卷，047號，咸豐三年七月十四日條，MC05662。

39　中國人民大學清史研究所等編，《康雍乾時期城鄉人民反抗鬥爭資料》（北平：中華書局，1979），頁333。

40　四川大學歷史系與四川檔案館編，《清代乾嘉道巴縣檔案選編》（重慶：四川大學出版社，1996)下冊，頁237。

41　早在康熙年間曾經在地方力行鄉保制的于成龍，在黃州府任內所撰之〈慎選鄉約論〉一文，即指出當地鄉約之苦：「凡有司勾攝人犯，差役不問原被告居址，輒至鄉約之家，管待酒飯，稍不如意，詬詈立至；且於朔望點卯之日，肆行凌虐。倘人犯未獲，即帶鄉約回話，是差役之嚇詐鄉約，倍甚於原被二犯。甚之詞訟小事，必指鄉約為佐證，投到聽審，與犯人何異。且一事未結，復興一事，終朝候訊，遷延時日，無歸家之期。離縣近者，猶可早來暮去；其遠在百里外者，即以點卯論，兩日到縣，一日點卯，再兩日歸家，是半月內在家不過十日。加以協拏人犯，清理區保，手忙足亂，無一甯晷。」參見〔清〕賀長齡，《皇朝經世文編》，卷74，〈兵政五・保甲上〉，頁10b。

充當[42]。鄉約正也因此不再認真宣講聖諭，教化之事流於形式，當然其所要發揮社會教化的效果也大打折扣。到道光年間，有位官員在奏摺中指稱：「每見一州一邑之內，不過一二鄉約遇朔望之日，循講約之故事，徒飾虛文。」[43]

概言之，清代的鄉約、保甲，也就是文獻上通稱的「鄉保」，帶有半官方的民間身分，位居官員與村民兩者間，扮演著溝通、協調與連繫的角色。他們的任務主要有五：一是社會治安的維持，需逐日按牌冊查點人戶，也要率眾值更巡夜，遇事除報警告發犯罪之外，還要集眾捕拿罪犯；二是催徵錢糧賦稅，而且還要追索滯納者；三是負責鄉里教化事務，宣講聖諭；四是調解鄉里的詞訟糾紛，特別是戶婚田土類的糾紛；五是辦理社會救濟，如地方成災時是否足以減免稅糧，要負責向上呈報，還要攢造賑冊以供放賑依據，社會事務亦由保甲長正主持[44]。除了這五大任務以外，因為各地區鄉保的建置時間不統一，有時還會負擔類似里甲正役的各種公務。從雍正年間各地總督巡撫的奏摺中，就可以看到地方官要求鄉約地保，舉凡驛馬採買、食鹽配給、看守城門、倉庫與監獄等等[45]。

上述這三類基層控制組織，以圖表示其組織階層與功能如下圖2。圖中實線表示實際的統轄，虛線表示間接的控制。從圖中可以看出，清代地方州縣政權沒有一統到底，也就是並有直接到自然村和民戶的組織和機制。所以州縣衙門在人手有限的情況下，終究必須依賴像鄉保、里

42　段自成，〈清代北方官辦鄉約組織形式論述〉，頁300-301。

43　中國第一歷史檔案館藏，《軍機錄副奏摺‧內政類‧道光朝》，案卷054；轉引自段自成，〈清代鄉約的官役化與鄉約教化的效果〉，頁16。

44　華立，〈清代保甲制度簡論〉，《清史研究集》第六輯(北京：光明出版社，1988)，頁103-111。

45　佐伯富，〈清代の鄉約、地保について—清代地方行政の一齣—〉，《中國史研究》第二冊(京都：東洋史研究會，1971)，頁367-370。

甲這類中介組織的協助，才能統治基層鄉村。

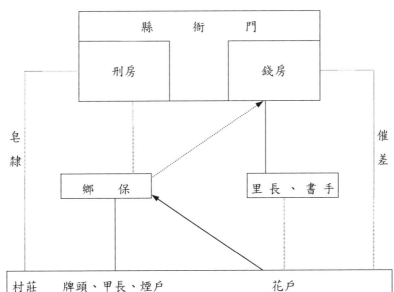

資料來源：根據從翰香主編，《近代冀魯豫鄉村》（北京：中國社會科學出版社，
　　　　　1995），頁16修訂。

圖2　州縣政權之下的區劃與組織

三、基層控制組織的運作與特點

（一）各地保甲建制的彈性

　　上述里甲制轉變到保甲制的情形，其實也只是一種「理想型」的狀
態。在實際執行時，一直到19世紀，仍有許多地方依然是兩者並行的雙
軌制。雖是雙軌並行，但保甲與里甲相互滲透之處甚多，無法嚴格區

分。特別是在北方地區,居民相對稀少,村落較爲整齊,土地關係也不像南方那樣複雜,地方組織常以村莊爲基本單位,里甲與保甲在村落一級上更難以分清[46]。

再者,理想化的機械式保甲編制,在推行的過程中遭到許多問題,從清人徐棟(1792-1845)所輯之《保甲書》與賀長齡(1785-1848)編之《清代經世文編》二書中關於保甲制的討論,說明了問題所在有的是人事的弊端之外,還有更深刻的社會原因,如有些地方遼闊而村落人稀、或有巨家大族的不合作等等[47]。不過,清朝政府爲使保甲制能在當時的社會環境下推行下去,也不斷地採取彈性的措施,盡可能使保甲制適應各個地方社會的現實結構。尤其是這種公式的三級結構,在各地方往往會適應地方自然村的不同形態,而有不同的編制。例如包世臣(1775-1855)形容江蘇一帶的保甲法是:「保甲以十家爲甲,十甲爲里,十里爲保,十保爲鄉。鄉立鄉老,無定額;保立保長一人,保貳一人;里立里正;甲有甲首,有值甲。」[48] 因爲江浙地區人口稠密,故在保甲之間還有里,在保之上還設有鄉。

乾隆時期四川的巴縣檔案顯示,當地的保甲制是頗符合康熙四十七年所申行的制度要求,甚至檔案中還存有「十家牌」[49](見圖3)。又再以河北的寶坻縣與獲鹿縣爲例,據清代兩縣的地方檔案顯示,因爲兩縣的大小不同,前者有九百多個村莊,後者只有不足200個村莊;所以前者是採取縣─鄉(數村或數十村組成)─村的三級模式,共設58鄉保,分轄46保,910個村莊,村莊中有的設有甲長、牌長各一人,有的則只有甲

---

46 從翰香主編,《近代冀魯豫鄉村》,頁8-9。

47 韋慶遠、葉顯恩主編,《清代全史》,第五章,〈基層社會組織與鄉紳〉,頁427-428。

48 〔清〕包世臣,《齊民四術》(北京:中華書局,2001),卷4上,〈禮一上‧說保甲事宜〉,頁128。

49 王曉琳、吳吉遠,〈清代保甲制度探論〉,《社會科學概論》2000.3:96。

長而無牌甲，或只有牌長而無甲長；後者只是縣─村的二級模式，而村莊內的編制也可以看到按原則每十戶編成一牌，十牌編成一甲，到第十一牌時剩下13戶，於是另編一牌，遂成一村有一甲，下轄十一牌的情況[50]。

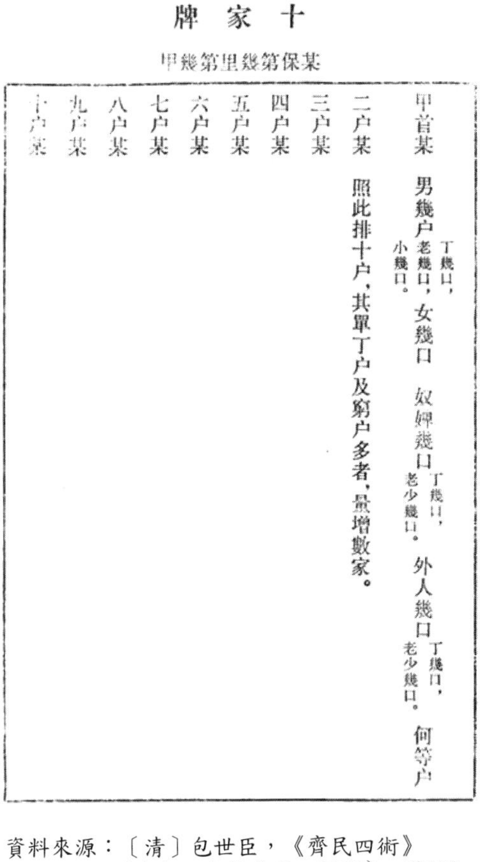

十家牌

某保第幾里第幾甲

甲首某　男幾戶，老幾口，女幾口（丁幾口，小幾口。）　奴婢幾口（丁幾口，老少幾口。）　外人幾口（丁幾口，老少幾口。）　何等戶

二戶某

照此排十戶，其單丁戶及窮戶多者，量增數家。

三戶某
四戶某
五戶某
六戶某
七戶某
八戶某
九戶某
十戶某

資料來源：〔清〕包世臣，《齊民四術》
（北京：中華書局，2001），頁133。

圖3　十家牌式

---

50 孫海泉，〈清代賦役制度變革後的地方基層組織〉，頁192-193。

　　在中國各個地區還有某種聚落結構，並不是自然村的形態，名稱也不是「村」的聚落，就是所謂的定期市或集鎮，清代及民國的一般用語為市、集、市集、集市，華南地區又有稱虛、墟，或墟市，偶有稱埠，四川又稱場市。這些聚落也會設有保甲鄉約的組織，但名稱上或有不同，而且不拘泥於以10家單位的形式組合。例如清代四川巴縣檔案中，顯示許多的場市規模大約是20戶到200戶之間，也設立有廠頭、客長之職，相當於保長、甲長的功能，同時也設有鄉約[51]。

　　清保甲鄉約制度的另一大特點，就是對流動人口管理特別嚴密。清代保甲法令中，涉及流動人口的規定之多、記載之詳細、所占比重之大，都是前所未見的。不僅將流動人口視為正式成員，要求要與土著人戶一樣編入保甲，並且是保甲稽查的重點[52]。清代的流動人口根據具體的情況編成保甲者，大致有幾類：(1)在鹽場、煤窯、礦場及各種手工業作坊，聚集了許多外來流動人口，清政府將之按生產組織建立保甲，並責成雇主、業主來約束工人(圖4)。(2)清代在浙、閩、贛、粵四省及川陝豫交界山區，住有大批以租地形式從事農業開墾與生產的農民，即所謂的「棚民寮戶」，清政府將之別立造冊，並要求地主、業主與保甲長出具甘結共保。(3)商漁船民則以船為單位進行編組，設置長正，在船上建標誌代替保甲門牌，並就船隻靠岸港口進行稽查[53]。(4)流寓客商則在其聚集歇息的會館設置客長，專司管理，又將鄉鎮場集的商人酌為編甲，他們的保甲冊稱為「舖戶冊」。(5)就連無業的乞丐也要選立丐頭，並將棲留所收容的乞丐編成「丐頭循環冊」，乞丐還有腰牌(見圖5)。

---

51 四川檔案館編，《清代巴縣檔案匯編(乾隆卷)》(北京：檔案出版社，1991)，頁199，201，202-203。

52 參見華立，〈清代保甲制度簡論〉，頁96-103。

53 例如雍正六年(1728)任湖廣總督的邁柱，撰有〈編查漁船保甲疏〉，即意識到兩湖地區的漁戶結為「江湖盜」的危害，因而力行漁船保甲。參見楊國安，《明清兩湖地區基層組織與鄉村社會研究》，頁69-71。

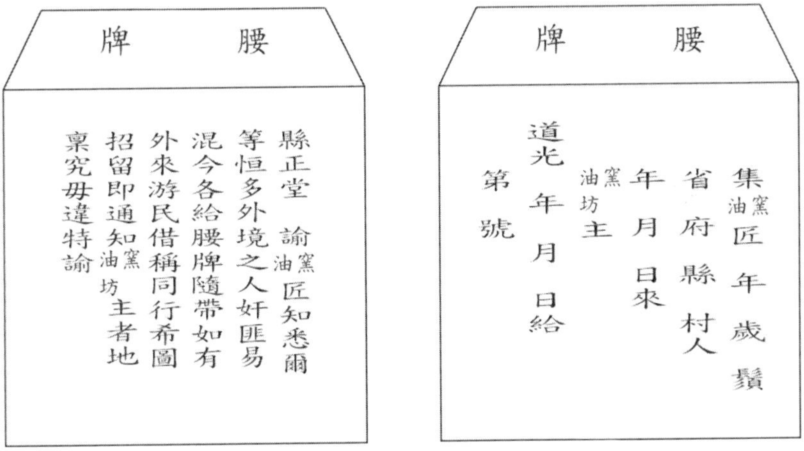

牌腰

縣正堂　諭油窯匠知悉爾
等恒多外境之人奸匪易
混今各給腰牌隨帶如有
外來游民借稱同行希圖
招留即通知油坊主者地
稟究毋違特諭

牌腰

集（油窯匠）年歲鬚
省府縣村人
（窯）油坊主
年月日來
道光年月日給
第　號

資料來源：〔清〕王鳳生，《宋州從政錄》(清道光六年刊本)，頁23a。

圖4　油窯匠牌式（左右分別為正反面）

牌腰

縣正堂　諭土丐知悉
凡爾一類奸匪易混今合
給腰牌隨帶如有外來遊
丐留心盤結儻遇行跡詭
秘立即通知丐頭稟究
毋違特諭
圖記

牌腰

乞丐某　某坊人
年十　歲有鬚　微
有無殘疾　無
該管丐頭某某
嘉慶二十年二月　日給圖記
第幾號

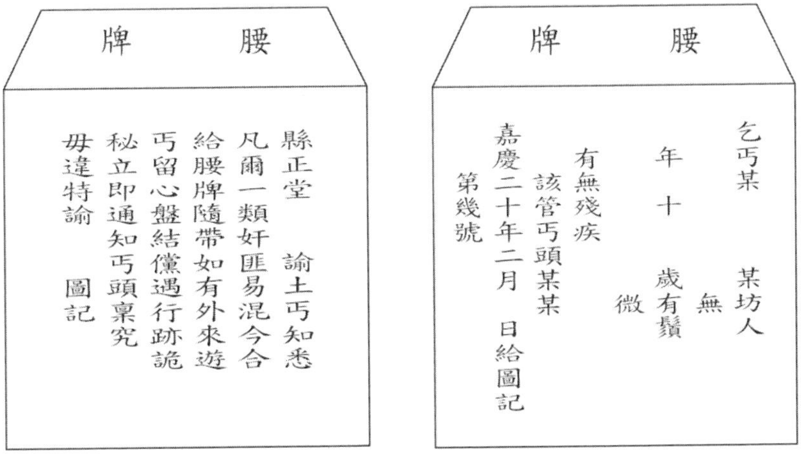

資料來源：〔清〕王鳳生，《平湖縣保甲事宜》，頁46a。

圖5　乞丐腰牌式（左右分別為正反面）

　　清代這樣將流動人口納入基層控制組織，可說是前所未見的。因爲前代鄉里組織基本以土著或已經附籍之民作爲編組對象，流動人口被視爲非法，除押回原籍安插之外，幾乎不存在其他編組規定的情況。

(二)城市保甲建制與流動人口的管理

　　保甲制實施的彈性，城市坊長制的建立可以作爲另一例。清代城市化的程度逐漸加深，於是因應城市環境的特殊需求，順應城市的社會結構，遂有坊甲與坊總的制度(圖6)。城市坊甲組織的任務，和鄉村的保甲沒有太大的差別，主要仍是監督獄訟糾紛、社會治安與賦稅徵收等幾大類工作。如惲敬(1757-1817)〈新喻東門漕倉記〉云：

> 新喻附城爲五坊，坊有坊長；鄉爲五十七圖，圖有地保。坊長
> 地保如保正，坊圖皆有十甲，甲有管首，管首如戶長。其輪差
> 之歲，則管首迭爲坊長地保，獄訟賦稅盜賊皆督之。獄訟取居
> 間及爲佐證，盜賊主踐更，而賦稅則至時，坊長地保以酒食召
> 管首，管首召戶丁爲期，悉納之坊長地保，坊長地保納之官。
> 故賦稅無後時者[54]。

　　從清代乾隆朝巴縣檔案中，可以看到坊長實際擔負的任務。首先是治安方面，坊長擔負有命案的報案責任，無論是自殺、他殺，或是意外死亡與無名屍體等，都要由坊長報官[55]。也有向地方官上報有礙地方風

54　〔清〕賀長齡，《皇朝經世文編》(上海：廣百宋齋據道光6年刊本校印，1891)
　　卷46，〈戶政二十一·漕運上〉，頁21b。

55　如乾隆二十七年(1762)五月有仁和坊長報官有孫姓某滾於城下身死一案、乾隆
　　二十七年八月有坊長黃正林具報不知姓名男子身死一案、乾隆二十八年(1763)
　　六月有道遠坊坊長樊尚倫報李朝至失足身死一案、乾隆三十年(1765)五月有坊
　　長周化洪具報一無名乞丐身死一案、乾隆五十八年(1793)十一月有南化坊坊長

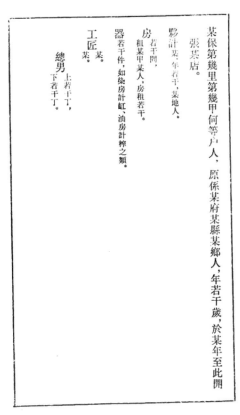

某保第幾里第幾甲何等戶人，原係某府某縣某鄉人，年若干歲，於某年至此開

張某店。

夥計某，年若干，某地人。

房若干間。

房租某甲某人，房租若干。

器若干件，如染房計缸、油房計榨之類。

工匠某。某。

總男上若干丁，下若干丁。

資料來源：〔清〕包世臣，《齊民四術》，頁132。

圖6　城市居民的市籍門牌式

化的職業者，如乾隆三十四年(1769)五月有坊長胡萬順通告官府有某
人以藐法包娼妄為。同時坊長也有責任追捕罪犯，如乾隆五十一年
(1786)二月有魏坊長拿獲送究拐逃婦犯何洪具一案[56]。在民間的契約

(續)───────────
　　楊德怒具報譚奉遠自縊身死一案等等。參見《清代巴縣乾隆檔案》(微捲)，272
　　卷43號、276卷47號、281卷52號、313卷84號、594卷365號。
56　《清代巴縣乾隆檔案》(微捲)，1675卷60號、1768卷153號。

中，還可以看到坊長成為兩方中間的見證人，如清代臺灣的城市內房地產的買賣契約中，就可以看到坊長充任「知見人」的簽名，也就是買賣交易的見證人 [57]。

在江南的城市裡，因為外來流動人口非常頻繁，所以可以更細緻地看到坊長制與管制流動人口緊密結合的控制組織，及其運作的具體情形，尤其是用來管制與監視外來工作的手工業工人。如清代官府採取嚴密的控制措施，以對付蘇州踹匠工人的罷工。最具代表性的就是透過作坊坊主或包頭來控制工人。如康熙三十九年(1700)蘇州發生踹匠工人以包頭扣工資而毆打包頭的事件後，官府認為是流棍煽動工人，於是採用了以下的「坊長制」措施：

> 請將包頭編甲，責其相互稽查，□于其內擇一□于老成者，充任坊長，令其管轄，□家□□，盤查來歷。一家有事，九家連坐。則彼此俱責成。再設循環簿，著令登填何處籍貫，何人保引，何日進坊，何日出坊，分例舊管、新收、開除三項。每逢朔望，必與坊長倒換。則來蹤去跡自明，無處隱藏矣。如請委文武弁員專董一法。仿之松府，系城守營與典史互相稽查，行之頗著成效……，仍委城守營為總巡，不許踹匠夜行，不許包頭侵克……一有奸徒事犯，輕則移解有司，重則申報各憲[58]。

上述之制度是假設每個作坊即由一包頭所有，則由十家包頭中選出一家任「坊長」監督之；每家作坊要編循環簿來記載工匠的身分來歷與

---

57 臺灣銀行經濟研究室編，《臺灣私法物權編》，收入《臺灣文獻叢刊》第150種(臺北：臺灣銀行經濟研究室，1963)，卷2，〈物權・第二節役權〉，頁617-618。

58 蘇州歷史博物館等編，《明清蘇州工商業碑刻集》(南京：江蘇人民出版社，1981)，頁63-64。

其去留記錄，而且採連坐法，要十家互相連保，但這種「坊長制」只有監督的功能。到康熙五十九年(1720)更在坊長制的基礎上進一步設立「坊總制」，將監控制度更擴大更嚴密，連坐制也發揮得淋漓盡致。其中的坊總已具有半官方的身分，可以直接取締踹匠。據當時地方官府所樹立的碑刻記載如下：

> 謹遵前府憲遺意，開列數條，悉陳稽查之法。身等同為包頭，約有三百餘戶，或有兩作，或有三坊，不能分身稽察。每作用管帳一人，專責稽查，名曰「坊長」，凡有踹匠投坊傭趁，必須坊長識認來歷，方許容留。然坊長之責，必自包頭。即將包頭立于居民之外，每十二家編為一甲，每月輪值甲長，每歲周而復始。各給循環印簿，開明某月甲長某人，查填踹匠姓名，仍于眾包頭中，擇一老誠練達者，舉充坊總，頒給團牌，管押各甲。踹匠五人連環互保，取結冊報，一人犯事，四人同罪。日則做工，夜則關閉在坊。如有拐布盜逃，賭博行奸鬥毆，聚眾插盟，停工科斂，閑闖花鼓，糾眾不法者，坊長報明包頭，令同甲長，填簿交坊總，申明挐究。如有徇隱發覺，互結保人，本坊坊長，一體同罪，簿列管收。除在四柱開填，每月朔日，甲長彙交坊總稽查，循環倒換。倘甲內擅留匪類，坊總協同甲長，立刻驅逐，仍將窩頓之坊長，按以窩盜之例，通同徇庇，一體治罪[59]。

59　〈長吳二縣踹匠條約碑〉(康熙五十九年)，《江蘇省明清以來碑刻資料選集》，頁44。關於蘇州踹布業與工匠的問題，可參考寺田隆信，〈蘇州踹布業の經營型態〉，原刊於《東北大學文學部研究年報》第18號(1968)，後收入氏著，《山西商人の研究》(京都：東洋史研究會，1972)，〈附補論〉，頁358-362。

　　可能是後來包頭往往擁有數坊，於是舊制頗不便，逐每坊設一管理員為「坊長」，再由十二戶包頭中設一「甲長」，再由眾包頭中選一「坊總」。由以上的引文，我們可以把這一套連保監督制度繪成下圖7：

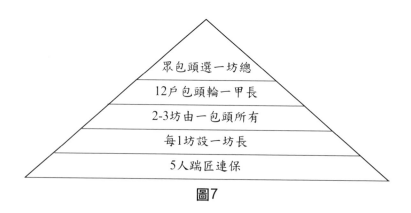

眾包頭選一坊總

12戶包頭輪一甲長

2-3坊由一包頭所有

每1坊設一坊長

5人踹匠連保

圖7

　　除了組織更加複雜以外，踹匠一樣要編入循環簿，而且還要五人連保；再者，若有不法事，則由坊長上報到坊總，坊總可以「申明拏究」，坊總甚至可以協同甲長驅逐甲內的「匪類」，並將窩藏之坊長以窩盜例一同治罪。

　　至於城市保甲制所發揮的實際效果，可以從漢口的例子作評估。清代漢口開始實施保甲制和蘇州的時間相近，始自18世紀初康熙朝中葉，一直持續到19世紀下半葉。雖然保甲冊的記錄有所更新，歷任的地方官對其重視程度則有不同。就流動人口而言，當時漢口最大的兩群人：客商與水手，在保甲循環冊上的登記並不完整，甚至對在地住民的戶口登錄也不確實。因為不在登記上的脫籍人口數量非常多，所以保甲冊的人口數與實際漢口的人口數有很大的落差。當然，對城市治安與社會管制的效果就大打折扣。即使如此，城市保甲體系仍然是19世紀維持地方治

安不可缺少的機制[60]。

四、基層控制組織的成效與弊端

(一)選充的控制與成效

　　清代里長的選任沿用明代的方式，即由一里中人丁稅糧相對較多的十戶，輪流充當里長。但自明代中期以後因為里役負擔愈重，而有了變化。從明中葉的徽州文書中可看到因一人無力承擔里役，遂有多人眾議共同承役而立之合同。這種行為稱作「朋充」，至清代亦是如此，以致里長的戶籍下往往可能是多戶人家，又為官府所認可。由是，里長之職可能成為某些利益集團的代表，例如宗族集團[61]。

　　至於清代鄉約正與保甲長的選充，和里長不同之處，就在於後者是輪流充當而前者並無固定的任期。如果要考察清朝政府對基層社會的控制，可以從州縣政府如何控制鄉保制度中的負責人，來衡量公權力是否得以滲透到縣以下的基層社會。先從保甲制度中保長、甲長與牌頭的選充來看，據清代法令規定的選充制度是：「限年更代，以均勞逸，士民公舉誠實識字及有身家者，報官點充，地方官不得派辦別差，以專責成。」[62]雍正五年(1727)曾強調：「保正甲長，准免本身差徭。」[63]

　　清代的地方檔案顯示保甲長的選充流程最齊全，從順天府寶坻縣的檔案可以看到這些保、甲、牌長等均向縣衙遞交「保狀」，並要保證

60　William T. Rowe, "Urban Control in Late Imperial China: The Pao-chia System in Hankow," in Joshua A. Fogel and William T. Rowe eds., *Perspectives on a Changing China: Essays in Honor of Professor C. Martin Wilbur on the Occasion of His Retirement* (Boulder: Westview Press, 1979), pp. 89-112.

61　伍躍，《明清時代の徭役制度と地方行政》，頁28-36。

62　〔清〕崑岡奉敕撰，《大清會典事例》，卷158，〈戶部七‧戶口〉，頁994。

63　同上，卷626，〈兵部八五‧綠營處分例〉，頁1116。

人一同畫押，經州縣官認可後會發給「認狀」。保長是由其他職役人員
保舉，如書手、車領、幫辦等所保舉者爲多，也有一些保舉人是鄉紳和
普通農民，縣衙在命令鄉村保舉保長（鄉保）時一般的規定是：「飭令書
手、車領即會同士民人公議，在于本保村莊內，則選妥實一人」，限期
接充[64]。寶坻縣的例子是通常保舉三人，再由知縣選其中一人認充。保
長之下的牌甲長則是由保長保舉，也有的村莊是由住戶輪流充當的，這
些保、甲、牌的負責人身分都是村莊中的普通農民[65]。

　　清代的巴縣檔案中也可以看到許多保長選充的檔案，舉凡推薦、保
舉、僉選到認充這些流程都有公文書的「狀」，而且保甲長都有執照。
通常新任保長是由舊任保長推薦或公舉，再向官府提交「保結狀」，而
被推薦或被公舉者亦需向官府提交「認充狀」，最後再由官府發出「執
照」給新保長，並追回舊保長之執照[66]（圖8）。保長是按期替換，「輪流
辦理」一甲之公事，一般任期爲兩年。然而，有關甲長與牌頭的選充則
無資料[67]。

　　這樣的選充制度很明顯地反映了州縣官員欲控制縣以下基層社會
的動機。首先是保舉的人需負很大的責任，如果保舉的人逃跑或不能勝
任遭罷免時，原保舉人還得再會同原保人及該地紳耆士民等，在本保村
莊內選擇推薦與保舉多人。之後我們還會看到這些保人爲其所保舉的

64　《順天府檔案全宗》，卷88，082號，道光十四年五月八日，MC05661。

65　如寶坻縣的鄉保人選並非來自紳衿之家，而是全爲普通農民。據孫海泉對49名
　　鄉保年齡的統計，平均年齡約42歲，爲「家道殷實，歷練老誠」「年力精壯」
　　之人（孫海泉，〈清代賦役制度變革後的地方基層組織〉，頁203）；又蒲地典
　　子亦統計出鄉保年齡約在35至50歲之間，見氏著，〈清季華北の「鄉保」の任
　　免──中國第一歷史檔案館藏「順天府全宗」寶坻縣檔案史料の紹介を兼ね
　　て──〉，《近代中國研究彙報》17（1995）：15。

66　伍躍，《明清時代の徭役制度と地方行政》，頁47-55。

67　雖無明文規定保長的任期，但巴縣檔案顯示是按滿兩年替換，參見王曉琳、吳
　　吉遠，〈清代保甲制度探論〉，頁96-97。

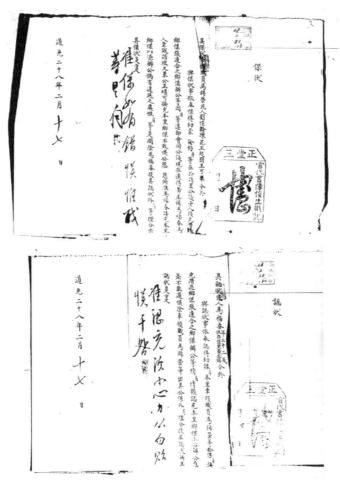

資料來源：《順天府檔案》，卷88，178號及180號。

圖8　保狀與認狀

人還負有連帶的責任，尤其是稅糧徵收不齊時，甚至要為原保長完成催徵或代納錢糧的工作。此外，如寶坻縣衙還會定期召集鄉保赴縣，稱為「點卯」。點卯不到是要遭處罰的，有些「誤卯」的鄉保也會被

縣衙罷免[68]。

但是從另一方面來看，清代地方檔案中又顯示有大量的保長嘗試辭職，可是能順利辭職的機率並不高，從乾隆朝巴縣檔案中保長成功辭職的理由有二：一是年齡已長，年事過高；其次是因當事人已充當其他的衙門差役，故據任保甲免差役的原則，是可以不用再充任的；還有少數的例子是當事人戶籍不在該地，卻遭書手等人的挾怨陷害，終於申訴成功而免充保長[69]。如果辭職不易的話就採取逃亡的方法，在寶坻縣的檔案涉及鄉保選充的106個案例，據學者的統計，其中有54例明白說明了退任的理由，又其中有44例是因為原鄉保「潛逃」、「出外」而不得已改任的[70]。

鄉約制度也發生了類似的流弊，在清代順天府與巴縣的檔案中，常看到許多例子是為逃避出任鄉約正而聲稱老弱病殘，或出門在外，甚至「動輒逃跑」[71]。鄉約正選任也不再約眾公舉，而是由當地保甲長和鄉長等僉舉，或由前任約正僉舉下任，或由約眾輪充。正因為鄉約正的地位也下降，有身分地位的生員也不願出任，即便是普通農民也不願與其為伍。所以清人張望〈鄉治〉形容鄉約：

> 其小者理戶口、治館驛，大者剽掠殺人，必以告，一切奔走奴隸之而已。一不當則群卒叫號於其家，而怒詈辱之於廷矣。……則夫自愛者固不肯為，為者類鄉里無賴之人耳，借以生事容姦，賈禍於民，而陰享其利[72]。

68　孫海泉，〈清代賦役制度變革後的地方基層組織〉，頁196。

69　四川檔案館編，《清代巴縣檔案匯編》（乾隆卷），頁195-196，205-207。

70　蒲地典子，〈清季華北の「鄉保」の任免──中國第一歷史檔案館藏「順天府全宗」寶坻縣檔案史料の紹介を兼ねて──〉，頁5。

71　《順天府檔案》，卷91，016號，咸豐元年十一月三十日條，MC05662。

72　〔清〕賀長齡編，《皇朝經世文編》，卷23，〈吏政九‧守令下〉，頁13a-b。

　　以上的事例，說明了清代地方官員雖然極力控制州縣以下的鄉保長，以求基層社會的穩定，但是往往事與願違。

（二）濫權問題的出現

　　鄉保的任命一旦因為制度上轉變成「官役化」，他們的地位下降，卻負擔愈重，自然很難覓得適合的人選充任，才會有上述鄉里無賴之流充任。也因此人謀不臧，弊端隨之而來。因為處在官民之間的鄉保，在官府和社會上具有關鍵性的中介角色，最常見的就是鄉保藉其居中的地位作手腳，以下就幾個方面來觀察鄉保的弊端。

　　在公務方面，有些地方官會私派一些公事，要求民間辦應。鄉保雖然得負責幫辦，但最後還是向百姓需索。如雍正五年（1727）十月八日，雲貴總督鄂爾泰（1677-1745）奏稱：

> 從前各府州縣薪水日用，並一切公事，俱民間辦應。官派一分，衙役數倍之，地方鄉保又數倍之，群蠹分肥，每年私派不下三、四十萬，小民困苦異常，此滇省向來之陋弊也[73]。

　　就賑濟方面，鄉保也可能串通紳衿、胥吏，藉機盈利，如雍正五年（1727）六月二十日，河南巡撫田文鏡（1662-1732）奏稱：

> 每於開倉（常平倉）出借之時，即有頑紳、劣衿、姦牙、積蠹，串通鄉保、地方，俱將佃戶家人姓名，填入冊內，臨點應名影射，地方官無從查其誠偽。……當官零星借出，即交伊主，彙

73　《宮中檔雍正朝奏摺》第9輯，雍正五年十月八日雲貴總督鄂爾泰奏，頁1052。

聚成多，……究之無食無種貧民，顆粒不得到手[74]。

又例如在獄訟方面，依清代的法律規定，凡是戶婚田土這類民事案件糾紛，可以透過鄉保來協調。從清代的地方檔案中顯示，鄉保常獨自或者與其他人共同進行調解糾紛，甚至有濫用權力的情況發生[75]。另外在刑案方面，依規定凡是有鬥毆、命案應由鄉保往上呈送案情。但實際上從清代「刑科題本」中鄉保等人的口供，可以看到鄉里間的鄉約正（鄉長）、總甲、地方、保正往往在案發後，卻隱匿案情而不上報，甚至藉著替雙方言和來訛詐金錢。有時是兇犯殺人後，還可以分贓給鄉保，以賄賂鄉保不往上報案[76]。

不過，鄉保的濫權也不能過度誇大。就以順天府寶坻縣為例，在該縣的檔案中有一些鄉保濫權的案件，包括攜帶稅款捲逃、藉鄉保之職斂稅與僭用公安權力等等。但是這些案件並不多，其中也只有一件發生在19世紀末，某董姓縉紳地主為了瞞欠賦稅而操縱鄉保選任，最終未受法律制裁的案件，其他的鄉保濫權的案件都遭起訴與制裁。由這些少數的案例，正說明了鄉保的權力是有限的，一則在州縣官員的監視下，二則他們絕大部分是較小一等的地主，並不可能長期濫用職權[77]。

74　《宮中檔雍正朝奏摺》第8輯，雍正五年六月二十日河南巡撫田文鏡奏，頁379。

75　詳見第五節有關「訴訟糾紛的第三領域」之討論。

76　賴惠敏，《但問旗民──清代的法律與社會》（臺北：五南圖書出版公司，2007），第六章，〈從命案看清前期的國家與社會（1644-1795）〉，頁220-224。

77　黃宗智，〈從十九世紀寶坻縣刑房檔案殘卷看清代國家政權與自然村的關係〉，收在中國第一歷史檔案館編，《明清檔案與歷史研究》（下）（北京：中華書局，1988），頁926-928。另可參見蒲地典子，〈清末華北における鄉保の敲詐・勒索〉，《近代中國研究彙報》19（1997）：1-21。

五、基層社會組織與基層控制組織的分合

(一)基層社會組織的收編與民間的需求

清代保甲鄉約制的推行與實施，可以說是一種動態的過程。因為在動亂時期，地方基層社會的鄉村也有其自發性的組織，包括地緣性與血緣性的組織，作為鄉村秩序的維持與社會統合的組織。而清朝在完成統治中國時，必須經歷將這些既有的組織加以收編、重組或整併的過程。

就以福建內陸的汀洲等府為例，在明清鼎革之際到康熙十三年至十五年(1674-1676)的耿精忠反亂期間，該地區可以說處在公權力的真空狀態。在明清鼎革之際發生了以黃通為首的抗租反亂，而其反亂的基礎組織，就是民間自發以鄉村農民為主體、以土豪為首的防衛組織「長關」。到了耿精忠叛亂時期，長關卻成地方上防衛山賊的地方武力。而同時期清朝派往福建的州縣官員以及在地的生員們，也努力組成地方的團練，和長關相輔相成，以維持地方的治安。到了三藩之亂平定後，從康熙後期直到乾隆朝，大約從17世紀末到18世紀，福建地方官員則是極力裁撤長關與團練，而力行保甲與鄉約制度。乾隆《龍巖州志》的作者在〈寇亂志〉的論贊中指出保甲足以止盜：

> 歷來寇盜相仍，蓋保甲不行，山林易於伏莽，兵制未備，臨事束手無策耳。今之保甲，已如絲絡珠聯，防守不啻星羅棋布，可恃以無恐乎[78]。

從保甲制度的普及與長關、團練組織的消失，可以看到清朝政府確

---

78 乾隆《龍巖州志》(乾隆三年刊本)，卷12，〈雜記·寇亂〉，頁14b。

立統治基層社會的過程[79]。當民間自發的防衛組織隨著政權的確立而解
體與收編後，地方的鄉約─保甲組織成了唯一合法的自衛組織，尤其是
對於維持地方的社會秩序與治安的穩定。所以鄉約保甲制度雖然看似由
官府從上而下所推行的控制機制，然而從社會基層人民的角度來看，這
樣的制度有其功能性與必要性。

　　我們從清代乾隆朝巴縣檔案中，可以看到有些地方，尤其是所謂的
場市，居民會主動地向州縣官陳請希望設立鄉保。可知經由官府認可並
賦予相當權力的鄉保，實是維持地方穩定不可或缺的重要機制。在這些
上呈的公文中，陳述該場有居民數十至數百戶，皆是開設工商店舖為生
理者，但因無場頭與客長，於是「公事是非，遇排解稽查，奉辦公事，
奔走無人」，所以要求設立保甲組織[80]。在乾隆朝巴縣檔案中有簽充保
長的執照，上面載明保甲的職責：「嗣後凡遇甲內糧務公事，必需勤慎
辦理。仍不時稽查嘓嚕匪類、賭博娼妓、邪教端公、私宰私鑄，以及外
來面生可疑之人，許爾密稟本縣，以憑究治。」[81] 也有民間要求設立鄉
約者，如乾隆二十八年(1763)四月有民人劉碩甫等上簽呈，指稱：

> 蟻等甲內地名陶家場，舖戶約二百餘家，只有場頭客長，缺少
> 鄉約，每逢場期趕場民集，又兼大路要道，……，往來客商絡
> 繹不絕，屢次兇鬧，無有鄉約理難化奸。今蟻等場眾公舉熊孔
> 明人老成，家道頗殷，言談如蘇秦之舌，逢事排解，心存拆絲
> 改網之念，堪充鄉約[82]。

79　三木聰，《明清福建農村社會の研究》(札幌：北海道大學圖書刊行會，2002)，
　　頁321-360。
80　四川檔案館編，《清代巴縣檔案匯編》(乾隆卷)，頁202-203。
81　四川大學歷史系與四川檔案館編，《清代乾嘉道巴縣檔案選編》(下冊)，頁
　　295-296。
82　四川檔案館編，《清代巴縣檔案匯編》(乾隆卷)，頁199。

　　而鄉約的職責，據其執照上所云，與保甲的職責其實差異不大，只是多了「宣講聖諭」一項[83]。

　　當地方不靖的時候，地方人民往往會自動發動甲眾公議，促成合作捕盜捉賊，如巴縣檔案中有乾隆五十八年(1793)四月的告示云：

> 據廉里縣九甲約鄰劉品重等稟稱，該處一帶地方有等不法賊匪，小則偷竊掏摸，大則刁墻割壁，更有惡丐、算命等輩，以乞化為由，其實偷竊營生……今約等邀集甲眾公議，十家一連，日夜相助捉拿，使賊無容身之地[84]。

　　在18到19世紀初，亦即在太平天國運動發生之前，四川保甲組織的運作，在維持地方治安上仍有其實際的效果。如巴縣在嘉慶十五年(1810)七月的告示就說：「本縣曾於去年冬間，每逢公事，諭論約保人等遵照編戶成法，各就所管內按戶稽查，遇有面生歹人，立即擒拿送究。半載以來，宵小無從脫足，地方日就清寧，行之已有成效。」[85] 除了在四川之外，其他地區也可以看到效果。在18世紀有許多記載表明，凡是保甲組織比較嚴密的地區，人民的行為受到嚴格的監視，稍有「越軌」的行為，便可能招致告發與被查出究問，當然地方治安也較穩定。即使流動性較強的人口，也受到某種程度上的控制[86]。

　　從上述的現象不難發現，因為基層社會仍需要國家的機制，所以在某種程度上，容易接受保甲鄉約制度，尤其是在治安與協調糾紛方面。

83　四川檔案館編，《清代巴縣檔案匯編》（乾隆卷），頁201-202；四川大學歷史系與四川檔案館編，《清代乾嘉道巴縣檔案選編》（下冊），頁295。

84　四川大學歷史系與四川檔案館編，《清代乾嘉道巴縣檔案選編》（下冊），頁276。

85　同上，頁278。

86　華立，〈清代保甲制度簡論〉，頁112。

(二)里甲與宗族組織的結合

傳統中國的宗族組織在華南地區特別興盛，尤以福建與廣東爲最。在這些地區可以普遍地看到的同姓村，即是反映宗族組織與基層鄉村的結合。清朝的皇帝自康熙以來就對地方上的宗族組織非常注意，也有不少地方官利用宗族組織，主張賦予「族正」或「族長」某些特權，包括組織保甲防賊以及協調民間的糾紛[87]。族正制濫觴於雍正朝，雍正四年(1726)在推行保甲的同時實行族正制，是針對「聚族百人以上，保甲不能遍查者」而設立的。族正制成了保甲制的一種變通方式，其實也就是將宗族制與保甲[88]制結合起來。到了乾隆二十二年(1757)正式將族正制納入保甲條例，內容是：「聚族而居、丁口眾多者，擇族中有品望者一人，立爲族正，該族良莠，責令查舉。」[89]乾隆朝是大力推行族正制的時期，在福建(包括臺灣)、廣東與江西都有較大規模地推廣，因爲這些地區聚族而居，宗族械鬥、健訟嚴重，爲維持地方社會秩序，加強清政府對地方的控制，遂廣設族正制[90]。清政府透過族正制維持社會治安，又承認族正具有一定的司法權，藉此加強控制聚族而居地區的基層社會，同時也可以遏制宗族勢力的膨脹。然而，另一方面，卻也將族紳耆老在宗族的領袖地位合法化，反而可能使族紳成爲政府難以控制的地方勢力[91]。

---

87 Kung-Chuan Hsiao, *Rural China: Imperial Control in the Nineteenth Century*, pp. 248-357.

88 《清朝文獻通考》，卷23，〈職役考三〉，頁5505。

89 光緒《大清會典事例》，卷158，〈戶部七・戶口五・保甲〉，頁994b。

90 所以在福建泉州的地方碑刻上，所出現「鄉保」一詞，指的並非一般檔案文獻常見的鄉約與保正，而是鄉長與保正。參見常建華，〈國家與社會：明清時期福建泉州鄉約的地域化〉，《天津師範大學學報》2007.1：44。

91 常建華，《清代的國家與社會研究》(北京：人民出版社，2006)，頁265-285。

　　除了治安與協調糾紛方面以外，國家在稅收方面也得透過基層控制
組織，從人民身上取得，在這方面民間基層社會又如何應對呢？以下再
從賦稅徵收的角度，來看國家的基層控制組織與民間自發的基層社會組
織，兩者之間如何結合的型態。在廣東與福建這些宗族盛行的地區，負
責催徵賦稅的里甲制，其實也和宗族組織有相當程度的結合。

　　清代廣東的情況就顯示了里甲制和宗族組織密切結合。清代廣東承
襲明代的里甲制，在該地稱為「圖甲制」。地方志所載的圖甲表僅記載
一甲的「總戶」名，而族譜所載圖甲表中，則還記載了「子戶」。官府
徵稅的冊籍上所載的總戶名歷代皆不變，其實只是個納稅的單位，真正
的土地所有者則是子戶以下的丁，所以納糧戶是與實際土地所有戶脫
節。而地方志常說：「一甲所含子戶之姓，多與其甲總戶同姓」，說明
了有些總戶就是宗族組織，管理著下轄子戶、爪、丁，即同族族人的土
地擁有與納稅義務[92]。甚至在方志上記載著每當徵稅糧時，靠同族在鄉
祠開徵，依宗規規定納入、懲罰的方法，據宣統《南海縣志》記載當地
莊頭馮氏家族的風俗云：

> 莊頭馮村有錢糧會。每年上、下忙，在鄉祠開收。期以三日末
> 見燭為限。過加一懲罰。有抗糧者，責其親屬，不少假借。故
> 其鄉三百年來，無抗糧之民，無積欠之戶，不見追呼之役，不
> 待蠲免之恩。立一法，而上下均蒙其益。推而行之，可也。聞
> 此法為馮潛齋先生所定宗規云[93]。

92　甚至族人在買賣土地後，還要捐一定的額給蒸嘗(族產)，作為注冊費，也就是
　　宗族組織代土地交易的族人向官府辦理稅糧過戶轉移的手續費。所以族人買賣
　　土地時，不能由本人直接向官府履行過戶的手續，而必須由宗族之內的糧務值
　　理代辦。

93　宣統《南海縣志》(臺北：成文出版社，1967)，卷4，〈輿地略‧風俗〉，頁
　　24a。

　　所以在這種機制下，鄉祠等於就是總戶。由此可見，有些圖甲制的「甲」正是以這種宗族組織對族人的統治為基礎建立的「總戶」，一圖則可能是同宗或異姓組織的聯合體。雖然清代康雍年間的改革讓每個子戶可以自封投櫃，但是仍有圖甲制是「現年」之甲（特別是總戶），將各個甲徵收的稅糧負責匯總，向官府繳納一圖之份，也就是由宗族組織匯納的方式，或有學者稱之為宗族包攬錢糧[94]。

　　清代的福建也可以看到里甲制度與宗族組織結合的例子。清代福建的里甲承自明中葉以後的變化，里甲戶籍逐漸世襲化，而里甲差役也走向定額化。在此情況下，民間一般也就不再分拆里甲戶籍，而由分家後的族人共同繼承原來的里甲戶籍，並共同分攤納稅當差的義務。因此，明中葉以後福建的里甲戶籍，往往成為宗族組織的代名詞，甚至有所謂「每一甲為一姓所據」之說。從明清福建的家譜中，可以看到宗族組織為了要管理里甲戶籍與分攤有關義務，族內有各種規定，包括採取按房派役、照丁糧派役或照田賦津貼等方法，都是以控制族內的人丁與田產為前提，形成嚴密的賦役共同體。雖然到清中葉前後，福建各地陸續改革了支應官府雜派的里甲之役，而且鼓勵民間自立錢糧花戶，並直接向官府自封投櫃，但實際上仍是借助原來的里甲戶籍統轄錢糧花戶，由宗族組織自行負責催徵賦稅的做法。由是，宗族組織與里甲制度的結合，加強了官府對基層社會的控制，以及確保稅糧的徵收；而在另一方面，

94　片山剛，〈清末広東省珠江デルタの図甲表とそれをめぐる諸問題：稅糧・戶籍・同族〉，《史学雑誌》91.4（1982）：42-81；〈清代広東省珠江デルタの図甲制について：稅糧・戶籍・同族〉，《東洋学報》63.3・4（1982）：1-34。不過，需要說明的是圖甲的體系與血緣的宗族組織並不一定是直接一對一對應，亦即每個總戶下的子戶，並不一定就只是同一個宗族族人，也可能多個異姓子戶組成一個總戶。參見劉志偉，〈清代廣東地區圖甲制中的「總戶」與「子戶」〉，《中國社會經濟史研究》1991.3：36-43。

這種控制又是以基層社會的自治化為前提[95]。

以上兩個地域是宗族勢力最強的例子，另外，在徽州也有類似的現象。清代徽州里甲制裡納稅的總戶也是宗族組織，下轄同族族人的子戶。納稅時以公議的方式討論分攤的方法，並依各戶能力由族產中提加津貼，以示公平性。而且當地的鄉約組織，也是由宗族組織所構成的[96]。這種宗族組織與里甲、鄉約的結合，雖然在某種程度上是保障社會秩序與地方稅收的穩定，然而從另一個角度來看，也加強了宗族組織在地方上的勢力，以及對內部族人的控制；而且作為百姓與官府之間中介角色的宗族，可能反過來能夠隱瞞其成員實際上擁有的大量必須納稅的土地。所以官府和宗族的關係，也可能是不穩定的合夥人[97]。

（三）鄉保與會社組織的結合

除了宗族組織之外，傳統中國鄉村仍有其自發形成的基層地緣組織。華北地區的宗族組織較不發達，同姓村存在的比率也較低。於是當催徵錢糧或差徭時，可以看到保甲制與當地的地緣組織結合。華北鄉村多建有村廟，這些村廟的歷史大多創建於明代，而同時也衍生了以倡建、維修廟宇以及組織祭祀活動為目的的會、社組織。以清代的直隸（河北省）為例，該地區的村廟會社至19世紀，已發展出完備的「青苗會」組織[98]。青苗會最初是在特定季節臨時成立的地緣組織，專事監視農作物及收割的事務以防竊盜，也就是所謂的「看青」；但是到19世紀中葉

---

95 鄭振滿，〈明清福建的里甲戶籍與家族組織〉，《中國社會經濟史研究》1989.2：38-44。

96 洪性鳩，〈明末清初の徽州における宗族と徭役分擔公議──祁門縣五都桃源供氏を中心に──〉，《東洋史研究》61.4（2003）：585-619。

97 Kung-Chuan Hsiao, *Rural China: Imperial Control in the Nineteenth Century*, p. 370.

98 從翰香主編，《近代冀魯豫鄉村》，頁85-89。

以後，逐漸擔負起徵收差徭的任務，以及更多的村莊公務[99]。

自古以來，南省賦重而役輕，而北省則賦輕而役重。理論上來說，清代的徭役自從攤丁入地之後，人民應該已不用再服任何雜役才是；但事實上，各地仍存在著輕重不等的差徭，尤以華北諸省最爲明顯。從《順天府檔案》中看到19世紀以降，華北直隸省的差徭負擔逐漸加重，除了縣衙門科派的雜差等，還有中央政府臨時徵收的大差、兵差等尤其沉重。特別是到咸同時期，華北地區戰事頻繁，而這些軍事供給絕大部分出自民間。當清政府不斷地深入地方基層社會以攫取財源時，爲了應付差徭的需索，鄉村會自發地改造原先的地緣組織[100]。

以順天府寶坻縣爲例，在徵收雜差時，是由各村莊保甲制度下的牌頭、甲長辦理；而徵收較重的大差徭時則有兩種方法：第一種方法是從嘉慶到咸豐朝較常見的按保分派的方式，由保之下的村莊內原有「車會」組織分攤。之所以稱爲「車會」，可能就是爲應付負擔最重的車輛和馬匹的差徭而來的。車會有「車領」經理分派，有「幫辦」斂辦差錢，而車會的成員是由下層紳士和有力農民所組織而成的。

第二種方式是到同治年間以後，無論是大差、兵差或是雜差，都採用按地攤錢的形式成爲主流，並且結合「青苗會」，由會中的「首事」擔任科派任務，先是負責與鄉保議定攤派的差額，再向村民同時徵收差徭錢和青苗會的看青工錢等，最後再交給鄉保上繳衙門。首事的身分多是下層士紳與富農，所以有時也會暫墊差錢，但是幾乎是全村隸屬於「看青圈」內的有田村民皆參與了青苗會。由此可見，至19世紀以後寶坻縣的差徭徵收的任務，由逐漸「官役化」的保甲身分者，轉向由鄉村內自

99 王洪兵，〈青苗會與清代華北農村社會變遷初探〉，《清史論叢》2007年號（北京：中國廣播電視出版社，2006），頁278-291。

100 周健、張思，〈19世紀華北青苗會組織結構與功能變遷──以順天府寶坻縣爲例〉，《清史研究》2006.2：39-51。

發形成的組織領導人來擔任[101]。這也反映出以青苗會之首事爲代表的村莊自治勢力之壯大,和以鄉保和牌甲爲代表的官府控制體系之衰微[102]。此外,這個例子讓我們看到保甲體系與基層社會結合的另一種形態,有別於華南的宗族組織與保甲體制的結合。

　　從世界史的角度來看,國家政權滲透到基層社會的自然村莊,直接向一家一戶徵役納稅的情況,一般都是進入近代之後才有的發展,中國也同樣要到清末實施新政之後,以迄民國政權之下,方始向近代式的國家機器過渡。在此之前,傳統的官府得靠里甲－鄉保的機制來徵稅,但這個機制無法滲透到每個個人與家庭,而必須是與自然村既有的基層社會組織相結合,又在其能夠容忍的範圍下,才能確保稅收的穩定。

六、基層社會與國家控制的互動

　　鄉保的體系並不只是官方的統治與管制工具而已,它之所以運作如此之久,對清政權的維繫起了很大的作用。也因此,鄉保制度對當時鄉村百姓而言,必定有其實際有益於基層社會穩定之處。本節試圖由基層人民的角度,來看作爲國家控制基層社會的鄉保組織,對百姓生活的影響。

---

101 小田則子,〈清代の華北農村における青苗會について──嘉慶年間以降の順天府寶坻縣の事例より〉,《史林》78.1(1995):68-96;〈清代華北における差徭と青苗會──嘉慶年間以降の順天府寶坻縣の事例〉,《東洋史研究》58.3(1999):110-144。

102 再從保舉鄉保人員的轉變,也可以看到這樣的變化。在19世紀前期的車領與幫辦還有推舉鄉保的權力,但保舉人中並無首事名稱。自1850年以後,則多由首事人與書手保舉,車領與幫辦漸漸退出保舉人的行列,可見鄉保的選充逐漸由村莊的青苗會首事所把持。參見從翰香主編,《近代冀魯豫鄉村》,頁95。

(一)地方自治的可能性

　　過去學者對傳統中國是否有地方自治，出現了兩極的看法。有些論者認爲中國的村莊是自治的（autonomous）或民主的（democratic），因爲村莊幾乎不受政府之干涉，而是由人民自理村莊事務，而且村莊領袖不是由官方直接授權的。但另有一些論者認爲中國村莊缺乏民主的自治性質，因爲它受著政府之潛在的或實在的干涉，村莊事務係由「寡頭的」（oligarchial）或「貴族的」（aristocratic）分子──紳士──所指揮處理的，而不是由一般村民處理的，而且村莊領袖是由政府官吏承認的，並必須仰政府官吏之鼻息[103]。這兩種說法，也衍伸出對基層社會中鄉保角色的不同看法：前者強調中國村莊的自治面向，因而將鄉保視爲基層社會的民間自治領袖；後者傾向政府對基層社會的控制，以及紳士在基層社會的領導地位，於是鄉保被視爲政府控制基層社會的工具而已。這兩種面向都太過偏執，然而卻也各自呈現了基層社會的兩個面向。

　　在前面提到鄉保的選充流程中，官府明令要有「公議」的制度，這爲地方自治埋下了伏筆。從清代順天府的檔案中可以看到鄉保推舉時，要由書手、車領等首事人與士民齊集公議，或稱「閭里公議」，這樣的「公議」制度反而帶動村莊走向自治。在地方基層社會村莊的場合，涉及全村的權利或義務的事情，舉凡村廟的整修或祭祀的營運、道路或橋樑的修築、村莊共有的「官井」修砌、村廟樹木的砍伐、禁止賭博或是商議輪流夜巡打更等事，都要透過這樣的「公議」來決定。由此可知，鄉村內的基層社會已經開始逐漸形成一種自律的機制。

　　當然，這樣的機制離真正所謂的「地方自治」還有很大的一段距離，

---

103 蕭公權認為第二種看法似較接近實情，他指出所謂「自治」實是不完全的中央集權化的結果。參見Kung-Chuan Hsiao, *Rural China: Imperial Control in the Nineteenth Century*, p. 263.

因爲通過公議所決定的事情，不見得一定可以貫徹實施，有時還需要州縣官員的認可並發出命令。例如《順天府檔案》中有商人具呈州縣官，云其村莊內「閻里公議」禁止賭博，但仍「叩乞仁明太老爺，恩准賞示，曉諭通知禁止賭博，俾居民各務正業，則均感大恩於無既矣。」又如打更之事，係由鄉保「蒙諭傳飭身等首事十一人，向莊眾酌議打更。隨集莊眾公議，得每夜輪流四家打更。」[104] 這樣的公議也是爲了應付州縣官的行政命令。故而有學者主張這樣的「公議」活動，其實是彌補了州縣政府統治的不足[105]。

此外，再從清代順天府的地方檔案中，所呈現的鄉保選充過程，即使是鄉保更換頻仍，但保舉之人卻似乎依舊，這說明鄉保背後還隱藏著另一股地方勢力——鄉紳網絡。當缺乏書手、車領和鄉保時，爲維持秩序，鄉紳便會自動站出來請求保舉鄉保；有時，官府也直接找他們保舉適合的人辦公，可見官府與鄉紳在長期的交往之中，已達成一種默契：即鄉紳有配合官府治理鄉村的義務和責任。可以說，鄉紳是鄉村的潛在領袖[106]。

(二)訴訟糾紛的第三領域

我們可以將鄉保視爲國家與社會之間的「第三領域」。因爲正式國家機構得靠不領俸祿的這些鄉保，才能擴展其控制範圍，滲透到基層社會。鄉保幫助將國家與社會聯接在一起。但同時鄉保是由基層社會的村民所舉薦出來的，對生活於基層的大多數人來說，與國家接觸，或說是

---

104 《順天府檔案》，卷223，078號，咸豐八年五月八日，MC05730。

105 小田則子，〈清代の華北鄉村における公議——順天府寶坻縣の事例〉，《名古屋大學東洋史研究報告》25(2001)：281-296。

106 從翰香主編，《近代冀魯豫鄉村》，頁36。有關鄉紳的問題，因為涉及甚廣，且鄉紳並不足以代表基層社會，故而本文不將之列入討論。

和地方政府打交道，主要也都得透過鄉保[107]。尤其是民間的訴訟糾紛中，鄉保所具有的這樣角色更為明顯。

清代地方州縣處理訴訟案件的民事糾紛時，除了正式的「法庭審判」以外，還有非正式「民間調解」兩種，而鄉保就被賦予擔任民間調解的中介人角色。通常的情況是，某個糾紛的一方當事人不願接受民間調解或調解不成功，就會訴諸官方。而民事訴訟告官審理的程序有三階段：第一是從告狀開始，到縣官作出初步反應為止；第二階段是正式堂審之前的一個階段；第三階段是正式堂訊。據學者的研究，許多案件在第二階段時就已經通過半正式途徑解決爭端[108]。

因為在中間階段時，官方的初步反應以及在一系列的審判活動，都會對糾紛的當事人產生一定的影響，讓他們在訴訟的每一階段都可以不斷地權衡官方審判的成本與收益，只要有一方預見到，繼續把官司打下去將會得不償失，它就會轉而求助於民間調解，與另一方達成妥協，從而終止官方審判程序。同時，州縣官把他們的初步意見批在告狀、訴詞或呈文上面，也會催化親鄰或鄉保盡力加快調解糾紛。這種官方審判與民間調解相互影響的過程，兩者互補與互動同時進行的模式，就是學者所謂的「第三領域」[109]。

作為這些「第三領域」官府和社會間的關鍵中介角色者，係半官半

---

107 黃宗智，《中國研究的範式問題討論》，頁271-272。

108 黃宗智的研究蒐集了清代地方州縣檔案（包括四川巴縣檔案、順天府寶坻縣檔案，以及臺灣的淡新檔案等）的司法628個案件中，確知有126件是在初告狀後，在庭外由民間調解、處理成功者；另有264件是紀錄不全的案件，作者估計應有半數左右亦屬未經堂審即得以調解。所以他認為對打官司的農民來說，通過半正式途徑解決爭端的可能性要大於正式的審判，也就是在第三領域獲得解決的案件，可能多達258件，而只有221件是正式受審的案件。參見黃宗智，《清代的法律、社會與文化：民法的表達與實踐》（上海：上海書店，2007），頁92。

109 本節關於「第三領域」與鄉保的角色，參見黃宗智，《清代的法律、社會與文化：民法的表達與實踐》，第五章，頁91-111。

民性質。從鄉保身上，最能看出官方正式審判與民間非正式調解之間的
互動過程。鄉保與衙役要共同負責把衙門的意見、傳票、逮捕狀送達當
事人及相關村社成員，同時也有責任代表社區和宗族把其意見和調解努
力上報衙門。有時還會直接捲入調解過程，例如在順天府寶坻縣的所有
調解案件中，鄉保獨自擔任調解人，占了四分之一之多，甚至由鄉保出
具甘結呈衙門結案。

　　但鄉保也可能在地方調解中逞其伎倆，如刻意拖延不辦、或玩忽職
守、謊報案情等，從而影響訟案的結果，也可能像第三節所提到的發展
成濫用權力的地步。雖然在《大清律例》內並無處罰鄉保如此行徑的法
條，但是地方官也有意識到這樣的問題。例如康熙二十年(1681)任徽州
府休寧縣知縣的廖騰煃，在其所撰之《海陽紀略》一書的〈告詞條規示〉，
就強調那些交由鄉保調解的民事糾紛，不得受賄偏袒、枉法裁斷，否則
要受到責懲[110]。總而言之，這一半官半民的制度，既具清代司法制度的
積極面，也具有它消極的一面。

（三）民間鄉約的多樣化

　　雖然官方所設立的鄉約逐逐漸官役化，淪落與保正擔當相類似的任
務，而失去教化的功能。但是，從清中葉以後還可以看到許多地方上出
現官督民辦，或是純民辦的鄉約制度，在執行上是有實際的效果，從而
把道德教化延伸到官府所不及的地方。這類民間鄉約制度的特點就是因
地置宜，尤其是與血緣與地緣關係結合，因而形成五花八門的鄉約組

---

110 《海陽紀略‧告詞條規示》云：「批委約保公處事件，乃本縣愛民息訟之意，
　　務以極力秉公調處。如果恃強不遵勸諭，方許據實會呈。如有偏袒索謝，至生
　　訟端，審實受賄者，枷號本村十五日，責二十板，革役。若偏袒而未受賄者，
　　懲責免杖，以杜扛訟之弊。」轉引自韓秀桃，《明清徽州的民間糾紛及其解決》
　　（合肥：安徽大學，2004），頁214。

織，實際效能也更多樣化。如徽州與江西的例子，就是鄉約與宗族的結合[111]。像會社、會館也都能兼而執行鄉約的功能，社學也可隱含鄉約，又如廣東有許多鄉約設在書院之內，這些書院實際上兼具了鄉約的職能。故有學者主張清代基層社會的自發組織，呈現出「部分自治的傾向」，這類自治的努力並不是與官府對抗下的自治，而是體現了維護傳統政治體制的意旨，形成一種補足政治體制不足部分的自治。因而或成為官府統治的延伸，或成為官府的附屬物。明清時期這類民間社會組織蓬勃發展，基本可以視為官民相得的一個結果[112]。

　　如此一說，似乎民間鄉約組織在功能上，等同原來官方設立的鄉約組織。然而，這些民間的鄉約組織其功能之複雜與多元，遠遠超過官方設立的鄉約組織。以下就以徽州祁門縣的侯潭鄉約會為例作說明[113]。在乾隆五十四年(1789)徽州府的祁門縣有侯潭十二家，共同發起成立侯潭鄉約會。這個鄉約並非宗族組成的，而是純粹的地緣組織。原本是為了應付差徭、以互濟互助為宗旨，卻發展成帶有經營性質的鄉約組織。據其流水帳《侯潭約會十二家收支簿》中的〈序言〉云：

> 吾約十二家，……差徭繁多，支持弗易。且各戶貧富不等，凡
> 遇公事，甚費周張。于乾隆五十四年，大眾相商，公立一會。
> 每戶輸銀二兩，共二十四兩。又勸諭各戶紳士量力輸銀三十八
> 兩七錢，二共湊銀六十二兩七錢。每輪派二戶經管其銀，擇約
> 內殷實之家承領生息。

---

111 卞利，〈明清時期徽州的鄉約簡論〉，《安徽大學學報》(哲學社會科學版)2002.6：36-39；常建華，〈鄉約·保甲·族正與清代鄉村治理──以凌燽《西江視臬紀事》為中心〉，《華中師範大學學報》(人文社會科學版)2006.1：71-76。

112 王日根，〈論明清鄉約屬性與職能的變遷〉，《廈門大學學報》(哲學社會科學版)2003.2：75。

113 參見陳柯雲，〈略論明清徽州的鄉約〉，頁50-52。

由此看來其設立的主要目的是爲了應付差徭，於是邀集當地各戶出錢，並勸請較富有的紳士戶捐錢，成立類似現代的共同基金，每年輪流由二戶管理，投資在當地殷實的徽商生息，由是發展成經濟利益的共同體。

再從流水帳中，可以反映出侯潭鄉約主要有五種工作：一、講鄉約；二、支持文教和科舉事業；三、應付差徭，繳納賦稅；四、利用鄉約的公基金營運贏利；五、置買田產。再從公基金運用的比例，可以看出講鄉約只是一個例行公事而已，大量的經費和工作都花在利用公基金營運贏利與置買田產上，所以可以說鄉約成了一個合股經營的經濟實體，而不是一個勸善教化的組織，與官方的鄉約組織的功能大相逕庭。這個例子還說明了官方的鄉約影響了基層社會，進而使民間展出新型的鄉約組織，卻具有更多元、更符合民間需求、更實際的功能與作用。

七、結語

過去有關基層社會的研究所提出的二元論，是將國家與社會視爲互相對立與對抗的看法；然而現今的研究已經逐漸地擺脫二元對立的框架，讓我們看到清代基層社會更複雜的情境。

從國家控制的角度來看基層社會，容易傾向強調鄉約與保甲這類基層控制組織的功能。的確，清代基於前朝的歷史教訓所設計的這類制度，超越前朝之處頗多，例如在實踐方面的彈性、對流動人口的管理，以及在城鄉的普及度，都遠非前代所能及。再就鄉約正與保甲長的選充制度而言，州縣衙門的管制已經算是相當嚴格。然而即便如此，我們依然可以看到鄉保逃避或濫權的弊端。

最終，鄉保組織在19世紀逐漸走向崩潰，其實並非是制度或組織上的弊端所引發的結果。因爲鄉保的逃避並未使組織完全無法運作，而鄉

保濫權的例子更屬少數。就像著名史家蕭公權所指出的，成功的控制必須具備幾個基本條件：一是要有相當可信賴的、有效率的官吏集團，負責指導與監督的任務；其二是要有穩定的鄉村生活之環境，足以讓人民不受干擾地維持基本生計[114]。除此之外，還需要基層社會組織與基層控制組織的配合或合作。在滿清統治中國的極盛時期，這幾個條件俱全，所以當時鄉村控制是比較成功的。然而好景不常，自18世紀末葉起，這兩個條件都逐漸地走下坡，天災頻仍，官僚腐敗，人民也開始覺得反抗清廷比繼續屈服可能更有益處。於是里甲、保甲與鄉約這些基層控制組織急劇崩潰，到19世紀下半葉，整個鄉村控制的結構已變成一個虛設的空架。而在一片改革保甲的聲浪中，逐漸轉型為由地方士紳領導所建立的職業化保甲局[115]。

再從民間基層社會的角度來看，官與民都是在彼此可以忍受或互利的範圍內，來接受官方的基層控制組織。在滿清入關之初期，為求平定地方反亂，清政府會利用地方自發的基層防衛組織。但一旦政局穩定與統治確定後，清政府是不能容忍這類組織存在的，而會要求解散這類組織，改以官方的保甲－鄉約組織來控制基層社會。在清中葉由官方設立的保甲－鄉約體系，的確具有穩定社會秩序與維持治安的功能，所以民間也會自動上陳州縣衙門，要求設立這類組織。至於田賦與差徭的徵收與科派，雖然由里甲或保甲體系來負責，但其實都無法直接向每個家庭催科。民間為應付賦役的催科，形成自發的基層社會組織與控制組織的結合模式，如華南的血緣組織——宗族承擔里甲的納稅戶籍，由宗族來包攬納稅；或是如華北的地緣組織——青苗會，先代保甲向村民來徵收

---

114 Kung-Chuan Hsiao, *Rural China: Imperial Control in the Nineteenth Century*, pp. 502-503.

115 William T. Rowe, "Urban Control in Late Imperial China: The Pao-chia System in Hankow," pp. 106-111.

派差錢。如此基層控制組織與基層社會組織的結合，一方面確保國家稅收的取得，另一方面也藉此模式保障鄉村人民的納稅在可以忍受的範圍內。

官方的基層控制組織也影響了民間的基層社會。如基層社會遇到地方公眾的問題時，有用「閭里公議」的方式來解決，又有形成民間自治、功能多元的鄉約組織等。這些現象都體現了民間的基層社會不見得一定與國家機器是處在對立的狀態。實則在清代，許多事務都留給了村社及親鄰，讓它們加以非正式性管理。還有大量的政府工作，則是通過跟鄉保這類民間首領的合作而進行的。這與現代社會裡，我們習慣於一個涵蓋甚廣、滲透很深的國家機器是很不一樣的。而民間與官府接觸的第一步，其實是先和鄉保接觸，這就是官與民之間互動的「第三領域」。

Local Society and Communal Life

Content

中央研究院叢書

中國史新論 基層社會分冊

2009年6月初版　　　　　　　　　　定價：新臺幣680元
2018年11月初版第三刷
有著作權・翻印必究
Printed in Taiwan.

主　　　編　黃　寬　重
叢書主編　方　清　河
校　　　對　馮　蕊　芳
封面設計　翁　國　鈞

出　版　者　中　央　研　究　院　　　總編輯　胡　金　倫
　　　　　　聯經出版事業股份有限公司　總經理　陳　芝　宇
地　　　址　新北市汐止區大同路一段369號1樓　社　長　羅　國　俊
編輯部地址　新北市汐止區大同路一段369號1樓　發行人　林　載　爵
台北聯經書房　台北市新生南路三段９４號
　　　電話　(０ ２) ２ ３ ６ ２ ０ ３ ０ ８
台中分公司　台中市北區崇德路一段１９８號
暨門市電話　(０ ４) ２ ２ ３ １ ２ ０ ２ ３
郵政劃撥帳戶第０１００５５９-３號
郵撥電話　(０ ２) ２ ３ ６ ２ ０ ３ ０ ８
印　刷　者　世和印製企業有限公司
總　經　銷　聯合發行股份有限公司
發　行　所　台北縣新店市寶橋路235巷6弄6號2F
　　　電話　(０ ２) ２ ９ １ ７ ８ ０ ２ ２

行政院新聞局出版事業登記證局版臺業字第0130號

本書如有缺頁，破損，倒裝請寄回台北聯經書房更換。　ISBN　978-986-01-8370-2 (精裝)
聯經網址 http://www.linkingbooks.com.tw
電子信箱 e-mail:linking@udngroup.com

國家圖書館出版品預行編目資料

中國史新論 基層社會分冊 / 黃寬重
主編 . --初版 . --新北市：中央研究院 .
聯經，2009年6月，496面
17×23公分 . （中央研究院叢書）
ISBN 978-986-01-8370-2（精裝）
[2018年11月初版第三刷]

1.社會史 2.中國史 3.文集

540.92   98007692